Wolfgang W. Parth

Goethes Christiane

Wolfgang W. Parth

Goethes Christiane

Ein
Lebensbild

verlegt bei Kindler

Redaktion: Karl H. Mundil
Research und Bibliographie: Angelica Pöppel
Korrekturen: Ewa Westermair
Umschlaggestaltung: Hans Numberger
Satz: Fotosatz Leingärtner, Nabburg
Druck und Bindearbeit: Salzer-Ueberreuter, Korneuburg
Printed in Austria

ISBN 3-463-00796-7

Inhalt

Der menschliche Zustand ist so hoch in Leiden und Freuden gesetzt, daß gar nicht berechnet werden kann, was ein Paar Gatten einander schuldig werden. Es ist eine unendliche Schuld, die nur durch die Ewigkeit abgetragen werden kann.

Johann Wolfgang von Goethe:
Die Wahlverwandtschaften

Ouvertüre

Nie wird Christiane Vulpius jenen Tag im Sommer des Jahres 1786 vergessen, an dem sich Goethe ihr zum ersten Mal zuwandte. Es geschieht zwar nur für einen kurzen Augenblick, aber bis an ihr Lebensende wird ihr dieser entscheidende Augenblick in Erinnerung bleiben . . .

Kurz vor dieser Begegnung ist Christiane in eine schwierige Lage geraten. Sie wohnt im ältesten Teil Weimars, der kleinen verträumten Residenzstadt an der Ilm. Dort, in der Luthergasse, nahe am Unteren Graben, lebt sie mit vier jüngeren Geschwistern in einer kleinen Mietwohnung. Die Mutter ist lange tot. Seit vor kurzem aber auch der Vater gestorben ist und der ältere Bruder, der hin und wieder schon etwas Geld dazu verdient hat, nach Nürnberg gezogen ist, weiß Christiane nicht mehr, wie sie die Geschwister ernähren soll.

Besonders der Wegzug des Bruders hat Christiane schwer getroffen. August Vulpius, drei Jahre älter als die Schwester, ist eben dabei, sich als Schriftsteller einen Namen zu machen. Er hat auch schon einige kleinere Werke verfaßt, die, im Zeitgeschmack gehalten, eine gewisse Beachtung beim Publikum finden. Da sie ihm jedoch keinen nennenswerten materiellen Gewinn einbringen, hat er sich kurzerhand entschlossen, eine ihm angeborene Stellung als Secretarius bei dem Baron von Soden in Nürnberg anzunehmen. Die Arbeit dort wird aber so schlecht entlohnt, daß es kaum zum Nötigsten für das eigene Leben reicht. Zu seinem Leidwesen kann er, wie er schreibt, nur gelegentlich kleinere Beträge nach Hause schicken.

In dieser Notlage faßt Christiane Vulpius den Entschluß, selbst nach einem geeigneten Broterwerb zu suchen. Möglichkeiten dazu gibt es in Weimar nicht allzu viele. Obwohl die Stadt, seitdem der berühmte »Dichterfürst« Goethe hier lebt, der als Freund des Herzogs Karl August auch einflußreicher Minister ist, einen erstaunlichen Aufschwung genommen hat, ist das Wirtschaftsleben noch weitgehend unterentwickelt. Die Haupt- und Residenzstadt des Herzogtums Sachsen-Weimar-Eisenach ist mehr ein Hort des Geistes, der schönen Künste und der Wissenschaften als eine Stätte der Industrie und des Gewerbefleißes. Neben den üblichen Werkstätten der kleinen Handwerker gibt es nur ganz wenige Betriebe, die fremde Arbeitskräfte anstellen. Einzige Ausnahme ist das Unternehmen des initiativen Herrn Bertuch, eines alteingesessenen Bürgers, der es als Verleger illustrierter Zeitschriften und Modejournale in kurzer Zeit nicht nur zu Ansehen, sondern auch zu Geld gebracht hat. Mit diesem Geld hat er sich am Baumgarten – im nordwestlichen Teil der Stadt – ein feudales Haus erbaut, in dem sich neben seinem »Verlagskomptoir« auch eine eigene Druckerei und ein inzwischen weithin berühmt gewordenes Atelier für Zeichner, Kupferstecher und Koloristen befindet. Dort nun hat Bertuch seit einiger Zeit auch eine Fabrikation für künstliche Blumen eingerichtet, die erstaunlich rasch zu florieren beginnt. In diesem Betrieb, überlegt Christiane, könnte sie vielleicht Arbeit finden. Es wäre eine Beschäftigung, die ihr nicht nur ein Einkommen bringen, sondern – da sie Blumen über alles liebt – auch noch Freude machen würde. Sie versteht zwar nichts von der Kunst der Blumenbinderei, besitzt aber so viel Geschick und Fingerfertigkeit, besonders in der Herstellung der verschiedensten Handarbeiten, daß sie sich ohne weiteres zutraut, auch diese Arbeit schnell zu erlernen.

Christiane ist in diesen ersten Junitagen des Jahres 1786, da sie sich auf den Weg zur Bertuchschen Blumenfabrik macht, fast auf den Tag genau einundzwanzig Jahre alt. Sie ist ein ansehnliches junges Mädchen, dessen ungekünsteltes Wesen in Verbindung mit einem angeborenen weiblichen Charme ihr überall schnell Sympathien einbringt. Auffallend sind in dem hübschen gebräunten Gesicht, das von einem Schwall ungebändigter Locken umrahmt wird, die sinnlichen Lippen und die wachblickenden dunklen Augen, die neben einem ursprünglichen Temperament viel natürliche Lebensklugheit verraten.

Christiane weiß, daß es in letzter Zeit viel junge Mädchen zu einer Beschäftigung bei Bertuch drängt, vor allem auch, weil in die sehenswerte Blumenfabrik häufig hoher und höchster Besuch kommt. Ihre Chancen werden demnach nicht allzu günstig sein.

Aber versuchen will sie es auf jeden Fall.

Bertuchs Blumenfabrik

Friedrich Justin Bertuch, bei dem Christiane Vulpius ihr Glück versuchen will, ist einer der reichsten Männer der Stadt und zugleich einer ihrer angesehensten Bürger. Dank seines organisatorischen Vermögens und seiner unternehmerischen Fähigkeiten, ebenso aber dank seiner literarischen und künstlerischen Interessen ist er in den letzten Jahren weit über die Grenzen seiner Heimatstadt hinaus bekannt geworden. In seinem Haus verkehren nicht nur die Geistesheroen Goethe, Wieland und Herder, sondern auch Angehörige des Fürstenhofes. Bertuch bekleidet auch das verantwortungsvolle Amt eines Geheimsekretärs und Schatullenverwalters beim Herzog, ist Schriftsteller, Verleger, Fabrikant und – erfolgreich. Er schreibt Theaterstücke für die höfische Liebhaberbühne, bei denen er oft als Akteur mitwirkt; er hat den »Don Quixote« des Cervantes ins Deutsche übertragen, die Übersetzung galt als die beste seiner Zeit. Neben dem »Journal des Luxus und der Moden«, dessen Vorbild das Pariser »Cabinet des Modes« ist, gibt er mit Wieland den »Teutschen Merkur« und die »Allgemeine Literatur-Zeitung« heraus. Außerdem hat Bertuch den Grundstein zu dem wirtschaftlich bedeutenden »Landes-Industrie-Komptoir« gelegt.

In dem Bestreben, seinen Mitbürgern zu einem »besseren und schöneren Dasein« zu verhelfen, hat Bertuch vor zwei Jahren, 1784, seinem Unternehmen überraschenderweise eine kleine Fabrik für künstliche Blumen angegliedert. Auch dafür hat er sich die Anregungen aus der Modestadt Paris geholt, deren Monopol in diesem Kunstgewerbe er bald zu brechen hoffte. Am 17. Mai 1782 schreibt er darüber an Karl von Knebel, den »Urfreund« Goethes: »Es ist eine Entreprise meiner Frau, die nach und nach dem größten Theile unserer leider unbeschäftigten Mädchen der mittleren Classen sehr heilsam wird. Ihre Arbeiten haben sich, seitdem Sie nichts davon gesehen haben, unendlich verbessert und ich hoffe, sie sollen endlich den besten Pariser Arbeiten von dieser Art zur Seite stehen. – Vor jetzt arbeiten nur, wegen Mangel des Raums, erst zehn Mädchen vier Tage in der Woche in meinem Hause; sobald aber meine Mansasde im Sommerhaus, welche ich jetzt anbaue, fertig ist, hoffentlich zu Johannistag, so ist der Zuschnitt auf 50 gemacht. Sie werden sich freuen, Lieber, wenn Sie wieder einmal einen Flug zu uns thun und diesen ›thätigen Ameisenhaufen‹ sehen.«

Schon bald nach diesem Brief verlegt Bertuch den Betrieb, den er versuchsweise in einem kleinen Anwesen in der Nähe des Erfurter Tors, am westlichen Ausgang der Geleitstraße eingerichtet hatte, wie geplant in das fertiggestellte Dachgeschoß seines Hauses am Baumgarten. Mit seiner breiten, dreigegliederten klassizistischen Straßenfront ist dieses Haus unzweifelhaft das stattlichste private Gebäude der Residenz. Das im Giebel des Mittelteils angebrachte Ornament, ein Bienenkorb zwischen Füllhörnern, soll Fleiß und reichen Segen versinnbildlichen.

Die Blumenfabrikation wird rasch zu einer Sehenswürdigkeit. Oft gibt es hohen fürstlichen Besuch; vor allem natürlich interessieren sich die Damen des Hofes für das, was hier gemacht wird. Auch auswärtige Besucher melden sich an, um den jungen Mädchen zuzuschauen, die aus Taft- und Seidenresten bunte Blumen schneiden und kunstvoll zusammenbinden.

Das Geschäft beginnt zu blühen. Die Mode der üppig mit Blumen garnierten Hüte und Kostüme sorgt dafür, daß der Bedarf an solcherlei Schmuck beständig wächst. Auch Goethes Mutter, die Frau Rat in Frankfurt, gehört auf Empfehlung ihres berühmten Sohnes sehr bald zu den Kunden des Herrn Bertuch. Am 12. September 1784 bestellt sie bei ihm brieflich »von den herrlichen Blumen, besonders erbitte ich mir Feld blumen, als, Kornblumen, Vergißmeinnicht, Reseda, Klapperroßen usw.«

Hier nun hofft Christiane Vulpius eine passende Beschäftigung zu finden. Mit gespannter Erwartung geht sie von der Luthergasse, wo zur Zeit ihre unverheiratete Tante Juliane die Geschwister versorgt, über den Oberen Graben zum Baumgarten, wo gleich neben der Bürgerschule das Bertuchsche Haus liegt. Sie hat das Gebäude schon oft von außen bewundert, aber nie noch betreten. Jetzt, da sie zögernd durch das offene Eichentor tritt, kommt es ihr fast vor, als öffne sich vor ihr ein griechischer Tempel. Eine weite, von einer kunstvollen Kassettendecke überspannte Halle öffnet sich. Vor der breiten Treppe im Hintergrund erheben sich zwei Säulen. Daneben, in dämmerigen Nischen, stehen verschlungene Skulpturen.

Zu Christianes ungläubigem Erstaunen wird sie, nachdem sie einem livrierten Bediensteten Namen und Begehr mitgeteilt hat, sogleich in das Privatkabinett des Hausherrn geführt. Herr Bertuch, ein Menschenkenner, empfängt sie äußerst liebenswürdig, betrachtet sie, nachdem sie vor seinem Schreibtisch Platz genommen hat, wohlgefällig. Und sie erfährt, warum der mächtige Mann, der sonst Einstellungen für die Blumenherstellung von seiner Schwägerin Auguste Slevogt vornehmen läßt, sie persönlich empfangen hat: Der Name Vulpius ist ihm wohlbekannt. Bertuch hat von ihrem Bruder schon einiges gelesen. »Nicht unbegabt, der junge Mann«, wie Bertuch versichert. Es gibt in seinem Verlagskomptoir sogar ein Manuskript von August Vulpius; es ist unlängst mit der Post aus Nürnberg gekommen: eine Sammlung wunderlicher Geschichten aus der Gesellschaft, die, wenn es sich irgendwie einrichten läßt, bald bei Bertuch erscheinen sollen.

Christiane vernimmt es mit geheimer Genugtuung, ist überglücklich, aus berufenem Mund zu erfahren, daß der Bruder Talent besitzt und daß seine Erzählungen, aus denen er ihr schon so oft vorgelesen hat, Aussicht auf Erfolg haben.

Herr Bertuch sagt Christiane die gewünschte Stellung zu. Er ist ohnehin dabei, die Belegschaft des florierenden Betriebs zu vergrößern. Da kommt ihm dieses liebenswerte, natürliche junge Mädchen gerade recht.

Bezahlt wird in diesem Gewerbe nicht allzu viel. Hundert Taler bekommen die Mädchen, aufs Jahr umgerechnet. Das liegt an der unteren Grenze dessen, was Boten, Reitknechte, Handwerksgehilfen und die unterprivilegierten Privatlehrer verdienen. Dazu kommt, daß Bertuch einen Teil des Einkommens seiner Angestellten einbehält und damit eine Lohnsparkasse begründet. Durch verzinsliche Anlage des Geldes verschafft er den Mädchen somit ein Kapital, das ihnen bei ihrer Verheiratung sehr zustatten kommt. Der einfallsreiche Unternehmer weiß eben nicht nur aus der weiblichen Freude am Putz Gewinn zu machen, er ist auch auf das Wohl seiner Angestellten bedacht.

Von nun an geht also Christiane regelmäßig zur Arbeit in die Bertuchsche Blumenfabrik. Schon nach kurzer Anlernzeit versteht sie, mit Kröseleisen und Matrizen geschickt umzugehen und die aus Seide und Samt ausgestanzten und zugeschnittenen Blumenblätter so phantasievoll zu kunstvollen Sträußchen oder größeren Arrangements zu binden, daß ihr Arbeitgeber vollauf mit ihr zufrieden ist. Christiane liebt ihre Arbeit, die Gesellschaft in dem »thätigen Ameisenhaufen« gefällt ihr. Da sich unter den Mädchen auch Töchter aus besseren Kreisen befinden, ergeben sich angeregte Unterhaltungen und interessante Bekanntschaften.

Ein Reisender namens Rinck, der zu dieser Zeit in Weimar weilt und die Blumenfabrik besichtigt, ist beim Anblick der Mädchen zunächst der Meinung, daß es sich um eine Töchterschule handle. »Ich war erstaunt«, berichtet er über den Besuch, »etliche zwanzig mannbare Staatsjungfern, worunter mehrere würklich von Stand, mit der Anfertigung von künstlichen Blumen für den Verkauf beschäftigt zu sehen . . .«

»Ungebildetes Fabrikmädchen«, wird Frau von Stein später verächtlich sagen, wenn von »Mamsell Vulpia« die Rede ist. Damit sprach sie in ihrer maßlosen Eifersucht das aus, was man praktizierte: Nur in besonderen Ausnahmefällen durfte man sich dazu »herablassen«, mit Angehörigen der bürgerlichen Stände gesellschaftlich zu verkehren. Herr Bertuch war eine solche Ausnahme. Übrigens weiß die Hofdame Charlotte von Stein, eine geborene von Schardt, seit 1764 Gattin des herzoglichen Stallmeisters Friedrich Freiherr von Stein, nur zu gut, daß unter den Mädchen, wie der Bericht des Reisenden Rinck zeigt, »Staatsjungfern von Stand«, das heißt von Adel, sitzen. Die Mädchen sind »junge, züchtige Brigitten, gleich rein an Fingern und an Sitten«, wie Wieland leicht spöttisch bei anderer Gelegenheit gedichtet hat.

Wesentlich objektiver urteilt die berühmte Sängerin und Schauspielerin Karoline Jagemann, die später in ihren vielbeachteten »Erinnerungen« über Christiane und deren Arbeit in dieser Zeit schreibt: »Sie war ein sehr hübsches, freundliches, fleißiges Mädchen; aus ihrem apfelrunden, frischen Gesicht blickten ein paar brennende schwarze Augen, ihr etwas aufgeworfener kirschroter Mund zeigte, da sie gern lachte, eine Reihe schöner weißer Zähne, und dunkelbraune, volle Locken fielen ihr um Stirn und Nacken. Sie ernährte ihre Geschwister und eine alte Tante durch ihre Geschicklichkeit im Verfertigen künstlicher Blumen, und Goethe lernte sie in dieser Dürftigkeit kennen . . .«

Ein peinlicher Auftritt

Die erste Begegnung zwischen Goethe und Christiane Vulpius findet in der Bertuchschen Blumenfabrik statt.

Goethe, der 1775 auf Einladung des jungen Herzogs Karl August von Frankfurt nach Weimar gezogen ist, und Bertuch kennen sich gut. Goethe duzt sich mit ihm, wenngleich er nicht mit ihm befreundet ist. Dazu sind die beiden fast gleichaltrigen Männer im Grunde ihres Wesens zu verschieden.

Aber immer wieder ergeben sich Gelegenheiten für eine Zusammenarbeit, so bei den Aufführungen der Liebhaberbühne, deren Finanzen Bertuch verwaltet. Dort sind beide auch schon zusammen als Schauspieler aufgetreten. Der Errichtung des Freien Zeicheninstituts für begabte Weimarer Bürger, auf Anregung der Herzogin-Mutter Anna Amalia gegründet, aber auch der Ausgestaltung des neuen Parks zu beiden Seiten der Ilm lagen gemeinsame Vorstellungen zugrunde. Vor allem aber: Bertuch gibt in seinem Verlag Goethes »Optische Schriften« heraus, mit denen der Dichter, der sich mit Vorliebe auch naturwissenschaftlichen Studien widmet, die Lehre des berühmten englischen Physikers Newton über die spektrale Zusammensetzung des weißen Lichts zu widerlegen hofft.

In den ersten Julitagen des Jahres 1786 erhält Bertuch die Nachricht, daß Goethe mit einem hohen Gast die Blumenfabrik besichtigen will. Es handelt sich um den Prinzen Christian von Hessen-Darmstadt, den jüngsten Bruder der Herzogin Luise, der kürzlich in die Dienste der niederländischen Generalstaaten getreten ist. Als er jetzt zu einem Besuch der Schwester in Weimar weilt, bittet die Herzogin darum, Goethe als sachkundiger Führer möge ihm die Sehenswürdigkeiten der Residenz zeigen, und dazu gehören die Bertuchschen Unternehmen . . .

Der Prinz, ein junger, sympathiscier Mann, zeigt sich bei der Führung durch die Blumenbinderei aufgeschlossen und freundlich. In seiner Begleitung indessen befindet sich ein Offizier in goldbetreßter Uniform, der durch sein schneidiges, draufgängerisches Gehabe bald unangenehm auffällt. In schamloser Weise betrachtet er Mädchen für Mädchen, bis sein Blick auf Christiane fällt. Er spricht sie an, wird anzüglich. Als er nach ihrer Hand greift, wehrt sie ab, weicht zurück, und vor Empörung schießt ihr das Blut in den Kopf.

Goethe bemerkt es. Rasch tritt er zwischen Christiane und den flegelhaften Gast. Ungeachtet des hohen Besuchs, dem er verpflichtet ist, verweist er den Offizier in die Schranken.

Diese Szene, so kurz sie ist, macht auf Christiane einen unauslöschlichen Eindruck. Schon bei Beginn der Führung hat sie Goethe bewundernd beobachtet, seine aristokratische Haltung, sein männliches Wesen, sein selbstbewußtes Auftreten auch dem Prinzen gegenüber, das sich wohltuend von der liebedienerischen Beflissenheit der übrigen Begleiter abhebt. Schon immer hat sie sich gewünscht, dem berühmten Mann einmal zu begegnen, jenem herzoglichen Geheimrat und »Dichterfürsten«, von dem alle Welt mit so großer Bewunderung spricht und von dem ihr der Bruder schon so erstaunliche Dinge berichtet hat. Christiane kennt viele seiner Gedichte und kann sie, wie manche junge Mädchen ihrer Generation, auswendig hersagen. Vor allem liebt sie das »Heideröslein« und das gemütvolle »Lied an den Mond«. Dann natürlich auch »Wandrers Nachtlied«, das wie ein leidenschaftliches Stoßgebet klingt, und das Gedicht »Rastlose Liebe«, das mit den Versen schließt: »Wie – soll ich fliehen? / Wälderwärts ziehen? / Alles vergebens! / Krone des Lebens, / Glück ohne Ruh, / Liebe, bist du!«

Jetzt, da Christiane dem großen Mann so unverhofft gegenübersteht, ist sie verwirrt, weiß nichts anderes zu tun, als sich mit einem verlegenen Knicks für das ritterliche Eingreifen zu bedanken. Es ist eine Geste, die Goethe mit aufmunterndem Lächeln wahrnimmt. Er blickt sie an. Sieht sie nicht einem Jugendbildnis seiner Mutter ähnlich? Er glaubt im selben Moment die lebensvolle Art des Mädchens zu erkennen. Christiane hat ihre Scheu überwunden. Mit ihren großen dunklen Augen sieht sie Goethe an. Die Unbefangenheit und Natürlichkeit des Mädchens ist voller Zauber, ihre Sinnlichkeit voller

Ausstrahlung. Der Blick, mit dem Goethe jetzt ihre Gestalt umfängt, um ihr dann in ihr klares, ausdrucksvolles Gesicht zu sehen – diesen Blick, diesen im wortwörtlichen Sinne Augenblick, wird sie nie im Leben vergessen!

Und auch Goethe, der so Vielbeschäftigte und Vielgeliebte, vergißt diese Begegnung nicht. Welche Bedeutung sie für ihn hat, geht aus einem Gedicht hervor, das er Jahre später schreibt: Es ist die Elegie »Der neue Pausias und sein Blumenmädchen«, das er nach einer Tagebucheintragung am 23. Mai 1797 in Jena abschließt, zu einer Zeit also, als er das »kleine Naturwesen« Christiane Vulpius längst in sein Haus am Frauenplan aufgenommen und zu seiner Lebensgefährtin gemacht hat.

Dieses Gedicht hat Goethe in Dialogform nach einer Episode der »Naturalis historia« des Gaius Plinius Secundus verfaßt. Da verliebt sich der Maler Pausias aus Sikyon in ein armes Mädchen, das sich mit dem Binden von Blumen ernährt. »Wie du sie bindest, so wird nun erst ein Leben daraus«, läßt Goethe in seiner Version den Maler sagen, der zuerst nicht recht weiß, was er mehr bewundern soll von dem, was ihn bei dem Anblick so entzückt: die herrlichen Blumen, die geschickten Finger der Binderin oder das Mädchen selbst . . . Mit dem jungen und hübschen Blumenmädchen ist ganz deutlich Christiane gemeint, und Goethe selbst sieht sich in der Gestalt des Malers Pausias. So ist das Gedicht nicht nur eine bezaubernde Huldigung an die Geliebte, sondern zugleich eine liebevolle Reminiszenz an die erste Begegnung in der Bertuchschen Blumenfabrik. Dort – und nicht erst zwei Jahre später im Park an der Ilm, wie man gemeinhin annimmt – ist der entscheidende Funke gefallen: Pausias, wie Goethe ihn schildert, verliebt sich in das schöne Blumenmädchen nicht beim Spaziergang auf Parkwegen, sondern beim kunstvollen Binden der Sträuße.

Goethes Christiane . . . In einem anderen Gedicht schildert der Dichter sie so:

Einst erschien sie auch mir, ein bräunliches Mädchen, die Haare
Fielen ihr dunkel und reich über die Stirne herab,
Kurze Locken ringelten sich ums zierliche Hälschen,
Ungeflochtenes Haar krauste vom Scheitel sich auf . . .

KAPITEL I

Christianes Herkunft

1788, nach Goethes Rückkehr aus Italien, tritt ein, was alle Welt in Aufregung versetzt: Der Dichter nimmt Christiane Vulpius in sein Haus auf und macht sie, allen Widerständen zum Trotz, zu seiner Lebensgefährtin.

Für Christiane bringt die märchenhafte Veränderung ihres Lebens nicht nur höchstes Glück, sondern auch Anfeindung und Demütigung. Denn kaum ist ihr intimes Verhältnis zu Goethe in Weimar publik geworden, setzt ein übler Verleumdungsfeldzug gegen sie ein: erst versteckt, aus dem Hintergrund, später offen und unverblümt.

Man nimmt es dem großen Mann, der von allen verehrt und bewundert wird und zu dem die Welt wie zu einem Halbgott aufblickt, sehr übel, daß er sich zur Lebensgefährtin ein »ungebildetes Fabrikmädchen«, ein »Geschöpf aus der Gosse« erwählt hat. Ein lockeres Verhältnis hätte man ihm verziehen. Liaisons sind zu jener Zeit, die man die »galante« nennt, nichts Ungewöhnliches.

»Pöbelfamilie«, heißt es, wenn über Christianes Herkunft geklatscht wird. »Hure« nennt man sie, stempelt sie zur haltlosen Verschwenderin und Säuferin, unterstellt ihr Ausschweifungen und ehebrecherische Verhältnisse, spuckt am Brunnen vor ihr aus, wenn sie in anderen Umständen ist, und macht sie sogar für den Tod ihrer nicht lebensfähigen Kinder verantwortlich. »Die Mamsell«, sagt man oder die »Demoiselle«, meist nur kurz verächtlich »die Vulpiussen«, als handle es sich um einen niederen Dienstboten, nicht aber um die Frau, die Goethe schon vor der Heirat als seine Gattin betrachtet. »Ich *bin* verheiratet«, sagt er einmal zu Körners Schwägerin, als sie ihn fragt, warum er sein Verhältnis nicht legalisiere, »nur nicht mit Zeremonie!«

Noch heute, fast zweihundert Jahre später, sind die Meinungen geteilt. Noch immer setzt man ein mokantes Lächeln auf, wenn von Goethes Verhältnis zu Christiane die Rede ist, und benutzt die liebevoll gemeinte Bezeichnung von Goethes Mutter: »Bettschatz«, den Frau Aja ihrem Sohn von Herzen gönnte, in geringschätzigem Sinne. Es ist schließlich kein Zufall, daß es nur verhältnismäßig wenige Veröffentlichungen über Christiane Vulpius gibt. Die Goethe-Literatur füllt ganze Bibliotheken. »Wie er sich räuspert, wie er spuckt« – um ein Zitat Schillers zu verwenden –, das kann man überall in allen Einzelheiten nachlesen. Über jedes Werk, jedes Spezialgebiet, mit dem sich der Dichter beschäftigte, gibt es umfangreiche Veröffentlichungen. Auch die Frauen, mit denen Goethe irgendwann einmal in Verbindung stand, wurden durchleuchtet und literarisch verarbeitet: von Friederike Brion über Charlotte Buff, Lili Schönemann, Charlotte von Stein, Minchen Herzlieb, Bettina von Arnim bis zu Marianne von Willemer und Ulrike von Levetzow, Goethes letzter Liebe. Von Christiane Vulpius aber, mit der der Dichter die wichtigste Zeit seines Lebens, achtundzwanzig Jahre, verbrachte, ist in vielen Goethe-Biographien nur an wenigen Stellen kurz die Rede: 1788 bei der Begegnung im Park (da gibt es Bezüge zu den »Römischen Elegien«), 1806 bei der Verehelichung (da ist der Franzoseneinfall das auslösende Moment) und 1816 bei Christianes Tod (mit dem dieses leidige Kapitel dann endgültig abgeschlossen werden kann). Aber sonst?

Wie sieht Christianes Stammbaum aus? Wo kam sie her? Welche Entwicklung machte sie durch? Welche Stellung nahm sie im Haus am Frauenplan, später in der Gesellschaft ein? Was bedeutete sie wirklich für Goethes Leben, für sein Werk?

Fragen über Fragen, die von der einschlägigen Literatur nur unzureichend beantwortet werden. Grund genug, dem Leben dieser ungewöhnlichen Frau, die fast drei Jahrzehnte Goethes einzige Lebensgefährtin war, von allem Anfang an nachzugehen.

Aus Fuchs wurde Vulpius

Forscht man nach Christianes Abstammung, wie sie sich aus den verschiedensten Urkunden, besonders aus Eintragungen in alten Kirchenbüchern ergibt, macht man bald die Entdeckung, daß das böse Wort »Pöbelfamilie«, das auf die gekränkte, tief getroffene Charlotte von Stein zurückgeht, in keiner Weise gerechtfertigt ist. Im Gegenteil – die vielgeschmähte »Mamsell Vulpia«, die lange Zeit den Hauptgesprächsstoff in den Klatschzirkeln der vornehmen Weimarer Gesellschaft bildet, stammt von Vorfahren ab, die über hundert Jahre hindurch dem Gelehrtenstand angehörten. Geistliche waren darunter, Kantoren, Juristen und andere achtbare Männer. Sogar einen bedeutenden Kirchenkomponisten weist die Ahnentafel auf, dessen geistliche Lieder und Kirchengesänge 1604 erschienen. Es ergibt sich demnach die bemerkenswerte Tatsache, daß die kleine, von der Gesellschaft so gering geachtete Demoiselle Christiane dem verehrten Geheimrat von Goethe gegenüber gar nicht unebenbürtig war. Fast könnte man behaupten, sie hätte sich eigentlich eher überlegen fühlen können, da Goethes männliche Vorfahren bis zum Großvater Georg nur Handwerker, Bauern und Gastwirte waren, im Vergleich zu den männlichen Ahnen Christianes also verhältnismäßig »einfache« Leute.

Bereits der latinisierte Name »Vulpius« deutet auf eine Akademikerfamilie hin. Der erste Ahnherr der Familie, der sich an Hand der alten Kirchenbücher nachweisen läßt, hieß noch Fuchs (lateinisch: vulpes). Als ihm 1597 ein Sohn geboren wurde, erschien im Taufregister der Kirche, hinter der bereits geänderten Schreibweise des Familiennamens »Vuchs«, der besonders hervorgehobene Zusatz »Vulpio«. Er war mit der Latinisierung seines Namens bereits dem Zeitgeschmack der privilegierten Schichten gefolgt. Alle weiteren Angehörigen der Familie, soweit sie ihrer Bedeutung nach urkundlich erwähnt sind, erscheinen dann unter dem neuen Namen Vulpius (mit Vornamen hießen alle diese Männer Johann Friedrich): der Ururgroßvater (1598–1663), der zunächst Magister und Diakonus in Eisenberg, später Pastor in Wormstädt war, der Urgroßvater (1644–1715), der ebenfalls Seelsorger war und dessen Grabstein in der Turmhalle der Kirche von Rothenstein ihn als »wohlehrwürdigen und in Gott andächtigen Herrn« ausweist, und schließlich der Großvater Christianes, der rechtskundige Johann Friedrich Vulpius (1695–1752), der in Weimar »Juris Practicus« war und später zum »Hochfürstlich-Sächsischen Hof-Advocatus« ernannt wurde.

Von all diesen Vorfahren und ihren ehrenvollen Ämtern ist zu jener Zeit, da Christiane durch ihr Verhältnis mit Goethe ins Gerede kommt, so gut wie nichts bekannt.

Einer der »Vulpiusse« aber, den man in Weimar genau kannte, war der Vater Christianes, der ebenfalls die Rufnamen Johann Friedrich führte. Die unglücklichen Lebensumstände dieses Mannes boten der Weimarer Gesellschaft einen willkommenen Vorwand für ihre Klatschgeschichten. Daß Johann Friedrich Vulpius das, was er sich im Leben vorgenommen hatte, nicht erreichte und daß seine Familie schließlich in Not geriet, war nicht, wie man gehässig behauptete, einem liederlichen Lebenswandel und der Trunksucht zuzuschreiben, sondern widrigen Umständen.

Der Beginn seiner Laufbahn schien vielversprechend. Wie aus der Universitätsmatrikel in Jena hervorgeht, ließ er sich im Jahre 1746 als Student der Rechte immatrikulieren, wollte also, wie es schon fast Familientradition war, Jurist werden. Als jedoch nach einigen Jahren der Vater starb, konnte die mittellos zurückgebliebene Mutter die Ausbildung des Sohnes nicht länger finanzieren. Um sein Studium nicht unterbrechen zu müssen, schrieb der junge Studiosus zahlreiche Gesuche an die zuständigen Behörden. Da sie jedoch alle abschlägig beschieden wurden, mußte er schließlich die Alma mater verlassen, ohne einen akademischen Grad erworben zu haben.

In der Folgezeit bemühte er sich mit zahlreichen Bewerbungsschreiben um eine geeignete Stelle beim Fürstlichen Amt Weimar: Er bot dabei sogar an, eine Zeitlang ohne Entlohnung zu arbeiten, nur um sich weiterbilden zu können und die Anwartschaft auf eine festbesoldete Stelle zu gewinnen. Endlich, im Jahre 1759, erhielt er eine Zulassung beim Amt, wurde ein Jahr darauf zum Amtskopisten und bald danach zum Amtsarchivar ernannt.

Inzwischen hatte er Christiane Margarethe Riehl, die älteste Tochter des Manufakturverlegers Riehl, geheiratet. Dieser Ehe entstammten sechs Kinder, von denen jedoch nur zwei ein höheres Lebensalter erreichten: der spätere Schriftsteller Christian August Vulpius und die drei Jahre jüngere Johanna Christiana Sophia. Nach dem Tod der Mutter heiratete Christianes Vater ein zweites Mal und hatte in dieser Ehe vier Kinder, darunter Ernestine, die das Glück hatte, mit Stiefschwester Christiane später ebenfalls in das berühmte Haus am Frauenplan einziehen zu können.

Über das genaue Geburtsdatum der kleinen Christiane war

man sich lange Zeit nicht im klaren. Es gab verschiedene voneinander abweichende Angaben, und niemand bemühte sich, die Richtigkeit dieser Angaben nachzuprüfen. Fast scheint es, als sollte die Legendenbildung um Christianes Leben schon mit der Stunde ihrer Geburt einsetzen.

Goethe feierte stets den 6. August als ihren Geburtstag, mit mehr als zweimonatiger Verspätung, wie man heute weiß. Dieser merkwürdige Irrtum läßt sich nicht erklären. Die Mutter, die jede falsche Angabe sofort hätte richtigstellen können, war früh gestorben. Daß aber der Bruder vom 6. August, den Goethe als festlichen Geburtstag zu begehen pflegte, später nicht mehr überzeugt war, geht aus einem Brief hervor, den er nach Christianes Tod im Jahre 1816 an den gemeinsamen Freund Nicolaus Meyer schreibt. Dort heißt es, Christiane sei »an ihrem Geburtstag, dem 6. Juni (!), in der Stunde ihrer Geburt, der Mittagsstunde«, gestorben. Noch größer wurde die Verwirrung, als dann in den Grabstein auf dem Jakobsfriedhof ein ganz anderes Datum eingemeißelt wurde: 1. Juni 1765 – 6. Juni 1816.

Erst bei späteren Nachforschungen in den Kirchenbüchern stieß man auf eine Eintragung, die jeden Zweifel endgültig ausräumte. Dort heißt es, daß am 1. Juni 1765 das dritte Kind der Familie Vulpius »abend halb neun« zur Welt gekommen und später von Hofdiakonus Gottschalg auf die Namen Johanna Christiana Sophia getauft worden ist.

In alten Archiven fand man auch ein Exemplar der »Weimarischen Wöchentlichen Frag- und Anzeigen« von 1765. In der »Nummer 45 von Mittwoch, dem 5. Junius« steht zwischen Tagesneuigkeiten, Gelegenheitsanzeigen und Nachrichten über allerlei Verbrechen unter der Rubrik »Gebohrne« die Mitteilung: »Am 3ten dieses Monaths hat der Herr Amts-Copist Vulpius sein Töchterlein Johanna Christiana Sophia in Fürstl. Hofkirche taufen lassen.«

Demütigungen des Vaters

Über die ersten Lebensjahre der kleinen Christiane ist so gut wie nichts bekannt. Man weiß nur, daß schon bald die Mutter starb, der Vater nochmals heiratete und mit der neuen Frau weitere vier Kinder zeugte.

Um das Jahr 1775 – es ist die Zeit, da Goethe von dem jungen Herzog Karl August nach Weimar geholt wurde – war die Familie Vulpius so groß geworden, daß sie der vielgeplagte Vater mit seinem geringen Salär kaum noch ernähren, geschweige denn standesgemäß erziehen konnte. Denn trotz der anspruchsvoll klingenden Titel »Amts-Copist« und »Amtsarchivar« war er im Grunde ein kleiner Schreiber geblieben, der für einen Hungerlohn arbeiten mußte. Dazu kam, daß er bei der wöchentlichen Verteilung der Gerichtsgebühren, die er durch seine Schreibarbeit mitverdiente, immer wieder betrogen wurde. Seine Kollegen, meist rücksichtslose Emporkömmlinge, die wohl auch bessere Beziehungen zur Hofkamarilla hatten, schnitten da wesentlich besser ab.

In seiner Not richtete Vater Vulpius eines Tages ein »unterthänigst« abgefaßtes Gesuch direkt an die Herzogin Anna Amalia, die nach dem frühen Tod ihres Gatten – als Vormund ihres minderjährigen Sohnes Karl August – für lange Zeit die Regierungsgeschäfte übernommen hatte. Sie war eine hochgeachtete Regentin, die keine Sitzung des Staatsrats versäumte, sich intensiv – und mit Erfolg – um Verwaltung und Finanzwesen des Herzogtums kümmerte ebenso wie um die kulturellen und geistigen Belange ihres Landes. Außerdem war Anna Amalia bekannt für ihren Großmut und ihre Menschlichkeit – auch ihren kranken und armen Untertanen gegenüber. Dennoch blieb Johann Friedrich Vulpius' Bitte, eine gerade frei gewordene, besser besoldete Stelle antreten zu können, erfolglos.

Allmählich geriet die Familie in eine immer auswegloser erscheinende Zwangslage, zumal Krankheiten der Kinder und unvorgesehene Ausgaben für andere Dinge die letzten Mittel verschlangen. Während bei Hof glanzvolle Feste gefeiert wurden und die Gesellschaft des Herzogtums sich auf Kosten des Volkes amüsierte, lernte Vater Vulpius das ganze Elend der sogenannten galanten Zeit kennen. In der zweiten Hälfte des achtzehnten Jahrhunderts war es nun einmal sehr schwierig, als kleiner Beamter in einem absolutistisch regierten Zwergstaat zu leben.

In der Tat wurde für diesen oft gedemütigten Mann, der mit seinem Leben nicht fertig geworden ist, das Wirtshaus immer häufiger der Ort seiner Zuflucht. Dennoch war es Unrecht, ihn und seine Angehörigen als »Pöbelfamilie« zu bezeichnen. Bei allem Elend war der Amtsarchivar bis ans Ende seines Lebens bemüht, seinen Kindern ein guter Vater zu sein.

Besonders das Fortkommen seines ältesten Sohnes August lag ihm am Herzen. Daß er dabei nicht nur an praktische Ausbildung zum Zweck des späteren Gelderwerbs dachte, sondern auch bestrebt war, dessen schon früh zutagegetretenes schriftstellerisches Talent zu fördern, erfährt man aus einer zeitgenössischen Veröffentlichung im »Neuen Nekrolog der Deutschen«, in der es in bezug auf diesen Sohn heißt: »Sein rechtschaffener Vater verkannte dies Talent in ihm nicht und sorgte für eine tüchtige Schulbildung, wozu ihm das weimarische Gymnasium und der als Romantiker bekannte Professor Musäus hilfreiche Hand bot.« Der Vater ermöglichte sogar, trotz der knappen Mittel, ein Jurastudium – das Studium, das er selbst einst hatte abbrechen müssen. Sein Sohn ging nach Jena, später nach Erlangen, studierte neben der Rechtswissenschaft auch Geschichte, Heraldik und Numismatik.

August Vulpius wollte nicht Jurist werden wie viele seiner

Vorfahren, sondern Schriftsteller. Früh schon begann er zu schreiben, Gedichte und kleine Geschichten im Zeitgeschmack, bald auch Romane und Dramen, vor allem aber modische Prologe und Epiloge für die Truppe des Theaterunternehmers Bellomo, dessen Bühne die eigentliche Vorläuferin des später von Goethe geleiteten Weimarer Hoftheaters war.

Neben seinem Studium und seinen Arbeiten hat sich August Vulpius immer um seine jüngeren Geschwister gekümmert, besonders um die ihm am nächsten stehende Christiane. Er ist eine Schlüsselfigur in ihrem Leben.

Schon als Junge hatte August Vulpius viel gelesen, nahezu alles verschlungen, was von den damals führenden Schriftstellern geschrieben wurde. Natürlich las er auch Goethe und kannte, wie alle gebildeten Menschen seiner Zeit, das meiste, was bis dahin von dem so schnell berühmt gewordenen Dichter veröffentlicht worden war: neben dem »Götz« in erster Linie den »Werther«, den Bestseller der damaligen Zeit, dessen Erscheinen zu einem der spektakulärsten Ereignisse der deutschen Literaturgeschichte wurde.

Der in Briefform geschriebene Roman »Die Leiden des jungen Werther« war zunächst in zwei schmalen Bändchen zur Herbstmesse 1774 in Leipzig erschienen. Nach dem sensationellen Anfangserfolg aber, den niemand vorausgeahnt hatte, wurde das Buch sofort in zahlreichen illegalen Nachdrucken überall in Deutschland auf den Markt gebracht und fand so weiteste Verbreitung. Ursprünglich war das Werk anonym erschienen. Als man dann aber den Namen des Autors erfuhr, machte es den damals fünfundzwanzigjährigen, in einfacheren Kreisen noch wenig bekannten Goethe über Nacht berühmt. So berühmt, daß er noch Jahre danach für die meisten Menschen – sehr zu seinem Ärger – ganz einfach nur der »Autor des Werther« war. Der spektakuläre Erfolg kam für Goethe selbst überraschend. Der Roman ist ja die im Grunde einfache Geschichte eines jungen Mannes, der, wie Goethe damals schrieb, »mit einer tiefen reinen Empfindung und wahrer Penetration begabt, sich in schwärmende Träume verliert, sich durch Spekulation untergräbt, bis er zuletzt durch dazutretende unglückliche Leidenschaften, besonders eine endlose Liebe zerrüttet, sich eine Kugel vor den Kopf schießt«.

Goethe hat den Roman in Gedanken an seine leidenschaftliche, aber unglückliche Beziehung zu Charlotte Buff geschrieben, die die Braut seines Wetzlarer Freundes Kestner war. Als Modell zu seinem Helden diente ihm ein junger Mann, den er ebenfalls kannte und dem er oft in Gesellschaft begegnet war – der braunschweigische Legationssekretär Karl Wilhelm Jerusalem, der sich aus unglücklicher Liebe zu der Gattin eines Freundes und aus gekränktem Ehrgeiz mit einer Pistole erschoß . . .

Schon bald nach Erscheinen des »Werther« setzte unter der Jugend Deutschlands eine Bewegung ein, die man nur als Werther-Fieber, als Werther-Epidemie bezeichnen kann. Das schmerzliche Gefühl des Eingesperrtseins, das den jungen Mann Werther zur Verzweiflung trieb, traf wohl einen Nerv der Zeit. Aber es war nicht nur die poetisch dokumentierte Empfindsamkeit, die den Erfolg des Romans ausmachte; durch die negative Einstellung des Helden zu der herrschenden Gesellschaftsschicht, durch seine weltschmerzlerische Kritik an den Verhältnissen der Zeit und den sozialen Zuständen, wurde das Buch für die junge Generation der siebziger und achtziger Jahre jenes unruhigen Jahrhunderts zum Symbol des Kampfes gegen jede Art von Unterdrückung. Daß das ohne Absicht Goethes, ja fast gegen seinen Willen geschieht, ändert nichts an der Wirkung. Das Buch ist und bleibt eine Sensation, die, wie ein Zeitgenosse schreibt, mit einem Schlag das geistige Klima jener Zeit verändert.

Überall wird leidenschaftlich über das Werk diskutiert. Man ereifert sich, sucht sich mit den Gestalten des Romans zu identifizieren. Eine eigene Werther-Mode kommt auf. Junge Mädchen wollen plötzlich Lotte sein, bewegen sich wie sie, tragen das im Buch beschriebene »simple weiße Kleid mit blaßroten Schleifen«. Auch viele junge Männer kleiden sich wie ihr Idol, erscheinen zu gesellschaftlichen Veranstaltungen in blauem Frack mit gelber Hose, tragen sichtbar eine »Werther«-Ausgabe unter dem Arm.

Der Roman löst eine Selbstmordwelle aus, was kirchliche Stellen zu heftigen Protesten gegen das Buch veranlaßt. Vor allem unter jungen Leuten scheint der Suizid »nach Art des Helden« ansteckend zu wirken. Viele dieser unglückselig Verblendeten vollziehen die Tat auf schaurig-effektvolle Weise: Sie zünden Kerzen an, stellen einen Spiegel auf, wie es die Titelvignette der »Werther«-Erstausgabe zeigte, legen das aufgeschlagene Buch vor sich auf den Tisch und schießen sich in theatralischer Haltung eine Kugel in den Kopf.

Andere Werther-Fanatiker pilgern zum Grab des unglücklichen Jerusalem, legen dort Kränze nieder, halten flammende Gedenkreden und verfluchen die Pfaffen, die dem Toten ein ehrliches Begräbnis verweigert haben.

Es ist nicht verwunderlich, daß solch bewegende Geschehnisse auch den jungen August Vulpius nicht unberührt lassen. Er ist zwar, als der »Werther« erscheint, noch ein unerfahrener Jüngling, doch da Goethe sein Vorbild ist, verfolgt er das allgemeine Fieber, das noch lange danach die Menschen aufwühlt und verändert, mit besonders wachen Sinnen. Wenn seine Zeit kommt, soll sie ihn nicht unvorbereitet finden.

Es ist eine aufregende, ungemein bewegte Zeit, von der der junge Vulpius beeinflußt und mitgerissen wird. Sturm und

Drang heißt jetzt die Parole. Eine neue Epoche bricht auf. Ihre Pioniere sind entschlossen, dem bisherigen verknöcherten Literaturbetrieb ein Ende zu bereiten. Rokoko, Aufklärung, Klassizismus gelten als überholt, Hinwendung zum Unmittelbaren, unverbildet Naturhaften ist das Ziel. Traditionelle ästhetische Regeln sollen durch die Schöpferkraft des freien Genies, das idealisierte Schöne durch das charakteristisch Wahre ersetzt werden.

»In tirannos« steht über vielen Werken der Jungen, nicht nur über Schillers »Räuber«. Reinhold Lenz schreibt seine revolutionär-aufwühlenden »Soldaten«, Maximilian Klinger sein expressives Drama »Sturm und Drang«, das der Epoche den Namen gibt, Leopold Wagner das anklägerische Trauerspiel »Die Kindsmörderin«, das die Gretchentragödie in Goethes »Faust« vorwegnimmt.

Das wichtigste aber: Das stille und verträumte Weimar, provinzielle Residenzstadt des Herzogtums Sachsen-Weimar-Eisenach, blüht zusehends auf. Seit Goethe, von dem mündig gewordenen Herzog Karl August ins Land geholt, 1775 in Weimar seinen festen Wohnsitz genommen hat, zieht die Stadt wie ein unwiderstehlicher Magnet die großen Geister der Zeit in ihre Mauern. Weimar ist auf dem besten Weg, zur heimlichen Hauptstadt des Kultur- und Geisteslebens Deutschlands, vielleicht sogar der ganzen Welt zu werden.

Welch ein Glück, in dieser Stadt, in dieser Zeit zu leben!

KAPITEL II

Des Bruders Plan

Das Haus, das der Amtsarchivar Vulpius mit der Familie bewohnte, liegt in einem der ältesten Teile der winkeligen Stadt, in der Luthergasse Nr. 5. Es ist ein unscheinbares, einstöckiges Gebäude, das bis auf den heutigen Tag in seiner ursprünglichen Gestalt erhalten geblieben ist und von der gegenwärtigen Stadtverwaltung liebevoll gepflegt wird.

Steigt man die enge Treppe hoch, fällt der Blick auf einen im Nachbargrundstück liegenden üppigen Garten. Er gehört zu dem sogenannten Kirms-Krackow-Haus, einstigem Besitz des wackeren Kammerrats Kirms, der unter Goethes Leitung für die Verwaltung des Weimarer Hoftheaters zuständig war. Dieser Garten, in dem auch Christiane mitunter gärtnerte, muß ein Lichtblick in der Eintönigkeit ihres Lebens gewesen sein. Gartenarbeit, von der sie erstaunlich viel verstand, war schon immer eine ihrer Lieblingsbeschäftigungen. Wenn sie mit Pflanzen umging, mit Blumen, Sträuchern und seltenen exotischen Gewächsen, gedieh ihr, wie es Goethe später oft genug bestätigte, alles auf das prächtigste.

Die Schauspielerin und Sängerin Karoline Jagemann wohnte in ihrer Kindheit einige Zeit in unmittelbarer Nachbarschaft. Wie alle Anwohner liebte sie den kleinen Garten sehr, in dem sie Christiane manchmal beschäftigt sah. In ihren »Erinnerungen« schreibt sie mit fast poetischer Begeisterung darüber: »Hier wurden die Rosen größer und voller, der Lack dunkler, stärker und würziger, alle Früchte saftiger und wohlschmekkender als bei anderen Leuten.«

Dort also, in der idyllischen kleinbürgerlichen Umgebung verbringt Christiane Vulpius ihre Mädchenjahre, ehe sie durch ihre Begegnung mit Goethe förmlich ins Licht der Öffentlichkeit gerissen wird. Bis dahin verspürt sie in der stillen Zurückgezogenheit, in der sie lebt, nicht jenes Hochgefühl, das August, ihren Bruder, unruhevoll bewegt und umherzutreiben beginnt. Von ihm hört sie von den Umwälzungen der Zeit, von den revolutionären Ideen der Stürmer und Dränger, die den angehenden Schriftsteller zu flammenden Gedichten und Proklamationen begeistern. Aber die Arbeit im Haus, die Sorge um ihre kleineren Geschwister lassen Christiane wenig Zeit, Bücher zu lesen oder sich eingehend mit geistigen Problemen zu beschäftigen. Ihr einziger »Lehrmeister« ist ihr Bruder August. Die schulische Ausbildung ist demgegenüber bescheiden, besteht in erster Linie in Religionsunterricht. Seit der Bruder studiert, bleiben kaum noch Mittel für Dinge, die über den täglichen Bedarf hinausgehen. Der Besuch einer höheren Schule kommt für ein Mädchen ohnehin nicht in Frage.

Es scheint auch ganz in der Ordnung so. Die Welt, in der Christiane lebt, ist eine reine Männerwelt. In allen Familien werden die Söhne vorgezogen. Sie sind es, die später ihre Familien zu ernähren haben, einen Beruf erlernen müssen. Die Töchter sollen gute Hausfrauen werden, nichts anderes. Wenn sie höheren Ständen angehören, spielen sie Klavier, machen Handarbeiten, lernen allenfalls eine fremde Sprache. Wozu auch mehr? Mädchen sollen heiraten. Ihr Hauptziel bleibt: einen passenden Mann zu finden, »unter die Haube« zu kommen. Christiane weiß das. Sie ist sich auch klar darüber, daß es für sie schwer sein wird, einen Mann zu finden, der sie heiratet. Nicht, daß sich kein Mann für sie interessieren würde, das ist es nicht – in der Nachbarschaft gibt es genügend junge Burschen, die ihr schöne Augen machen, die mit dem sinnenfrohen, aufgeweckten jungen Mädchen gern eine Liebschaft beginnen würden. Aber heiraten? Geheiratet werden Mädchen, die eine ausreichende Mitgift bekommen, also genügend Geld zur Gründung eines eigenen Hausstandes mit in die Ehe bringen. Mit einer Mitgift aber ist bei Christiane nicht zu rechnen. Und das wissen die jungen Männer und schauen sich deshalb lieber anderweitig unter den Töchtern Weimars um. Das ist bitter für Christiane. Wie singen die Kinder auf der Straße bei ihren Reigenspielen, wenn nach der Paarbildung eines der Mädchen in der Ecke übrigbleibt? Sie hat es nur zu gut im Ohr: »Du, du hast kein' Mann, / Weil dich keiner leiden kann . . .«

Einziger Trost in dieser hoffnungslosen Lage ist für Christiane das innige Verhältnis zu ihrem Bruder. August Vulpius, der angehende Schriftsteller, ist zwar kein Hausengel, reist viel in der Weltgeschichte umher, bekommt auch öfter Streit mit den Geschwistern und Halbgeschwistern. Doch zu Christiane, die ihm auch altersmäßig am nächsten steht, fühlt er sich immer wieder hingezogen. Sie ist die anmutigste und – intelligenteste. Mit ihr führt er oft lange Unterhaltungen, spricht mit ihr über künstlerische Probleme, die ihn beschäftigen, berichtet ihr vom Leben in der Stadt und draußen in der großen Welt. Mitunter liest er ihr auch Gedichte und kleine Geschichten vor; eigene und solche von namhaften Schriftstellern, die man, wie er meint, kennen muß. So lernt sie durch ihn, wenigstens in großen Zügen, die geistigen Strömungen der Zeit kennen. Und Christiane ist eine gelehrige Schülerin, die dem bewunderten Bruder aufmerksam zuhört.

Eine unangenehme Affäre

Im Frühjahr 1782 – Christiane ist sechzehn Jahre alt – bricht unvermutet ein schweres Schicksal über die Familie herein. Der Vater verliert über Nacht seine Stellung, wird nach über zwanzig Dienstjahren fristlos aus dem Amt entlassen. Der Grund: Man wirft ihm ein Amtsvergehen vor.

Was es mit diesem Vergehen auf sich hat, erfährt man aus dem Protokoll einer Sitzung des »Geheimen Consilium« vom 26. März 1782. Danach soll der Archivarius Johann Friedrich Vulpius mit einem Amtsdiener namens Graf einen »falschen Consensus« ausgestellt haben. Deutlicher gesagt: Es wird ihm zur Last gelegt, eine durch ihn zu erhebende Gebühr, die der Regierung zustand, nicht abgeführt zu haben. Vulpius und der Amtsdiener sollen deshalb auf Antrag eines höheren Regierungsbeamten für vier Wochen ins Gefängnis kommen. Das ist gewiß hart – doch ganz so schlimm, wie es sich nach der Anklageschrift anhört, scheint das Vergehen nicht gewesen zu sein. Denn nach einer weiteren Sitzung des »Geheimen Consilium«, die wenige Wochen später, am 30. April 1782 stattfindet, kommt es dann doch nicht zu der befürchteten Gefängnisstrafe. Vulpius wird zwar nicht freigesprochen und bekommt auch nicht seine alte Stellung zurück, doch ergeht schon bald danach ein »Herzoglicher Gnadenerlaß«, durch den die Regierung angewiesen wird, dem entlassenen Beamten »in Anbetracht der großen Bedürftigkeit, worinnen sich derselbe mit seiner zahlreichen Familie befinden soll, einstweilen und bis zu seiner anderweitigen Versorgung« ein Gnadengehalt zu gewähren. Mit der »anderweitigen Versorgung« ist eine Aufsichtsstelle beim Wegebau gemeint, die Vulpius bald darauf zugewiesen wird. Der Prozeß geht also verhältnismäßig glimpflich ab.

Niemand weiß heute, wie es in Wirklichkeit zu der Anklage gekommen ist. Vielleicht hat Vulpius nur vergessen, die reklamierte Gebühr rechtzeitig an das Amt abzuführen. Vielleicht auch ist sie anderweitig verschlampt worden, und irgend jemand, der dem Amtsarchivar übel wollte oder auf seine Beamtenstellung spekulierte, hat eine Staatsaktion daraus gemacht – in einem absolutistisch regierten Duodezstaat des ausgehenden achtzehnten Jahrhunderts durchaus nicht undenkbar. Zum Glück findet der Prozeß in geheimen Sitzungen statt, so daß von der Anklage, die allein schon durch das Wort »Amtsvergehen« für Christianes Vater und die ganze Familie verheerende Folgen haben könnte, nichts an die Öffentlichkeit dringt. Später gerät die Affäre völlig in Vergessenheit. Erst in jüngster Zeit hat man in alten Archiven die längst verstaubten Akten und Repertoiren wieder aufgefunden und damit – zum Teil wenigstens – das Geschehen rekonstruieren können. Bemerkenswert ist dabei folgende Entdeckung: Bei den Sitzungen des »Geheimen Consilium«, in denen über das Schicksal des Johann Friedrich Vulpius entschieden wird, ist auch, und zwar in seiner Eigenschaft als zuständiger Minister, der Geheime Rat von Goethe anwesend. Und da Goethe damals zugleich »Wegebaudirektor« ist, hat er auch das schriftliche Ersuchen des Herzogs, den »dimittierten Amtsarchivar V.« im Straßenbau unterzubringen, in Händen gehalten. Er hat den Empfang dieses Schreibens, wie sich aus den Akten im Landeshauptarchiv in Weimar beweisen läßt, unter dem 29. Juli 1782 eigenhändig bestätigt.

Goethe kennt demnach die Anschuldigungen, die man gegen Christianes Vater erhoben hat. Und er hat bei den Verhandlungen, wenn auch unbewußt, das Schicksal seines künftigen Schwiegervaters mitbestimmt. Mehr noch: Während des Prozesses wird unter anderem ausführlich über ein Bittgesuch verhandelt, das Christiane an das Consilium gerichtet hat. Goethe muß also auch dieses Schriftstück in Händen gehalten haben. Was mochte er wohl denken, als er das Schreiben las, mit dem die Tochter des Angeklagten – seine spätere Frau – in bewegten Worten um Gnade für ihren Vater bat? Möglich, daß Christianes Petition mit dazu beiträgt, daß das Urteil verhältnismäßig milde ausfällt und öffentlich nicht bekanntgemacht wird, so daß später wenigstens niemand Christiane auch noch als Tochter eines »mit Gefängnis bestraften Übeltäters« beschimpfen kann. Dafür werden lange nach dem Tod des Vaters, als die heimlichen Beziehungen Christianes zu Goethe »ruchbar« werden, andere Verleumdungen laut, unter anderem die durch nichts zu belegende Behauptung, Johann Friedrich Vulpius sei im Alkoholdelirium gestorben und habe somit nach einem liederlichen Lebenswandel das verdiente Ende gefunden.

Aus heutiger Sicht will es scheinen, als habe der vielgeplagte Mann noch postum dafür büßen müssen, daß Goethe mit dessen Tochter eine Ehe einging, die von der Gesellschaft als nicht standesgemäß mißbilligt wurde.

Unwillkürlich denkt man an die düsteren Verse, die Goethe Jahre danach in »Wilhelm Meisters Lehrjahre« den Harfner an die Adresse der himmlischen Mächte sagen läßt: »Ihr führt ins Leben uns hinein, / Ihr laßt den Armen schuldig werden, / Dann überlaßt ihr ihn der Pein, / Denn alle Schuld rächt sich auf Erden.«

Erste Unterstützung Goethes

Nach dem Tod des Vaters, 1786, beginnt für den jungen August Vulpius eine harte Zeit. Er ist nun der Ernährer seiner zahlreichen Geschwister geworden. Zwar hilft die alleinstehende Tante Juliane, die Schwester des Vaters, die kleineren Geschwister zu versorgen, doch die Beschaffung der Mittel für den Lebensunterhalt liegt allein auf seinen Schultern. Dabei hat er gerade in dieser Zeit hochfliegende Pläne. Er ist ehrgeizig, will schreiben, ein bekannter Dichter werden. Doch wie soll er das erreichen, wenn er sich in erster Linie um den leidigen Broterwerb kümmern muß? Am meisten bedrückt ihn, daß er seine Studien nicht vollenden, keinen akademischen Grad erwerben kann. Für sein Fortkommen ist das ein kaum zu überwindendes Hindernis. Wo immer er sich um eine gehobenere Stellung bemüht, wird er abgewiesen, werden andere Bewerber, die eine abgeschlossene Bildung vorweisen können, vorgezogen. Dabei wäre er für manchen Posten viel geeigneter als seine Konkurrenten mit dem »Berechtigungsschein«. Man fragt nicht nach Begabung, man fragt nach Zensuren. Zumindest nach Empfehlungen. Daß solche Engstirnigkeit oft für die ganze Zukunft entscheidend ist, gehört zu den bittersten Erfahrungen, die ein begabter, aber aus dürftigen Verhältnissen stammender junger Mensch erleben muß.

Manchmal tröstet sich August Vulpius mit der Tatsache, daß viele bekannte Männer seiner Zeit, Schriftsteller und auch Gelehrte, aus noch kleineren Verhältnissen kamen. Maximilian Klinger, dessen Drama der Sturm-und-Drang-Periode den Namen gibt, wuchs bei seiner Mutter auf, einer armen Witwe, die ihr Geld als Waschfrau verdienen mußte; Heinrich Voß vom Göttinger Hainbund, der Homer übersetzt hat, stammte aus einer Leibeigenenfamilie; Herdes Vater war vermögensloser Dorfkantor, der von Reinhold Lenz ein bettelarmer Landpastor. Selbst Winckelmann, der große Gelehrte und Wiederentdecker der Antike, kam als Sohn eines Flickschusters zur Welt. Und C. G. Heyne, der klassische Göttinger Philologe, stammte aus einer Leineweberfamilie.

Ob es nicht also doch zu schaffen sein würde? Aber wenn es August Vulpius recht bedenkt, waren diese Größen entweder nicht gezwungen gewesen, ihr Studium abzubrechen, oder hatten Beziehungen, hatten einflußreiche Förderer, die sie unterstützten und so den Aufstieg ermöglichten. Wie aber soll er, der »abgebrochene Studiosus«, zu einem Gönner kommen?

Ein verfluchtes Leben, denkt August Vulpius und spielt mit Überlegungen, denen er Jahre später in seinem berühmt gewordenen Roman vom edlen Räuberhauptmann Rinaldo Rinaldini Ausdruck verliehen hat. Es ist die Idee vom krassen Außenseiter, der, von der Gesellschaft verstoßen, »in des Waldes tiefsten Gründen« haust und einen todesmutigen Kampf gegen Adel und Klerus, gegen soziale Mißstände und alle Ungerechtigkeiten der Welt führt.

August Vulpius steht mit solchen Gedanken nicht allein. Die Stürmer und Dränger, die zornigen jungen Männer der Epoche, hegen in ihren Hitzköpfen ähnliche Gedanken. Angeregt von der Geschichte des Altertums, von Gestalten wie Brutus, Damon und anderen Rebellen, reden sie von Aufstand und Tyrannenmord. Sie lieben es, die Bürger zu erschrecken, sie wollen heraus aus der Enge des Lebens, sie wollen die Welt verändern.

Einige der Jungen zitieren gern Goethe, den *frühen* Goethe, noch aus der Frankfurter Zeit, insbesondere die Rede des Crugantino, einer Gestalt aus dem Schauspiel »Claudine von Bella Villa«, mit der sie sich vornehmlich identifizieren: »Wißt ihr die Bedürfnisse eines jungen Herzens, wie meines ist? Ein junger toller Kopf? Wo habt ihr einen Schauplatz des Lebens für mich? Eure bürgerliche Gesellschaft ist mir unerträglich! Will ich arbeiten, muß ich Knecht sein, will ich mich lustig machen, muß ich Knecht sein. Muß nicht einer, der halbwegs was wert ist, lieber in die weite Welt gehen?«

Als August Vulpius solche und ähnliche Zitate von Goethe hört, kommt ihm ein Gedanke: Könnte ihm der Mann, der so zündende Worte schreibt, der der jungen Generation so mitfühlend aus dem Herzen zu sprechen versteht, nicht aus der Misere helfen? Ein Mann zudem, der jetzt in Weimar lebt, in unmittelbarer Nähe also, der als Dichter ein hohes Regierungsamt bekleidet und Beziehungen zu vielen Zeitgenossen hat? Der junge Schriftsteller nimmt sich ein Herz und schreibt eines Tages einen ausführlichen Brief an den Herrn Geheimrat, legt auch einige eigene Arbeiten bei, bittet – unter Hinweis auf die Notlage der Familie – um eine bescheidene Unterstützung seiner Bestrebungen. Große Hoffnungen macht er sich nicht.

Doch das Wunder geschieht. Goethe antwortet dem jungen Schriftsteller, zeigt sich interessiert, gewährt ihm auch Hilfe. Worin diese Hilfe bestand, ist nicht überliefert. Wir wissen davon jedoch aus einem Hinweis von Goethe selbst. Im Jahre 1788, nach der Rückkehr aus Italien, als er Christiane schon ins Haus genommen hat und ihrem Bruder erneut beistehen will, schreibt er in einem Brief an den Freund Friedrich Jacobi in bezug auf August Vulpius: »Ich habe mich seiner vor einigen Jahren angenommen, in meiner Abwesenheit verlor er jede Unterstützung und ging . . . nach Nürnberg . . .«

Vergnügungen in Weimar

Eine schwierige Zeit nicht nur für August Vulpius, sondern auch für Christiane, die nun seit einigen Wochen in der Bertuchschen Blumenfabrik den Unterhalt für die Familie verdient. Doch trotz drängender finanzieller Sorgen bewahrt sie sich ihre Fröhlichkeit und ihren Lebensmut. Wenn es sich einrichten läßt, die Tante ihre Hilfe im Haushalt nicht braucht, besucht sie Veranstaltungen und Feste, an denen es in Weimar nicht mangelt: Aufführungen von Wanderbühnen, Konzerte der Stadtmusik, auch Tanzvergnügungen in einem der Gasthäuser, vor allem im »Goldenen Anker«, wo sich die jungen Mädchen und Burschen am Wochenende treffen. Oder sie geht gelegentlich mit Freunden aus der Nachbarschaft in eines der vielen Bierhäuser, in denen immer ein lebhaftes Treiben herrscht. Am meisten freut sich Christiane jedes Jahr auf das Schützenfest, das im Hochsommer, im August, stattfindet. Von ihrem Bruder weiß sie, daß dieses Vogelschießen, wie es in Weimar genannt wird, schon seit mehr als einem Jahrhundert zur festen Tradition gehört und von jeher mit einem großen Volksfest verbunden war. Die ganze Stadt ist dann auf den Beinen, nicht nur das sogenannte gemeine Volk, sondern auch wohlhabende Bürger und hochgestellte Beamte feiern mit. Sogar die Damen und Herren des Hofes, eingeschlossen der Herzog und seine Familie, pflegen sich unter die Menge zu mischen. Es ist so, als ob für diesen einen Tag die ansonsten streng eingehaltenen Standesschranken fallen würden.

Diesmal, 1786, mischt sich jedoch in die Freude auf das Fest ein Wehmutstropfen: Das große Schießhaus, das vor fünfzig Jahren in einem parkähnlichen Garten am Oberweimarischen Weg errichtet wurde, ist baufällig geworden. Man redet bereits davon, daß es in nächster Zeit abgerissen werden muß. Und solange kein neues Haus zur Verfügung steht, können weitere Schützenfeste nicht stattfinden. Um so mehr will man dieses vorerst letzte genießen.

Christiane hat sich, weil der Bruder nicht mehr in Weimar lebt, mit einigen anderen Mädchen aus der Blumenfabrik verabredet. Tagelang vorher drehen sich ihre Gespräche nur noch um ein Thema: was man anziehen soll, welche Frisur man trägt, was man alles unternehmen will und, natürlich, ob man beim Tanz einen netten Verehrer findet. Herr Bertuch, der die Vorfreude seiner Demoisellen mit Wohlwollen betrachtet, steuert seinen Teil zu einem guten Gelingen bei. Die Mädchen dürfen sich Stoffreste aussuchen, damit sie sich recht hübsch herausputzen können. Eifrig binden sie kleine Blumensträuße, die sie ins Haar oder ans Dekolleté stecken wollen; sie schneiden bunte Bänder und nähen Schultertücher, die ihren Kleidern ein neues Aussehen verleihen.

Endlich ist es soweit. Auf dem Weg zum Festplatz wird die Gruppe bereits von einer großen Anzahl fröhlich gestimmter Menschen umringt. Zunächst schauen die Mädchen im Schießhaus dem Wettstreit der Schützen zu. Hier halten sich viele der Weimarer Honoratioren und Angehörige des Hofes auf, die beim Trinken und Kartenspiel auf die Ehrung des Schützenkönigs warten. Christiane drängt die anderen Mädchen weiter. Sie ist mehr an dem eigentlichen Volksfest interessiert. Belustigt schaut sie zu, wie die jungen Burschen beim Wettlaufen und Wettklimmen um die vom Herzog gestifteten Preise eifern. Oder sie bleibt vor den Buden der Schausteller stehen, die ihre Sensationen anpreisen. Hier gibt ein Jongleur seine Kunstfertigkeit zum besten, dort sind seltene Tiere zu bestaunen, die man in Weimar sonst nicht zu Gesicht bekommt. Es gibt auch Buden, in denen Bier und Bratwürste verkauft werden, und andere, wo man Lose erstehen kann. Wer Glück hat, gewinnt einen Becher, eine Schale oder eine Vase aus Porzellan. Besonders aber zieht es Christiane wie jedes Jahr zu den kleinen Theatern, den Puppenspielen und Marionetten, wo unterhaltsame Stückchen aufgeführt oder lebende Bilder dargestellt werden. Angesichts so vieler Abwechslung geht der Nachmittag schnell vorüber. Christiane und die anderen Mädchen warten noch das Feuerwerk ab, das nach Einbruch der Dunkelheit entzündet wird und die Stadt in einen funkelnden, sprühenden Lichtregen taucht; dann beeilen sie sich, zum Tanz zu gehen, dem Abschluß und Höhepunkt des Festes. Die Musik hat bereits aufzuspielen begonnen, sie klingt von ferne zu ihnen herüber. Christiane tanzt gern, und sie kann sich auch nicht über mangelnde Tänzer beklagen. Doch die Burschen, die sie auffordern, kommen ihr unbeholfen und linkisch vor. Sie steht immer noch unter dem Eindruck der Begegnung mit dem berühmten Dichter vor ein paar Wochen in der Blumenfabrik. Nie zuvor hat sie einen Mann kennengelernt, der so selbstsicher aufzutreten weiß; nie zuvor ist sie so chevaleresk behandelt worden. Nein, die Weimarer Jünglinge haben heute abend keine Chance.

Ein bedeutungsvolles Bittgesuch

Am 3. September 1786 tritt Goethe seine erste Reise nach Italien an. Lange schon war sie geplant, oft genug war sie verschoben worden. Jetzt, ganz plötzlich und unerwartet, entschließt er sich zu der abenteuerlichen Fahrt über die Alpen.

Es ist eine merkwürdige innere Unruhe, die ihn in die Ferne treibt. Die Ursachen dafür sind verschiedener Art. Das Verhältnis zu Frau von Stein, seiner geliebten und verehrten Charlotte, hat sich merklich abgekühlt, ist reservierter geworden. Ist er ihrer überdrüssig? Ohnehin blieb es stets ein platonisches Liebesverhältnis. Er ist unzufrieden, braucht Abwechslung, neue Impulse, greifbarere Anregungen. »Mir ist jetzt nur um die sinnlichen Eindrücke zu tun«, schreibt er kurz vor Beginn der Reise. Auch mit seiner Arbeit ist es in den letzten Jahren nicht recht weitergegangen. Außer den Mignon-Liedern, die seiner Italien-Sehnsucht Ausdruck geben – »Kennst du das Land, wo die Zitronen blühn« und »Nur wer die Sehnsucht kennt . . .« –, ist nicht viel Neues erschienen. Selbst mit seinen wissenschaftlichen Studien – wie mit der Entdeckung des »Knöchleins«, dem Zwischenkieferknochen beim Menschen, worauf er besonders stolz ist – hat er nicht den erhofften Erfolg. Dazu kommt, daß ihn die Ämter, die er übernommen hat, und die damit verbundenen Regierungsgeschäfte zu belasten beginnen. Er ist Minister und Geheimer Rat, das heißt Mitglied des Staatsrats (Consilium), hat die Leitung der Kriegskommission übernommen, ist Direktor des Wegebaus, für den Bergbau in Ilmenau zuständig und – seit der unfähige Kammerherr von Kalb entlassen worden ist – sogar für die Finanzverwaltung verantwortlich.

In Weimar beginnt man sich über diese Ämterhäufung schon lustig zu machen. So schreibt Johann Gottfried Herder, der Philosoph, Schriftsteller und Theologe, seit 1776 dank Goethes Bemühungen Generalsuperintendent und Erster Prediger an der Stadtkirche in Weimar, an seinen Freund Hamann über Goethe: »Er ist also jetzt Wirklicher Geheimer Rat, Kammerpräsident, Präsident des Kriegscollegii, Aufseher des Bauwesens bis zum Wegebau hinunter, dabei auch directeur des plaisirs, Hofpoet, Verfasser von schönen Festivitäten, Hofopern, Balletts, Redoutenaufzügen, Inskriptionen, Kunstwerken etc., Director der Zeichenschule, in der er den Winter über Vorlesungen über die Osteologie gehalten, selbst überall der erste Acteur, Tänzer, kurz das factotum des Weimarischen und, so Gott will, bald der majordomus sämtlicher Ernestinischer Häuser, bei denen er zur Anbetung umherzieht. Er ist baronisiert und an seinem Geburtstag wird die Standeserhöhung erklärt werden. Er ist aus seinem Garten in die Stadt gezogen und macht ein adeliges Haus, hält Lesegesellschaften, die sich bald in Assembleen verwandeln werden etc. etc. Bei all dem gehts in Regierungsgeschäften wie es gehen will . . .«

Zuviel der Spöttelei! Grund genug für Goethe, allem einmal adieu zu sagen, die Ruhe in der Anonymität zu suchen, sich in einem fernen Land umzutun, wo er frei und ungebunden nach eigenem Gusto leben kann. In Karlsbad, wohin er sich von dem Herzog wegen einer Kur hat beurlauben lassen, beginnt er heimlich, die große Reise vorzubereiten. Nur das Nötigste packt er in einen Jagdranzen und den Mantelsack, erledigt unauffällig die erforderlichen Formalitäten.

Die Abreise am 3. September 1786 erscheint dann in der Tat wie eine überstürzte Flucht. Früh um drei Uhr, also zu nachtschlafender Zeit, stiehlt er sich heimlich aus dem Quartier, prescht mit der doppelspännigen Chaise gen Süden. Niemand soll wissen, wohin es geht, niemand seinen Aufenthalt kennen. Auch nicht der Herzog und nicht Charlotte, die bisher über jeden seiner Schritte unterrichtet war. Damit die Tarnung vollkommen wird, nimmt er am Anfang sogar einen anderen Namen an. Jean Philippe Möller nennt er sich in Rom. Beruf: Maler. Nur der getreue Seidel, Kammerdiener, Schreiber und Vertrauter in einer Person, kennt die Adresse.

Zwei Jahre bleibt Goethe in Italien. Es ist die Zeit, die sein Leben am nachhaltigsten beeinflußt und verändert.

Als Goethe am 18. Juni 1788 nach Weimar zurückkehrt, ist er in mancher Hinsicht ein anderer geworden: »ein Fremder«, sagen viele seiner Freunde und Bekannten, die sehnsüchtig seine Rückkehr erwartet haben.

Einer ist darunter, der mit besonderem Interesse auf den Tag gewartet hat, an dem der berühmte Dichter das Haus am Frauenplan wieder beziehen werde – August Vulpius, der Bruder Christianes. Es ist ihm nicht gut ergangen in der letzten Zeit. Vielerlei Enttäuschungen hat er erlebt. Der Baron von Soden, Kreisgesandter in Nürnberg, bei dem er gegenwärtig angestellt ist, ist ein Geizhals und Ausbeuter. Obwohl er seinem

Sekretär neben den üblichen Schreibarbeiten allerlei niedere Nebendienste zumutet, zahlt er ihm nur einen Hungerlohn. Jetzt hat er Vulpius gar die Entlassung angekündigt, weil er inzwischen eine noch billigere Arbeitskraft gefunden hat. Eine äußerst mißliche Lage für den jungen Schriftsteller, der ja nicht nur für sich selbst, sondern auch für seine jüngeren Geschwister zu sorgen hat. Was er jetzt dringender denn je gebrauchen könnte, wäre eine neuerliche Rekommandation Goethes. Aber einen der üblichen Briefe will er diesmal nicht schreiben. Er weiß zwar, daß Goethe ihm wohlgesonnen ist – beim letzten Gesuch vor zwei Jahren hatte der Geheimrat sogar versprochen, ihm in dringenden Fällen gern wieder unter die Arme zu greifen. Aber ein gewöhnlicher Brief würde jetzt wohl nicht die nötige Beachtung finden. Nach zweijähriger Abwesenheit bekommt der vielbeschäftigte Mann bestimmt ganze Stapel ähnlicher Briefe. Die Sache muß demnach anders angepackt werden. Origineller, wirkungsvoller.

Wie also, denkt August Vulpius, wenn er sein Bittgesuch an Goethe von seiner Schwester überreichen ließe? Christiane hat ihm seinerzeit in einem kurzen Brief von der Begegnung mit Goethe geschrieben, von seinem ritterlichen Eingreifen, als sie an ihrem Arbeitsplatz in der Bertuchschen Blumenfabrik von einem aufdringlichen Offizier belästigt wurde. Es scheint zwar nur eine flüchtige Begegnung gewesen zu sein, aber sie hat doch zweifelsohne gezeigt, daß Goethe auf die Schwester aufmerksam geworden war.

Christiane erschrickt, als der Bruder ihr seinen Plan enthüllt. Sie selbst soll dem Geheimrat den Brief übergeben? Aber wie denn, um Gottes willen? Und vor allem wo? Im Haus am Frauenplan wird man sie doch bestimmt nicht vorlassen. Dort wird sie einer der Diener bereits an der Eingangstür abfertigen, wie jeden der lästigen Bittsteller, die täglich dort Einlaß begehren . . . Im Park natürlich, meint dagegen der Bruder. Er ist schließlich Schriftsteller und hat Phantasie, sieht die entsprechende Szene schon vor sich: Auf den stillen Wegen an der Ilm, wo Goethe den gewohnten Spaziergang macht, ist die beste Gelegenheit, eine Bittschrift zu übergeben. Er wird die Schwester nicht abweisen, das hübsche, aufgeweckte Mädchen. Graf Egmont muß sich zwar nicht unversehens in das Bürgermädchen Klärchen verlieben. Aber wenn er Christiane erst Aug in Auge gegenübersteht, wird er sie vielleicht wieder erkennen, wird sich an das Zusammentreffen in Bertuchs Betrieb erinnern. Und sicher wird er sie wieder wohlgefällig betrachten, wird sie anhören, das Schreiben entgegennehmen und wohlwollende Behandlung versprechen. Christiane braucht nichts weiter zu tun.

Angst hat Christiane dennoch. Sie hat sich zwar oft gewünscht, dem verehrten Mann wieder zu begegnen, erneut seine bezwingenden Blicke zu verspüren, mit denen er sie so liebevoll verstehend umfangen hatte, doch so einfach auf einem stillen Parkweg auf ihn zuzugehen und ihn anzusprechen – das geht fast über ihre Kräfte.

In den nächsten Tagen, bevor sie sich zu dem schicksalsschweren Gang aufmacht, sagt sie im stillen oft eines der bekanntesten Gedichte von Goethe auf, spricht es sich leise vor, das beschwörende »Wandrers Nachtlied«, jene Bitte an die himmlischen Mächte um Seelenfrieden: »Der du von dem Himmel bist, / Alles Leid und Schmerzen stillest, / Den, der doppelt elend ist, / Doppelt mit Erquickung füllest, / – Ach, ich bin des Treibens müde, / Was soll all der Schmerz und Lust? – / Süßer Friede, / Komm, ach komm in meine Brust!«

KAPITEL III

Das Menschengesicht

Die Zeichen stehen günstig für Christiane.

Goethe ist, als ihm die kleine Demoiselle Vulpius im Park von Weimar gegenübertritt, ein Mann von annähernd vierzig Jahren. Er steht an einer Wende seines Lebens. Heute würde man sagen, er kommt in die »Midlife crisis«.

Seit seinem Aufenthalt in dem sinnenfreudigen Italien ist er verwandelt, glaubt, ein neues Leben beginnen zu müssen. Er hofft, daß sich in den zwei vergangenen Jahren auch die Freunde und Bekannten gewandelt haben, zumindest seine veränderten Anschauungen akzeptieren würden. Doch gerade die engsten Freunde sind in der alten Umgebung dieselben geblieben. Er versteht sie nicht mehr, wie auch sie ihn nicht verstehen. Schon in den ersten Wochen nach der Rückkehr wird für ihn spürbar, daß eine Kluft entsteht, daß er in der alten Gesellschaft ein Einsamer, ein Isolierter ist.

»Aus Italien, dem formenreichen, war ich in das gestaltlose Deutschland zurückgewiesen, heiteren Himmel mit einem düsteren zu vertauschen; die Freunde, statt mich zu trösten und wieder an sich zu ziehen, brachten mich zur Verzweiflung. Mein Entzücken über entfernteste, kaum bekannte Gegenstände, mein Leiden, meine Klage über das Verlorene schien sie zu beleidigen, ich vermißte jede Teilnahme, niemand verstand meine Sprache.« So deutlich wie mit diesen bitteren Worten hat Goethe nur selten seiner Enttäuschung über eine verständnislose Umwelt Ausdruck gegeben. Klar, daß er aufs äußerste verstimmt ist. »Grobe, eigennützige Sinnlichkeit« wirft man ihm vor. Andere behaupten, er sei steif und kalt geworden. Auch Schiller, der erst Jahre später sein Freund wird, mißversteht ihn: »Ich glaube in der Tat, er ist ein Egoist in ungewöhnlichem Grade . . . Ich betrachte ihn wie eine stolze Prüde, der man ein Kind machen muß, um sie vor der Welt zu demütigen.«

Welche Verkennung! Kalten Stolz und Egoismus kann man Goethe nach seiner Heimkehr aus dem Süden bestimmt nicht vorwerfen. Im Gegenteil. Nach seiner erlebnisreichen Italienreise ist er mehr denn je zum Suchenden geworden, der Bestätigung und Anlehnung ersehnt. Daß er »sinnlicher« geworden ist, bekennt er selbst in verschiedenen Äußerungen. Doch handelt es sich dabei nicht allein um die »niedere« Minne, der er nach allgemeiner Ansicht bei seinen römischen Abenteuern frönte. Er sucht nach einer Synthese der widerstrebenden Gefühle in seiner Brust, will endlich das so oft geforderte harmonische Gleichgewicht zwischen Körper und Geist verwirklichen. Die »himmlische« und die »irdische« Liebe sollen beide zugleich zu ihrem Recht kommen.

Nach dem zweijährigen unsteten Wander- und Wirtshausleben im Süden beginnt er sich nach eigener Häuslichkeit zu sehnen, in der er nur noch schaffender Künstler sein kann. Auf keinen Fall will er sich mehr gängeln lassen, weder vom Herzog noch von der früheren Seelenfreundin Charlotte von Stein. Was ihm vorschwebt, ist ein Leben mit einem aufrichtigen Menschen in einem behaglichen Hausstand, nach dem er – trotz seiner auffallenden Scheu vor ehelichen Bindungen – schon immer Verlangen hatte.

In den »Zahmen Xenien« steht der Spruch: »Ich wünsche mir eine hübsche Frau, / Die nicht alles nähme zu genau, / Doch aber zugleich am besten verstände, / Wie ich mich selbst am besten befände.«

Dieser Frau, die genau dem geschilderten Wunschbild entspricht, begegnet er ganz unverhofft bei einem morgendlichen Spaziergang im Park. Gerade zur richtigen Zeit.

Die entscheidende Begegnung

Es ist der 12. Juli 1788. Ein warmer thüringischer Sommertag liegt mit mildem Licht über der Stadt. In dem weitläufigen Park zu beiden Seiten der Ilm sind trotz der frühen Stunde bereits zahlreiche Spaziergänger unterwegs. Die großzügige Anlage, bei deren Gestaltung Goethe ganz entscheidend mitgewirkt hat, ist in den letzten Jahren zu einem beliebten Erholungsaufenthalt der Weimarer Bürger geworden. Idyllische Wege winden sich unter schattigen Bäumen hindurch vom Rande der Stadt bis zu den Kornfeldern und Wiesen im Süden. Besonders reizvoll ist der westliche Teil, wo sich der Boden zu einer felsigen Anhöhe erhebt, deren Gestein mit Moosen und Gebirgspflanzen bedeckt ist. Von hier hat man zwischen den geschickt verteilten Baumgruppen hindurch immer wieder überraschende Ausblicke auf den Fluß, der, wie der junge Novalis einmal sagt, gleich jedem glitzernden Wasser ein »Auge der Landschaft« ist. Wieland hat den nach englischem Muster geschaffenen Park, in dem es viele romantische Winkel mit Ruhebänken, Felsentreppen und Gedenksteinen gibt, einmal als eines der »neuen Goetheschen Gedichte« bezeichnet. In einem zeitgenössischen Reiseführer wird er gar als die lebendigste, weil sich ewig verjüngende Schöpfung des Dichters gerühmt.

Goethe liebt den Park über alles. Er ist für ihn zur gelungenen Synthese von frei gewachsener und sinnvoll gestalteter Natur geworden. Immer wieder zieht es ihn in freien Stunden vom Frauenplan hinaus auf die Wanderwege an der Ilm, unter den Bäumen zu wandeln, die er »ahndevoll« gepflanzt: »Denn ich grub viel Freud und Schmerzen unter eure Wurzeln ein.« Gerade in diesen Tagen, da er nach der Rückkehr aus dem erlebnisreichen Süden über die befremdliche Haltung der Freunde tief enttäuscht ist, sucht er mit Vorliebe die stillen Winkel auf, wo er nur wenigen Menschen begegnet. Er ist wieder in jener gleichen weltverachtenden Stimmung, in der er vor einigen Jahren das Gedicht »Hypochonder« geschrieben hat, in dem er emphatisch das »Menschengeschlecht« verwünscht: »Will all das Volk Gott und sich selbst / Und dem Teufel überlassen!« Mit dem überraschenden Schluß allerdings: »Und kaum seh' ich ein *Menschengesicht*, / So hab' ich's wieder lieb.«

Dieses »Menschengesicht« entdeckt Goethe am 12. Juli des Jahres 1788, als nahe der Felsentreppe über der Ilm Christiane Vulpius überraschend auf ihn zutritt und nach einem ehrerbietigen Knicks mit hoffnungsvollem Augenaufschlag fragt, ob sie den Herrn Geheimrat wohl einen Augenblick sprechen könne.

Goethe ist es, seit er in Weimar lebt, gewohnt, auf der Straße oder sonstwo unverhofft von allen möglichen Leuten angesprochen zu werden. Von Bittstellern zumeist, aber auch von begeisterten weiblichen Verehrerinnen. Im allgemeinen reagiert er auf solche Störungen etwas ungehalten, wehrt die Aufdringlichen mit einigen freundlichen, nichtssagenden Redewendungen ab. In diesem Fall aber geschieht etwas ganz Unerwartetes, ihn selbst Verwunderndes: Er bleibt stehen, lächelt, macht eine einladende Geste, die das Mädchen aufatmen läßt. Wohlgefällig betrachtet Goethe das hübsche Geschöpf, das ihn auf seltsame Weise anzieht. Befand er sich eben noch in mißvergnügter Stimmung, in einer abweisenden, fast beleidigenden Haltung seiner langjährigen Freundin Charlotte von Stein wegen, so versetzt ihn Christianes Erscheinen in Entzücken. Er ist wie verwandelt, bezaubert. Er erinnert sich, das Mädchen bereits einmal gesehen zu haben. Wo war das gleich? Natürlich, sie ist jene Demoiselle, der er vor zwei Jahren in der Blumenbinderei des Herrn Bertuch begegnet ist.

Christiane bejaht das. Die leichte Röte, die ihr dabei in die Wangen schießt, verrät mehr als ihre Worte, was sie in dieser Sekunde empfindet. Daß sich der Herr Geheimrat daran noch erinnert . . .

Goethe lächelt. Er vergißt nicht so leicht ein Gesicht, das er einmal gesehen hat. Besonders dann nicht, wenn dieses Gesicht einem Mädchen gehört, für das er unter so ungewöhnlichen Umständen eingetreten ist.

Wie sie heiße, will er wissen. Vulpius? Der Name ist ihm bekannt. Hat sie nicht einen Bruder, der Schriftsteller ist und dem er bei einer früheren Gelegenheit behilflich sein konnte?

Gewiß, und das Schreiben, das sie ihm überreicht, sei von ihrem Bruder. Ob der Geheimrat gütigst einen Blick darauf werfen möchte.

Goethe nimmt das Blatt entgegen, überfliegt den Inhalt, läßt es dann in der weiten Ärmeltasche seines Überrocks verschwinden. Die Petition des jungen Literaten interessiert ihn im Augenblick nicht sonderlich. Viel mehr erregt die hübsche Überbringerin seine Aufmerksamkeit. Ihre lockende Erscheinung rührt diesmal mehr noch als vor zwei Jahren sein Herz an.

Wie alt sie denn sei?

»Dreiundzwanzig«, sagt das Mädchen.

Dreiundzwanzig . . . wiederholt Goethe in Gedanken. Er selbst nähert sich bereits seinem vierzigsten Lebensjahr. Und Charlotte von Stein, der er sich trotz aller Abkühlung des Verhältnisses immer noch verbunden fühlt, ist sieben Jahre älter als er. Dieses Mädchen könnte gut und gern Charlottes Tochter sein . . .

Was ihn an diesem Mädchen so unwiderstehlich anzieht, ist nicht nur die frische und natürliche Art, die sich so wohltuend von der berechnenden Geziertheit abhebt, mit der ihm die jungen Frauen seiner Gesellschaftskreise meist entgegenzutreten pflegen. Es ist vor allem der sinnliche Reiz der Gestalt, das verführerische Lächeln in dem klaren Gesicht mit dem dunklen Teint, das ihn an die leidenschaftlichen Frauen des Südens erinnert – an jene Faustina vor allem, bei deren erster Begegnung »Begierde dem Blick, Genuß der Begier« folgte.

Das thüringische Mädchen, das jetzt vor ihm steht, hat die glutvollen Augen der Südländerinnen, die ihn in Italien stets aufs neue faszinierten. Das Wesen vor ihm ist, wie Madame Schopenhauer später bemerkt, ein »weiblicher Dionysos mit lachenden Augen und schwellenden Lippen«.

Angeregt beginnt Goethe ein Gespräch mit dem Mädchen. Er fragt es nach diesem und jenem. Und Christiane antwortet ihm offen und unbefangen, erzählt von zu Hause, von der Luthergasse, wo sie seit dem Tod der Eltern mit einer alten Tante die Geschwister betreue. Auch von der Blumenfabrik berichtet sie, von ihrer Arbeit dort, die ihr, der Blumenfreundin, besonders zusage.

Die Art ihres Erzählens gefällt Goethe. Er ermuntert sie zu weiteren Einzelheiten, gibt ihr dann auch zu verstehen, daß er sie wiederzusehen wünsche. Und da sie ihre Freude, ihre begeisterte Zustimmung nicht unterdrücken kann, schlägt Goethe sogleich ein neuerliches Treffen vor. Nicht im Park natürlich, wo er befürchten muß, beobachtet zu werden. Nein, in seinem Gartenhaus solle sie ihn besuchen, in jenem idyllischen Wohnsitz mitten im Grünen, in den er sich seit seiner Rückkehr nach Weimar öfter als früher zurückzieht.

Wieder einmal, wie so oft in Goethes Leben, ist auch hier die »Göttin Gelegenheit« mit im Spiel, jene verlockende Kupplerin, von der er gerade in diesen Tagen schreibt: »Lernet sie kennen! Sie erscheinet euch oft, immer in andrer Gestalt.«

Idylle im Gartenhaus

Für Christiane ist die Einladung des berühmten Mannes ein schier unfaßbares Ereignis. Überglücklich eilt sie nach Hause. Was sie bei dem so bange begonnenen Bittgang erreicht hat, geht weit über das hinaus, was sie sich zu erhoffen gewagt hat.

Eine Stunde vor dem vereinbarten Treffen zieht sie ihr schönstes Kleid an und bindet sich ein neues seidenes Schultertuch um. Dann macht sie sich auf den Weg. Durch die Parkanlagen und über die Ilm hinüber eilt sie zu dem am Fuße des Rosenbergs gelegenen Gartenhaus, wo sie von Goethe schon vor dem Eingang erwartet und auf das herzlichste empfangen wird.

Niemand außer ihm ist anwesend. Die Dienerschar, die ihn sonst umgibt, befindet sich in dem großen Haus am Frauenplan in der Stadt, wohin Goethe 1782 umgezogen war. So ist das Paar in den nicht übermäßig großen, aber stimmungsvoll und behaglich eingerichteten Räumen des berühmten »Häusgens« völlig allein und ungestört.

Hier nun, in dem romantischen Refugium, findet das erste innige Zusammentreffen zwischen dem Dichterfürsten und dem Mädchen aus dem Volke statt.

Mit klopfendem Herzen überschreitet Christiane die Schwelle. Es ist nicht allein der bedeutende Mann, der sie befangen macht. Auch die ungewöhnliche Atmosphäre tut ihre Wirkung. Für Christiane, die aus dem ärmlichen Haus in der Luthergasse kommt, erscheint hier alles wie ein Wunder, wie ein Bild aus einem längstvergessenen Märchenbuch ihrer Kindheit.

Schon der Ziehbrunnen, auf den der Gastgeber als erstes hinweist, erregt ihre Bewunderung. Er befindet sich im Flur, unter der schmalen Treppe, die nach oben führt. Um diesen Brunnen hat der Dichter ein besonderes Zeremoniell entwickelt: Für jeden Besucher, der das erste Mal über die Schwelle des Gartenhauses tritt, schöpft der Hausherr eigenhändig Wasser aus der Tiefe und überreicht dann dem Gast einen kühlen Trunk zur Begrüßung. Die Idee zu diesem hübschen Brauch war Goethe vor Jahren bei der Einweihungsfeier gekommen, als er seinen damals berühmtesten Gast, die Herzogin-Mutter Anna Amalia, willkommen hieß. Mit der gleichen feierlichen Geste, mit der er seinerzeit der Herzogin das Glas überreicht hatte, zelebriert er nun auch Christiane den Trunk.

Für die kleine Demoiselle Vulpius ist die Galanterie des Gastgebers ein Ereignis besonderer Art. Sie bestaunt den Brunnen; wo gibt es so etwas: einen Ziehbrunnen unter dem eigenen Dach? Zu Hause und bei den Leuten, die sie kennt, muß man über den Hof gehen, wenn man Wasser holen will. Hier aber braucht man nur an dem handlichen Rad zu drehen und kann sogleich aus dem Eimer, der gefüllt aus der Tiefe emporsteigt, Wasser schöpfen.

Goethe selbst ist stolz auf diese Einrichtung. Der hübsche Ziehbrunnen im Vorraum war mit ein Grund, das damals stark verkommene »Häusgen« zu seinem festen Domizil zu wählen. Auch gegenwärtig blickt er oft sinnend in den Schacht, wo das dunkle Wasser, das »Mark der Erde«, wie er es nennt, unvermittelt aus der Tiefe quillt. Hier, erklärt er, wohnen seine Penaten und auch die geliebten Erdgeister. Eingeweihten unter den Besuchern mag er damit einen Vers aus seinem »Gesang der Geister über den Wassern« in Erinnerung rufen: »Seele des Menschen, / Wie gleichst du dem Wasser! / Schicksal des Menschen, / Wie gleichst du dem Wind!«

Die Küche, in die Goethe seine Besucherin jetzt führt, interessiert Christiane natürlich besonders. Diese Seite eines Haushalts versteht sie am besten. Eine offene Feuerstelle gibt es, daneben einen Stapel kleiner Holzscheite, sauber und ordentlich aufgeschichtet. An der Wand Pfannen, Töpfe und Näpfe. Reichhaltig auch die Auswahl an Löffeln, Bratenspießen und Kellen. Nichts fehlt, was in einem gastlichen Haus gebraucht wird, alles ist an seinem Platz. Eine rechte Bauernküche nach Thüringer Art.

Goethe freut sich über die Aufgeschlossenheit seiner Besucherin. Ihr realer, fast mütterlich zu nennender Sinn für alles Häusliche rührt ihn an. Mit Vergnügen beobachtet er, wie das Mädchen auch die anderen Einrichtungsgegenstände des Hauses inspiziert. Von manchen Stücken will Christiane wissen, woher sie stammen und wie er sie beschafft hat, von dem Schüsselschrank zum Beispiel oder dem schweren Tisch im Eßzimmer, vor allem aber von den Egerländer Bauernstühlen, die er einmal aus Karlsbad mitgebracht hatte.

An der Schwelle des Arbeitszimmers bleibt Christiane mit ehrfurchtsvollem Staunen stehen. Was geistige Arbeit für einen Mann bedeuten kann, glaubt sie von ihrem Bruder zu wissen, der ja ebenfalls dichtet. Nur ist der nicht berühmt und nicht begütert und hat deshalb kein eigenes Zimmer, um Theaterstücke und Bücher zu schreiben. Hier jedoch ist alles dafür eingerichtet. Obwohl der Hausherr seit Jahren in dem prächtigen Palais am Frauenplan residiert, steht hier noch immer alles für ihn bereit. Es ist, als sei die Arbeit nur für eine kurze Pause unterbrochen. Auf dem hohen Stehpult in der Fensterecke liegt sogar ein Bündel gespitzter Federkiele vorbereitet. Vor dem Pult macht die Besucherin einen merkwürdigen Sitzhokker aus. Er hat, wie sie mit Erstaunen feststellt, genau die Form eines Bocksattels.

Ob der Herr Geheimrat während des Dichtens etwa reitet?

Bei dieser Vorstellung muß Christiane lachen. Und Goethe stimmt belustigt in das ungezwungene Lachen ein. Das gibt ihr den Mut, auch einige Fragen nach seiner Arbeit zu stellen. Was der Herr von Goethe jetzt wohl schreibe? Ob gar ein neues, berühmtes Werk entstehe?

Amüsiert gibt Goethe Auskunft. Es sei nicht viel, was zur Zeit aus seiner Feder komme. Aufsätze und Abhandlungen zumeist. Und dann natürlich Gedichte. Liebesgedichte, wie er lächelnd betont.

Später sitzen sie im Empfangszimmer, dem »Säälgen« zu ebener Erde, Goethe auf einem der zierlichen Stühle, Christiane auf dem zartgeschwungenen, seidenbespannten Sofa. Eigenhändig hat der Hausherr Tee bereitet. Dazu gibt es Biskuitkuchen, den er aus der Stadt mitgebracht hat.

Man spricht über dieses und jenes, vor allem darüber, was es im Garten zu tun gibt, für den Christiane große Anteilnahme zeigt. Auch von ihrem Bruder August erzählt sie, von seinen Plänen und seiner Notlage, in die er unverschuldet geraten ist. Und der Herr Geheimrat verspricht – wie schon am Vormittag –, sich um die Angelegenheit zu kümmern; gleich in den nächsten Tagen wolle er Empfehlungsbriefe schreiben, an seinen Freund Jacobi in Düsseldorf, an die Fürstin Gallitzin, die in Münster viele Beziehungen habe. Notfalls wolle er sich auch nach Leipzig an seinen Verleger Göschen wenden.

Christiane erschrickt, als sie die Namen der fernen Städte hört. Soll der geliebte Bruder schon wieder so weit von Weimar wegziehen? Doch sie wagt keinen Einwand. Der Herr Geheimrat wird es schon richtig machen. Hauptsache, der Bruder bekommt endlich eine gutbezahlte Stellung.

Goethe bemerkt die Unruhe des Mädchens. Ob sie wohl bald nach Hause müsse?

Christiane schüttelt den Kopf. Niemand erwarte sie. Die kleineren Geschwister seien versorgt, die Tante kümmere sich um diese, sie könne ausbleiben, so lange sie wolle . . .

Dann schweigen beide lange. Durch das geöffnete Südfenster weht der warme Hauch des Sommerabends durch die Räume. Blumenduft aus dem Garten mischt sich mit dem erdigen Geruch aus dem Wiesental. Von der Ilm her hört man das Rauschen des Wassers am Wehr. Schon steigen auch die weißen Nebel vom Fluß herauf. In der allmählich hereinbrechenden Dämmerung verschwimmt die Welt draußen hinter dunkelvioletten Schleiern.

Sinnend blickt Goethe zum Fenster, wo sich die Gardinen leise im Abendhauch bewegen. Hin und wieder, wenn ein stärkerer Windstoß durchs Fenster weht, flattern sie wie weiße Segel der Erinnerung ins Zimmer. Die zarten Mullgardinen – an was erinnern sie ihn? Sie sind von Charlotte. Die Frau Oberstallmeisterin von Stein hat sie eigenhändig für ihn genäht, damals, als er in das Haus einzog.

Rasch verdrängt Goethe den Gedanken an Charlotte. Ein Mädchen ist bei ihm, ein junges, natürliches Gottesgeschöpf, erfreulich anzuschauen, das gläubig und ergeben zu ihm aufblickt, an das er sich, was immer auch geschehen werde, nicht »geheftet und genistelt« zu fühlen braucht. Hat er sich nach seiner Rückkehr aus Italien nicht ständig danach gesehnt?

Und Christiane heißt das Mädchen. Christel . . . Ein Gedicht fällt ihm ein, das er vor Jahren verfaßt hat: »Hab' oft einen dummen düstern Sinn, / Ein gar so schweres Blut; / Wenn ich bei meiner Christel bin, / Ist alles wieder gut.«

Klingt es nicht, als seien die Verse in Vorahnung an dieses Mädchen entstanden?

Als die Dunkelheit sich im Zimmer auszubreiten beginnt, holt Goethe Feuer vom Herd und entzündet die Kerzen des vierarmigen Leuchters auf dem Tisch. Vor dem artig sitzenden Mädchen bleibt er stehen, umfängt mit begehrlichen Blicken ihren Körper, das enggeschnürte Mieder mit dem seidenen Brusttuch, das leicht gerötete Gesicht, die dunkelglühenden Augen und die sinnlich schwellenden Lippen . . .

Die »Göttin Gelegenheit« hat ihm das Mädchen zugeführt – soll er diese Gelegenheit ungenutzt vorüberziehen lassen? Er fühlt, wie die oft besungenen Pfeile Amors ihm ins Blut dringen. Ist er nicht plötzlich wieder der »wilde Knabe« seiner Jugendzeit, der's Röslein auf der Heiden bricht? Und hat er nicht selbst geschrieben, daß zu den fünf natürlichen Dingen, nach denen ihm vor allem verlangt, auch »ein Liebchen des Nachts« gehöre? Wozu also warten?

Mit rascher, männlicher Entschlossenheit zieht Goethe das Mädchen an sich und schließt es so fest in seine Arme, daß es kein Entrinnen mehr gibt. Und die Penaten, die guten Geister seines »Häusgens«, lächeln ihm gnädig . . .

Nach der ersten gemeinsamen Nacht im Gartenhaus schreibt Goethe rückblickend auf dieses beglückende Erlebnis, wortspielerisch und doch voll tieferem Sinn:

> Lange sucht' ich ein Weib mir, ich suchte
> Da fand ich nur Dirnen.
> Endlich erhascht' ich dich mir, Dirnchen
> Da fand ich ein Weib!

Wie ein Geschenk der Götter

In der Folgezeit kommt Christiane häufig in das Gartenhaus, wo sie von Goethe meist schon sehnsüchtig erwartet wird. Es ist, als sei ein Rausch über den fast Vierzigjährigen gekommen, als habe das fast sechzehn Jahre jüngere Mädchen ihn verzaubert, ihm seine Jugend zurückgebracht.

Natürlich finden die Besuche in aller Heimlichkeit statt. Christiane versteht, daß der Freund auf seine hohe Stellung bei Hof Rücksicht nehmen muß. Sie selbst ist im eigenen Interesse darauf bedacht, in der kleinen Stadt, wo jeder jeden kennt, nicht ins Gerede zu kommen. So wählt sie oft die verschiedensten Wege zu dem einsam gelegenen Liebesnest zwischen Stern und Rosenberg. Meist geht sie von der Luthergasse über den Markt zum Welschen Garten, dann über den Breiten Weg zum Park, wo sie auf der alten Floßbrücke die Ilm überquert. Es ist ein reizvoller Weg, der von alten Bäumen überschattet wird und streckenweise wie ein heimlicher Laubengang zu einem versteckten Glück wirkt. Oder sie geht am Schloß vorbei zur Sternbrücke, schlendert wie manche Erholungsuchende ein Stück die gemächlich dahinrauschende Ilm entlang zur romantischen Felsentreppe unterm Hang, jener Stelle, wo sie kürzlich mit der Bittschrift in der Hand auf den Dichter gewartet und ihn angesprochen hat. Es ist der Platz, den sie seither am meisten liebt. Goethe selbst, so hat man ihr erzählt, ließ den Ort vor ein paar Jahren nach eigenen Entwürfen gestalten. Und die Natur ringsum scheint es zu wissen, denn das Grün kommt Christiane hier leuchtender und das Zwitschern der Vögel jubilierender vor als anderswo in dem weitläufigen Park. Ehe sie den letzten schmalen Weg zu Goethes Garten hinaus einschlägt, blickt sie sich stets vorsichtig um. Erst wenn sie keinen Spaziergänger mehr in der Nähe sieht, geht sie auf das »Häusgen« zu, von dem der Dichter einmal sagte: »Übermütig sieht's nicht aus, / Hohes Dach und niedres Haus«, sogleich aber hinzufügte: »Allen, die daselbst verkehrt, / Ward ein guter Mut beschert.« Und guten Mut braucht Christiane bei ihren Besuchen in dem Refugium. Oft genug fragt sie sich in stillen Stunden, ob sie wohl recht tue mit den heimlichen Verabredungen. Zweifel steigen auf: Ist ihre Liebe Sünde? Was soll daraus werden? Wie wird wohl alles einmal enden?

Goethe in seinem Glücksgefühl sind Skrupel fremd. Er liebt, wird wiedergeliebt, und diese beseligende Liebe ist ihm Rechtfertigung genug. Die Hingabe des Mädchens nimmt er als Geschenk der Götter, für das er unendlich dankbar ist. Er selbst hat ja die Götter darum gebeten, mit einer Inschrift an der Felsentreppe, jenem Platz also, wo ihm Christiane tatsächlich begegnet ist. Dort hatte er noch vor seiner Reise nach Italien in unruhvoller Sehnsucht die Worte anbringen lassen, die in antik gehaltener mythologischer Einkleidung die Naturgeister beschwören: »Die ihr Felsen und Bäume bewohnt, o heilsame Nymphen, / Gebet jeglichem gern, was er im stillen begehrt! / Schaffet dem Traurigen Trost, dem Zweifelhaften Belehrung, / Und dem Liebenden gönnt, daß ihm begegne sein Glück. / Denn euch gaben die Götter, was sie den Menschen versagten, / Jeglichem, der euch vertraut, tröstlich und hülflich zu sein.«

Ein heidnisches Gebet, sagen damals viele Bürger, die hier ihren erbaulichen Sonntagsspaziergang machen. Aber wurde dieses Gebet nicht auf eine wundersame Weise erhört – und gerade zur rechten Zeit? In Christianes Gesellschaft kann sich Goethe endlich von den lästigen konventionellen Zwängen lösen, von den vielen gesellschaftlichen Pflichten, die ihm bisher durch sein ministerielles Amt auferlegt waren. In ihren Armen erlebt er leidenschaftliche Liebesstunden, wie er sie mit so befreienden Gefühlen nur während seines Aufenthalts in Italien kennengelernt und ausgekostet hat – mit Bettina etwa, der kleinen venezianischen Seiltänzerin, oder mit der geheimnisvollen »Faustina«, in deren Armen er niegekannte Verzükkungen erlebt hat. Und Christiane gibt sich vorbehaltlos und voller Glückseligkeit dem von aller Welt verehrten großen Mann hin.

Sein kleines »Erotikon« nennt Goethe die neue Geliebte, der er in vielen seiner Gedichte ein unsterbliches Denkmal setzt. Ganz unverkennbar taucht jetzt – in den »Römischen Elegien«, in denen er bisher nur südliche Reminiszenzen verarbeitet hat – an Stelle der römischen »Faustina« die weimarische Christiane auf.

Das Vertauschen der beiden Gestalten fällt ihm nicht schwer, da das Mädchen mit dem dunklen Teint und den braunen Locken ihn immer wieder an die Frauen in Rom und Neapel erinnert. In Versform beschwört er – teils verschlüsselt, teils in bisher nicht gekannter Offenheit – alle Lust und alle Freuden dieser Stunden, in kaum versteckter Andeutung den Beginn des neuen Liebesbundes:

> Und ich verkannte sie nicht, ergriff die Eilende: lieblich
> Gab sie Umarmung und Kuß bald mir gelehrig zurück.

Und schon zuvor beteuert er: »Laß dich, Geliebte, nicht reun, daß du mir so schnell dich ergeben! / Glaub' es, ich denke nicht frech, denke nicht niedrig von dir.«

Innige Vertrautheit spricht aus jenem Hexameter, der lange Zeit als »frivol« galt und deshalb in den meisten Goethe-Ausgaben nicht erwähnt, geschweige denn gedruckt wurde:

> Wird doch nicht immer geküßt, es wird vernünftig gesprochen;
> Überfällt sie der Schlaf, lieg' ich und denke mir viel.
> Oftmals hab' ich auch schon in ihren Armen gedichtet
> Und des Hexameters Maß leise mit fingernder Hand
> Ihr auf den Rücken gezählt . . .

KAPITEL IV

Heimliche Liebesstunden

Äußerlich ändert sich wenig in Christianes Leben. Tag für Tag geht sie morgens in die Blumenfabrik am Baumgarten. Sorgfältig verrichtet sie dort ihre Arbeit.

In dem großen Raum in Bertuchs Betrieb mit den schrägen Wänden unterm Dach herrscht stets lebhaftes Geschnatter. Während die Mädchen aus Taft, Batist und Atlas bunte, phantastische Blumen zaubern, reden sie unaufhörlich miteinander. Der Gesprächsstoff geht den jungen Demoisellen nie aus. Manchmal sind es eigene Erlebnisse, vor allem Eroberungen unter den jungen Burschen Weimars, mit denen sie renommieren, oft aber werden auch Gerüchte über bekannte Persönlichkeiten der Residenz, Klatschgeschichten vom Hof und der adeligen Gesellschaft eifrig kolportiert und durchgehechelt. In der Hauptsache geht es dabei um den dreißigjährigen Herzog Karl August, der, wie alle Welt weiß, nur drei Leidenschaften kennt: die Jagd, das Militär und die Frauen. Jetzt soll er schon wieder eine neue Mätresse haben, eine Tänzerin diesmal. Man weiß schon gar nicht mehr, die Wievielte es ist.

Die Mädchen kichern. Jede hat den Herzog schon aus nächster Nähe gesehen. Oft genug kommt er ins Bertuchsche Haus und besucht die Blumenabteilung, ohne Herzogin Luise, seine Gemahlin, natürlich. Angeblich kommt er, um bei der Herstellung der künstlichen Blumen zuzuschauen. Tatsächlich aber wohl nur, um mit dem einen oder anderen der hübschen Blumenmädchen zu scherzen . . .

Ob er diesmal mit seiner Tänzerin mehr Glück haben wird?

Man erinnert sich noch deutlich an die Affäre mit der schönen Sängerin Korona Schröter, der der Herzog so auffällig den Hof machte, obwohl doch jedermann in Weimar wußte, daß auch sein Freund, der Hofpoet Goethe, in sie verliebt war und des öfteren mit ihr ausritt. Wegen dieser extravaganten Frau soll es sogar zu ernsten Spannungen zwischen den sonst so einigen Freunden gekommen sein.

Christiane hört die Klatschereien nur mit halbem Ohr. Sie merkt erst erschrocken auf, als eines der Mädchen vom Nebentisch – angeblich aus sicherer Quelle – zu berichten weiß, daß auch der Herr von Goethe eine neue Geliebte haben soll.

Eine neue Geliebte? Auch die anderen Mädchen recken interessiert die Hälse. Kaum zu glauben, wo er doch seit langem ein so festes Verhältnis mit der Oberstallmeisterin von Stein hat!

»Pah«, macht das Mädchen vom Nebentisch, »die Stein, die spielt doch die Unnahbare!« Und ein anderes Mädchen wirft ein: »Nach der Schröter hat er doch auch etwas mit der Frau von Branconi gehabt.« – »Ach ja, die ehemalige Mätresse des Erbprinzen von Braunschweig.« – Und was er wohl alles in Italien getrieben haben mag? Man weiß doch, daß er genauso ist wie sein Freund, der Herzog. Was heißt bei diesen Männern schon Liebe!

Unwillkürlich beugt sich Christiane tiefer über das Blumengebinde, das sie gerade arrangiert hat, drückt das heiße Kröseleisen heftiger als sonst in die zarten Seidenblätter der Orchideen, die für den festlichen Hut einer der Hofdamen bestimmt sind. Die Kolleginnen sind ihr mit einem Mal verhaßt, was wissen sie denn von diesem Mann! Sie kennt ihn besser, seine Größe und seine unvergleichliche Art zu lieben, und sie weiß, wie sehr er sie liebt. Bei jedem Beisammensein versichert er ihr, daß sie ihm von Mal zu Mal mehr bedeute.

Christiane überlegt, was wohl geschehen würde, wenn sie das alles laut hinausschreien würde, den aufdringlichen Angeberinnen mitten ins Gesicht: Ja, *ich* bin es, die er liebt und begehrt, mit einer Leidenschaft, die ihr blöden Gänse nie im Leben erfahren werdet!

Doch dann, als sie spürt, daß die Klatschmäuler trotz aller Wichtigtuerei nichts ahnen, daß nicht die geringste Spur eines Verdachts zu ihr führt, fällt ihr ein Stein vom Herzen. Der Skandal wäre furchtbar für sie, noch furchtbarer aber womöglich für den Mann, den sie über alles liebt und verehrt. Ihm möchte sie jede Unannehmlichkeit ersparen.

Hilfe für den Bruder

Goethe hat in dieser Zeit eine Reihe neuer Aufträge angenommen, unter anderem für den »Teutschen Merkur«, die von Wieland gegründete Zeitschrift, in der auch Schiller, Herder und andere bekannte Männer der Zeit schreiben. Zum Glück hat ihn der Herzog – gleich nach seiner Rückkehr aus Italien – von den meisten Regierungsgeschäften und Ämtern entlastet, ohne daß Goethe die Titel und Würden verliert. Nur die Leitung der Ilmenauer Bergwerks- und Steuerkommission hat er nach wie vor inne, was in seinem ureigensten Interesse ist, da er selbst Anteile an dieser Gesellschaft besitzt. Goethe ist dem Herzog dankbar für seinen Großmut und sein Verständnis. Bereits während seiner Reise hatte er ihm geschrieben: »Ich darf wohl sagen: ich habe mich in dieser anderthalbjährigen Einsamkeit selbst wiedergefunden; aber als was? – Als Künstler! . . . Ich werde Ihnen noch mehr werden, als ich oft bisher war, wenn Sie mich nur das tun lassen, was niemand als ich tun kann, und das andere andern übertragen.«

Goethe kann sich nun wieder voll und ganz seinen literarischen Arbeiten widmen. Erst später wird er wieder weitere öffentliche Aufgaben übernehmen, Aufgaben, die ihm gelegen sind: die Oberaufsicht über die Anstalten und Sammlungen für Kunst und Wissenschaft, die Leitung des »Herzoglich Freien Zeicheninstituts« und des neu errichteten Weimarer Hoftheaters; ab 1789 ist er Mitglied der Schloßbaukommission.

»Auszüge aus einem Reise-Journal« ist der Titel einer Folge von Aufsätzen für den »Teutschen Merkur«, in denen er seine in Italien gewonnenen Kunsterkenntnisse und ethnologischen Beobachtungen niederlegt. Auch der Artikel »Lebensgenuß des Volkes in und um Neapel« befindet sich darunter, ein Thema, für das sich auch Christiane interessiert.

Goethe holt das »Tasso«-Manuskript wieder hervor. Die Prosafassung hat er schon vor Jahren begonnen, nach dem zweiten Akt aber abgebrochen. Jetzt, mit neuer Schaffenskraft, will er das Werk vollenden – allerdings anders, als er es ursprünglich konzipiert hat; er selbst ist ja inzwischen ein anderer geworden. Das dramatische Werk um den italienischen Renaissance-Dichter Torquato Tasso, in dem er *sich* zum Teil sieht, soll nicht ausgesprochen tragisch enden. In dem Konflikt zwischen Dichter und Staatsmann, den Goethe selbst zur Genüge kennengelernt hat, will er nach einem versöhnlichen Ausgleich suchen.

Noch etwas anderes liegt Goethe am Herzen: Das Versprechen, das er Christiane gegeben hat, etwas für ihren Bruder zu tun, will er endlich wahrmachen. So schreibt er an seinen Freund Friedrich Jacobi nach Düsseldorf: »Du verlangst einen jungen Mann zum Sekretär und zum Unterricht deiner Kinder, und ich habe eben einen, den ich gar gerne unterbringen möchte, ich wünschte nur, daß er auch dir recht wäre. Sonderbar ists, daß ich neulich ihn dir empfehlen wollte, auch etwa der Fürstin, weil euch doch manches vorkommt, und daß eben mit deinem Brief einer von ihm ankommt, worin er mir seine Not klagt und meine Interzession anruft. Er hat von Jugend auf Disposition zu den Wissenschaften gezeigt, und hat früh aus Neigung und Not geschrieben und drucken lassen. Er heißt Vulpius, du hast seinen Namen irgendwo gelesen . . . Für ihn wäre es ein großes Glück, wenn du ihn nähmst . . .« Auch an seinen Verleger Göschen in Leipzig schreibt Goethe: »In einiger Zeit wird sich ein junger Mann bei Ihnen melden, der Vulpius heißt und dem ich den einliegenden Brief einzuhändigen bitte. Er ist von guter Art und nicht ohne Talente. Können Sie ihm, da er sich in Leipzig aufzuhalten gedenkt, Arbeit verschaffen, ihm durch Empfehlung oder sonst nützlich sein, so werden Sie mich verbinden.«

Das müßte genügen, denkt Goethe. Nicht ohne Bedacht hat er bei seinen Empfehlungen weit entfernt liegende Orte gewählt. Zwar könnte er den jungen Mann, an dessen Unterkommen ihm gelegen ist, bei sich selbst oder einer anderen Persönlichkeit in Weimar unterbringen, doch wäre ihm der Gedanke, den Bruder des Mädchens, mit dem er ein so inniges Verhältnis begonnen hat, in seiner nächsten Umgebung zu wissen, nicht ganz angenehm. Später vielleicht wird es möglich sein.

Enttäuschte »Morgenklage«

Am späten Nachmittag kommen unverhofft Gäste ins Gartenhaus. Der Herzog, etwas verstimmt über Goethes Versteckspiel in letzter Zeit, hat überraschend seinen Besuch angesagt. Er hat den Tag mit einer kleinen Gesellschaft in Schloß Belvedere verbracht und möchte die Heimfahrt, die ohnehin am

Gartenhaus vorbeiführt, zu einem kurzen Umtrunk unterbrechen.

Goethe ist nicht gerade entzückt. Für den Abend hat er sich hier mit Christiane verabredet. Da er sie seit Tagen nicht gesehen hat, wartet er schon mit Sehnsucht auf das Zusammensein. Wenn aber die Hofgesellschaft erst einmal bei ihm festsitzt, wird wohl aus dem ersehnten Rendezvous nichts werden. Aber natürlich empfängt Goethe die erlauchten Gäste, die lärmend mit zwei mehrspännigen Wagen angefahren kommen, mit großer Aufmerksamkeit. Zuvorkommend geleitet er die Damen und Herren der heiteren Gesellschaft in das Empfangszimmer.

Karl August ist sehr aufgeräumt. Er trägt, wie auch die anderen Herren, einen leichten Jagdanzug mit kurzem Rock und grobe Stulpenstiefel. Herzogin Luise, seit 1775 mit Karl August verheiratet, erscheint – mit einigen Hofdamen – in ländlich hochgeschürztem Kleid. Auf dem nur leicht gepuderten Haar trägt sie einen weitgeschwungenen Schäferhut mit bunten Bändern.

Angeregt berichtet man von den Erlebnissen des Tages, von den Unterhaltungsspielen, die man um das Lustschloß herum mit seinen vielen Grotten, Pavillons und Goldfischteichen veranstaltet hat. Allgemein herrscht Einigkeit darüber, daß das heitere Rokokoschlößchen doch ein rechtes »Sanssouci« sei und viel öfter besucht werden sollte. Reithaus, Ballhaus, Menagerie und Zwinger, vor allem aber der südlich anmutende Park mit der Orangerie seien doch das lohnendste Ziel für einen vergnüglichen Tagesausflug, so, wie man ihn heute ganz zwanglos unternommen habe.

Goethe folgt der Unterhaltung nur mit halber Aufmerksamkeit. Seine Gedanken gehen andere Wege. Seit er aus Italien zurück ist, kann er dem höfischen Treiben, an dem er früher immer gern beteiligt war, nicht mehr viel abgewinnen. Als der Herzog wissen will, warum er nicht einmal mehr mit zur Jagd reite, schützt Goethe Arbeit vor, vor allem den »Tasso«, aus dem er demnächst in kleinem Kreis vorzulesen gedenke. Einen Termin werde er der herzoglichen Familie rechtzeitig vorschlagen.

Eine der vorlauten jungen Hofdamen will wissen, wie er zur Zeit mit Charlotte von Stein stehe. Ob da noch alles beim alten sei? Man spreche in der Gesellschaft allgemein davon, daß es da zu gewissen unliebsamen Verstimmungen gekommen sei.

Goethe wehrt ab, von Verstimmungen könne keine Rede sein. Leider habe er nach seiner zweijährigen Abwesenheit so viele liegengebliebene Dinge aufzuarbeiten, daß auch der gesellige Verkehr mit den engsten Freunden darunter zu leiden habe.

Nach dieser peinlichen Frage atmet Goethe auf, als der Herzog zum Aufbruch mahnt. Der fürstliche Freund kennt die Empfindlichkeit des Dichters. Er will ihm weitere Taktlosigkeiten ersparen.

»Adieu, Goethe!« verabschiedet sich der Herzog und fügt augenzwinkernd hinzu: »Arbeiten Sie nicht zuviel!« Da man von Anfang an übereingekommen ist, in Gesellschaft das vertrauliche Du zu meiden, betont er auch jetzt wieder das konventionelle »Sie«.

Der Aufbruch ist fröhlich und ungezwungen. Vor dem Haus besteigen die Gäste die Kutschen. Höflich winkt Goethe noch den Wagen nach, bis sie am Stern seinen Blicken entschwinden. Erleichtert kehrt er ins Haus zurück. Nun kann er die Geliebte erwarten.

Goethe bereitet Tee zu, setzt sich ans offene Kaminfeuer, greift nach Papier und Feder und beginnt zu schreiben:

Herbstlich leuchtet die Flamme vom ländlich
geselligen Herde,
Knistert und glänzet, wie rasch! sausend vom Reisig
empor.
Diesen Abend erfreut sie mich mehr; denn eh' noch
zur Kohle
Sich das Bündel verzehrt, unter die Asche sich neigt,
Kommt mein liebliches Mädchen. Dann flammen
Reisig und Scheite,
Und die erwärmete Nacht wird uns ein glänzendes Fest.

Doch aus dem erhofften »glänzenden Fest« scheint nichts zu werden. Die Zeit vergeht, ohne daß Goethe Christianes vertraute Schritte auf dem Gartenweg vernimmt.

Inzwischen ist es dunkel geworden, in der Auenlandschaft sind Einzelheiten kaum noch zu erkennen. Kühler Wind kommt auf. Am westlichen Ufer des Flusses scheint sich ein Unwetter zusammenzubrauen.

Enttäuscht kehrt Goethe ins Haus zurück, sucht in Gedanken nach entschuldigenden Gründen für Christianes Ausbleiben. Hat sie den Zeitpunkt der Verabredung mit einem anderen Tag verwechselt? Hält eine wichtige anderweitige Verpflichtung sie ab? Ist es das drohende Gewitter, die unheimliche Dunkelheit im Park, die sie wieder umkehren ließ? Oder kann ihr vielleicht etwas zugestoßen sein? Goethe hat Angst um sie. Ihm wird bewußt, wie sehr sie ihm bereits ans Herz gewachsen ist. Er hat sich an ihre Besuche gewöhnt, das Zusammensein mit ihr gehört zu seinen schönsten Stunden. Ihre Zärtlichkeiten sind ihm unentbehrlich geworden.

Als es Mitternacht wird, geht er zu Bett. Aber er findet keinen Schlaf, verbringt eine unruhvolle Nacht. Wenn er übermüdet einnickt, schrickt er kurz darauf wieder hoch, beginnt in die Dunkelheit zu lauschen, sinkt dann aufs neue enttäuscht in die Kissen zurück.

In banger Hoffnung erwartet er den neuen Tag. Kommt sie vielleicht in den ersten frühen Stunden doch noch zu ihm? Ist sie inzwischen womöglich eingetroffen, wollte ihn nur nicht stören?

Aber die Kammer ist leer. Nirgends eine Spur von seiner geliebten Christiane. Weder in der Laube noch im Lindengang kommt sie ihm entgegen. Eine nie gekannte Unruhe beschleicht Goethe. Sogar die strahlende Morgensonne, die den Garten vergoldet, ist ihm in dieser Stunde verhaßt. Seine Empfindungen drückt er in Versen aus, den bewegenden »Morgenklagen«:

O du loses, leidigliebes Mädchen,
Sag' mir an, womit hab' ich's verschuldet,
Daß du mich auf diese Folter spannest,
Daß du dein gegeben Wort gebrochen?
. . .
Welche Nacht des Wartens ist vergangen!
Wacht' ich doch und zählte jedes Viertel:
Schlief ich ein auf wenig Augenblicke,
War mein Herz beständig wach geblieben,
Weckte mich von meinem leisen Schlummer.
. . .
Endlich, als die ganz verhaßte Sonne
Meine Fenster traf und meine Wände,
Sprang ich auf und eilte nach dem Garten,
Meinen heißen, sehnsuchtsvollen Atem
Mit der kühlen Morgenluft zu mischen,
Dir vielleicht im Garten zu begegnen;
Und nun bist du weder in der Laube
Noch im hohen Lindengang zu finden . . .

Mitunter muß auch Christiane vergebens auf den Geliebten warten. Gottlob hat sie mittlerweile einen eigenen Schlüssel zum Gartenhaus. Sie kann so jederzeit die Räume betreten, auch wenn der Freund noch nicht anwesend ist. Goethe selbst hat Wert auf diese »Schlüsselgewalt« gelegt.

Wenn Christiane allein ist und auf den Geliebten warten muß, macht sie sich im Haus nützlich. Zwar stehen dem angesehenen Dichter im Haus am Frauenplan genügend dienstbare Geister zur Verfügung, doch hier, in dem kleinen Refugium, möchte er keine Dienerschaft um sich haben.

Eines Abends, nach gründlichem Aufräumen in der Küche, zieht sich Christiane ermüdet in die Kammer nach oben zurück. Obwohl die Zeit, für die der Freund seine Rückkehr aus der Stadt angesagt hat, längst überschritten ist, macht sie sich keine Gedanken. Sicher arbeitet er noch an seiner Abhandlung über den »Römischen Karneval«, denkt sie, von dem er ihr schon einige erheiternde Szenen vorgelesen hat. Oder er ist vom Herzog aufgehalten worden. Sie weiß, daß Goethe nicht immer nach eigenem Gutdünken über seine Zeit verfügen kann. Goethe erhält – für seine ihm verbliebenen Ämter – ja noch immer Gehalt vom Hof, das, wie aus den Akten zu seiner Beamtenlaufbahn hervorgeht, sogar regelmäßig angehoben worden ist. So hat Herzog Karl August im April 1788 »die Beschließung gefaßt«, daß Goethe, dessen Jahresbesoldung zwölftausend Taler ausmacht, zweihundert Reichstaler jährlich zuzulegen seien. Nur vom Ertrag seiner Dichtungen allein würde Goethe, wie er Christiane erklärt hat, nur ein recht bescheidenes Leben führen können.

Um die Zeit, da Christiane auf Goethe wartet, zu nutzen, beginnt sie mit einer Stickerei, schläft jedoch alsbald auf dem Sofa ein.

Spät in der Nacht erst kommt Goethe zurück; er sucht Christiane im ganzen Haus. »Meine Liebste wollt' ich heut beschleichen . . .«, heißt es darüber in dem Gedicht, das er »Der Besuch« nennt. Endlich, als er die Treppe hinaufsteigt und oben ganz leise die Tür öffnet, findet er die Liebste »gar zierlich eingeschlafen, / Angekleidet auf dem Sofa liegen«:

Es bewegen deine süßen Lippen
Weder sich zur Rede noch zum Kusse;
Aufgelöst sind diese Zauberbande
Deiner Arme, die mich sonst umschlingen,
Und die Hand, die reizende Gefährtin
Süßer Schmeicheleien, unbeweglich.

Das anmutige Bild der Schläferin fesselt Goethe so sehr, daß er lange Zeit still vor dem Sofa verharrt und sie nicht zu stören wagt. Dann nimmt er vorsichtig Papier und Zeichenstift zur Hand und beginnt zu skizzieren. Mit zart hingeworfenen Strichen entsteht eine Bleistiftzeichnung, die alle Einzelheiten der Erscheinung für eine spätere Erinnerung festhält: die geliebte Gestalt, im weiten Kleid mit Schultertuch und gebauschtem Rock, den Kopf mit dem leicht zersausten Haar schlafend an das hohe Seitenkissen gelehnt (siehe Bildteil).

Christiane merkt davon nichts. Rasch ist Goethe mit dem Bildnis der Belauschten fertig und steckt das Blatt weg. Im Gedicht heißt es dann weiter:

Lange saß ich so und freute herzlich
Ihres Wertes mich und meiner Liebe;
. . .
Leise leg' ich ihr zwei Pomeranzen
Und zwei Rosen auf das Tischchen nieder;
Sachte, sachte schleich' ich meiner Wege.

Abschied von Charlotte von Stein

Der Spätherbst 1788, der das Land vergoldet und die Früchte in des Dichters »Gärtgen« zur letzten Reife treibt, bringt für Christiane eine neue, unerwartete Steigerung ihres Glücksgefühls. Auf Goethes Wunsch hin hat sie ihre Arbeit in der Blumenfabrik des Herrn Bertuch aufgegeben und ist ganz ins Gartenhaus gezogen. Offiziell hat sie jetzt die Stellung einer Wirtschafterin, die für den Haushalt und den Garten des kleinen Ausweichquartiers des Herrn Geheimrat verantwortlich ist.

Für Christiane Vulpius beginnt ein neues Leben. Endlich hat das lästige Versteckspiel ein Ende. Sie braucht vor dem Geraune der Nachbarn oder den neugierigen Blicken der Spaziergänger keine Angst mehr zu haben. Sie braucht nicht mehr heimlich wie eine Diebin bei Nacht und Nebel ins Haus zu schleichen. Unbekümmert kann sie sich jetzt sehen lassen, selbst morgens beim Bettenmachen, wenn sie an den weitgeöffneten Fenstern ihre Lieblingslieder singt.

In diesen Tagen dichtet Goethe eine Elegie auf die »teure Göttin« Verschwiegenheit, die ihn in allen Lagen sicher durchs Leben führt. Nur dem Hexameter vertraut er das beglückende Erlebnis mit der Geliebten an, »wie sie des Tags mich erfreut, wie sie des Nachts mich beglückt«. Oft lädt er Christiane ein, an sonnendurchglühten Nachmittagen zu ihm hinter das Haus am Hang bei der Lindenhecke zu kommen und mit ihm den unvergleichlichen Blick über die herbstlich-farbenprächtige Auenlandschaft der Ilm zu genießen, über die der Altweibersommer seine blitzenden Silberfäden segeln läßt. Die Bank, auf der beide dann sitzen, hat er vor nicht allzulanger Zeit für Frau von Stein errichten lassen, ebenso die Steintafel, deren Inschrift mit den Worten beginnt: »Hier im stillen gedachte der Liebende seiner Geliebten . . .«

Als Christiane diese Tafel zum ersten Mal sieht, beobachtet Goethe sie genau. Wird sie wissen wollen, wer mit jener Geliebten gemeint ist, der der Geliebte hier im stillen gedachte?

Christiane weiß es längst. Sie bittet ihn, ihr von *der* Frau zu erzählen, die sein Leben bisher am nachhaltigsten beeinflußt hat.

»Charlotte von Stein war, wie du ja schon gehört haben wirst, lange Jahre eine sehr vertraute Freundin von mir«, beginnt Goethe. »Anfangs, bald nach meiner Ankunft in Weimar, habe ich diese Frau leidenschaftlich geliebt. Doch sie hat mich gelehrt, mich zu zügeln und in ihr meine Seelenfreundin zu sehen.« Goethe macht eine Pause, fährt dann fort: »Mit Charlotte konnte ich über alle Probleme meines Lebens und Schaffens sprechen, bei ihr fand ich Ruhe und Geborgenheit. Ich habe ihr auch viel zu verdanken. Sie hat mich mit den Sitten am Hof vertraut gemacht. Anfangs war es mir noch nicht einmal gestattet, beim Essen, wenn ich bei der Herzogin-Mutter eingeladen war, an ihrem Tisch Platz zu nehmen. Wie hätte mich das gekränkt, wäre ich nicht vorher von Frau von Stein in die Regeln der Hofetikette eingeweiht worden.«

Christiane läßt dem Geliebten Zeit, die Erzählung wieder aufzunehmen. Goethe schildert, wie ihm diese Weimarer Welt allmählich zu klein wurde, er den Drang verspürte, dieser höfisch-bürgerlichen Enge zu entkommen, »in das Land meiner Sehnsucht, das ich schon immer kennenlernen wollte«.

Goethe ist darauf bedacht, daß Christiane sich ein Bild der Frau von Stein machen kann. »Charlotte ist eine übersensible Frau«, das sind seine Worte, »die sich durch meine heimliche Abreise brüskiert fühlte. Aber hätte ich sie über meinen Plan ins Vertrauen gezogen, wäre sie beim Herzog vorstellig geworden und hätte auch sonst mit allen Mitteln versucht, mich von der Reise nach Italien abzubringen. Es tut mir leid, sie so verletzt zu haben. Ich habe das nicht gewollt.«

Charlottes Empfindlichkeit war schon im Briefwechsel spürbar geworden, den Goethe von Italien aus mit ihr geführt hatte. Sie kam nicht darüber hinweg, daß er ohne Abschied heimlich von Karlsbad aus abgereist war. Sein überstürzter Aufbruch in den Süden war genaugenommen eine Flucht vor ihr, ein Verrat ihrer Freundschaft. Hinzu kam, daß sie ihm manche seiner brieflichen Andeutungen übelnahm, in denen er ihr seine neuen sinnlichen Eindrücke und sein ungewohntes körperliches Wohlbehagen im lebensfrohen Italien verständlich zu machen gehofft hatte. Besonders in jenem Brief, in dem er ihr von Rom aus geschrieben, wie kannibalisch wohl er sich in dieser Stadt fühle, und dann hinzugefügt hatte: »Ich habe manche Anzeichen, daß ich dieses Wohlsein, wie manches andre Gute, in Italien zurücklassen werde.« Nur so ist zu verstehen, daß ihre Briefe immer kühler, reservierter und zurückhaltender wurden. Trotzdem hatte Goethes erster Gedanke bei der Rückkehr ihr gegolten. Gleich am Morgen nach der Ankunft, kaum daß ihm Seidel das gewohnte Frühstück serviert hatte, stürmte er über den noch verlassen liegenden Frauenplan zu ihrem Haus am Ende der »Ackerwand«, wo unter ihren Fenstern die kleine Orangerie aufgebaut war. Hundertfach war er in früheren Jahren diesen kurzen Weg entlanggeeilt, aber noch nie in so hochgespannter Erwartung auf das Wiedersehen. Er hatte die Meldung des Dieners nicht abzuwarten vermocht, war sogleich zu Charlotte ins Zimmer gestürzt. Sie war, wie er wußte, Frühaufsteherin, und die strengen Etikettenvorschriften spielten bei ihrer mehr als zehnjährigen, vertrauten Freundschaft längst keine Rolle mehr.

Das Wiedersehen war freilich ernüchternd. Als er Charlotte in gewohnter Weise an sich ziehen wollte, trat sie ausweichend einen Schritt zurück. Als er sie nach seiner Begrüßung um ein herzliches Wort bat, hob sie nur abwehrend die Hand. Es war, als habe sie sich gegen ihn abgekapselt, in ein undurchdringbares Muschelhaus zurückgezogen.

Fritz allerdings, ihr jüngster Sohn, fiel Goethe, als er ins Zimmer kam, um den Hals. Zu dem Jungen, der inzwischen sechzehn Jahre alt geworden und mächtig herangewachsen war, hatte er immer ein besonders enges Verhältnis gehabt. Von Anfang an hatte er sich um seine Erziehung gekümmert, ihn über längere Zeit in sein Haus aufgenommen. Fritz' Vater, Freiherr Josias von Stein, hatte kaum Zeit, um sich um seine Familie zu kümmern. Der Oberstallmeister des Herzogs verbrachte die meiste Zeit bei Hof, begleitete Karl August auf Reisen oder war wochenlang abwesend, um in anderen Ländern Pferde zu kaufen. Kein Wunder, daß auch seine Ehe mehr eine Formsache als eine Liebesbeziehung war. Josias von Stein war wesentlich älter als Charlotte, die ihm im Laufe von elf Jahren sieben Kinder schenkte, von denen allerdings nur drei Knaben am Leben blieben. Wenn er für kurze Zeit nach Hause kam, sah er dort den »guten Doktor Goethe«, wie die Kinder den Dichter nannten, nicht ungern; der Oberstallmeister war froh, daß sich der Freund des Herzogs um die Knaben kümmerte und den kulturellen Ansprüchen seiner Frau gerecht wurde, was gänzlich außerhalb seiner Möglichkeiten lag. Fritz war von der Rückkehr »Onkel Goethes« begeistert, er wollte alles, aber auch alles über die Italienreise des väterlichen Freundes wissen. Fritz war begierig, jede Einzelheit zu erfahren, so daß Goethe, von Charlotte mit kühl-höflicher Geste zum Sitzen aufgefordert, schließlich zu erzählen begann. Goethe sprach von der abenteuerlichen Kutschenfahrt über die Alpenpässe und der endlichen Ankunft im Land seiner Sehnsucht, wo er zunächst nur einer der vielen kunstbeflissenen Reisenden war, versteckt hinter dem angenommenen Namen Möller, eines angeblichen Malers aus Leipzig. Nur schauen, lernen und erleben wollte er, Farben und Formen in ihren vielgestaltigen südlichen Variationen in sich aufnehmen. Er berichtete von der Ewigen Stadt Rom und den Kunstschätzen des Vatikans, vom Eindruck des Colosseums und des Forum Romanum im Silberschimmer der Mondnächte, von den Riesenaquädukten in der Campagna und den Ausgrabungen der Antike im untergegangenen Pompeji, von seinen Ausflügen zur Quelle der Aqua certosa, von der flimmernden latinischen Luft, von den blühenden Gärten der alten Villen um Rom und den Gräbern an der Via Appia.

In seiner Begeisterung merkte Goethe lange nicht, daß er eigentlich nur den Knaben Fritz als aufmerksamen Zuhörer hatte. Charlotte saß kühl zurückgelehnt in ihrer Sofaecke und zeigte offenbar mehr Interesse für das Fell ihres kleinen Pudels, den sie im Schoß hielt, als für die italienischen Erfahrungen des Freundes, an denen sie ja keinen Anteil gehabt hatte, zu denen er von ihr fortgegangen, ja eigentlich geflohen war.

Die Art, wie sie obenhin einige Veränderungen bei Hof und gesellschaftliche Begebenheiten der letzten Zeit erwähnte, ließ ihn mehr als deutlich spüren, wie fremd man sich in den beiden Jahren geworden war. Goethe benutzte die nächste Gesprächspause, um aufzustehen und sich zu verabschieden. Fritz bekam einen väterlichen Klaps verabreicht, seine langjährige Seelenfreundin einen förmlichen Handkuß. Die Ära Charlotte von Stein schien damit, nach dreizehn Jahren Freundschaft, zu Ende gegangen.

Erinnerungen im Garten

Jetzt, als Goethe neben Christiane auf der Bank hinter dem gemütlichen »Häusgen« sitzt, denkt er mit widerstreitenden

Empfindungen an diese letzte Begegnung. Mußte wirklich alles so kommen? Im Grunde liebt und verehrt er Charlotte wohl noch immer, vermißt jedenfalls die geistvollen und sein dichterisches Schaffen zeitweise anspornenden Gespräche mit ihr. Aus diesem Gefühl heraus hat er ihr vor einigen Tagen geschrieben, aber bisher keine Antwort erhalten.

Sinnend blickt er hinüber zum westlichen Ufer der Ilm. Zwischen Büschen und Baumwipfeln sind Dächer und Mauern zu sehen, das Fürstenhaus, nicht weit davon das Giebeldach eines langgestreckten Hauses an der »Ackerwand«, das ehemalige Marstallgebäude, dessen Umbau Goethe vor einigen Jahren dem Herzog vorgeschlagen hatte und das dann der Wohnsitz des Oberstallmeisters wurde. Charlottes Haus . . .

In dieser Stimmung empfindet er Christianes Nähe und Wärme als beglückend. Sie ist ihm Trost und Verheißung zugleich. Ihr natürlicher Takt hilft ihm über die trüben Gedanken hinweg. Christiane, die Blumen liebt, die natürlichen viel mehr noch als die künstlichen, will alles über den Garten wissen. Dem Blühenden und Wachsenden in der Natur gelten auch Goethes Neigungen. So haben sie Gesprächsstoff zur Genüge. Gartenarbeit ist ihre Lieblingsbeschäftigung, wie Christiane ihm gesteht. Stundenlang könnte sie Beete und Rabatten pflegen, Gemüse anpflanzen, Spargel stechen und, am schönsten, die Früchte ernten. Aber auch der Park ringsum versetzt sie immer wieder in Entzücken. Sie hat gehört, daß große Teile davon Goethe selbst angelegt hat: im englischen Stil, der sich allmählich durchzusetzen beginnt und der weniger künstlich wirkt als die französischen Anlagen mit ihren schnurgeraden Wegen und den geometrisch abgezirkelten Einfassungen.

Christiane weiß es, daß der Freund beim Herzog durchgesetzt hat, jene Mauern und Umzäunungen zu entfernen, durch die zuvor einige der schönsten Flächen nur dem Adel und der

Hofgesellschaft zugänglich gewesen waren: zum Beispiel der Fürstliche Lustgarten auf der Insel zwischen Ilm und Floßgraben, der nahegelegene Stern und dann der Welsche Garten. Dort fielen die häßlichen Gitter und Tore, die das »gemeine Volk« von den Lustbarkeiten der hohen Herrschaften ferngehalten hatten. Auch ein alter Turm wurde auf Goethes Vorschlag abgerissen und an seiner Stelle ein Rondell angelegt, in dem seit dieser Zeit die Stadtmusik unter Leitung des Kapellmeisters Eberwein zur Freude aller Bürger aufspielt: »Die Musik fängt an den bestimmten Tagen mit 4 Uhr des Nachmittags an und endigt sich 10 Uhr Abends, in welcher Zeit das Publikum, welches nach der gnädigen Absicht des Durchl. Herzogs Personen aus allen Ständen und Klassen in sich faßt, sich auf anständige Weise unterhalten und vergnügen kann.« Christiane selbst ist nach Feierabend öfter von der Blumenfabrik dort hinausgegangen, um die Konzerte zu hören. Sie war auch dabei, als die Anlage eröffnet wurde, hat miterlebt, wie dankbar Weimars Bürger die neue Einrichtung aufnahmen. Für viele Einwohner hat der »zugereiste Dichter aus Frankfurt«, dem sie anfangs mit Mißtrauen begegnet sind, seitdem an Sympathie gewonnen.

Goethe wird nicht müde, der Geliebten auch zu erzählen, wie er seinerzeit nach Weimar kam und auf seinen Spaziergängen an der Ilm das idyllische Gartenhaus entdeckte. In den ersten Tagen habe er noch vorübergehend im Haus des späteren Kammerpräsidenten von Kalb gewohnt. Das war jener Herr, der ihn mit einem mehrspännigen Wagen auf Geheiß des Herzogs von Frankfurt hätte abholen sollen. Beinahe wäre das damals schiefgegangen, denn als sich die Ankunft des Wagens in Frankfurt um einige Tage verspätete, nahm Goethe an, die Einladung habe sich zerschlagen, und trat daraufhin die von seinem Vater längst geplante Reise nach Italien an. Ganz zufällig habe ihn dann – er war bereits in Heidelberg – die Nachricht erreicht, der Kammerherr sei doch noch eingetroffen, und er habe gerade noch rechtzeitig nach Weimar hinüberfahren können. Sonst wäre er womöglich nie hierher gekommen.

Es fällt Christiane schwer zu verstehen, daß es dem Freund anfangs in Weimar nicht gefallen hat – wo sie doch mit allen Fasern an ihrer Heimatstadt hängt.

Goethe wollte Weimar wieder den Rücken kehren; erst die Entdeckung des Gartenhauses habe ihn umgestimmt. Das »Häusgen« mit den kleinen Fenstern und dem hohen Dach war damals ziemlich verwahrlost, aber die Lage mitten im Grünen hatte es ihm angetan. Hier wollte er wohnen. Das Fürstenhaus, das Goethe in Weimar halten wollte, kaufte das Anwesen und schenkte es seinem Gast.

Während seines Berichts überwältigt Goethe die Erinnerung an die ersten Tage und Nächte, die er hier verbrachte: in völliger Einsamkeit. Zum ersten Mal lebte er auf eigenem Grund und Boden. Seinem Drang zur Natur kam dieses Stück Land wie kein anderes Fleckchen entgegen. Hier konnte er »Stuben- und Stadtluft mit Land-, Wald- und Gartenatmosphäre vertauschen« und sich »den Hof vom Leibe halten«. Damals schrieb er an Gustgen, seine Brieffreundin aus dem Norden, der er – trotz eifriger Korrespondenz – nie begegnet ist: »Hab ein liebes Gärtgen vorm Thore an der Ilm schönen Wiesen in einem Thale. Ist ein altes Häusgen drinne, das ich mir repariren lasse. Alles blüht, alle Vögel singen . . . und zeichne Rasenbäncke, die ich will anlegen lassen, damit Ruhe über meine Seele komme, und ich wieder von vorne mög anfangen zu tragen und zu leiden . . . Es ist eine herrliche Empfindung dahausen im Feld allein zu sizzen . . . Alles ist so still. Ich höre nur meine Uhr tackcken, und den Wind und das Wehr von ferne.«

Er begann sogleich mit der Gartenarbeit, baute Gemüse, vor

allem Spargel, legte Blumenbeete an, sorgte für Büsche und Hecken. Wie konnte er sich über das Wachsen und Gedeihen der Rosensträucher freuen, über die buntblühenden Malven und den betörend duftenden Jasmin! Auch Bäume wurden gepflanzt, junge Birken und Buchen, sogar virginische Zedern und andere exotische Hölzer, so daß er bald stolz bekennen konnte: »Schlanker Bäume grüner Flor, / Selbstgepflanzter wuchs empor.«

Doch es hat auch erschütternde Erlebnisse gegeben, über die er sich Christiane gegenüber ausspricht. Nicht auslöschen aus seinem Gedächtnis kann er den Selbstmord der siebzehnjährigen Christel von Laßberg, einem hübschen Hoffräulein, das sich aus Liebeskummer in der Ilm ertränkt hat. Das geschah am 16. Januar 1778 ganz in der Nähe des Gartenhauses. Einer seiner Diener hatte die Tote entdeckt und aus dem Wasser gezogen. In einem Beutel, den sie festgebunden am Arm trug, entdeckte man ein Exemplar der »Leiden des jungen Werther«.

Grauenvoll, denkt Christiane. Schaudernd zieht sie die Schultern zusammen. Ihr ist, als friere sie plötzlich. Siebzehn Jahre! Und Christel hieß sie! Und ausgerechnet dieses Buch trug sie bei sich?

Ob sie denn den Werther kenne, will Goethe wissen.

Christiane bejaht. Ihr Bruder habe ihr oft daraus vorgelesen. Dabei seien ihr immer die Tränen gekommen. Ein schreckliches Buch, meint sie.

Prüfend blickt Goethe sie an. Wieso das Buch für sie schrecklich sei?

Nun, wegen des Schlusses eben. Die Vorstellung, daß ein Mensch sich selbst umbringt, wie der junge Herr Werther oder das kleine Fräulein Christel in der Ilm – das könne sie nie und nimmer verstehen. »Wo doch das Leben so schön sein kann!«

Die Antwort ist ganz im Sinne Goethes. Er ist hingerissen.

Lächelnd streicht er ihr übers Haar. Wie gut, daß ihr ungebrochener Lebensmut und der angeborene Optimismus keinen Raum lassen für Gedanken an das düstere Schattenreich.

Unwillkürlich denkt Goethe an seine Mutter. Diese lebenskluge, warmherzige Frau, die immer bestrebt ist, Harmonie und Heiterkeit zu verbreiten, liebt das Leben und die Menschen. Sie weiß instinktiv, Unangenehmes und Bedrohliches von sich fernzuhalten. Auch er will mit Krankheit und Schmerz, mit Tod und Verderben nicht konfrontiert werden. »Es wird einem sauer genug gemacht, das bißchen Leben und Freiheit«, läßt er seinen Götz sagen. Und die Liebeserklärung, die er in diesem Augenblick dem geliebten Mädchen macht, bezeugt, daß sich zu seiner Begierde das Gefühl der Innigkeit gesellt: »Weißt du«, sagt er ihr, »so wie du ist meine Mutter gewesen, als ich ein Kind war.«

Da es kühl zu werden beginnt, geht Goethe mit Christiane ins Haus zurück. Diesen Abend hat er sich freigehalten, freigehalten von aller Arbeit und jeglichen Verpflichtungen. Auch der »Tasso« kann warten. Er ist jetzt Egmont, der sein Klärchen besucht. Sein Sinn steht nach einem »Hätschelstündchen«, wie er die Abende mit Christiane im Gartenhaus nennt. In dieser Zeit entsteht das Gedicht, dem er den herausfordernden Titel »Frech und froh« gibt:

Liebesqual verschmäht mein Herz,
Sanften Jammer, süßen Schmerz;
Nur vom Tücht'gen will ich wissen,
Heißem Äuglen, derben Küssen.
Sei ein armer Hund erfrischt
Von der Lust, mit Pein gemischt!
Mädchen, gib der frischen Brust
Nichts von Pein, und alle Lust.

KAPITEL V

Erste Anfeindungen

Noch kann sich Christiane ungetrübt ihres Glücks erfreuen.

Niemand ahnt, daß sie mehr ist als eine Hilfe, die sich im Haus nützlich macht. Selbst die engsten Freunde des Dichters hegen keinen Verdacht, wenn sie bei gelegentlichen Zusammenkünften im Gartenhaus das freundliche junge Mädchen mit allerlei Handreichungen beschäftigt sehen. Sie ist in ihren Augen die Demoiselle Vulpius, einer der dienstbaren Geister des Geheimrats, weiter nichts.

Dennoch beschleicht Christiane manchmal ein banges Gefühl. Wenn sie allein ist und ihre Arbeiten in Haus und Garten erledigt hat, treibt es sie oft voller Unruhe hinaus in die freie Natur. Stundenlang streift sie dann durch den weitläufigen Park, durchwandert auf den einsamen Wegen die Umgebung.

Zu der Felsentreppe unterhalb des Römischen Hauses, wo sie Goethe zum ersten Mal getroffen hat, geht sie nicht mehr. Seit sie weiß, daß sich dort, nahe der Floßbrücke, das junge Hoffräulein Christel von Laßberg ertränkt hat und daß das Felsentor bei der Treppe, das die Leute das »Nadelöhr« nennen, zum Gedenken an die Tote errichtet worden ist, meidet sie die Stelle. Lieber geht sie zu dem seltsamen »Denkstein«, den Goethe mitten ins Grüne des Parks hat setzen lassen. Es ist ein steinerner Quader, auf dem in ruhendem Gleichgewicht eine große Kugel liegt. »Agathe Tyche« steht in lateinischen Buchstaben auf dem Stein – der Name eines altgriechischen weiblichen Schutzgeistes, wie ihr Goethe erklärt hat. Er selbst nennt den Stein seinen »Altar des guten Glücks«.

Christiane bleibt in tiefer Versunkenheit davor stehen. Wenn sie nicht befürchten müßte, damit einem heidnischen Brauch zu huldigen, würde sie beten. Oder mit dieser »Agathe Tyche« Zwiesprache halten. Sie hat ja niemanden, mit dem sie sich aussprechen kann. Ob die gütigen Götter, die Goethe so oft beschwört, auch ihr einst gnädig sein werden? Sie muß an die Verse denken, die er ihr vorsagte, als er ihr den Denkstein zeigte. Sie fand die Worte so klangvoll und schön, daß sie den Spruch auswendig gelernt hat: »Alles geben die Götter, die unendlichen, / Ihren Lieblingen ganz, / Alle Freuden, die unendlichen, / Alle Schmerzen, die unendlichen, ganz.« Der geliebte Mann hat es gut, meint Christiane. Er gehört bestimmt zu den Auserwählten der Götter.

Der Klatsch beginnt

Goethes Aufenthalte im Gartenhaus werden in dieser Zeit seltener. Seine Arbeit beansprucht wieder alle Kräfte. Der »Tasso« nimmt letzte Gestalt an. Für die bereits angekündigten Vorlesungen bei Hof müssen noch einige Szenen bearbeitet werden. Im September 1788 findet auch die erste Begegnung mit Schiller statt. Man trifft sich im Haus der Frau von Lengefeld in Rudolstadt. Danach kommt man des öfteren zusammen, bespricht gemeinsam interessierende Probleme der geistigen Arbeit. Das Verhältnis ist zunächst nicht besonders herzlich; die beiden Dichter sind sich im tiefsten Wesen fremd. Schiller sagt: »Goethes Philosophie holt zuviel aus der Sinnenwelt, wo ich aus der Seele hole.« Und Goethe nennt Schillers »Räuber«, deren ethische Widersprüche und theatralische Übertreibungen ihm zuwider sind, im engsten Kreis »eine Fratze«. Trotzdem gibt es natürlich Gemeinsames, beide Verbindendes, das sie füreinander eintreten läßt. Schiller veröffentlicht in der Jenaer »Allgemeinen Literaturzeitung« eine vielbeachtete Rezension des »Egmont«, und Goethe verschafft dem literarischen Konkurrenten, obwohl Schiller kein Fachgelehrter ist, im Dezember eine Professur für Geschichte an der Universität Jena. Ein Grund mehr für Goethe, öfter nun nach Jena zu fahren. Schon früher war er dort gewesen, denn in seiner Eigenschaft als Leiter der Wegebaukommission mußte er regelmäßig den Zustand der Verkehrsstraßen und der Wasserläufe im Herzogtum kontrollieren.

Der Reiz, den Jena auf Goethe ausübt, liegt in der Atmosphäre als Universitätsstadt. Hier herrscht ein anderer Geist als in Weimar, wo das Leben so sehr auf die Erfordernisse des Hofes ausgerichtet ist, wo dem Adel das Kleinbürgertum gegenübersteht, wo man auf Wahrung übernommener Traditionen und auf strikte Einhaltung der bestehenden hierarchischen Ordnung bedacht ist. Frei von seinen Verpflichtungen als hoher Staatsbeamter, frei von gesellschaftlichen Zwängen findet Goethe in Jena den Umgang, der ihm in Weimar fehlt. Jena ist für ihn die Ergänzung zum Leben in Weimar. In Gesprächen mit Universitätsprofessoren und Studenten erhält er Anregungen für seine physikalischen Experimente und naturwissenschaftlichen Studien, besonders für seine »Metamorphose der Pflanzen«, an der er jetzt arbeitet. Er will darin beweisen, daß alle Gestalt in der Natur veränderlich, somit ein Bewegliches ist, ein Werdendes und Vergehendes: Gestaltlehre ist für ihn Verwandlungslehre.

Aber auch die Vergnügungen kommen in der nahen Universitätsstadt an der Saale nicht zu kurz. Um seinen Freunden zu beweisen, daß er trotz seines zurückgezogenen Lebens in letzter Zeit kein Einsiedler geworden ist, schreibt Goethe Mitte November 1788 an Fritz von Stein, den Sohn Charlottes, einen ausführlichen Brief, in dem er seine Zerstreuungen in Jena schildert. »Ich habe mich recht wohl befunden«, heißt es in dem Brief, von dem Goethe weiß, daß ihn auch die Mutter liest, »auf dem Balle habe ich viel getanzt, bin in Lob(e)da und Drackendorf gewesen, vorgestern bei Grießbach zum Abendessen, gestern im Conzert, und so geht es immer fort. Du siehst, daß Jena zum lustigen Leben inspirirt.« In der Korrespondenz mit seinem Freund Herzog Karl August wird er noch deutlicher. Da berichtet er, daß er mit Knebel nur deshalb nach Drackendorf gegangen sei, um »das Ziegesarische Blut zu beschauen«. Damit meint er die drei hochgewachsenen Töchter des gothaischen Geheimen Rats und Vizekanzlers von Ziegesar. Goethe treibt nicht zum ersten Mal seine lustigen Spielchen mit ihnen und gesteht dem Herzog am Schluß: »Ich schäme mich vor Ihnen der Studenten-Ader nicht, die sich wieder in mir zu beleben anfängt.«

Leider gibt der junge Fritz von Stein der Mutter nicht nur den Brief zu lesen, er berichtet ihr auch, was er mehrfach im Gartenhaus beobachtet hat: daß Goethe sich von seiner Küchenmamsell nicht nur bedienen lasse! Des öfteren sitze Goethe mit ihr im Garten, ausgerechnet auf jener Steinbank, die er damals allein für die Mutter hat errichten lassen. Und er sitze nicht nur und gebe plaudernd Instruktionen, wie es einem Herrn gegenüber der untergebenen Dienstmagd wohl zukommen mag – er liebkose sie, küsse sie, lege mit zärtlicher Geste den Arm um sie.

Die Wirkung dieser Mitteilung des Sechzehnjährigen ist fürchterlich. Die stolze Oberstallmeisterin von Stein, eifersüchtig darauf bedacht, des Dichters Muse zu sein, sieht einen längst gehegten Verdacht bestätigt. In grenzenloser Enttäuschung teilt sie sich ihrer Freundin Caroline, der Frau des Dichters und Hofpredigers Herder, mit. Und diese zögert nicht, die Neuigkeit sogleich weiterzugeben, denn schon lange rätselt man in Weimar, aus welchem Grund sich die Beziehung zwischen Goethe und Charlotte von Stein so offensichtlich abgekühlt hat. Jetzt weiß man es, und zwar aus zuverlässiger Quelle. »Ich habe nun das Geheimnis von der Stein selbst, warum sie mit Goethe nicht mehr recht gut sein will«, schreibt Caroline Herder in einem Brief. »Er hat die junge Vulpius zu seinem Clärchen, und läßt sie oft zu sich kommen etc.« Sie spielt damit maliziös auf die weibliche Hauptfigur in Goethes neuem Drama »Egmont« an, dessen Entstehung Frau von Stein noch mit regem Interesse und Anteilnahme begleitet hat. Und jetzt soll eine andere Frau an ihre Stelle treten, womöglich des Dichters Muse sein? Caroline Herder läßt keinen Zweifel, was sie davon hält und wie hoch sie Goethe schätzt: »Da er ein so vorzüglicher Mensch ist, so sollte er nichts tun, wodurch er sich zu den andern so herabwürdigt.«

Die anderen Damen der Weimarer Gesellschaft denken nicht anders, so Frau von Kalb, Louise von Imhoff, eine jüngere Schwester der Frau von Stein, und Charlotte von Lengefeld, die spätere Frau Schiller. Auch sie geben sich entrüstet, als ihnen Caroline Herder die Geschichte bei einem Nachmittagstee erzählt. Sie finden Goethes Verhalten, mehr aber noch das der Christiane Vulpius skandalös.

Charlotte von Stein zieht Erkundigungen ein und bringt in Erfahrung, daß besagte Christiane Vulpius »eine Fabrikarbeiterin« sei, ein Blumenmädchen, das außerdem einen gräßlichen Dialekt spreche. Sie soll einer übelbeleumdeten Familie entstammen. Der Bruder, ein verbummelter Literat mit umstürzlerischen Ansichten, sei im Grunde ein kleiner Schmarotzer, der um höherer Protektion willen seine Schwester an den Geheimrat verkuppelt habe. Der Vater sei ein Säufer gewesen, elendiglich im Delirium umgekommen.

Charlotte von Stein ist außer sich. Sie fühlt sich durch Goethes Verhältnis mit diesem Mädchen beleidigt. Der Gedanke, »eine solche Person« an seiner Seite zu wissen, verursacht ihr ein nicht nur seelisches, sondern geradezu auch körperliches Unbehagen. Was ist sie dem Freund doch alles gewesen: seine schwesterliche Vertraute, seine Muse, seine Göttin! Immer stand sie ihm zur Verfügung, kannte seine geheimsten Gedanken, alles hat er ihr anvertraut, ob es nun seine hehre Dichtung oder sein Streben im Amt betraf. Nun erscheint ihr jegliches Gewesene von ihm in den Schmutz gezogen. Warum nur, denkt sie, warum?

Freilich hat sie schon immer befürchtet, daß es neben den außergewöhnlichen Geistesgaben in Goethes Innerstem eine Ader gäbe, die ihn nach unten zöge, einen Hang zum »Niederen«, zum gemeinen »Mieseln«, wie er derlei Gelüste genannt hat. Oft genug hat sie ihn zurechtweisen, zum Einhalten gewisser Grenzen ermahnen müssen. Besonders damals, als er ihr unumwunden geschrieben hat: »Ach liebe Lotte du weißt nicht, welche Gewalt ich mir angetan habe und antue und daß der Gedanke, dich nicht zu besitzen, mich doch im Grunde, ich mags nehmen und stellen und legen wie ich will, aufreibt und aufzehrt . . .« Nach all dem ist Charlotte von Stein jetzt endgültig davon durchdrungen, daß Goethes heimliche Abreise vor zwei Jahren nach Italien Flucht vor ihrer strengen Lebensauffassung gewesen ist, ein unbeherrschtes Hineinstürzen in ihn verlockende Abenteuer, denen er nicht widerstehen konnte. Für sie ist, so schmerzlich diese Erkenntnis auch sein mag, das unwiderrufliche Ende dieser so hochherzigen, dreizehn Jahre dauernden Seelenfreundschaft gekommen.

Unverbrüchliche Liebe

Die Nachricht von dem »unmöglichen Verhältnis« des verehrten Dichterfürsten verbreitet sich in der klatschsüchtigen Residenzstadt wie ein schleichendes Gift, das langsam, dafür aber um so nachhaltiger seine Wirkung tut.

Als Goethe durch Zufall von der üblen Nachrede erfährt, der das geliebte Mädchen ausgesetzt ist, packt ihn Zorn. Für gewöhnlich interessiert es ihn wenig, was die Leute reden. Um Weibertratsch, auch wenn dieser seine Person, sein Leben oder sein Werk betrifft, hat er sich nie geschert. »Wie bin ich oft verlästert worden«, sagt er einmal zu Kanzler Friedrich von Müller, »aber das Geschrei der Leute kümmert mich nichts.« Diesmal ist es anders. Diesmal ist der Angriff infam. Man sucht ihn, den Vielbeneideten, zu verletzen, indem man auf einen anderen Menschen zielt. Man *meint* den Starken, den man fürchtet, und *trifft* den Schwachen, den, der sich nicht wehren kann. Das Opfer ist Christiane.

Warum sucht man sich für den hinterhältigen Anschlag gerade ihn und dieses Mädchen aus? Es gibt doch in Weimar Affären genug, die den Lästermäulern reichlich Stoff bieten würden. Jeder kennt diese Liebschaften; keiner entrüstet sich darüber. Da ist Georg Christoph Lichtenberg, der geistreiche Kopf, im Hauptberuf ordentlicher Professor der Naturwissenschaften in Göttingen, der mit einem jungen Mädchen zusammenlebt. Und da ist Johann Georg Hamann, der berühmte »Magus des Nordens«, der, wie alle Welt weiß, mit der Dienstmagd seines Vaters schläft. Auch Schillers Verhältnis kannte man. Als er in Weimar ankam, befand sich in seiner Begleitung Frau von Kalb, seine erklärte Geliebte. Und jetzt lebt er in engster Gemeinschaft mit den beiden Schwestern von Lengefeld zusammen, ohne sich entscheiden zu können, welcher er den

Vorzug geben soll. Und als der protestantische Generalsuperintendent Herder kürzlich nach Italien gereist ist und sich die Fahrt von einem wohlhabenden katholischen Domherrn hat finanzieren lassen, hat es Herder nicht gestört, daß der fromme Würdenträger in der gleichen Kutsche die Mätresse neben sich sitzen hatte.

Warum also nimmt man ausgerechnet an Goethes Beziehung zu Christiane Anstoß? Warum sucht man gerade *sie* in den Schmutz zu ziehen? Läßt das nicht vermuten, daß System hinter dem Verleumdungsfeldzug steckt?

Auf den Gedanken, Charlotte von Stein könne dahinterstekken, kommt Goethe nicht. Viel eher denkt er an Caroline Herder. Frau von Stein ist für ihn trotz aller Enttäuschungen noch immer die priesterliche Iphigenie, während er in Caroline Herder eher eine rächende Elektra sieht.

Die Hetzkampagne, so raffiniert sie eingefädelt ist, verfehlt dennoch ihre beabsichtigte Wirkung. Keinen Augenblick denkt Goethe daran, die innige Liebesbeziehung zu Christiane aufzugeben. Im Gegenteil, je mehr man die Geliebte angreift und verleumdet, desto stärker wird er in seinem Bestreben, ihr beizustehen und jeden nur erdenklichen Schutz zu gewähren. Und Christiane hilft das ihr angeborene glückliche Naturell und ihr unbesiegbarer Optimismus über manche Anfeindungen hinweg. Vor allem aber ist sie geradezu selig, daß der geliebte Mann unverbrüchlich zu ihr hält und sie seiner unanfechtbaren Liebe versichert. Das läßt Christiane alle Demütigungen ertragen.

Als Goethe wieder einmal länger abwesend ist, schreibt er Christiane und beruhigt sie in dem Brief: »Daß sie in Weimar übels von dir gesprochen haben, mußt du dich nicht anfechten lassen. Das ist in der Welt nun einmal nicht anders. Keiner gönnt dem andern seine Vorzüge, von welcher Art sie auch seien, und da er sie ihm nicht nehmen kann, so verkleinert er oder leugnet sie, oder sagt gar das Gegenteil. Genieße also, was dir das Glück gegönnt hat und was du dir erworben hast und suche dir's zu erhalten. Wir wollen in unserer Liebe verharren und uns immer knapper und besser einrichten, damit wir nach unserer Sinnesweise leben können, ohne uns um andere zu bekümmern.«

Das Verhältnis zu Christiane festigt sich mehr und mehr. Hatte Goethe zu Beginn der Bekanntschaft vielleicht daran gedacht, das Zusammensein mit diesem um knapp sechzehn Jahre jüngeren Mädchen als ein entzückendes, jedoch flüchtiges Abenteuer zu genießen, so hat sich seine Meinung inzwischen gründlich geändert. Christiane wird Teil seines Lebens.

Diese Sinneswandlung ist seinem später entstandenen Gedicht »Gefunden« abzulesen, in dem er – im Gedenken an die erste Begegnung im Park – rückschauend erklärt:

Ich ging im Walde
So für mich hin,
Und nichts zu suchen,
Das war mein Sinn.

Im Schatten sah ich
Ein Blümchen stehn,
Wie Sterne leuchtend,
Wie Äuglein schön.

Ich wollt es brechen,
Da sagt' es fein:
Soll ich zum Welken
Gebrochen sein?

Ich grub's mit allen
Den Würzlein aus,
Zum Garten trug ich's
Am hübschen Haus.

Und pflanzt' es wieder
Am stillen Ort;
Nun zweigt es immer
Und blüht so fort.

Befürchtungen der Tante

Das Weimar der Goethezeit ist eine kleine Stadt. Obwohl seit dem sechzehnten Jahrhundert Residenz, hat die Gemeinde kaum mehr als sechstausend Einwohner. Herder bezeichnete 1785 Weimar als ein »Mittelding zwischen Hofstadt und Dorf«. Das Stadtgebiet, begrenzt und überschaubar, zählt in seinen Mauern, außer dem herzoglichen Schloß, nur etwa siebenhundert Häuser. Die wenigen Geschäfte – Bäckereien, Krämerläden, Metzgerstände –, wo man für den täglichen Bedarf einkauft, liegen dicht beieinander. So ist es kein Wunder, daß Christiane eines Tages, als sie eine Besorgung in der Stadt zu machen hat, unverhofft ihrer Tante Juliane gegenübersteht, die seit dem Tod des Vaters den Haushalt in der Luthergasse führt und damit auch für die Erziehung der jüngeren Geschwister Christianes verantwortlich ist.

Die abgehärmte Frau läßt sogleich ihr Klagelied vom Stapel: Seit Christiane ausgezogen sei, beginne ihr die Arbeit mit den Kindern über den Kopf zu wachsen. Auch komme sie mit den wenigen Talern, die August ab und zu aus Leipzig schicke, nicht aus. Ihr größter Kummer aber sei, daß Christiane selbst sich nicht mehr bei ihr sehen lasse. Ob sie die Familie ganz vergessen habe?

Christiane ist in einer schwierigen Lage. Sie versteht die Klagen der Tante, aber was soll sie tun? Seit sie nicht mehr in der Bertuchschen Blumenbinderei arbeitet, verdient sie kein Geld mehr. Goethe gibt ihr zwar alles, was sie für den Haushalt im Gartenhaus und für sich selbst braucht, aber am Ende des Monats bleibt davon kaum etwas übrig. Und um eine Extrazulage, die für die Geschwister und die Tante die Schwierigkeiten verringern könnte, möchte sie den Geheimrat nicht bitten. Abgesehen davon hat sie auch sonst ein schlechtes Gewissen der Tante gegenüber. Es stimmt, Christiane war schon lange nicht mehr daheim. Seit die häßlichen Geschichten über sie und den Geheimrat in der Stadt herumschwirren, hat sie es vermieden, sich in der alten Umgebung blicken zu lassen. Sicher hat die Tante längst von dem üblen Klatsch gehört und wird gleich allerlei peinliche Fragen stellen. Aus ihrer frommen Lebensanschauung heraus ist zu erwarten, daß sie der Nichte die heftigsten Vorwürfe macht und die sofortige Beendigung des »sündigen Verhältnisses« verlangen würde.

Dennoch nimmt sich Christiane ein Herz und verspricht der Tante, sie am nächsten Tag zu besuchen, wohl oder übel wird sie sich dem Problem stellen. Wenn wenigstens August noch zu Hause wäre, denkt sie. Ihr Bruder würde sie verstehen. Er wäre der einzige Mensch, mit dem sie sich aussprechen könnte. Aber August hat schon lange nichts mehr von sich hören lassen. Die letzte Nachricht kam aus Leipzig. Christiane weiß nicht einmal, ob er sich dort noch aufhält . . .

Als Christiane anderentags das alte Haus in der Luthergasse betritt, würgt sie ein beklemmendes Gefühl. Die kleine Wohnung mit den winkligen Stuben, in der sie ihre Kindheit und Jugend verbracht hat, erscheint ihr so fremd, als sei sie eine Ewigkeit nicht mehr hier gewesen. Ist das wirklich noch ihr »Zuhause«, wie es die Tante nennt? Hat sie überhaupt noch ein Zuhause? Kann sie das Gartenhaus, in dem sie mit dem geliebten Mann zusammenlebt, mit gutem Gewissen so nennen?

Bei all diesen Gedanken ist Christiane erleichtert, daß Ernestine, ihre jüngere Halbschwester, anwesend ist. So muß die Tante Rücksicht nehmen, kann nicht sofort mit dem befürchteten Verhör beginnen. Ernestine ist noch ein naives Mädchen, sie bewegen ganz andere Dinge als die Tante. Ernestine ist stolz darauf, daß die bewunderte ältere Schwester eine so gute

Stellung im Haus des Herrn von Goethe hat. Ganz unbefangen fragt sie Christiane nach Einzelheiten aus: ob der berühmte Dichter streng zu ihr sei, was sie ihm kochen müsse, was er am liebsten esse. Und ob sie gar schon einmal habe beobachten können, wie er seine Gedichte schreibt? Eines davon, das »An den Mond« heißt, fände sie so wunderschön, daß sie es auswendig gelernt habe und manchmal vor dem Schlafengehen hersage: »Füllest wieder Busch und Tal / Still mit Nebelglanz, / Lösest endlich auch einmal / Meine Seele ganz . . .«

Endlich gelingt es der Tante, Ernestine unter einem Vorwand wegzuschicken und mit Christiane das Gespräch zu beginnen, das ihr auf der Seele brennt: ob sie wisse, was in der Stadt über sie geredet würde? Was sie dazu zu sagen habe?

Nichts habe sie dazu zu sagen, erwidert Christiane trotzig. Und das Gerede der Leute sei ihr egal.

Völlig fassungslos blickt die Tante sie an. Ob sie denn nicht an ihren Ruf denke? Wenn sie so weiterlebe, müsse sie damit rechnen, nie mehr einen ordentlichen Mann zu bekommen. Habe sie in ihrem Alter nie daran gedacht, zu heiraten?

Christiane schüttelt den Kopf. Nein, an Heiraten hat sie nie gedacht. Aber das sagt sie der Tante nicht, es würde die gottesfürchtige Frau noch mehr entsetzen. Christiane liebt nur einen Menschen: Goethe. Wie kann sie da an eine Ehe mit einem der jungen Burschen denken . . . Gewiß, daß Goethe sie eines Tages zu seiner Frau machen könnte, ist undenkbar.

Die Tante ist jetzt noch mehr besorgt. Was soll aus dem Mädel werden, denkt sie verzweifelt. Da Christianes Verschlossenheit sie irritiert, versucht sie, in einem sanfteren Ton auf sie einzuwirken: »Ich will doch nur dein Bestes, Kind. Du bist nicht glücklich, das sehe ich dir an. Früher konntest du so ausgelassen sein, hast gelacht und getanzt. Du bist nicht wiederzuerkennen, so ernst und nachdenklich wie du jetzt bist.«

»Trotzdem bin ich glücklich«, unterbricht Christiane die Tante, »so glücklich wie noch nie im Leben. Und lachen kann ich auch heute noch.« Und sie nimmt sich in diesem Augenblick vor, das der Tante und der ganzen Stadt zu zeigen: wieder zu den Tanzvergnügungen zu gehen, in den »Goldenen Anker«, wo es immer besonders lustig hergeht, oder nach Tiefurt hinaus, wenn wieder Volksfest ist. Goethe hat nichts dagegen, er hat es schon oft gesagt. Er freut sich, wenn sie Zerstreuung sucht und fröhlich ist.

Aber das würde die Tante wohl erst recht nicht verstehen.

Goethe genießt die Behaglichkeit, die das enge Zusammenleben mit Christiane ihm verschafft, mit vollem Bewußtsein. Er zeigt auch in der Öffentlichkeit, schon um Christianes willen, wie zufrieden und glücklich er ist. Besonders Freunden und Bekannten gegenüber, von denen er weiß, daß sie sein Verhältnis mißbilligen, macht er kein Hehl daraus. So erklärt er Caroline Herder bei einem Zusammentreffen ganz unumwunden, ihm sei jetzt recht wohl, da er ein Haus habe, gut Essen und Trinken und dergleichen. Wobei er offen läßt, was er mit »dergleichen« meint. Alle Philosophie laufe doch darauf hinaus, daß der Mensch ein behagliches Hauswesen habe. Damit will er Caroline gegenüber, die oft sein ungebundenes Junggesellenleben kritisiert hat, deutlich machen, was er später und auch anderweitig noch stärker betonte: daß er seine Liebesbeziehung zu Christiane als regelrechte Ehe betrachte, »nur eben nicht mit Zeremonie«. An Freund Herder, Carolines Mann, schreibt er, als er wieder einmal unterwegs auf einer Reise ist, noch offener: »Es ist all und überall Lumperei und Lauserei, und ich habe gewiß keine eigentlich vergnügten Stunden, bis ich mit Euch zu Nacht gegessen und bei meinem Mädchen geschlafen habe . . .«

KAPITEL VI

Ehe zu dritt
oder
das Glück des Grafen von Gleichen?

In dieser Zeit kommen bekannte und berühmte Männer Goethe besuchen, zum Beispiel der Balladendichter Gottfried August Bürger und der Philologe Karl Philipp Moritz, der Goethe in Metrik berät und ihn bei der Umarbeitung der »Iphigenie« in Verse unterstützt. Goethe trifft sich jetzt auch häufiger mit Schiller und befaßt sich wieder stärker mit dem ihn seit langem bewegenden Faust-Problem. Noch etwas anderes kommt hinzu. Herzog Karl August hat die Absicht, das 1774 nach einem Blitzschlag abgebrannte Schloß wiederaufzubauen. 1789 bildet er eine vierköpfige Schloßbaukommission und ernennt Goethe zu deren Mitglied. Keine leichte Aufgabe, da Goethe von dem historischen Bau nur die ausgebrannte Ruine kennt, die seit anderthalb Jahrzehnten unberührt über dem Ilm-Ufer liegt. Lediglich der massive Schloßturm, der schon frühere Brände überstanden hat, steht noch. Allerdings soll er statt des spätgotischen Helms eine barocke Haube bekommen, nach dem Willen des Herzogs künftig das Wahrzeichen Weimars.

1789 trifft Goethe zweimal ganz unverhofft mit Frau von Stein zusammen. Einmal im Fürstenhaus, wo die herzogliche Familie seit dem Schloßbrand wohnt: Goethe führt dort, wie schon lange versprochen, einem größeren Kreis kunstverständiger Gäste seine in Italien erworbenen Kupferstiche vor. Als er Charlotte unter den Anwesenden entdeckt, fühlt er heimliche Genugtuung. Während er die Mappen und Blätter auf dem Tisch ausbreitet, beginnt er begeistert zu erzählen, wie er die kostbaren Kupfer bei einem römischen Trödler entdeckt und für ein paar Centesimi erworben habe. Es war in der Nähe des Campo dei fiori, des römischen Blumenmarkts, wo zwischen der buntleuchtenden Blumenpracht und den duftenden Früchten des Südens auch allerlei Trödel, antike Statuetten, Kupferwaren und billige Glasperlengehänge, feilgeboten werde. Goethe schildert seine damaligen Eindrücke so plastisch, daß die Gesellschaft gefesselt lauscht. Nur sie, Charlotte, bleibt kühl und unbeteiligt. Sie hört kaum zu, während er spricht, geht zwischendurch zum Fenster, blickt gelangweilt in den Garten hinaus – als wolle sie damit vor aller Öffentlichkeit bekunden, wie gleichgültig ihr der treulose Freund geworden sei.

Ein andermal aber, bei der zweiten Begegnung, im Wittumspalais, dem »Musenhof« der Herzogin-Mutter Anna Amalia, als er vor einem kleinen Kreis geladener Gäste aus seinem »Tasso« vorliest, glaubt er eine regere Anteilnahme Charlottes zu entdecken. Das erschütternde Seelendrama, das die Liebe, das selbstverschuldete Leiden und den schließlichen Zusammenbruch des italienischen Renaissance-Dichters Torquato Tasso am Hof des Herzogs von Ferrara schildert, scheint sie zu bewegen. Einige der Anfangsszenen daraus kennt sie ja von der Entstehung her und weiß, daß Goethe von der Darstellung gesagt hat: »Sie ist Bein von meinem Bein und Fleisch von meinem Fleisch.« Und sie weiß auch aus früheren Gesprächen, daß er – genau wie in der Iphigenie – in Tassos Geliebte, Leonore, verschiedene ihrer, Charlottes, Züge verwoben hat.

Ist es das, was sie so gebannt lauschen läßt?

Nach Schluß der Lesung äußert sie einleuchtende Gedanken zu dem Stück, so daß Goethe beglückt an die fruchtbarste Zeit ihrer Freundschaft erinnert wird und sich insgeheim vornimmt, wieder eine engere Verbindung zu Charlotte zu suchen.

Beflügelt von diesem Gedanken eilt er nach der Verabschiedung durch die herzogliche Familie ins Freie. Es ist eine mondhelle Nacht voll zartem Silberglanz. Vor dem Barockportal warten buntlivrierte Lakaien mit den Sänften ihrer Damen, Reitknechte führen die Pferde der Herren vor, einige Pagen beleuchten mit flackernden Pechfackeln den Aufbruch. Aber nirgends entdeckt Goethe Charlottes hellgekleidete Gestalt. Erst im letzten Augenblick sieht er am Fenster einer vorbeifahrenden Kutsche ihr Gesicht. Grüßend hebt er die Hand. Lächelt sie? Winkt sie ihm zu? Er kann es nicht erkennen. Als er auf den Wagen zugehen will, prescht der Kutscher mit hartem Peitschenknall davon. Wenige Sekunden später ist das Gefährt in der Dunkelheit verschwunden.

Versöhnungsversuche mit Charlotte

Noch in der gleichen Nacht beginnt Goethe einen Brief an Charlotte. In ihm, der das Datum vom 1. Juni 1789 trägt, heißt es: »Was ich in Italien verlassen habe, mag ich nicht wiederholen, du hast mein Vertrauen darüber unfreundlich genug aufgenommen. Leider warst du, als ich ankam, in einer sonderbaren Stimmung und ich gestehe aufrichtig: daß die Art wie du mich empfingst, wie mich andre nahmen, für mich äußerst empfindlich war. Ich sah Herder, die Herzogin verreisen, einen mir dringend angebotenen Platz im Wagen leer, ich blieb um der Freunde willen, wie ich um ihrentwillen gekommen war, und mußte mir in demselben Augenblick hartnäckig wiederholen lassen, ich hätte nur wegbleiben können, ich nehme doch keinen Teil an den Menschen usw. Und das alles eh von einem Verhältnis die Rede sein konnte, das dich so sehr zu kränken scheint. Und welch ein Verhältnis ist es? Wer wird dadurch verkürzt? Wer macht Anspruch an die Empfindungen, die ich dem armen Geschöpf gönne? Wer an die Stunden, die ich mit ihr zubringe?«

Hofft Goethe, indem er von Christiane als von dem »armen Geschöpf« spricht, Charlottes Zuneigung zurückzugewinnen?

In dringendem Ton fährt er fort: »Frage Fritzen, die Herdern, jeden, der mir näher ist, ob ich unteilnehmender, weniger mitteilend, untätiger für meine Freunde bin als vorher? . . . Und es müßte durch ein Wunder geschehen, wenn ich allein zu dir das beste, innigste Verhältnis verloren haben sollte. Wie lebhaft habe ich empfunden, daß es noch da ist, wenn ich dich einmal gestimmt fand, mit mir über interessante Gegenstände zu sprechen . . . Ich gebe die Hoffnung nicht ganz auf, daß du mich wieder erkennen werdest.«

In seiner Ungeduld wartet Goethe keine Antwort ab, sondern schickt wenige Tage später einen noch ausführlicheren Brief nach mit Klagen über das rauhe Klima, das er nach seinem Italienaufenthalt besonders unangenehm empfindet und das ihm »früher oder später zu manchem Guten untüchtig machen wird«. Es drängt Goethe, Charlotte noch mehr begreiflich zu machen: »Zu meiner Entschuldigung will ich nichts sagen. Nur mag ich dich gern bitten: Hilf mir selbst, daß das Verhältnis, das dir zuwider ist, nicht ausarte, sondern stehen bleibe wie es steht. Schenke mir dein Vertrauen wieder, sieh die Sache aus einem natürlichen Gesichtspunkt an, erlaube mir, dir ein gelaßnes wahres Wort darüber zu sagen, und ich kann hoffen, es soll sich alles zwischen uns rein und gut herstellen.«

Mit so beschwörenden Vorschlägen hofft Goethe demnach auf einen Liebeskompromiß. Charlotte kann seine Bitte nur in der Weise verstehen, sie möge ihm helfen, daß sein Verhältnis zu Christiane »stehen bleibe wie es steht«. Denn, wie er am 1. Juni geschrieben hat: »Wer wird dadurch verkürzt?«

Charlotte und Christiane sind, das ist Goethes Meinung in diesen Tagen, zwei Frauen von so grundverschiedener Wesensart, daß eigentlich keine sich durch die andere gestört fühlen müßte. Was die eine ihm gibt, kann die andere ihm nicht bieten. Und was diese als das höchste Glück betrachtet, ist für jene undenkbar. Warum also nicht beide?

Charlotte sind solche Überlegungen aus der Zeit ihrer Seelenfreundschaft mit ihm wahrscheinlich nicht fremd. Er hat ihr gegenüber nie ein Hehl daraus gemacht, wenn er zeitweise in eine andere Frau verliebt war, wie zum Beispiel damals, als er sich zu der schönen Sängerin Corona Schröter hingezogen fühlte.

Christiane würde dem Geliebten eine platonische Beziehung zu Frau von Stein womöglich nicht verübeln. Ihre Liebe und kreatürliche Zuneigung zu dem berühmten Mann ist voraussetzungslos. Sie liebt ihn leidenschaftlich und hingebungsvoll, aber zugleich mit ehrfürchtiger Bewunderung, der sie alles unterordnet. Nie käme sie auf den Gedanken, Bedingungen oder gar Forderungen zu stellen, die sein freies Handeln einengen könnten.

Goethe hat den Gedanken der Doppelehe auch in seinen Werken erörtert. Doppelehe allerdings nur aus der Sicht des Mannes gesehen. So hatte er vor Jahren einmal einen Roman mit dem Titel »Der Sultan wider Willen« geplant, in dem vier Frauen den gleichen Mann umschwärmen. Und der Mann findet jede der Frauen, mit der er sich gerade trifft, als die allein liebenswerte. Friedrich Wilhelm Riemer, einer der engsten Vertrauten des Dichters, bemerkt dazu: » . . . wie Goethe denn in der früheren Zeit für diese und jene zugleich, wenn auch nicht das gleiche empfand«.

In »Stella«, dem »Schauspiel für Liebende«, das kurz nach dem »Werther«, im Frühjahr 1775, entstand, also noch vor der

Weimarer Zeit, hat Goethe das heikle Problem der Ehe zu dritt mit erstaunlicher Offenheit dramatisch gestaltet: das leidige Thema von den zwei Seelen in eines Mannes Brust. Die Idee dazu kam Goethe durch seine damalige Liebe zu Lili Schönemann, mit der er sich – trotz seiner Schwärmerei für die »unsterbliche« Brieffreundin Gräfin Stolberg – verlobt hatte. Lili setzte er in der Gestalt der Stella ein bezauberndes literarisches Denkmal, während er bei der Rolle der Cäcilie mit deutlich fühlbarem Schuldgefühl der von ihm so unvermittelt verlassenen Friederike Brion gedachte. Einfälle zu diesem Stück bezog er aus dem Konflikt seines Freundes Jacobi, der zwischen zwei Frauen stand; vor allem aber durch Gottfried August Bürgers vielbesprochene Doppelehe mit den Schwestern Leonhart.

In »Stella« nun steht der Offizier Fernando unentschlossen zwischen zwei Frauen. Beide hat er vor Jahren verlassen, beide trifft er wieder, als sie sich durch eine zufällige Begegnung angefreundet haben. Die Situation, die Fernando »von einem Ende zum anderen immer wieder durchdacht hat«, wobei sie »nur immer quälender und schrecklicher wurde«, scheint unlösbar, bis Cäcilie, die erste Frau, vorschlägt, doch eine Dreier-Ehe zu führen – nach dem Muster des Grafen von Gleichen, der als Kreuzritter ein zweites Weib aus dem Orient mit auf sein Schloß in Thüringen gebracht hatte, wo er mit beiden Frauen »eine Wohnung, ein Bett und ein Grab« teilte.

Mit Charlotte von Stein und Christiane Vulpius fand Goethe, damals gewiß zu seinem Bedauern, nicht das Glück des Grafen von Gleichen. Charlotte ließ Goethes Post unbeantwortet. Er mußte begreifen, daß sie nichts mehr mit ihm zu tun haben wollte.

Den Schluß des Dramas »Stella«, oft als »unsittlich« angegriffen, hat Goethe später geändert: Fernando, als er keinen Ausweg mehr weiß, erschießt sich, Stella nimmt Gift.

KAPITEL VII

Christiane erwartet ein Kind

Christiane erwartet ein Kind. Zuerst glaubt sie noch, daß sie sich irrt, daß die wahrgenommenen Anzeichen täuschen. Sie wartet ab, beobachtet ihren Körper, horcht in sich hinein. Doch nach einigen weiteren Wochen gibt es keinen Zweifel mehr.

Die Gewißheit, Mutter zu werden, stürzt sie in einen heftigen Zwiespalt der Gefühle. Was soll nun werden? Sie möchte sich freuen, kann es aber nicht. So beglückend der Gedanke ist, von dem geliebten Mann ein Kind unter dem Herzen zu tragen, so niederdrückend und erschreckend ist es für sie, an die Folgen zu denken. Was werden die Leute sagen, wenn ihr Zustand für alle sichtbar wird? Sie kennt die Unbarmherzigkeit von Geschlechtsgenossinnen, die über ein Mädchen herfallen, das ohne Trauschein in andere Umstände gekommen ist. Sie hat es wiederholt erlebt: »Metze!« riefen sie einem der unglücklichen Geschöpfe hinterher und spuckten verächtlich aus, als sei ihnen die leibhaftige Sünde begegnet. Wie lange ist es her, daß man solche Mädchen als abschreckendes Beispiel öffentlich an den Pranger oder an den Schandpfahl vor der Kirche stellte?

Christiane erinnert sich dann an das aufsehenerregende Schauspiel, von dem ihr der Bruder einmal erzählt hat. Es heißt »Die Kindermörderin«, Autor ist ein gewisser Heinrich Leopold Wagner. Da wird der Leidensweg eines Bürgermädchens geschildert, das sich, als ein Kind unterwegs ist, von ihrem Verführer verlassen glaubt. Aus Gram über die Schande, die über die Familie kommt, stirbt die Mutter des Mädchens. Als sich auch der Vater im Zorn gegen seine »ehrvergessene« Tochter wendet, tötet sie in ihrer Verzweiflung das Neugeborene und wird als Mörderin vor Gericht gestellt. Ein erschütterndes Stück. Christianes Bruder hatte damals erwähnt, es sei wegen dieses Schauspiels zu einem Streit mit dem Verfasser gekommen. Man hat ihm nämlich nachgewiesen, daß das Stück erst von ihm geschrieben worden sei, nachdem ihm Goethe von seinem Faust-Stoff erzählt hatte, in dem eine ähnliche Tragödie vorkommen soll . . .

Auch er beschäftigt sich also mit einer solchen Geschichte, denkt Christiane. Was wird er nun sagen, wenn er von ihrem Zustand erfährt? Kann er es sich leisten, sich zu dem Kind zu bekennen? Würde das seine Stellung bei Hof nicht unmöglich machen? Nein, das nimmt sie sich vor, sie wird ihm diesen Skandal auf keinen Fall zumuten. Lieber will sie ihr Kind still und heimlich zur Welt bringen und schweigen. Ihre Eltern sind ja tot, und mit Tante Juliane wird sie schon fertig werden. Umbringen wird sie sich deswegen nicht. Aber wie wird es weitergehen? Es sind quälende Gedanken.

Längere Zeit versucht Christiane ihren Zustand vor dem Geliebten zu verbergen. Sie will mit dem Geständnis einen günstigen Zeitpunkt abwarten.

Goethe ist in diesen Sommermonaten des Jahres 1789 mit besonders vielen Problemen beschäftigt, die ihn oft verärgert und gereizt nach Hause kommen lassen: In der Schloßbaukommission gibt es laufend Schwierigkeiten, Ärger auch mit dem Freien Zeicheninstitut und mit der Jenaer Universität. Als Christiane sich dann eines Tages vornimmt, ihm alles zu gestehen, läßt er ihr durch einen Boten bestellen, daß er unerwartet die Herzogin Luise nach Aschersleben begleiten müsse, in die Garnison des Herzogs, der kürzlich als General in die Dienste des Königs von Preußen getreten ist. So verzweifelt wie an diesem Tag ist Christiane noch selten gewesen.

Von Aschersleben aus macht Goethe dann auch noch Abstecher in den Harz und nach Leipzig.

Erst nach seiner Rückkehr, bei der er als Geschenk ein neues Kleid und allerlei reizvolle Spitzen mitbringt, nimmt sich Christiane den Mut, ihm zu sagen, daß sie ein Kind von ihm erwartet.

Die Nachricht überwältigt Goethe. Er liebt Kinder über alles, auch wenn er vielleicht nicht mehr damit gerechnet hat, selbst Vater zu werden. Desto größer ist nun seine Freude. »Meinem Herzen sind die Kinder am nächsten auf der Erde«, hat er einst seinen Werther sagen lassen. Und an Charlotte von Stein hat er noch vor wenigen Jahren geschrieben: »Christus hat ein Recht, uns auf die Kinder zu verweisen, von ihnen kann man leben lernen und selig werden.« Damals hatte sich Goethe mit dem Plan getragen, Charlottes jüngsten Sohn Fritz zu adoptieren und ihn zu seinem Erben zu machen. Nun aber wird ihm seine geliebte Christiane ein Kind schenken – ihrer beider Kind! Er schließt Christiane in die Arme, beschwört sie, alle ihre Ängste und Zweifel zu vergessen. »Was immer auch geschehen mag, ich werde mich zu unserem Kind bekennen. Alle sollen erfahren, wie glücklich ich bin und wie stolz ich auf dich bin.« Als sich Christiane aus der Umarmung löst, spürt sie, daß sie diesem Mann, daß sie ihrem Geliebten vertrauen kann. Beide haben Tränen in den Augen.

Mit welch zärtlichen Gefühlen Goethe das werdende Leben unter dem Herzen des geliebten Mädchens beobachtet, geht aus den zauberhaften Versen hervor, die er ein Jahr später, auf seiner zweiten Italienreise, für Christiane schreiben wird:

»Ach, mein Hals ist ein wenig geschwollen!« so sagte
die Beste
Ängstlich. – »Stille, mein Kind! still! und vernehme
das Wort:
Dich hat die Hand der Venus berührt; sie deutet dir leise,
Daß sie das Körperchen bald, ach! unaufhaltsam verstellt.

Bald verdirbt sie die schlanke Gestalt, die zierlichen
Brüstchen,
Alles schwillt nun, es paßt nirgends das neuste Gewand.
Sei nur ruhig! es deutet die fallende Blüte dem Gärtner,
Daß die liebliche Frucht schwellend im Herbste gedeiht.«

Wiedersehen mit dem Bruder

Das Jahr 1789, in dem Christiane ihr erstes Kind erwartet, ist ein unruhvolles Jahr. Unruhvoll für die Welt, njcht für Weimar. Und schon gar nicht für Christiane und ihr zurückgezogenes Leben im Gartenhaus am Stern. Was in dieser Zeit die Welt bewegt, erfährt sie erst durch ihren Bruder August, der im Herbst 1789 unverhofft zu Besuch kommt.

Fast ein ganzes Jahr hat Christiane den Bruder nicht mehr gesehen, selten von ihm gehört. Um so stürmischer verläuft das Wiedersehen. Unsagbar glücklich wirft Christiane sich an seinen Hals, küßt ihn überschwenglich. Er ist ja, außer dem so oft abwesenden Geliebten, der einzige Mensch, mit dem sie sich aufs engste verbunden fühlt, mit dem sie über alles, was ihr auf der Seele brennt, rückhaltlos sprechen kann.

August Vulpius weiß bereits von Christianes Beziehung zu dem Geheimrat und von ihrem gegenwärtigen Zustand. Er ist bei seiner Heimkehr aus dem fernen Leipzig zuerst in die Luthergasse gegangen, wo ihm Tante Juliane alles genauestens berichtet hat. Aber das Wichtigste hatte er bereits in Leipzig erfahren. Dort war er das letzte Jahr tätig gewesen, in der Hauptsache für den Verleger Göschen und dessen Prachtausgaben der deutschen Klassiker. In der modernen Messe- und Handelsstadt, an deren Universität einst Lessing studiert und Männer wie Gottsched und Gellert gelehrt haben, interessierte man sich sehr für die Größen des Weimarer »Musenhofs« und kannte sowohl ihre Werke als auch ihre Affären, besonders natürlich die des so schnell berühmt gewordenen »Dichterfürsten« Goethe, der ja selbst einmal in Leipzig studiert hat. Man konnte sich in den dortigen Universitätskreisen noch gut an den so selbstbewußt auftretenden jungen Studiosus aus Frankfurt erinnern, der dank des beachtlichen Wechsels seines Vaters, des Kaiserlichen Rats, ein recht flottes Leben führte und damit manches Mal unliebsames Aufsehen erregte. Während seine Kommilitonen, meist arme Hunde, in den scheunenartigen Kollegienhäusern hausen mußten, bewohnte Goethe in dem stattlichen Haus »Zur Feuerkugel« gleich mehrere Zimmer und schien sich mehr für die angenehmen Seiten des Lebens als für die Jurisprudenz zu interessieren. Er habe »den Teufel im Leib«, hieß es, und kümmere sich mit Vorliebe um »hübsche Weiber«. Mit einer von denen, mit der er zwei Jahre engen Verkehr hatte, soll es ernste Schwierigkeiten gegeben haben. Käthchen Schönkopf hieß sie, damals ein unbescholtenes Wirtstöchterlein, jetzt verehelichte Frau Kanne . . .

Nach der ersten stürmischen Begrüßung betrachtet August Vulpius die Schwester genau. Man kann es bereits bemerken, daß sie schwanger ist. Die Gestalt ist fülliger geworden. Das fröhliche Jungmädchengesicht hat weichere, ihm scheint, fast schon mütterlich wirkende Züge bekommen. Der Bruder fühlt eine starke Rührung in sich aufsteigen – Rührung und Zorn.

Wenn der Herr Goethe sie in diesem Zustand sitzenläßt, denkt er, wenn er mit Christiane genauso verfährt wie mit seinen Liebschaften zuvor, dann wird er ihn, komme danach was wolle, in aller Öffentlichkeit fordern!

Doch Christiane kann ihn beruhigen. Mit glänzenden Augen berichtet sie, wie zärtlich und liebevoll Goethe sich gerade jetzt benimmt. Und zum Beweis dafür, daß es keinen Zweifel am Bekenntnis Goethes zur Vaterschaft gibt, zeigt sie dem Bruder das letzte Gedicht, in dem der Geliebte so unvergleichlich ihren Zustand verklärt. »Stell dir vor, er hat sogar den Herzog gebeten, die Patenschaft zu übernehmen«, sagt sie, »und der Herzog hat bereits zugesagt. Falls es ein Junge wird, soll er deshalb August heißen – wie auch du.«

In diesem Zusammenhang interessiert August Vulpius noch eine andere Frage, die er aber nicht so ohne weiteres mit der Schwester erörtern will. Sie betrifft das Verhältnis Goethes zu Frau von Stein. In Leipziger Literatenkreisen ist noch bis vor kurzem ganz offen die Meinung kolportiert worden, Goethe habe für sein Haus in Weimar einen besonderen »Frauenplan«, das heißt, er lege es in seiner bekannten egozentrischen Art darauf an, sich mit beiden Frauen gleichzeitig zu arrangieren: die Hofdame als beherrschende Persönlichkeit im repräsentativen Empfangszimmer, Christiane Vulpius dagegen als allzeit bereite Dienerin im Hinterstübchen und in der Schlafkammer. Die eine also für den Tag, die andere für die Nacht . . .

Allerdings hat ein Freund aus Gotha, der als zeitweise beschäftigter Schreiber die Verhältnisse im Haus am Frauenplan genauer kennt, August Vulpius versichert, daß sich die Beziehung zu der Oberstallmeisterin seit Goethes Neigung zu Christiane merklich abgekühlt habe. Die ohnehin um Jahre ältere Freundin, durch seelischen Kummer und verschiedene körperliche Leiden ermattet, sei in letzter Zeit sichtbar gealtert, während Goethe ganz auffallend neuen jugendlichen Schwung zeige. Es sei für den Geheimrat auch höchste Zeit gewesen, sich aus den Fesseln der erstarrten Freundschaft zu lösen. Ein anonymer Witzbold habe bereits ein Spottgedicht auf »eine gewisse Weimarer Exzellenz« gemacht, die zusehends »versteinere«, womit der Verfasser sich neben einem kleinen Seitenhieb auf Goethes bekannte Vorliebe für altes Gestein vor allem über das versteifte höfische Benehmen als Folge der strengen Erziehung durch Frau von Stein lustig macht.

Im Grunde kann August Vulpius mit dieser Entwicklung der Dinge zufrieden sein. Er ist sich allerdings auch klar darüber, daß dadurch die Stellung der Schwester kaum erleichtert werden wird. Denn eine Heirat kommt für Goethe wohl trotz des Kindes nicht in Frage. Immerhin, wenn er sich, wie die Schwester versichert, öffentlich zum Kind bekennen wird, ist viel erreicht. Dies käme fast schon einer Legalisierung des Verhältnisses gleich, wenn auch nicht durch amtliche Dokumente und kirchlichen Segen.

Als August die Schwester fragt, ob sie ihm wohl eine Tasse Kaffee bereiten könnte, schüttelt sie bedauernd den Kopf – Kaffee gibt es in diesem Hause nicht. Goethe verachtet das »schwarze Gebräu«, ja er haßt es geradezu. Aber sie wolle dem Bruder gern eine Tasse Schokolade zubereiten. Heiße Schokolade sei Goethes Lieblingsgetränk, sowohl des Morgens als auch am Nachmittag. Es gebe Biskuit dazu oder anderes süßes Backwerk. Nach der Bewirtung zeigt Christiane dem Bruder alle Räume des Gartenhauses. In Goethes kleinem Arbeitszimmer im ersten Stock bleibt August Vulpius in Gedanken versunken stehen. Eingehend betrachtet er alle Einrichtungsgegenstände, von dem pyramidenförmigen Ofen bis zum Schreibpult mit dem hohen Hocker, der die Form eines Bocksattels hat.

»Schade«, sagt August nach einer Weile.

»Was ist schade?« will Christiane wissen.

»Daß so vieles, was von hier aus seinen Anfang nahm, nicht in Erfüllung gegangen ist.«

»Wie meinst du das?«

August meint es so, wie er es sagt. Er denkt an die hitzigen Diskussionen, die er im Kreis oppositioneller Leipziger Studenten und fortschrittlich gesinnter Literaten erlebte. Dabei waren oft harte Worte gegen Goethe gefallen. Die Jugend Deutschlands war enttäuscht von diesem Dichter. Der Mann, der den »Götz«, den »Werther«, das Gedicht »Prometheus« geschaffen hatte, schien anfangs einer der Ihren zu sein, ein richtungweisender Vorkämpfer der jungen Stürmer und Dränger. Gebannt und voller Zukunftshoffnung hatte man auf seine nächsten Werke gewartet. Was aber kam nach der revolutionären »Geschichte Gottfriedens von Berlichingen mit der eisernen Hand«, jenem dramatischen Werk, das mit der leidenschaftlichen Darstellung eines raubritterischen Rebellen gegen jede Art von Unterdrückung durch geistliche und weltliche Territorialfürsten eine neue Epoche der deutschen Literatur einzuleiten schien? Es kam das antikisierende Seelendrama der Priesterin Iphigenie und das aristokratische Intrigenspiel um die schwankende Gestalt des Hofdichters Tasso. Und nach den Eruptionen in »Wandrers Sturmlied« nur noch Liebesgedichte und Hymnen an den Mond. »Goethe ist ein literarischer Hoflieferant geworden«, heißt es allgemein in diesen Kreisen.

Als Christiane ihrem Bruder widersprechen will, unterbricht er sie sofort. »Ich weiß, was du sagen willst. Natürlich sind auch alle diese Werke große Dichtungen und werden seinen Ruhm der Nachwelt erhalten. Aber er könnte doch wenigstens jetzt, in diesen Tagen, das entscheidende Wort sagen, das man von ihm erwartet.«

»Warum gerade jetzt?« will Christiane wissen.

»Weißt du denn nicht, was in der Welt los ist? Was zur Zeit in Frankreich geschieht?«

Kopfschüttelnd stellt August Vulpius fest, daß die Schwester so gut wie keine Ahnung hat. In Weimar scheint man tatsächlich zu schlafen.

»In Frankreich ist Revolution!« ruft er emphatisch aus. »Weißt du, was das bedeutet? Die Massen haben sich erhoben, haben in Paris die Bastille gestürmt, das angeblich uneinnehmbare Staatsgefängnis aufgebrochen. Der dritte Stand hat endlich seine Macht erkannt und die allgemeinen Menschenrechte verkündet. Die Vorrechte des Adels werden abgeschafft, die Kirchengüter eingezogen. Freiheit, Gleichheit und Brüderlichkeit für alle! Kannst du dir vorstellen, welche Konsequenzen das hat? Diese Volkserhebung verändert nicht nur das Gesicht Frankreichs, sie wird sich ausbreiten und schließlich die ganze Welt und damit das Leben aller Menschen von Grund auf verändern!«

Der junge Vulpius ist felsenfest davon überzeugt, daß die Idee der Französischen Revolution, die durch Dichter und Philosophen wie Voltaire, Rousseau und Beaumarchais vorbereitet wurde, schon in kurzer Zeit nach Deutschland übergreifen werde. Dann kommt auch das Ende der Duodezfürsten, der kleinen Potentaten in den deutschen Herzog- und Fürstentümern, die das Volk ausbeuten und immer noch einen schwungvollen Handel mit gewaltsam eingefangenen Soldaten treiben, wie es Schiller in der ergreifendsten Szene seines zeitkritischen Stücks »Kabale und Liebe« angeprangert hat. Schon erheben einige der deutschen Geistesgrößen angesichts der umwälzenden Ereignisse in Frankreich ihre Stimme. Schiller ist hoffnungsvoll, Humboldt und Herder begrüßen den Aufbruch in eine neue Zeit, Hölderlin, der junge Poet in Tübingen, dichtet seine »Hymne an die Freiheit«, und sogar Klopstock mahnt die Deutschen: »Frankreich frei – und ihr zögert?«

Nur Goethe schweigt. Das größte Ereignis des Jahrhunderts scheint ihn kalt und unberührt zu lassen. Er verstärkt seine Beziehungen zur Universität Jena, wo er die umstrittenen naturwissenschaftlichen Studien betreibt, und reitet zwischenzeitlich mit dem Herzog Karl August umher, der als neuernannter preußischer General am liebsten seine Truppen inspiziert. Es scheint schon zu stimmen, was ein Leipziger Freund kürzlich boshaft gesagt hat: daß die »geadelte Exzellenz von Goethe« durch die engen Bindungen an den Hof von Weimar im Grunde zu einem opportunistischen Fürstenknecht geworden ist.

Christiane lauscht der heftigen Polemik des Bruders mit gemischten Gefühlen. Sie bewundert ihn, weil er über alles in der Welt so gut Bescheid weiß, zugleich aber fürchtet sie seine unberechenbaren Ausbrüche. Goethe ein Fürstenknecht? Das kann sie nie und nimmer glauben. Sie kennt ihn besser, sie weiß aus seinen Erzählungen, daß er oft, und gerade in entscheidenden Dingen, dem Herzog widerspricht und dann seine eigenen Ansichten durchsetzt. Sie könnte viele Neuerungen aufzählen, die er eingeführt hat. Neuerungen, die vor allem dem einfachen Volk zugute kommen.

»Was soll ich nur machen?« fragt sie zaghaft.

Die Hilflosigkeit der Schwester entwaffnet August Vulpius mehr, als es harte Argumente vermocht hätten. Liebevoll nimmt er Christiane in die Arme, beruhigt sie. Es sei schon alles recht so, was sie mache. Ihre Hauptsorge müsse jetzt dem Kind unter ihrem Herzen gelten. Und sie sollte sich um Gottes willen keine Gedanken über das Gerede der Leute machen, auch wenn diese ihre Hingabe an Goethe mißbilligten und von »Schande« sprächen. Es werde eine Zeit kommen, in der es nicht mehr entscheidend sei, ob man mit dem Mann, den man liebe und von dem man ein Kind erwarte, mit Papier und Siegel verheiratet sei. Und für diese Zeit wolle er kämpfen. »Nur Mut, Schwesterlein«, sagt er, streichelt sie zärtlich und gibt ihr zum Abschied einen brüderlichen Kuß. »Und mach dir um mich keine Sorgen. Die Welt wird noch von mir hören – da kannst du gewiß sein!«

Umzug ins »Jägerhaus«

Wichtige Ereignisse ganz anderer Art kommen bald darauf auf Christiane zu, Ereignisse, die ihre ganze Aufmerksamkeit in Anspruch nehmen und alle anderen Probleme in den Hintergrund treten lassen.

Zunächst gibt es einen großen spektakulären Umzug. Goethe gibt zur allgemeinen Überraschung die Stadtwohnung am Frauenplan, die er seit 1782 zur Miete bewohnt hat, auf und zieht auf Vorschlag des Herzogs in das »Jägerhaus«. Das ist ein sehr geräumiges Anwesen, weiter draußen vor dem Frauentor, in der Marienstraße, die in südlicher Richtung nach Belvedere führt. Der Name deutet noch auf den ursprünglichen Zweck hin: Herzog Ernst ließ es vor Jahren als Wohnhaus für seine Jäger und Forstbeamten und zugleich zur Unterbringung des Jagdgeräts und der Meute erbauen. Es bietet also nach einigen Renovierungsarbeiten reichlich Platz und so viele Räumlichkeiten, daß Goethe dort, was im Haus am Frauenplan nicht möglich war, Christiane eine separate Wohnung im oberen Stockwerk zur Verfügung stellen kann. Sie muß nun nicht mehr im Gartenhaus leben. Gleichzeitig wird sie in dem neuen Anwesen zur Frau des Hauses, die über das gesamte Heim und damit auch über die Dienerschaft gebietet.

Goethe möchte, daß Christiane von den häuslichen Arbeiten entlastet wird, und schlägt vor, ihre jüngere Halbschwester Ernestine, und später sogar Tante Juliane, die unverheiratete Schwester ihres Vaters, mit ins Haus zu nehmen. So kann Goethe, was seinem Sinn für Behaglichkeit sehr zustatten kommt, zum ersten Mal in seinem Leben ein richtiges, eigenes Familienleben pflegen.

Für die höhere Weimarer Gesellschaft ist das ein Grund mehr, sich über das »unmögliche Verhältnis« aufzuregen. »Jetzt hat er sich völlig dieser Pöbelfamilie ausgeliefert«, sagt Frau von Stein bei einer ihrer Teegesellschaften zu ihren Freundinnen, die entrüstet die Perückenköpfe schütteln und die Neuigkeit mit allerlei pikanten Ausschmückungen weiterverbreiten. Der häßliche Kampf zwischen Amor und der personifizierten Fama, von dem Goethe in den »Römischen Elegien« an einer Stelle berichtet, entbrennt zu voller Heftigkeit.

Christiane verläßt kaum noch das Haus. Die unflätigen Bemerkungen, denen sie ausgesetzt ist, wenn sie sich auf der Straße zeigt, will sie nicht hören.

Wie Goethe die Verleumdungen aufnimmt, hat er in verschiedenen Gedichten zum Ausdruck gebracht: »Übers Niederträchtige niemand sich beklagt . . . / Wirbelwind und trokkenen Kot, laß sie drehn und stäuben!« Oder ein andermal, als er einen »Herrn Ego« sagen läßt: »Und red' ich dagegen, / So wird nur der Klatsch verschlimmert, / Mein liebliches Leben / Im nichtigen Patsch verkümmert. / Schon bin ich heraus: / Ich mach mir nichts draus!«

Ein ganz neues Erlebnis bedeutet es für ihn, das wachsende Leben unter dem Herzen der Geliebten zu beobachten und mit tastenden Händen zu befühlen. Und noch nie ist ein werdendes Menschenkind bereits im Mutterleib poetischer begrüßt worden als Christianes »Frucht der Liebe«:

Wonniglich ist's, die Geliebte verlangend im Arme zu halten,
Wenn ihr klopfendes Herz Liebe zuerst dir gesteht.
Wonniglicher, das Pochen des Neulebendigen fühlen,
Das in dem lieblichen Schoß immer sich nährend bewegt.
Schon versucht es die Sprünge der raschen Jugend; es klopfet
Ungeduldig schon an, sehnt sich nach himmlischem Licht.
Harre noch wenige Tage! Auf allen Pfaden des Lebens
Führen die Horen dich streng, wie es das Schicksal gebeut.
Widerfahre dir, was dir auch will, du wachsender Liebling –
Liebe bildete dich; werde dir Liebe zuteil!

KAPITEL VIII

Glückliches Familienleben

Als das Weihnachtsfest 1789 naht, bereitet man sich im »Jägerhaus« ganz im stillen auf die Ankunft des neuen Erdenbürgers vor. Eine Hebamme ist bestellt, ein Arzt in der Nähe unterrichtet. Außerdem stehen Ernestine und Tante Juliane für alle notwendig werdenden Handgriffe zur Verfügung.

Selbstredend weiß man auch in den Salons der Weimarer Gesellschaft von der bevorstehenden Niederkunft der »Geheimrätlichen Mamsell« und wartet voll Neugier auf entsprechende Nachrichten aus dem »Jägerhaus«. Schon Mitte Dezember hat Karoline von Beulwitz, eine der Lengefeld-Schwestern, in einem Brief an Freund Schiller, in dem sie auch auf Goethe zu sprechen kommt, geschrieben: »Sein Liebchen ist in Kindesnöten seit fünf Tagen und wird vermutlich sterben.«

Aus vielen ähnlichen Bemerkungen ist eine nur schlecht verhohlene Schadenfreude herauszuhören. Ein letaler Ausgang der Geburt, so denkt man im stillen, würde manche Probleme lösen . . . Doch Christianes gesunde Natur überwindet alle auftretenden Schwierigkeiten. Genau am Heiligen Abend setzen die Wehen ein, und die Hebamme, die »Lieberin«, spricht schon von einem richtigen »Christkindl«. Doch die Wehen ziehen sich noch hin. In der Nacht hört Christiane von der Stadt herüber die Christglocken läuten, die wuchtigen Klänge vom Westturm der Stadtkirche zu Sankt Peter und Paul und das hellere Geläut der alten Jakobskirche.

Viele Fenster in der Stadt sind in dieser Nacht erleuchtet.

Der schöne Brauch, einen Tannenbaum aufzustellen und mit Süßigkeiten und Kerzen zu schmücken, setzt sich auch bei einfacheren Familien immer stärker durch.

Um die Mittagszeit des 25. Dezember 1789 ist es soweit: Stolz kann die Hebamme dem Hausherrn melden, daß alles glücklich überstanden und er Vater eines gesunden Knaben geworden ist.

Goethe ist frohgestimmt. Im Grunde hat er wohl nie damit gerechnet, eines Tages noch Vater zu werden, einen Sohn zu bekommen. Er setzt gleich für den übernächsten Tag die Taufe fest. Obwohl er sonst nicht viel mit kirchlichen Zeremonien im Sinn hat, soll sie in der alten Hofkirche zu Sankt Jakob stattfinden. Pate ist der Herzog, dem Goethe für diese noble Geste besonders dankbar ist.

Am 27. Dezember findet die kleine Feier in aller Stille statt. Oberkonsistorialrat Schultze tauft den Erdenbürger auf den Namen August Walther. Da auch Tante Juliane als Patin fungiert, wird später noch der Name Julius hinzugefügt.

Als am Ende der kirchlichen Feier ein Gebet gesprochen wird, drückt Christiane ihr Kind fest an sich; die verheißungsvolle Schlußzeile aus Goethe Gedicht »Frucht der Liebe« fällt ihr ein: »Liebe bildete dich; werde dir Liebe zuteil!«

Der »Leib mit allen seinen Prachten«

Im »Jägerhaus« vor dem Frauentor geht es in der nächsten Zeit recht lebhaft zu. Mittelpunkt ist natürlich das »Bübgen«, wie Christiane den Kleinen zärtlich nennt. Sie hätschelt und liebkost ihn nach Herzenslust und empfindet eine derart hingebungsvolle körperliche Beschwingtheit, als sei sie erst durch das Mutterglück zu voller Weiblichkeit gereift.

Auch Goethe fühlt sich so wohl wie noch nie in seinem Leben. Er umgibt Christiane und das Kind mit aller Fürsorge. Ernestine und die Tante sind voller Staunen über Goethes Ausgelassenheit. »Meine Wohnung«, schreibt er an den Herzog, »danke ich Ihnen täglich, sie wird immer lustiger und anmutiger.«

Das »Jägerhaus« ist für das neue Familienleben geradezu ideal. Reizvoll im Freien und doch nahe bei der Stadt gelegen, kann man alle Erledigungen bequem zu Fuß machen. Das Anwesen hat so viele Räume, daß keiner den anderen zu stören braucht. Hier kann Goethe sich sogar einen alten Wunschtraum erfüllen und eine abgeschlossene Dunkelkammer einrichten, um zu experimentieren. Durch diese kleine »Hexenküche« wird es ihm ermöglicht, sich endlich auch ungestört mit seinen optischen Versuchen zu befassen, mit der Licht- und Farbenlehre, deren Probleme ihn schon seit langem beschäftigen. Vielen naturwissenschaftlichen Geheimnissen spürt er nach. Beim Spiel mit geliehenen Prismengläsern kommt ihm auch spontan jene Erkenntnis, mit der er Newtons seit einem Jahrhundert unangefochtene Theorie von der spektralen Zusammensetzung des weißen Lichts zu widerlegen hofft.

Daneben genießt er in vollen Zügen einen anderen Vorteil der weitläufigen Wohnung: Trotz des vergrößerten Personalstandes kann er sich mit Christiane jederzeit zurückziehen und sich dem »Leib mit allen seinen Prachten«, wie er es in einem Gedicht an die junge Geliebte ausdrückt, hingeben. »Die Liebste spähet sorglich den Wünschen des Mann's, dem sie sich eignete, nach – denn vor andern verlieh der Schmeichlerin Amor die Gabe, Freude zu wecken . . .« Erfüllt von seiner Liebe entstehen jetzt Goethes leichteste und fröhlichste Verse. Wenn er Christiane in seinen Armen hält, ihre Gestalt erfühlt und ertastet, erscheint ihm in ihr die Vollkommenheit antiker Marmorstatuen, die ihn in Rom bezauberten, auf wundersame Weise zu pulsendem Leben erweckt. Dann ist er ein neuer Pygmalion, den »doppelt beglückt« Aphrodite erhört. Während er des lieblichen Busens Formen erspäht und schildert, wie er seine Hand leitet die Hüften hinab, gesteht er: »Dann versteh' ich den Marmor erst recht: ich denk' und vergleiche, / Sehe mit fühlendem Aug', fühle mit sehender Hand . . .«

Dem Herzog gegenüber, dem vertrauten Freund, macht Goethe kein Hehl daraus, wie sehr ihn sein »kleines Erotikon« im »Jägerhaus« vor dem Frauentor beglückt; es geht auch aus einem launigen Gedicht hervor, das er Karl August anläßlich eines Entschlusses, »bei diesem Wetter hierzubleiben«, übersendet. In der letzten Strophe heißt es: »Indes macht draußen vor dem Tor, / Wo allerliebste Kätzchen blühen, / Durch alle zwölf Kategorien / Mir Amor seine Späße vor.«

Ideale Geliebte und Gefährtin

Christiane hat *ihren* Platz in Goethes Dasein. In seinen »großen« Dichtungen hat er vielen Frauengestalten, die ihm begegnet sind, ein unvergängliches literarisches Denkmal gesetzt. Die Frauen, die in seinen Werken »leben«, konnte Goethe nicht an sich binden. Christiane ist die einzige Frau, mit der er zusammen leben konnte und leben wollte. Die Frauen, mit denen er nicht leben konnte, »leben« – dafür – in seinen Werken. Christiane wird Goethes Dasein und Schaffen begleiten und beschützen. Sie ist seine stille Beraterin, seine bescheidene, aber unermüdliche Helferin, seine wundervolle Geliebte, seine treue Gefährtin. Sie bewundert, sie liebt ihn und ermöglicht ihm so die Fortsetzung seines dichterischen Werks. Seine Geisteskraft gesellt sich zu ihrer Lebenskraft. Für seine schöpferische Arbeit schafft sie die unentbehrliche Atmosphäre.

Friedrich Wilhelm Riemer, der langjährige vertraute Hausgenosse und aufmerksame Beobachter des Goetheschen Familienlebens darf als Kronzeuge für die Richtigkeit dieser Einschätzung gelten. Mit seinen Berichten straft er all jene Lügen, die eine ganz anders geartete Frau an Goethes Seite sehen wollen. Riemer schreibt: »Nur ein solches weibliches Wesen bedurfte er zu freier und möglichst ungehinderter Entwicklung seiner selbst, und keine auf Rang und Titel Anspruch machende, in gelehrtem Zirkel wohl gar selbst als Schriftstellerin glänzenwollende Dame hätte sie fördern, oder nur sein häusliches Behagen und eheliches Glück machen können, wie ihn ganz nahe berührende Erfahrungen früher und später belehren sollten. Soviel bleibt ausgemacht gewiß, daß . . . in diesem häuslichen und wirtschaftlichen Zusammenleben nicht die gewöhnlichen Ehestandsscenen und Gardinenpredigten vorfielen, die selbst in dem legitimsten Ehestande seiner nächsten Freunde nicht selten waren.«

Wie Goethe selbst über diese Frage gedacht hat, können wir aus einem Gespräch schließen, das er 1824, also acht Jahre nach dem Tod seiner Frau, mit Eckermann geführt hat. Es kann kein Zweifel bestehen, daß er bei den folgenden Worten, obwohl es unausgesprochen bleibt, an seine Beziehung zu Christiane gedacht hat – an die Vorzüge, die ihn zuerst verlockten und dann auf Dauer fesselten: ». . . als ob die Liebe etwas mit dem Verstande zu tun hätte! Wir lieben an einem jungen Frauenzimmer ganz andere Dinge als den Verstand. Wir lieben an ihr das Schöne, das Jugendliche, das Neckische, das Zutrauliche, den Charakter, ihre Fehler, ihre Kapricen und Gott weiß was alles Unaussprechliche sonst; aber wir lieben nicht ihren Verstand. Ihren Verstand achten wir, wenn er glänzend ist, und ein Mädchen kann dadurch in unseren Augen unendlich an Wert gewinnen. Auch mag der Verstand gut sein, uns zu fesseln, wenn wir bereits lieben. Allein der Verstand ist nicht dasjenige, was fähig wäre, uns zu entzünden und eine Leidenschaft zu erwecken.«

Im Rückblick auf erfüllte Jahre der Gemeinsamkeit, im sicheren Wissen, geliebt zu haben und geliebt worden zu sein, wird Goethe also bestätigen, was er schon bei der ersten Begegnung geahnt hat und was ihm immer mehr zur Gewißheit wird: Für ihn, den schöpferischen Mann, ist die empfängliche Natur Christianes die ersehnte Ergänzung.

Die Jahreswende 1789/1790 versetzt Goethe in die Stimmung, sich erneut an die Bearbeitung des Faust-Themas zu machen, jenes gewaltigen Stoffes, der ihn seit seiner frühesten Jugend beschäftigt. Der Gedanke, die Geschichte des schillernden Scharlatans Doktor Faustus zu dramatisieren, ist ihm schon in seiner Straßburger Studentenzeit gekommen. Erste Szenen schrieb er noch in Frankfurt, später in Weimar und auch in Italien. Es sind jedoch Bruchstücke geblieben. Zwar hat er schon da und dort daraus vorgelesen und auch begeisterte Zustimmung gefunden, doch allmählich ergreift ihn die Befürchtung, daß das Werk nie vollendet wird. Nun, da er Zeit und Muße hat, will er das Vorhandene genauestens ordnen, nochmals gründlich überarbeiten und wenigstens als Fragment herausgeben. Ende Januar ist er soweit und kann das Manuskript seinem Verleger senden, der es sofort in Druck gibt. Kurze Zeit später hat er das fertige Produkt in Händen und kann es voll Stolz Christiane zeigen. Es ist ein schmales Buch. Auf dem Titelblatt steht in gotischen Lettern: »Faust, ein Fragment«. Und unter dem Verfassernamen: »Leipzig, bey Georg Joachim Göschen, 1790«.

Ob das Stück, so wie es vorliegt, sich durchsetzen wird?

Der Verleger bezweifelt es. Er hat die ersten Bände der gesammelten »Schriften« des Dichters herausgebracht und wider Erwarten keinen Erfolg gehabt. Auch als er sie als Einzelausgaben zu verkaufen sucht, bleibt das Geschäft mäßig. Die Schuld sieht Göschen beim Autor, der in der Sammelausgabe neben seinen ersten Werken auch die unbedeutenden Maskeraden und Festspiele, die er für die Weimarer Hofgesellschaft geschrieben hat, veröffentlicht haben wollte, dazu viel Fragmentarisches und Skizzenhaftes, das er zu allem Überfluß auch noch dauernd veränderte.

Durch Göschens Kritik verärgert, sucht Goethe einen neuen Verleger. Er nimmt Verbindung zu Johann Friedrich Cotta in Tübingen auf. Als aber die Verhandlungen seiner hohen Forderung wegen zu scheitern drohen, schaltet sich Schiller als Vermittler ein, obwohl das keine leichte Aufgabe für ihn ist.

»Es ist«, schreibt Schiller, »um es geradeheraus zu sagen, kein guter Handel mit Goethe zu treffen, weil er seinen Wert ganz kennt und sich selbst hoch taxiert und auf das Glück des Buchhandels, davon er überhaupt nur eine vage Idee hat, keine Rücksicht nimmt.«

Trotzdem kommt es zu einem Abschluß; Cotta wird Goethes neuer Verleger, der ab 1815 alle Werke des Dichters mit Erfolg herausbringt, bis zur berühmten vierzigbändigen »Ausgabe letzter Hand«, zu der schließlich noch zwanzig Nachlaßbände kommen. Im ersten Band dieser »Nachgelassenen Werke« erscheint dann – 1832, im Todesjahr Goethes – der gerade noch vollendete zweite Teil des »Faust« . . .

Goethes zweite Italienreise

Am 10. März 1790 reist Goethe zum zweiten Mal nach Italien – diesmal allerdings in höfischem Auftrag. Er soll der Herzogin-Mutter Anna Amalia, die sich zur Zeit in Rom aufhält, bis Venedig entgegenfahren und sie von dort aus nach Hause geleiten. Sie erhofft sich davon, daß Goethes große Italienerfahrung und seine Kunstkenntnisse ihr bei der Besichtigung der Lagunenstadt und der oberitalienischen Kulturzentren zugute kommen.

Es ist das erste Mal, daß Goethe seit der Gründung seines neuen Hausstandes längere Zeit von Weimar abwesend sein wird. Die Reise wird voraussichtlich bis Juni, also ein Vierteljahr dauern. Diesmal, ganz im Gegensatz zu seiner ersten Italienreise, fällt Goethe der Abschied schwer. Als er damals gen Süden fuhr, war es neben der Entdeckerfreude, die ihn lockte, die Scheu vor allzu starker Bindung an Charlotte von Stein, die ihn fluchtartig forttrieb. Diesmal ist es umgekehrt: Das Gefühl der Bindung an seine Familie, an die geliebte Frau und seinen kleinen Sohn, machen die Trennung für ihn schmerzlich. Es verlangt ihn nicht nach südlichen Abenteuern, viel lieber würde er im »Jägerhaus« bei den Seinen und seinen Manuskripten bleiben. Aber er kann der Herzogin-Mutter, die zu seinen treuen und verläßlichen Anhängerinnen zählt und der er so viel zu verdanken hat, unmöglich eine Absage erteilen.

Das Abschiednehmen habe ihn »ganz mürbe« gemacht, schreibt er von unterwegs an den Herzog, die »Neigung zu dem zurückgelaßnen Erotio und zu dem kleinen Geschöpf in den Windeln« würden ihn innerlich in Weimar festhalten, auch wenn er äußerlich schon weit davon entfernt sei. Noch von Jena aus hat Goethe am 12. März Ähnliches an Freund Herder geschrieben: »Da man gegen das Ende weich und sorglich zu werden anfängt, so fiel mir erst ein, daß nach meiner Abreise mein Mädchen und mein Kleiner ganz und gar verlassen sind, wenn ihnen irgend etwas zustieße, worin sie sich nicht zu helfen wüßte. Ich habe ihr gesagt, sich in einem solchen äußersten Falle an dich zu wenden. Verzeih!«

Dieses »Verzeih« klingt, als habe Goethe Zweifel an Herders Hilfsbereitschaft gehegt und deshalb – aus Furcht vor Ablehnung – die Bitte erst nach der Abreise brieflich ausgesprochen.

Um so größer ist seine Erleichterung, als er – nach guten Nachrichten von Zuhause – den Herders in einem Brief, den er am 28. Mai von Mantua aus schreibt, seinen Dank abstatten kann: »Ich hoffe Euch wohl zu finden. Für die Gesinnungen gegen meine Zurückgelaßnen danke ich Euch von Herzen; sie liegen mir sehr nahe und ich gestehe gern, daß ich das Mädchen leidenschaftlich liebe. Wie sehr ich an sie geknüpft bin, habe ich erst auf dieser Reise gefühlt.«

Wenige Monate später heißt es dann gut gelaunt: »Wenn Ihr mich lieb behaltet, wenige Gute mir geneigt bleiben, mein Mädchen treu ist, mein Kind lebt, mein großer Ofen gut heizt, so hab' ich vorerst nichts weiter zu wünschen.«

Leider sind Goethes Briefe, die er an Christiane von der Italienreise im Frühjahr 1790 schrieb, nicht erhalten geblieben. Doch nach den Worten, mit denen er den Freunden gegenüber die leidenschaftliche Liebe zu »seinem Mädchen« gesteht, kann man sich vorstellen, wieviel Sehnsucht nach Christiane und Zärtlichkeit für den kleinen August sie ausgedrückt haben.

Auch von Christianes Briefen aus dieser Zeit ist nichts bekannt. Man nimmt an, daß Goethe ihre ersten schriftlichen Mitteilungen noch nicht aufbewahrt hat. Über Christianes Briefe, die erhalten geblieben sind, zerbrechen sich Sprachwissenschaftler bis heute den Kopf. Die Ausdrucksfähigkeit, die Überzeugungskraft, die sie ausstrahlen, übrigens auch dann, wenn es sich um nebensächliche Mitteilungen handelt, sind am ehesten mit denen der Frau Rat Goethe zu vergleichen: Sie sind unkonventionell, anschaulich und warmherzig. Aber die Schreibweise . . . Nun besteht jedoch keinerlei Grund, sich über Christianes Orthographie und Grammatik lustig zu machen. Im Gegenteil, es wäre angezeigt, nicht nur ihre Fähigkeit, sich auszudrücken, zu bewundern, sondern auch ihre sehr persönliche Schreibweise zu tolerieren. Man vergißt nämlich allzu gern, sich vor Augen zu halten, wer damals überhaupt zu lesen und zu schreiben vermochte. Nur sehr zögernd konnte sich die aristokratische Gesellschaft mit dem Gedanken abfinden, daß die Angehörigen der bürgerlichen Stände oder gar Mägde und Knechte keine Analphabeten bleiben sollten. Allerdings war Christiane durchaus keine »Magd«, stammte aus einem gebildeten, wenn auch verarmten bürgerlichen Haus; zeitweise ging sie in die Schule, obschon auch das keine Selbstverständlichkeit war – für Christiane um so weniger, als sie für ihre Geschwister Mutterstelle vertreten und den Haushalt versorgen mußte.

Bei all dem sei noch in Betracht gezogen, daß keineswegs alle Kinder die Schule besuchten. Zwar dürfte die Weimarische Schulordnung aus dem Jahre 1619 die erste in deutschen Landen gewesen sein, die einen Schulzwang aussprach. Darin wurde den Pfarrern und Schulmeistern zur Pflicht gemacht, »über Knaben und Mägdlein vom 6. bis 12. Jahr« ein Register zu halten, »auf daß mit denen Eltern, welche ihre Kinder nicht wollen zur Schule halten, könne geredet werden, auch auf Bedarf durch Zwang der weltlichen Obrigkeit dieselben ihre schuldige Pflicht in acht zu nehmen angehalten werden mögen«. Das freilich stand noch mehr als hundertfünfzig Jahre später lediglich auf dem Papier, als Christiane die Schule in Weimar besuchte – die »niedere Schule«, wie man noch immer im Gegensatz zur »höheren Schule« sagte; der Begriff »Volksschule« begann sich erst ganz allmählich durchzusetzen. Eigentlich sollte das Lesen nur geübt und erlernt werden, damit die Menschen unmittelbar Zugang zum Wort Gottes fänden. Der Religionsunterricht steht im Mittelpunkt. Es gilt schon als Neuerung, wenn im achtzehnten Jahrhundert gefordert wird, die Kinder müßten »in der Bibel heimisch« werden, der Pfarrer oder Lehrer sollte biblische Historien behandeln, die die Kinder nachzuerzählen hätten. Vierteljährlich sollte der Katechismus einmal »zu Ende gebracht« und den Kindern nicht nur erklärt, sondern auch »ans Herz gelegt« werden; an Montagen sei die Sonntagspredigt durchzunehmen. In der von Karl Kehrbach begründeten »Monumenta Germaniae Paedagogica« kann man nachlesen, was Paul Krumbholz über die »Geschichte des Weimarischen Schulwesens« geschrieben hat: nämlich unter anderem, daß die schlimmen Teuerungsjahre 1770/1772, als Christiane gerade ins Schulalter kam, über Thüringen großes Elend brachten. Krankheiten, besonders die Blattern, verbreiteten viel Unglück. Krumbholz schreibt: »So vereitelten Not und Armut vielfach die Bemühungen der Behörden, die neuen Bestimmungen, besonders die über den Schulbesuch, durchzuführen; waren doch alle Hände, auch die der Kinder, nötig zum Erwerb des täglichen Brots, und gerade die Kinder mußten oft ausziehen, um es vor fremden Türen zu erbetteln. Gefängnisstrafe aber, mit der man lässige Eltern bedrohte, erschien jetzt oft als Wohltat, da sie den Familienvater vorübergehend von Nahrungssorgen befreite.« Die angeordnete Schulpflicht war, als der achtzehnjährige Herzog Karl August im Herbst 1775 die Regierung des Landes aus den Händen seiner Mutter übernahm, noch immer nicht durchgeführt;

einen hinreichend vorgebildeten, wirtschaftlich sichergestellten Lehrerstand gab es nicht; die Lehrpläne enthielten Anweisungen für einen überaus dürftigen Unterricht. Es ist von Lesen, Schreiben, Katechismus und Doktor Luthers »teutschen Gesängen« die Rede. Die Besoldung der Lehrer war ein Trauerspiel, nur wenige Lehrer bekamen hundert Taler jährlich, die meisten höchstens fünfzig, einige sollen nur fünfzehn erhalten haben. Die Lehrer mußten sich ihr Geld, um leben zu können, anderweitig verdienen. Mit der Durchführung der Schulpflicht wurde erst von 1821 an Ernst gemacht; da lebte Christiane nicht mehr.

Zweifellos war Christianes Hauptlektüre in ihren Mädchenjahren die Bibel gewesen. Liest man auch nur einige Sätze in einer Bibel, die man zu Christianes Schulzeit verwendete, so läßt sich folgern, daß Christiane einen Teil ihrer Orthographie dieser Lektüre verdankt. Hier als Beispiel die vierzeilige Unterschrift zu einer Abbildung in einer Bibel aus dem Jahre 1765: »Als Jacob in den Bund mit Laban sich gesetzet, / hat man sich beederseits ergoetzet und geletzet. / Gott fuegets, dass die Freund in Buendniss tretten ein, / goennt auch, dass sie, in Jhm, beysammen froelich seyn.«

Christianes Begabung zeigte sich in ihrem Vermögen, das Deutsch aus der Luther-Bibel mit den Schreibübungen aus dem Schulunterricht zu verbinden. Dabei hatte die damalige Schulschreibweise mit den heutigen hochdeutschen Duden-Regeln noch herzlich wenig zu tun. Erst allmählich wich die mundartliche Schreibweise der Schriftsprache. In Christianes Briefen kam die Weimarer Mundart noch reichlich zu Wort. Auch die Briefe der Frau Rat Goethe waren ja nicht frei von mundartlicher Färbung, und bekanntlich ging sie ziemlich sorglos mit Orthographie und Grammatik um. Später, als Christiane schon mit Goethe verheiratet war, schrieb sie einmal an die Schwiegertochter: »Dass das Bustawiren und gerade Schreiben nicht zu meinen sonstigen Talenten gehört – müsst Ihr verzeihen – der Fehler lage am Schulmeister.«

Für Goethe war der Frankfurter Dialekt die Muttersprache. Christianes Briefe in der Weimarer Mundart machten ihm anfangs etwas zu schaffen. Aber wenn Goethe sich die Sätze laut vorlas, hörte er seine Christiane sprechen und verstand jedes Wort, die »Liedratdur« wie die »Eeckibaschen«. Und war es nicht Goethe, der gesagt hatte, daß die Mundart doch eigentlich das Element ist, in dem die Seele ihren Atem schöpft?

Es ist überliefert, daß Christiane nicht nur über Herzensbildung, sondern auch über Allgemeinbildung verfügte. So hat August Ludwig Hülsen am 13. April 1800 an Friedrich Schleiermacher geschrieben: »Ich weiß, daß Goethes Genossin keineswegs eine Magd im Hause war. Ich selbst habe beide Hand in Hand und in traulichen Gesprächen öffentlich spazieren gehen sehen, und ein schöner, muntrer Knabe begleitete sie. Auch habe ich die Frau selbst gesprochen und könnte nicht sagen, daß es ihr an Bildung fehle . . .«

Der Eindruck, den unter anderen Hülsen von Christiane gewonnen hatte, ist nicht verwunderlich, denn Christiane hatte in ihren Mädchenjahren einen hochgebildeten »Hauslehrer«: ihren Bruder August, zu dem sie ein besonders herzliches Verhältnis hatte, und danach war Goethe ihr Lebens- und Gesprächspartner.

Um noch einmal auf die damalige Schreibweise zurückzukommen: Auf diesem Gebiet machten viele Damen der sogenannten Gesellschaft Fehler, sofern man von Fehlern sprechen will. Man braucht nur die Briefe der Herzogin Anna Amalia zu lesen oder die der Frau von Stein, von der ja die Hauptthetze gegen Christiane ausging, um einige auffallende Verballhornungen zu finden. Auch bei gelehrten Männern tauchen einige Wörter in ganz verschiedener »Rechtschreibung« auf. Eine gehässige Glossierung der weitverbreiteten orthographischen Unkenntnis findet sich bei Bettina Brentano, der späteren Frau von Arnim, die in einem ihrer vielen Briefe an Goethe einmal schreibt: »Gelt ich machs grad wie Dein Liebgen, schreib, krizel, mach Tintenkleckse und Orthografiefehler, und denk immer, es schadet nichts. hab ihn ja lieb.«

Christiane weiß, daß Goethe *sie* liebt. Wenn sie in ihren Briefen an den »Herrn Geheimerath«, der Goethe für sie im offiziellen Verkehr noch lange bleibt, Worte so aufs Papier bringt, wie sie sie spricht oder wie sie glaubt, daß sie geschrieben werden, so tut sie es in der Gewißheit, daß er sie schon verstehen wird. Goethe ermuntert Christiane zu ihren Briefen und bemerkt selbst einmal: »Ein Wort schreibe ich mit dreierlei Orthographie und was die Unarten alle sein mögen.« Und er dichtet im Hinblick auf Christianes Mitteilungen den Vers: »Welche Schrift ich zwei-, ja dreimal hinter einander / Lese? Das herzliche Blatt, das die Geliebte mir schreibt!«

Arbeit am »Wilhelm Meister«

Als Goethe am 20. Juni 1790, nach mehr als dreimonatigem Aufenthalt in Italien, nach Weimar zurückkehrt, hat Christiane zu seinem Empfang das ganze Haus auf Hochglanz bringen lassen. Die Fenster sind geputzt, die zarten Mullgardinen gewaschen und geplättet, in allen Zimmern die Böden geschrubbt und gewachst. Auch Blumen stehen überall bereit: ein Myrtenstöckchen auf der Konsole gleich am Eingang, in den Zimmern Levkojen, Skabiosen und große Gladiolensträuße, die Lieblingsblumen des Hausherrn. Auch das »Bübgen«, das sie bei der Begrüßung auf dem Arm hält, hat sie mit spitzenverzierten Höschen und Leibchen festlich herausgeputzt. Der kleine

August, jetzt ein halbes Jahr alt, »begrüßt« den heimkehrenden Vater mit gestammelten Lall-Lauten.

Dankbar und gerührt registriert Goethe den herzlichen Empfang Christianes, genießt die behagliche Atmosphäre des gepflegten Hauses, lobt Christianes unübertrefflichen Fleiß. In den schon früher begonnenen »Venetianischen Epigrammen«, die er im Süden weitergeführt hat und jetzt zu Hause vollendet, kommt er in verschiedenen Versen auf sie zu sprechen, auf das Glück, das sie ihm schenkt, auf die Sehnsucht, mit der er selbst in der prachtvollen Kulissenwelt des Südens an die zärtlichen Stunden mit ihr denkt:

> Südwärts liegen der Schätze wie viel! Doch einer im Norden
> Zieht, ein großer Magnet, unwiderstehlich zurück.

Im Norden, in Weimar, liegt auch das »Gärtchen«, das er besingt und sein eigen nennt und nach dem er sich als verantwortlicher Gärtner sehnt: »Bringet mich wieder nach Hause! Was hat ein Gärtner zu reisen?«

In den nächsten beiden Jahren reist Goethe denn auch erstaunlich wenig. Er, der Zeit seines Lebens viel und ausgiebig in allen Himmelsrichtungen unterwegs war, bleibt jetzt am liebsten in seinen häuslichen vier Wänden. Mit Ausnahme weniger Herbstwochen des Jahres 1790, in denen er – während der preußischen Manöver – den Herzog nach Schlesien zu begleiten hat, verbringt er seine Zeit hauptsächlich zu Hause, im engen Kreis seiner Familie, wo er mit väterlichem Stolz und wachem Interesse das Werden und Gedeihen seines kleinen Sohnes beobachtet. Daß Goethe sein Familienleben genießt – das müssen sogar jene zugeben, die mit unverhohlenem Mißfallen auf seine Lebensgemeinschaft mit Christiane herabschauen. Einer von ihnen ist der Weimarer Gymnasialprofessor Böttiger, der sich schon des öfteren abfällig über Christiane geäußert hat. Um so mehr muß es verwundern, gerade von ihm zu erfahren, wie sich das Leben im »Jägerhaus« abspielt. Seine Schilderung vermittelt den Eindruck fast idyllischer Behaglichkeit und harmonischen Miteinanders: »Nichts ist einfacher als Goethes jetzige Häuslichkeit. Abends sitzt er in seiner wohlgeheizten Stube, eine weiße Fuhrmannsmütze auf dem Kopf, ein Wollenjäckchen und lange Flauschpantalons an, in niedergetretenen Pantoffeln und herabhängen Strümpfen im Lehnstuhl, während sein kleiner Junge auf seinen Knien schaukelt . . . Auf der anderen Seite die Donna Vulpia mit dem Strickstrumpf. Das ist die Familiengruppe.«

Die Zeit seiner Anwesenheit in Weimar nutzt Goethe ferner für naturwissenschaftliche Studien, für vergleichende Anatomie und geologische Untersuchungen. Auch einige größere dichterische Werke werden in Angriff genommen, beginnen Gestalt anzunehmen und zu reifen – vor allem der »Wilhelm Meister«, der große Entwicklungsroman, dessen Stoff ihn ebenso wie der »Faust« ein Leben lang beschäftigt. Der erste Teil, »Wilhelm Meisters theatralische Sendung«, bereits in den frühen Weimarer Jahren begonnen, soll nun umgearbeitet und mit »Lehrjahre« fortgesetzt werden. In der Geschichte des musisch empfänglichen Kaufmannssohns, der aus der bürgerlichen Enge hinausdrängt und viele autobiographische Züge trägt, will Goethe seine ganze Lebenserfahrung und seine Ansichten über Kunst und die Menschen, über Geschichte und die Welt literarisch verarbeiten.

Das geplante Werk ist so vielschichtig, daß es fast über Goethes Kraft geht. An den Verleger Unger in Berlin, mit dem er zu Cottas Leidwesen schon vor Jahren einen Vertrag darüber abgeschlossen hat, schreibt er, daß der »Wilhelm Meister« unter allen seinen Produktionen die »obligateste« und schwerste sei;

sie müsse mit größter Freiheit und Leichtigkeit gemacht werden, und dazu gehöre Zeit und Stimmung.

Beides hat er nun durch Christianes ebenso unermüdliche wie unauffällige Fürsorge. Und je länger und inniger er mit ihr zusammenlebt, desto mehr wird sie ihm gleichzeitig zur Gesprächspartnerin – auch in Fragen, die seine geistige und schriftstellerische Arbeit betreffen. In solchen Fragen schätzt er ihren gesunden Menschenverstand, und ihr Urteil bedeutet ihm oft mehr als das von im herkömmlichen Sinne »Gebildeten«, mit denen er hochgeistige Gespräche zu führen pflegt. Rudolfine von Both, die Frau eines Rostocker Gelehrten, die Goethe bei den Knebels kennengelernt hatte, berichtet darüber sechsundzwanzig Jahre später, nach Christianes Tod: »Goethe hat uns oft gesagt, daß, wenn er mit einer Sache in seinem Geist beschäftigt wäre, sich die Ideen zu stark bei ihm drängten, er dann manchmal zu weit käme und sich selbst nicht mehr zurechtfinden könne; wie er dann zu Christiane ginge, ihr einfach die Sache vorlege und oft erstaunen müsse, wie sie mit ihrem einfachen natürlichen Scharfblick immer gleich das Richtige herauszufinden wisse und er ihr in dieser Beziehung schon manches verdanke.«

KAPITEL IX

Enttäuschte Hoffnungen

Zu Anfang des Jahres 1791 beauftragt der Herzog Goethe mit der Einrichtung und Leitung einer eigenen Bühne, dem später so berühmten Weimarer Hoftheater. Der Plan geht zurück vor allem auf eine Anregung der Herzogin-Mutter Anna Amalia. Nach ihrer Rückkehr aus Italien, von wo sie neue Eindrücke mitgebracht hat, empfand sie die Aufführungen der Theatergruppe Bellomo als zu mittelmäßig und provinziell. Das neue Theater nun soll höchsten Ansprüchen gerecht werden und einmal mehr die Bedeutung Weimars als Zentrum der Kultur und des Geistes bestätigen.

Es ist eine reizvolle Aufgabe für Goethe, der er sich sogleich mit großer Leidenschaft widmet. Von dem Hamburger Theaterdirektor Schröder, der sich zu dieser Zeit in Weimar aufhält, läßt er sich eingehend über verschiedene Organisationsfragen beraten und übernimmt kurzerhand die Hamburger Bühnenordnung und Kasseneinrichtung für das neue Hoftheater, das – wie schon Bellomos Truppe – nicht nur in Weimar, sondern auch in Bad Lauchstädt und Erfurt sowie gelegentlich in Rudolstadt spielen soll.

Die Nachricht von Goethes Theaterarbeit weckt in Christiane besondere Erwartungen. Alles, was mit Theater und Schauspielerei zusammenhängt, interessiert sie außergewöhnlich. Wenn es nach ihr ginge, sollten die Schriftsteller mehr Stücke als Romane schreiben, vor allem Komödien. Bereits in ihrer Jugend hatte Christiane manches Spectaculum der Döbbelinschen oder Seylerschen Schauspielergesellschaft miterleben können. Gespielt wurde, nachdem der große Brand von 1774 den Theatersaal im Schloß vernichtet hatte, behelfsmäßig im Fürstenhaus oder im Redoutensaal an der Esplanade, später dann im neuerbauten Komödienhaus. Außerdem gab es noch Vorstellungen wandernder Schauspieler in verschiedenen Wirtshaussälen. Da Christianes Bruder August, als er noch in Weimar war, für verschiedene Bühnen Prologe und kleine Szenen geschrieben hatte – unter anderem für den Direktor Bellomo –, wußte sie immer genau, was sich tat. Nur hatte sie damals nicht so oft Zeit gefunden, ins Theater zu gehen. Das soll nun anders werden, nimmt sie sich vor. Jetzt, da Goethe Theaterdirektor ist, wird es bestimmt möglich sein, alle Aufführungen zu besuchen.

Besonders gespannt ist sie auf die Komödie, an der Goethe gerade schreibt und von der er ihr immer wieder erzählt. Das Stück soll »Der Groß-Cophta« heißen. »Ein Cophta«, erfährt sie von ihm, »ist ein geheimnisvoller, wundertätiger Weiser aus Ägypten.« Der Groß-Cophta in seiner Komödie aber sei der Vorsitzende eines von Cagliostro gegründeten Freimaurerbundes.

Wer Cagliostro ist, weiß Christiane: ein berüchtigter Abenteurer, Geisterbeschwörer und Goldmacher, mit dem sich auch ihr Bruder schon beschäftigt hat. Erst kürzlich stand in der »Jenaischen Zeitung«, der angebliche Graf sei in Rom wegen Ketzerei zum Tode verurteilt, von Papst Pius VI. aber zu lebenslänglicher Haft begnadigt worden. Dieser Mann, erläuterte Goethe Christiane, habe vor einigen Jahren in Paris mit Hilfe einer intriganten Gräfin dem vom Hof verbannten Kardinal Rohan durch gefälschte Briefe vorgespiegelt, er könne die Gunst der Königin Marie Antoinette zurückgewinnen, wenn er ihr beim Kauf eines Diamanthalsbandes behilflich sei. Die Geschichte, als sie entdeckt wurde, habe in Frankreich einen Skandal ausgelöst und das Ansehen des Ancien Régime stark erschüttert. Um diese Halsbandaffäre und die betrügerischen Machenschaften der Hauptbeteiligten gehe es in seiner Komödie, die zugleich aufzeigen soll, daß in der Verkommenheit der feudalen Gesellschaft eine der Wurzeln der Französischen Revolution gelegen habe.

Das Wort Revolution läßt Christiane aufmerken. Sie hat Goethe natürlich vom Besuch des Bruders im letzten Jahr erzählt, aber seine revolutionären Ansichten nur beiläufig erwähnt. Jetzt will sie doch von Goethe wissen, ob die Ereignisse in Frankreich ihn nicht stärker berührten.

Er lächelt. Er weiß, daß alle Welt, vor allem die deutsche Jugend, ein offenes Wort von ihm in dieser Angelegenheit erwartet. Er plane, sagt er, bereits einige Werke, in denen er seine Meinung deutlich klarlegen werde. Da sei zunächst der »Bürgergeneral«, ein satirisches Lustspiel, in dem er die eigensüchtigen Nutznießer der Revolution bloßstellen und zugleich verantwortungslose Aufwiegler davor warnen wolle, die französischen Freiheitsparolen auf die noch unausgereiften deutschen Verhältnisse zu übertragen. Hauptgestalt solle der großsprecherische deutsche Dorfbarbier Schnaps sein, der eine französische Jakobinermütze und einen Schleppsäbel erbeutet und sich als angeblicher Beauftragter der Jakobiner mit wilden Phrasen als »Bürgergeneral« aufspielt.

Vor allem aber beschäftigt Goethe das politische Drama »Die Aufgeregten«, das er als sein »politisches Glaubensbekenntnis jener Zeit« bezeichnet, leider aber nie vollenden wird.

Christianes Hinweis auf die Ansichten ihres Bruders bringt Goethe auf die Frage nach August Vulpius' Zukunftsplänen. Er gibt Christiane zu verstehen, daß er jetzt, da er so stark mit den Vorbereitungen für den Aufbau des Theaters beschäftigt sei, ganz gut die Hilfe des umsichtigen jungen Kollegen gebrauchen könne. Bei nächster Gelegenheit möge sie ihm also mitteilen, daß er, wenn er nichts Besseres vorhabe, jederzeit in Weimar willkommen sei.

Ein schöneres Geschenk als dieses Angebot kann Goethe Christiane nicht machen. Sie fällt ihm um den Hals. Wenn jetzt auch noch ihr Bruder in ihrer Nähe sein darf, ist ihr Glück vollkommen.

Christianes zweite Niederkunft

Am 7. Mai 1791 wird das neue Haus als Herzoglich Weimarisches Hoftheater mit einem Prolog Goethes und Ifflands Schauspiel »Die Jäger« festlich eröffnet – für Goethe in doppelter Hinsicht eine glückliche Zeit, denn Christiane erwartet wieder ein Kind.

Goethe und Christiane können den Familienzuwachs kaum erwarten. Doch als es soweit ist, am 14. Oktober, erleben sie eine bittere Enttäuschung. Ihr zweites Kind, wieder ein Junge, kommt tot zur Welt.

Dieser Schicksalsschlag, der Goethe verstört, ist unter dem Datum des 15. Oktober nur ganz kurz in den Totenbüchern der Stadtkirche verzeichnet.

In den schweren Tagen, die folgen, ist Goethe in aufopfernder Weise bemüht, Christiane über ihre Verzagtheit hinwegzuhelfen. Immer wieder weist er sie auf seine eigene Mutter hin, die mehrmals ein ähnliches Schicksal erleiden mußte: Nach der Geburt seiner Schwester Cornelia hatte Frau Rat noch drei Kinder zur Welt gebracht, die alle nicht lebensfähig waren. Totgeburten und Säuglingssterblichkeit waren in jener Zeit nichts Ungewöhnliches.

Im Monat nach der Totgeburt zieht ein unterhaltsamer Gast in das Haus am Frauenplan ein. Es ist Professor Heinrich Meyer, ein Schweizer Maler aus Stäfa am Zürichsee, den Goethe in Rom kennen- und schätzengelernt hatte. Da der »Kunschtmeyer«, wie er genannt wird, ein ausgezeichneter Kenner der Kunstgeschichte ist, hat ihn Goethe als Lehrer an das Zeicheninstitut nach Weimar berufen und nimmt ihn, um ihn als Ratgeber in seiner Nähe zu haben, als Gast in Kost und Logis.

Meyer ist ein ungemein angenehmer und humorvoller Hausgenosse, der sich viel mit Christiane und dem kleinen August beschäftigt und bald zu einem der Vertrauten der Familie wird. Goethe führt mit ihm stundenlange Gespräche, er nennt ihn einmal sein »lebendes Lexikon«. Für Christiane ist der »Kunschtmeyer« ein nicht nur witziger, sondern auch freundschaftlicher Gesellschafter, was sie vor allem in Zeiten, in denen der Hausherr wieder öfter auf Reisen geht, sehr zu schätzen weiß. Da der Maler zehn Jahre jünger ist als Goethe, steht er Christiane altersmäßig nahe und kann sich vortrefflich in ihre noch immer sehr jugendliche Empfindungswelt einfühlen.

Vorerst aber kommt eine ganz neue Aufgabe auf Meyer zu: Herzog Karl August hat im April des Jahres das Helmershausensche Haus am Frauenplan, in dem Goethe lange Zeit einige Räume zur Miete bewohnte, durch die Kammer ankaufen lassen und es Goethe zur freien Verfügung gestellt – zwei Jahre später wird er es ihm »erb- und eigentümlich« zum Geschenk machen.

Es ist ein großer, weitläufiger Besitz mit schönem Garten, Nebengebäuden und vielen Räumen. Sechstausend Taler hat der Herzog dafür bezahlt. Darüber hinaus stellt er Goethe tausendfünfhundert Taler zur Neueinrichtung zur Verfügung. Eine wahrhaft fürstliche Geste.

Im Inneren des Gebäudes ist manches umzubauen. Die Pläne dazu entwirft Goethe selbst; die Aufsicht über die Umbauarbeiten und über die künstlerische Ausgestaltung der Räume aber überträgt er Professor Meyer.

Christiane wird in die Besprechungen einbezogen. Sie will sich besonders um die Wirtschaftsräume kümmern, um eine neue Kücheneinrichtung, um Weinkeller und Vorratskammern. Dabei verwirklicht sie ihre speziellen Wünsche, gibt viele brauchbare Anregungen. Sie ist ganz in ihrem Element und widmet sich dieser Aufgabe in den nächsten Monaten mit wahrem Feuereifer. Häufig geht Goethe mit ihr und Meyer zum Frauenplan, um sich ein genaues Bild von den Gegebenheiten und Umbaumöglichkeiten zu verschaffen.

Der Frauenplan ist ein sich weit öffnender Platz am südlichen Ende der Altstadt. Sein Name geht zurück auf eine kleine Kapelle »Zu Unserer Lieben Frau«, die dem Deutschritterorden gehörte, Ende des sechzehnten Jahrhunderts aber abgerissen werden mußte. In der Mitte des Platzes plätschert ein Brunnen, um den stets lebhaftes Treiben herrscht. Goethe hat diese Geschäftigkeit in einem Brief an den Staatsrat Schultz anschaulich beschrieben. Bedenkt man, daß Christiane in der Folgezeit oft der vielbeachtete Mittelpunkt ist, daß ihr und Goethes Sohn August mit Vorliebe dort spielt und herumklettert, liest man die Schilderung mit besonderem Vergnügen: »Auf dem freien Platze meinem Hause gegenüber steht ein großes anständiges Wasserbecken, welches von einer stark fließenden Röhre hinreichend genährt wird. Dahin kommen, besonders morgens und abends, Frauen, Töchter, Mägde, Gesellen, Kinder, das notwendige Ingredienz ihres Daseins abzuholen. Hier ist das Geschäft einfach und doch mannigfaltig: aus dem Becken wird geschöpft, in Butten gegossen, zum Reinigkeitsgebrauche auf dem Rücken fortgetragen. Zum Trinken werden Krüge unter die Röhre gestellt, zu Koch- und feinerem Bedürfnis Eimer untergeschoben. Dabei ist nun die Haltung der Handelnden und Abwartenden nie dieselbe; die Mannigfaltigkeit der Gebärden ist unendlich, die Stellung derjenigen sowohl, die im Besitz des Empfangens ist, als der andern, die auf den Augenblick paßt, bis die Reihe an sie kommen soll, zeigt keine Spur von Ungeduld, alles geht im Takt, und doch ist ein feiner Unterschied zwischen einer und der andern zu bemerken. Salat an Ort und Stelle zu waschen, ist jetzt streng polizeilich verboten. Schade! Das gab recht artige häusliche Stellungen, und doch bleibt noch genug übrig, von der früh Ankommenden, Einsamen bis zum Gedränge der höhern Tagesstunden, bis zuletzt die ganze Anstalt wieder verlassen dasteht und doch endlich noch ein Knabe auf den Rand des Bekkens bis zu dem Pfeiler hinaufsteigt, um sich, über die Röhre gebückt, unmittelbar aus derselben zu erquicken.«

Das Hauptgebäude, das dem Frauenplan Gesicht und Charakter verleiht, ist das langgestreckte, repräsentative Bürgerhaus, in das, dank der Großzügigkeit des Herzogs, nun Goethe mit seiner Familie einziehen kann. Es wurde um das Jahr 1700 von dem Strumpfwirker, Verleger und Kammerkommissar Helmershausen erbaut. An der Eingangstür hatte er eine Tafel mit Inschrift anbringen lassen, die in lateinischer Sprache kündet, daß das Gebäude »Gott zum Ruhme und der Stadt zum Schmuck« errichtet worden sei.

Als junges Mädchen war Christiane oft bewundernd an diesem Haus, in dem Goethe damals noch zur Miete wohnte, vorbeigegangen. Der Bruder hatte ihr erstaunliche Dinge von dem berühmten Bewohner erzählt. Da sie nun mit Goethe vor diesem Gebäude steht, kann sie es kaum erwarten, als Hausfrau hier einzuziehen und den weitläufigen Besitz mit Leben zu erfüllen.

An der ausgewogenen Barockfassade soll nichts verändert werden, im Inneren dafür um so mehr. Maßgeblich für alle Umbauten ist der Wunsch Goethes, für seine Kunstschätze, die er aus Italien mitgebracht hat – die kolossalen Häupter der Juno und des Jupiter, die antiken Statuen und vielen Bilder –, einen repräsentativen Rahmen zu schaffen. Diesem Zweck soll ein nach römischer Art überwölbter Raum dienen. Als Glanzstück und Mittelpunkt des Hauses aber ist eine prachtvolle breite Treppe geplant, die nach dem Vorbild italienischer Renaissance-Paläste zu den Gesellschaftsräumen des oberen Stockwerks führt, zu einer Flucht von Zimmern, die Goethe in klassizistischem Stil einzurichten gedenkt. Alles soll, wenn es fertig ist, nach einem Wort Winckelmanns, »edle Einfalt und stille Größe« atmen.

Bevor der Umbau richtig in Gang kommt, muß Goethe wieder fort. Das große Weltgeschehen beginnt in sein und Christianes Leben einzugreifen. Die alten Mächte Europas und das revolutionäre Frankreich stehen sich drei Jahre nach Ausbruch der Revolution auf dem Schlachtfeld gegenüber. Eine Deklaration der zunächst zögernd abwartenden Herrscher Österreichs und Preußens, in der sie zur Rettung der bedrohten Monarchie in Frankreich aufgerufen hatten, löste am 20. April 1792 die Kriegserklärung seitens der Pariser Nationalversammlung aus. Der Krieg, der daraufhin ausgebrochen war, wird sich in mehreren Etappen über viele Jahre hinziehen und – nach der entscheidenden Schlacht bei Jena und Auerstedt – auch vor Goethes neueingerichtetem Haus am Frauenplan nicht haltmachen...

Nach kleineren Scharmützeln und raschen anfänglichen Siegen der österreichisch-preußischen Interventionsarmee beginnt im Spätsommer 1792 der erste größere Feldzug. Die preußischen Truppen haben die französische Grenze überschritten und stehen vor Verdun, die Österreicher sind in Belgien aufmarschiert. An diesem Ersten Koalitionskrieg, wie man ihn später nennen wird, nimmt auch der Herzog von Sachsen-Weimar teil. Im Rang eines Generalmajors der preußischen Armee befehligt er ein Kürassierregiment. Und wie immer vor großen, entscheidenden Ereignissen wünscht er den Freund und Dichter in seiner Nähe.

Wie viele seiner Zeitgenossen betrachtet Goethe diesen Krieg aus kritischer Distanz. Überdies ist das Herzogtum Weimar in die militärische Strafexpedition nicht verwickelt, und den Entschluß des Herzogs, in Ermangelung eines eigenen Heeres in den Dienst einer fremden Armee zu treten, hat Goethe schon immer als bloße kindische Lust am Kriegsspiel betrachtet. So fügt er sich dem Wunsch Karl Augusts nur widerwillig. Viel lieber würde er daheim bleiben, sich der Einrichtung des neuen Hauses widmen und während des Umzugs bei Christiane und dem bald dreijährigen Sohn weilen.

Für Christiane ist der Abschied diesmal noch trauriger als sonst. Der Geliebte geht ja nicht auf eine der üblichen Reisen, er muß in den Krieg. Und Krieg ist für sie das Furchtbarste, was sie sich vorstellen kann.

Im August 1792 bricht Goethe mit seinem Diener Goetze zum französischen Kriegsschauplatz auf.

Die Fahrt geht zunächst nach Frankfurt, an die Stätte seiner Kindheit und Jugend, wo er einige Tage Station macht. Hier, in der alten Heimat, sieht er zum ersten Mal seit Neujahr 1780, also nach fast dreizehn Jahren, seine Mutter wieder. Bei dieser Begegnung läßt die Mutter sich berichten, daß Christiane mit ihm wie eine angetraute Ehefrau lebt und wie das Enkelkind August heranwächst.

Goethes Mutter ist eine großartige Frau. Das zeigt sich auch jetzt bei diesem überraschenden Geständnis des Sohnes. »Frau Aja« ist praktisch veranlagt, besitzt gesunden Menschenverstand, viel Humor und ein warmherziges Verständnis für menschliche Schwächen – besonders was ihren berühmten Sohn angeht, der schon immer ihr Liebling und »Hätschelhans« war. Ohne Bedenken akzeptiert sie das Verhalten ihres Sohnes, äußert sogar Genugtuung darüber, daß er nach den langen Jahren eines unruhvollen Junggesellenlebens endlich ein behagliches Heim mit Frau und Kind gefunden hat.

Der einzige Vorwurf, den die Mutter ihm macht, betrifft sein langes Schweigen ihr gegenüber. Um so mehr will sie jetzt alle Einzelheiten über den neuen Hausstand wissen, vor allem über den kleinen August: wie er aussieht, wann er laufen gelernt hat und was er mit seinen fast drei Jahren schon alles sprechen kann. Auch über Christiane will die Frau Rat alles wissen. Nach dem, was sie dabei erfährt, glaubt sie das »kleine Naturwesen« schon jetzt zu mögen und ins Herz schließen zu müssen. Das geht eindeutig aus den Briefen hervor, die sie Christiane schon bald danach schreibt. Sie nennt sie in der Anrede »Liebe Freundin« und unterzeichnet mit den herzlichen Worten: »Leben Sie wohl! Dero treue Freundin und Mutter Goethe.«

Weiter geht die Fahrt. Ende August kommt Goethe mit der vierspännigen Reisekutsche, die der treue Paul Goetze lenkt, in die Feldlager bei Longwy und vor Verdun, wo ihn der Herzog, der mit seinen Kürassieren vorausgeeilt ist, bereits erwartet.

Obwohl ein aufmerksamer Beobachter des Kriegsgeschehens, ist Goethe letztlich mehr auf die Fortführung seiner eigenen Arbeiten bedacht, der Farbenlehre vor allem. Angetan mit seinem wehenden braunen Mantel, einen runden Schlapphut auf dem Kopf, an den Füßen derbe Jägerstiefel, stapft er über die Felder und das Kreidegestein der Gegend, immer auf der Suche nach bemerkenswerten Naturerscheinungen. So erregt während der Beschießung Verduns plötzlich ein mit Wasser gefüllter Erdtrichter, in dem durch Schwärme kleiner Fische eigenartige prismatische Farbeffekte entstehen, seine Aufmerksamkeit. Und als die Kanonade von Valmy vorbereitet wird, gilt sein Interesse mehr den physikalischen Gesetzmäßigkeiten des artilleristischen Einsatzes als den taktischen Zielen.

Immer wieder ist er mit seinen Gedanken zu Hause, bei Christiane und dem kleinen Jungen, die er unter der Obhut Heinrich Meyers in Weimar zurücklassen mußte. Goethes schönste Liebesbriefe entstehen – zärtliche und zugleich leidenschaftliche Bekenntnisse seiner Zuneigung zu Christiane, Zeugnisse der Sehnsucht nach den Stunden der Gemeinsamkeit. »Es ist gar zu nichts nütze, daß man sich von denen entfernt, die man liebt«, heißt es da, »die Zeit geht hin und man findet keinen Ersatz . . . Von hier schicke ich dir nichts als den schönsten Gruß und die Versicherung, daß ich dich sehr liebe.« Ein andermal: ». . . meine liebe Kleine, und schreibe dir nun auch, um dir wieder einmal zu sagen, daß ich dich recht lieb habe und daß du mir an allen Ecken und Enden fehlst.« Oder acht Tage darauf: »Mein einziger Wunsch ist, dich und den Kleinen wiederzusehen, man weiß gar nicht, was man hat, wenn man zusammen ist. Ich vermisse dich sehr und liebe dich von Herzen.« Und immer wieder in Variationen: »Behalte mich nur so lieb wie ich dich.«

Daß Goethe mitunter Eifersucht plagt, weil er fürchtet, Christiane könnte andere Männer hübscher und angenehmer finden als ihn, geht aus den Zeilen hervor, die er ihr am 10. September 1792 aus dem Lager bei Verdun schreibt: »Ich habe dir schon viele Briefchen geschrieben und weiß nicht, wann sie nach und nach bei dir ankommen werden. Ich habe versäumt, die Blätter zu numerieren, und fange jetzt damit an . . . du weißt, daß ich dich herzlich lieb habe. Wärst du nur jetzt bei mir! Es sind überall große breite Betten und du solltest dich nicht beklagen, wie es manchmal zu Hause geschieht. Ach! mein Liebchen! Es ist nichts besser als beisammen zu sein. Wir wollen es uns immer sagen, wenn wir uns wieder haben. Denke nur! Wir sind so nah an Champagne und finden kein gut Glas Wein. Auf dem Frauenplan solls besser werden, wenn nur erst mein Liebchen Küche und Keller besorgt. Sei ja ein guter Hausschatz und bereite mir eine hübsche Wohnung. Sorge für das Bübchen und behalte mich lieb. Behalte mich ja lieb! denn ich bin manchmal in Gedanken eifersüchtig und stelle mir vor: daß dir ein andrer besser gefallen könnte, weil ich viele Männer hübscher und angenehmer finde als mich selbst. Das mußt du aber nicht sehen, sondern du mußt mich für den besten halten, weil ich dich ganz entsetzlich lieb habe und mir außer dir nichts gefällt. Ich träume oft von dir, allerlei konfuses Zeug, doch immer, daß wir uns lieb haben. Und dabei mag es bleiben . . . Solang ich dein Herz nicht hatte, was half mir das Übrige, jetzt, da ichs habe, möcht ichs gern behalten. Dafür bin ich auch dein! Küsse das Kind. Grüße Meyern und liebe mich.«

Schon kurze Zeit später folgt ein neuer Brief, in dem es wegen der eifersüchtigen Bemerkung entschuldigend heißt: »Wenn ich dir etwas schrieb, das dich betrüben konnte, so mußt du mir verzeihen. Deine Liebe ist mir so kostbar, daß ich sehr unglücklich sein würde, sie zu verlieren, du mußt mir wohl ein bißchen Eifersucht und Sorge vergeben. Ich hoffe, bis ich komme, soll die Treppe und der Hausplatz auch fertig werden und alles recht einladend und gemütlich sein. Es wird eine recht gute Zeit werden, wenn wir uns wiedersehen. In wenig

Tagen hoffe ich dir wieder näher zu sein und du erhältst wieder einen Brief. Nun wirst du ja auch wieder in die Komödie gehen und die Abende wenigstens eine kleine Lust haben. Lebe wohl, küsse den Kleinen und sei vergnügt in deinem Hauswesen . . .«

KAPITEL X

Liebesbriefe aus dem Felde

Die Umbauten im Haus am Frauenplan sind im Spätherbst weitgehend vollendet, die große Treppe jedenfalls und der »Hausplatz«, nach dem sich Goethe so angelegentlich erkundigt, fertiggestellt. Und nachdem der Vorbesitzer, der Garnisonmedikus Helmershausen, nach einigem Hin und Her auch die letzten Zimmer geräumt hat, kann Christiane im Oktober mit Meyers Hilfe vom »Jägerhaus« in das neue Domizil übersiedeln. Alles ist bereit, den Hausherrn nach seiner Rückkehr vom Kriegsschauplatz gebührend zu empfangen.

Christiane hat jetzt wieder Gelegenheit, wie Goethe am Schluß seines Briefes schreibt, in die Komödie zu gehen. Am 4. Oktober 1792 wird die Winterspielzeit des neuen Hoftheaters eröffnet, und zwar mit dem Lustspiel »Der Papagoy« von Kotzebue.

Goethe selbst hat als verantwortlicher Leiter der Bühne noch vor seiner Abreise diesen Termin festgesetzt und auch das Stück ausgesucht. Daß seine Wahl ausgerechnet auf eine der vielen seichten Komödien Kotzebues gefallen ist, erregt zunächst einige Verwunderung. In eingeweihten Kreisen weiß man, daß Goethe den aus Weimar gebürtigen Vielschreiber, der zuletzt in russischen Diensten gestanden hat, als seinen geheimen Gegner betrachtet, der ihm überall entgegenarbeitet und schadet, wo er nur kann.

Aber in dieser zweiten Spielzeit des neuen Theaters sind Goethe noch die Hände gebunden. Er muß weitgehend auf das bereits einstudierte Repertoire der Bellomoschen Truppe zurückgreifen. Zum anderen folgt er als Theaterleiter dem Prinzip, ein gemischtes Programm anzubieten, und so hat er für den Winter 1792 neben Aufführungen von Shakespeares »Hamlet«, Schillers »Don Carlos« und seiner »Geschwister« auch eine Reihe gängiger Komödien auf den Spielplan gesetzt. Dabei darf er auf die beliebten Stücke Kotzebues nicht verzichten. Bei aller geistigen Anspruchslosigkeit sind sie so routiniert und mit sicherem Instinkt für wirkungsvolle Bühneneffekte geschrieben, daß sie, wie er dem Herzog gegenüber einmal geäußert hat, bestens geeignet sind, »die Zuschauer zu unterhalten und der Kasse zu dienen«. Kotzebue meinte, ein Bühnenstück müsse sein wie ein Blumenstrauß, in den »alle wohlriechenden Blumen, doch die zu stark riechenden am wenigsten« gehören.

Das Weimarer Publikum honoriert dieses Angebot. In einer kleinen Stadt, die an sonstiger Unterhaltung wenig zu bieten hat, ist man dankbar für jede Abwechslung. »Der Geschmack am Theater ist hier sehr allgemein, vom Höchsten bis zum Niedrigsten«, heißt es in einem zeitgenössischen Kommentar. »Es wimmelt von Kennern, und doch hat man die menschenfreundliche Tugend: daß man vorlieb nimmt!«

Jetzt, nach der Sommerpause, während der das Theater in Lauchstädt gastiert hat, freut man sich besonders auf den Wiederbeginn der Aufführungen. Dementsprechend groß ist der Andrang: Keiner will zu spät kommen, sonst ist die Vorstellung womöglich ausverkauft. Lieber finden sich übervorsichtige oder fanatische Anhänger der Schauspielkunst schon in aller Frühe vor der Kasse ein. Goethe hat solch überbordende Begeisterung der Weimaraner einmal liebevoll glossiert: »Bei hellem Tage schon vor Vieren / Mit Stößen sich bis an die Kasse ficht / Und, wie in Hungersnot um Brot an Bäckertüren / Um ein Billett sich fast die Hälse bricht.«

Christiane bleibt der Kampf um eine Eintrittskarte erspart. Kammerrat Kirms, von Goethe für die Zeit seiner Abwesenheit zu seinem Vertreter ernannt, hat ihr einen guten Platz im Parkett besorgt. Bereits geraume Zeit vor Beginn der Aufführung findet sie sich im Komödienhaus ein, denn fast ebenso unterhaltsam wie die Aufführung ist es, die Besucher zu beobachten. Christiane schaut sich in dem von einem Kronleuchter, von Öllampen und Unschlittkerzen erleuchteten Zuschauerraum um. Wie immer ist das Publikum gemischt; es geht quer durch alle Schichten der Weimarer Gesellschaft. Da die Eintrittspreise niedrig sind – die billigste Karte kostet zwei, die teuerste zwölf Groschen –, kann jeder sich dieses Vergnügen leisten.

Ganz vorne im ersten Parkett haben Angehörige der sogenannten vornehmen Gesellschaft Platz genommen: Mitglieder des Hofkreises, Adelige. Dort stehen auch die Sessel der herzoglichen Familie. Im zweiten Parkett, in Christianes unmittelbarer Umgebung, geht es recht gemütlich, fast familiär zu. Hier ist das Bürgertum »zu Hause«: Bekannte sitzen beieinander auf ihren angestammten Plätzen und unterhalten sich angeregt; die Damen haben ihr Strickzeug oder eine andere Handarbeit mitgebracht. Auf der linken Seite des Parketts sitzt eine große Gruppe Jenaer Studenten, die besonders in der Wintersaison häufige Gäste bei den Aufführungen sind. Sie werden von Christiane interessiert, von den Husaren, die den Ordnungsdienst versehen, argwöhnisch beobachtet. Bei ihnen darf man stets auf Überraschungen gefaßt sein. Sie lassen selbst während der Aufführung die Flasche kreisen und geben ungeniert ihrer Zustimmung zu einer Darbietung oder ihrem Mißfallen durch Pfeifen und Zwischenrufe Ausdruck. Die Husaren achten darauf, daß ihre Fröhlichkeit nicht überhand nimmt, ansonsten ist man ihnen gegenüber recht nachsichtig.

Dem einheimischen Publikum dagegen werden übermäßige Begeisterungsstürme und Hervorrufen der Schauspieler seitens der Theaterleitung eher verübelt. Schon öfter hat man aus Goethes Loge die mißbilligenden Worte vernommen: »Man lache nicht.« Und es wird erzählt, daß der Herzog sogar einmal nach den Husaren gerufen habe, weil er sich durch Pfiffe aus dem Zuschauerraum belästigt fühlte.

Von den Reihen im Parkett wandert Christianes Blick nach oben, zur Galerie, wo die billigen Ränge sind. Auch dort ist alles zum Bersten gefüllt, selbst auf den Stehplätzen. Für zwei Groschen erhoffen sich die einfachen Leute, Dienstboten vor allem, einen vergnüglichen Abend. Und sie werden nicht enttäuscht.

Die Leistungen der Darsteller haben sich, seit Goethe die Leitung des Theaters übernommen hat, um einiges verbessert, wie in der Pause anerkennend festgestellt wird. Im übrigen kommt Kotzebues Stück gut an; das heitere Treiben auf der Bühne verfehlt seine Wirkung nicht, und nicht nur Christiane muß mehrmals laut auflachen. Am Ende der Vorstellung ist den Schauspielern der Beifall der Zuschauer sicher. Trotz des ungeschriebenen Gesetzes, das vornehme Zurückhaltung gebietet, wird begeistert applaudiert – nicht nur von seiten der Jenaer Studenten.

Christiane geht nach Hause in dem Gefühl, einen anregenden und entspannenden Abend verbracht zu haben. In der Komödie kann sie all die großen und kleinen Alltagssorgen vergessen. Sie weiß, daß auch Goethe in seiner Jugendzeit und in den ersten Weimarer Jahren kleine unterhaltsame Stücke verfaßt hat. Die Vorstellung heute hat sie daran erinnert, und sie bringt das Gespräch darauf, als sie spät am Abend noch mit Heinrich Meyer zusammensitzt. Von ihm möchte sie mehr über Goethes heitere Dichtungen erfahren. Es seien harmlose

Schäferspiele gewesen, Burlesken, Farcen und Possen, unterhaltsame Singspiele und Maskeraden, erklärt Meyer ihr. Auch Fastnachtsspiele in derben Knittelversen à la Hans Sachs. Meist habe es sich bei diesen Stücken um Gelegenheitsdichtungen für die Hofgesellschaft und für die beliebten Liebhaberaufführungen gehandelt. Dazu gehörte das Singspiel »Claudine von Villa Bella«, die »mikrokosmische« Burleske »Hanswursts Hochzeit oder der Lauf der Welt«, in der sich einige recht eindeutige Passagen finden; außerdem die musikalische Szenenfolge »Die Fischerin«, das »Fastnachtsspiel von Pater Brey, dem falschen Propheten«, das Musikstück »Jery und Bätely« oder die Farce »Triumph der Empfindsamkeit«, die ursprünglich »Die geflickte Braut« heißen sollte.

Aber Goethe hatte nicht nur die Stücke geschrieben, sondern die meisten seiner Rollen auch selbst übernommen. Bei vielen Aufführungen der Liebhaberbühne spielte fast die ganze Hofgesellschaft mit, allen voran der Herzog und sein Bruder Konstantin. Man stellte »lebende Bilder« dar, veranstaltete Maskeraden mit allerlei Mummenschanz oder improvisierte ganz einfach darauf los.

Im Improvisieren war Goethe groß. Da er Rollen nicht gern auswendig lernte, wußte er oft seine eigenen Texte nicht mehr. Besonders liebte er es, sich zu verkleiden und sich grotesk herauszuputzen. So erschien er in seinem Stück »Die Versuchung des heiligen Antonius«, in dem der Held durch die Todsünden wie Geiz, Hochmut, Wollust und Völlerei auf die Probe gestellt wird, auf Stelzen einherschreitend und mit Pfauenfedern besteckt als Hochmutsteufel. Aber auch in ernsten Rollen war er aufgetreten, so in der denkwürdigen Premiere seiner »Iphigenie« am 6. April 1779, bei der die verehrte Corona Schröter die Iphigenie, Goethe den Orest, der Herzog den Pylades und Freund Knebel den Thoas gespielt hatten. »Wobei es«, wie

Meyer lächelnd bemerkt, »dem Stück nicht unbedingt zum Vorteil gereichte, daß der Dichter selbst eine so exponierte Rolle spielte.«

Christiane kann Meyer stundenlang zuhören, wenn er solche Geschichten zum besten gibt. Sie ist ihm herzlich dankbar, daß er ihr die lange Zeit des Alleinseins so angenehm überbrücken hilft. Er wird ihr immer mehr zu einem Freund. Bisweilen, wenn ihr wieder einmal recht »gramselig« zumute ist, geht sie auch mit ihm aus, tanzt und wirbelt herum wie früher, oder sie trinkt in einem der vielen gemütlichen Gasthäuser ein Gläschen Wein mit ihm.

Wenn Goethe in einem seiner Briefe von den Strapazen der Kampagne in Frankreich spricht, von der leidigen Wanzenplage, von den aufgeweichten Wegen, die ein Fortkommen fast unmöglich machen, von den vielen Verwundeten, die es täglich gibt, und dem entsetzlichen Wetter und dem abscheulichen Kot überall, dann hat Christiane ein schlechtes Gewissen. Doch sie verscheucht solche Bedenken sogleich, da Goethe ihr immer wieder schreibt, sie solle sich ja keine Sorgen um ihn machen, sie solle vergnügt und lustig sein. Denn wenn er zurückkomme, wolle er sie unbeschwert wiederfinden.

Das soll er auch, denkt sie. Wenn er erst wieder daheim ist, wird sie ihn für alle Entbehrungen entschädigen.

Eine bedeutungsvolle Kanonade

Auf den Kriegsschauplätzen im Westen erleben die Interventionstruppen ein schweres Debakel. Zwar war es den Preußen noch gelungen, das belagerte Verdun zu erobern, doch am 20. September wendet sich auf dem Schlachtfeld von Valmy das Kriegsglück. Wider Erwarten weicht die Revolutionsarmee nicht zurück; sie hält den in perfekter Schlachtordnung aufmarschierten Preußen stand. Die Kanonade von Valmy, die erste Materialschlacht der Geschichte, ist für die sieggewohnte preußische Armee zur militärischen Katastrophe geworden. Obwohl kaum Verluste zu beklagen sind, erzwingen mangelnder Nachschub, ungünstige Witterung und ausbrechende Epidemien den Rückzug, auf dem die Hälfte der Soldaten stirbt. Den zurückweichenden Preußen folgt die Revolutionsarmee. Sie besetzt Speyer, Worms und Mainz; selbst die alte Reichsstadt Frankfurt gerät zeitweilig in ihre Hand. Die Österreicher werden zwei Monate später in Belgien vernichtend geschlagen. Zu diesem Zeitpunkt ist die Sache der Monarchie in Frankreich, zu deren Rettung der »Kreuzzug« proklamiert worden war, längst verloren. Einen Tag nach dem Triumph von Valmy, am 21. September, wurde in Paris die Republik ausgerufen.

Am Abend nach der Kanonade steht Goethe auf dem Schlachtfeld mit einigen Offizieren beisammen. Weder festes Quartier noch Zelte sind vorhanden. Jemand gibt den Rat, sich einzugraben. Die Soldaten heben den aufgeweichten Kreideboden aus und legen sich schutzsuchend in die nassen Mulden. »Zur voreiligen Bestattung«, wie Goethe bemerkt, wobei er offenbar weniger an die noch lebenden Soldaten als an den verlöschenden Ruhm der preußischen Armee denkt. Das Erlebnis der verlorenen Schlacht prägt sich so nachhaltig bei ihm ein, daß er noch im hohen Alter in seiner »Campagne in Frankreich« darüber schreibt: »Die größte Bestürzung verbreitete sich über die Armee. Noch am Morgen hatte man nicht anders gedacht, als die sämtlichen Franzosen anzuspießen und aufzuspeisen, ja mich selbst hatte das unbedingte Vertrauen auf ein solches Heer, auf den Herzog von Braunschweig zur Teilnahme an dieser gefährlichen Expedition gelockt; nun aber ging jeder vor sich hin, man sah sich nicht an, oder wenn es geschah, so war es um zu fluchen oder zu verwünschen. Wir hatten, eben als es Nacht werden wollte, zufällig einen Kreis geschlossen, in dessen Mitte nicht einmal wie gewöhnlich ein Feuer konnte angezündet werden, die meisten schwiegen, einige sprachen, und es fehlte doch eigentlich einem jeden Besinnung und Urteil. Endlich rief man mich auf, was ich dazu denke, denn ich hatte die Schar gewöhnlich mit kurzen Sprüchen erheitert und erquickt; diesmal sagte ich: ›*Von hier und heute geht eine neue Epoche der Weltgeschichte aus, und ihr könnt sagen, ihr seid dabei gewesen.*‹«

Ein großes, seherisches Wort fürwahr, aber ein schwacher Trost für die Geschlagenen, von denen sich mancher verhöhnt fühlen konnte. Es war zwar in der Tat ein weltgeschichtliches Ereignis, bei dem sie »dabei gewesen«, aber mit anderer Bedeutung, als sie es sich erhofft hatten: Die Schlacht von Valmy wurde zum ersten großen Triumph der Revolutionsarmee und entschied damit das weitere Schicksal der Französischen Revolution. Der Glaube an die alte Ordnung war nicht nur in Frankreich erschüttert.

Bei dem chaotischen Rückzug, der nun beginnt, denkt Goethe vor allem daran, möglichst rasch zu seinen Lieben zurückzukehren. Aus seiner vierspännigen Chaise, die ihm nicht mehr schnell und sicher genug erscheint, steigt er in den sechsspännigen Küchenwagen des Herzogs um. Als der Sechsspänner steckenbleibt, packt er seine Sachen auf ein Pferd und reitet allein, auf eigene Faust weiter. Mitte Oktober schreibt er an Christiane: »Wir mußten eilig aus Verdun und nun sind wir seit vorgestern in Luxemburg, in wenig Tagen geh ich nach Trier und bin wahrscheinlich vor Ende dieses Monats in Frankfurt. Sobald ich dort ankomme, schreib ich dir. Wie froh ich bin zurückzukehren, kann ich dir nicht ausdrükken, das Elend, das wir ausgestanden haben, läßt sich nicht beschreiben. Die Armee ist noch zurück, die Wege sind so ruiniert, das Wetter so entsetzlich, daß ich nicht weiß, wie Menschen und Wagen aus Frankreich kommen wollen. Wir wollen es uns recht wohl sein lassen, wenn wir nur erst wieder zusammen sind . . . Es ist gar schön, daß ich hoffen kann, dir bald näher zu kommen.«

Knapp einen Monat später heißt es jedoch: »Wegen meiner Rückreise bin ich in Verlegenheit. Sehnlichst verlange ich dich wiederzusehen und bin noch immer wie von dir abgeschnitten. Frankfurt ist noch in den Händen der Franzosen, der Weg durch Hessen ist noch nicht sicher. Wenn es in acht Tagen nicht anders wird, gehe ich durch Westfalen. Die übeln Wege sollen mich nicht abhalten, wenn ich nur endlich einmal wieder bei dir sein kann. Ich hoffe, daß du wohl bist . . . ich denke immer an dich und an den Kleinen und stelle mir vor, wie du dich immer artiger einrichtest, wie das Haus fertiger wird und wie hübsch es sein wird, wenn ich zu dir komme. Sei vergnügt, mein liebes Kind, genieße der Ruhe, indes so viele tausend Menschen von Haus und Hof und allen ihren Gütern vertrieben in der Welt herumirren und nicht wissen wohin. Küsse den Kleinen und liebe mich. Mein einziger Wunsch ist, dich bald wieder zu besitzen.«

Freudige Heimkehr

Mitten in der Nacht wird mit lautem Krach an die schwere Eingangspforte des Hauses am Frauenplan geklopft. Es ist in den ersten Stunden des 17. Dezember 1792. Es hat heftig geschneit, so daß eine dicke Schneedecke die Stadt wie mit einem Leichentuch überdeckt. Das heftige Gepolter läßt die Bewohner erschrocken aus dem Schlaf hochfahren.

Der erste, der zum Tor eilt und es aufreißt, ist Heinrich Meyer. Als er die vermummte Gestalt im Schneegestöber erkennt, ruft er freudig ins Haus zurück: »Er ist da!«

Wer mit diesem »Er« gemeint ist, ist allen sofort klar.

Christiane, die sich in aller Eile einen Morgenmantel übergeworfen hat, fliegt dem Geliebten an den Hals, holt dann, nachdem Goethe sein verschneites Übergewand abgelegt hat, den Kleinen aus seinem Bettchen und legt ihn glücklich dem aus dem Krieg heimgekehrten Vater in die Arme. Auch Ernestine und die Tante erscheinen und zeigen sich freudig erregt.

Wein wird aus dem Keller geholt, in der Küche läßt Christiane rasch ein Essen richten. Dann wird, nachdem das Kind wieder ins Bett gebracht worden ist, ein richtiges Fest gefeiert, bei dem es sowohl für den Heimgekehrten wie für die Daheimgebliebenen eine Menge zu berichten und zu erzählen gibt.

Der überwältigende Empfang hat für Goethe fast etwas »Romanhaftes«. Das geht aus seinen eigenen Worten hervor, mit denen er die nächtliche Szene in »Campagne in Frankreich« schildert: »Meine Ankunft in Weimar«, heißt es da nach der abschließenden Beschreibung seiner abenteuerlichen Kriegserlebnisse, »sollte auch nicht ohne Abenteuer bleiben; sie ereignete sich nach Mitternacht und gab Anlaß zu einer Familienszene, welche wohl in irgend einem Roman die tiefste Finsternis erhellen und erheitern würde.«

Über seine Eindrücke im neueingerichteten Haus schreibt er an der gleichen Stelle: »Nun fand sich das von meinem Fürsten mir bestimmte, erneuerte, wohleingerichtete Haus schon meistens wohnbar, ohne daß mir die Freude ganz versagt gewesen wäre, bei dem Ausbau mit- und einzuwirken. Die Meinigen entgegneten mir munter und gesund, und als es an ein Erzählen ging, kontrastierte freilich der heitere ruhige Zustand, in welchem sie die aus Verdun gesendeten Süßigkeiten genossen, mit demjenigen, worin wir, die sie in paradiesischen Zuständen glaubten, mit aller denkbaren Not zu kämpfen hatten. Unser stiller häuslicher Kreis war nun um so reicher und froher abgeschlossen, indem Heinrich Meyer zugleich als Hausgenosse, Künstler, Kunstfreund und Mitarbeiter zu den Unsrigen gehörte und an allem Belehrenden sowie an allem Wirksamen kräftigen Anteil nahm.«

Die ersten Wochen des neuen Jahres 1793 verlebt Goethe wieder ungemein glücklich im Kreis der Seinen. In Ruhe genießt er die anregende Atmosphäre der Räumlichkeiten, die von Meyer und Christiane ganz nach seinen Intentionen ausgestattet worden sind. Hier haben endlich auch die aus Italien mitgebrachten Kunstwerke ihren richtigen Platz gefunden, besonders das monumental wirkende Haupt der Juno Ludovisi, das er zusammen mit dem Kopf des Zeus von Otricoli erworben hat, und die Gipsabgüsse der antiken Jünglingsstatuen – Goethes Mutter nennt sie respektlos seine »Naktärsche«. Für ihn sind diese Bildwerke der Alten »bleibender Grund und Gipfel allen Kunsterkennens«. Besonders empfindet er das beim Betrachten des sogenannten »Illioneus«. Der Blick über die Rükkenlinie des zusammengebogenen, leicht gedrehten Körpers hinweg zum sonnenbeschienenen Vorgarten ist für ihn das Schönste, was die neue Anordnung zu bieten hat.

Ein Erlebnis ganz eigener Art kommt auf Christiane zu: Goethe nimmt gerade eine Arbeit in Angriff, an der er sie von Anfang an intensiv teilhaben läßt. Es handelt sich um das Tierepos »Reineke Fuchs«, die berühmte »unheilige Weltbibel«, die er als Zeitsatire, als ironischen Hof- und Regentenspiegel neu zu gestalten gedenkt.

Der Stoff ist uralt. Schon im frühen Mittelalter gab es viele Geschichten um den schlauen Fuchs, der aus allen Händeln als

Sieger hervorgeht. Später, im fünfzehnten Jahrhundert, machten unbekannte Mönche aus Lübeck daraus das Volksbuch »Reinke de vos«, dessen mehr als sechstausend Verse Gottsched um 1750 zu einer Prosabearbeitung reizten.

Goethe nun, von dem Stoff fasziniert, gestaltet ihn zum Hexameter-Epos, das er in zwölf Gesängen anlegt. Mit einem Eifer, wie Goethe ihn schon lange nicht mehr verspürt hat, stürzt er sich in die Arbeit. Dabei ist ihm Christiane eine wertvolle Hilfe. Sobald er einige Verse vollendet hat, nimmt er das Blatt und liest die Zeilen Christiane vor. Bei diesem volkstümlichen Werk soll sie sein erstes Publikum sein. An ihren Reaktionen merkt er, wo ihm seine Darstellung noch nicht ganz gelungen ist, wo er noch ändern und verdeutlichen muß. Sieht er, daß sie zu schmunzeln beginnt oder gar hellauf herauslacht, weiß er, daß er auf dem richtigen Weg ist.

Die Geschichte gefällt Christiane aber auch ganz ausgezeichnet. Sie findet die Streiche des schlauen Fuchses nicht nur amüsant, sondern versteht auch sogleich, was gemeint ist: Es geht hier um den »Kopf«, also um Verstand, nicht um Muskelkraft oder plumpe Gewalt. Durch Klugheit und List siegt Reineke sogar über den furchterregenden Wolf, der nur der blanken Waffe seiner Zähne vertraut. Als Meister der Verstellungskunst ist der schlaue Fuchs mit seinen Schlichen letztlich auch den vornehmen Adels- und Wappentieren überlegen, wie dem Bären und dem König der Tiere, dem stolzen Löwen . . . »Wie's in der Welt eben immer so geht«, erklärt ihr der Geliebte.

Intimsprache der Liebenden

»Pfingsten, das liebliche Fest, war gekommen«, heißt es in der ersten Zeile des neuen Werks. Zum Leidwesen Christianes erlebt sie das bevorstehende Pfingstfest nicht mehr in der vertrauten Gemeinsamkeit. Am 12. Mai 1793 muß Goethe wieder Abschied nehmen. Im Gefolge des Herzogs geht es diesmal in das Feldlager Marienborn vor Mainz. Dort haben sich die österreichisch-preußischen Truppen erneut versammelt und belagern die von den Franzosen besetzte Stadt, in der inzwischen die erste deutsche Republik ausgerufen worden ist.

Kurz vor Goethes Abreise gibt es für Christiane noch eine Aufregung besonderer Art: Der kleine August ist an den gefährlichen Blattern erkrankt und bekommt hohes Fieber. Da Goethe will, daß sein Sohn von dem berühmten Hofrat Stark, der als hervorragender Arzt und Spezialist weithin bekannt ist, behandelt wird, schickt er Christiane mit dem Kind für einige Tage nach Jena. Von dort schreibt sie zur Beruhigung einen Tag nach Goethes Abfahrt gleich einen ausführlichen Brief ins Feldlager voraus: »Lieber, ich wünsche Dir, daß Du glücklich angekommen bist, mit den August geht es sehr gut. Der Herr Hof-Rath hat gesagt, daß mir den 17. Mai wieder nach Weimar zurückkehren könnten. Du wirst Dich sehr freuen, wenn Du wieder zurückkömmst und ihn gar nicht von Blattern verändert siehst, er hat nicht viel und sie schwären nicht tief und er ist auch recht wohl. Mir gefällt es auch in Jena, aber auf den Lande doch noch besser. Gestern sind mir in Burgau gewesen, da hat mir die Gegend sehr wohl gefallen, die Saale und die schönen Berge und die Dörferchen. Der junge Hage hat uns auch den Wasserbau an der Saale gewiesen, nun weiß ich dann auch, was es ist, ich habe immer davon reden hören. Auf den Mittwoch wollen mir nach Lobeda und wollen den August mitnehmen, der wird sich recht freuen. Es ist sehr gut, daß Du mich nicht in Weimar gelassen, ich sehe hier immer viel Neues, aber ich wünsche mir nur immer, daß ich das alles mit Dir sehen könnte, und wir könnten so ein paar Schlampamps-Stündchen halten, da wär ich recht glücklich. Ich will aber recht artig sein und mir immer denken, daß die schönen Stunden auch wiederkommen, und wir wollen sie recht genießen . . . Deine Dich ewig liebende Christel.«

In dem Umschlag liegt als Beilage noch ein Zettelchen mit einer Mitteilung des Sohnes an den Vater. Die Mutter hat dabei dem Dreieinhalbjährigen die Hand geführt: »Lieber Vater, ich bin wieder bald gesund, schicke mir was.«

Goethe ist inzwischen in Frankfurt eingetroffen, wo er wie vor einem Dreivierteljahr seine Mutter kurz besucht. Von dort schreibt er nach Hause: »Ich melde dir, meine Liebe, daß ich heute Nachmittag glücklich hier angekommen bin, daß es in meinem Hause ganz ruhig ist und daß ich nur wünschte, du wärest bei mir, du würdest es recht artig finden. Meine Mutter ist in Gesellschaft gegangen, ich sollte auch mit, mache es aber hier wie dort und bin am liebsten zu Hause. Nun wird zuerst an dein Zettelchen gedacht und für das Krämchen gesorgt. Lebe wohl, küsse den Kleinen und schreibe mir, was er macht, und wenn ihr von Jena zurückkehrt. Lebe wohl, ich bin immer bei euch. G. Wende um!« Auf der Rückseite heißt es dann: »Meine Mutter hat mir einen sehr schönen Rock und Caraco für dich geschenkt, den ich dir sogleich mit schicke, denn ich kann dir, wie du weißt, nichts zurückhalten. Dabei liegen Zwirn-Bänder, wie du sie verlangtest. Das andre kommt nach und nach. Lebe wohl! meine Liebste. N. B. Es sind fünf Blätter zum Rock und ein Blatt zum Caraco, von dem die grünen Streifchen abgeschnitten und aufgarnirt werden. Wenn du dirs machen lässest, so frage jemand, der es versteht. Adieu! küsse den Kleinen. Wie wär es, wenn du dir den Rock und das Caraco auf deine nächsten Umstände machen ließest, es ist ja Zeug genug, du kannsts immer enger machen lassen. Ich schicke dir noch einen großen Schawl, und da wärst du in der Krabskrälligkeit recht geputzt.«

In diesem Brief taucht zum ersten Mal das merkwürdige Wort »Krabskrälligkeit« auf. Es bedeutet, so kurios es klingt, ganz einfach, daß Christiane wieder einmal schwanger ist. In der vertrauten Zwiesprache zwischen Goethe und Christiane gibt es eine Reihe solch eigentümlicher Wortschöpfungen. Dazu gehört auch »Äuglen« – ein Ausdruck, den er schon in dem Gedicht »Frech und froh« gebraucht: »Nur vom Tücht'gen will ich wissen, / Heißem Äuglen, derben Küssen.« Dieses harmlos klingende Wort hat er von Christiane übernommen, die es – mundartlich »Äuglichen« geschrieben – in ihren Briefen oft benutzt, besonders wenn sich der Geliebte unterwegs auf Reisen befindet und sie ihn in rührender Eifersucht vor Abenteuern mit anderen Frauen warnen will. Beide umschreiben damit jede Art von Annäherung an eine andere Person. Für die intimen Abende in der häuslichen Geborgenheit gebrauchen die Liebenden die Bezeichnung »Schlampamps-Stündchen«. Auch das Verb »schlampampsen« taucht mitunter auf. Manchmal schreibt Goethe, wenn er ihr von unterwegs eines der beliebten »Krämchen« schickt: »Und sei versichert, daß ich mich recht ungeduldig nach den Schlender- und Hätschelstündchen sehne.« Als Antwort teilt sie ihm dann mit, daß sie sich vor Verlangen nach ihm schon ganz »hasig« fühle. Und ist sie in anderen Umständen, wie eben jetzt wieder, dann sprechen sie nicht nur von »Krabskrälligkeit«, sondern auch von einem »Pfuiteufelchen«. In der heiteren und unbeschwerten Art, in der sie miteinander verkehren, betrachten sie die Schwangerschaft als einen naturgegebenen und vor allem unabänderlichen Zustand, über den sie deshalb auch nicht »gramseln«, das heißt nicht sorgenvoll sprechen wollen. Am 24. Mai schreibt Christiane: »Mein Lieber, übermorgen ist es schon 14 Tagen, daß Du weg bist. Aber freuen wirst Du Dich, wenn ich Dir sage, daß ich heute vor 8 Tagen gesund und wohl mit dem

Kleinen zurückgekommen bin. Er ist recht wohl. Das war eine Freude, wie er den Schloßthurm wieder erblickte! Da schrie der Kleine: ›Mutter! da ist ja Weimar, nu bin ich froh, da komm ich beis Väterchen.‹ Denn er glaubt, Du müßtest da sein. Und bin auch froh, daß ich wieder da bin, es ist doch nie nirgends besser als zu Hause, in unserem Häusechen, nur Du fehlst mir, alsdenn wär ich sehr glücklich. Mit der Arbeit im Hause geht es sehr geschwinde; ich habe mich gewundert, wie ich wiederkam, daß so viel fertig war. Auch mit dem Garten geht es gut. Gestern war ich in der Komödie, da habe ich Jacobin gesprochen. Alsdenn soll es nach Lobeda gehen, da wollen wir den Kleinen mitnehmen . . . Ich bin recht wohl mit der Krabskrälligkeit. Und nun noch eine Bitte an Dich. In Jena und in Weimar habe ich eine große Bequemlichkeit zu den Pfuiteufelchen gesehen. Das sind so weiße Saloppen von klaren weißen Zeuge ohne Streifen, ganz glatt; sie werden es in Frankfurt schon wissen. Wenn Du mir so was schicken wolltest, aber bald, sei aber ja nicht böse, daß ich Dich schon wieder plage. Leb recht wohl und behalte mich recht lieb, ich liebe Dich unaussprechlich. Gehe ja nicht in Krieg und denke an mich!«

In aller Herzlichkeit antwortete Goethe auf Christianes Briefe. Immer wieder versichert er Christiane seiner Liebe, seiner Sehnsucht nach den Stunden mit ihr zu Hause. Dazwischen aber berichtet er auch von den Strapazen, die er durchzustehen hat: »Die Armee steht um eine große Stadt, über ein paar Flüsse weg, und man schießt Tag und Nacht. Ich wollte, du wärst bei mir, so möchte das andre hingehn. Ich war in ein Dorf recht schön einquartiert, da haben mich die Wanzen wie gewöhnlich heraus gejagt. Nun schlafe ich wieder im Zelte, angezogen, in einer Stroh-Bucht und habe eine Decke, die uns, hoffe ich, bald wieder zusammen zudecken soll . . . Heute nacht sind wir unsanft geweckt worden. Die Franzosen atckuierten das Hauptquartier, ein Dorf ohngefähr eine halbe Stunde von uns. Das Feuer war sehr lebhaft, sie wurden endlich zurückgetrieben. Deiner Bitte eingedenk bin ich erst da es Tag war und alles vorbei hinunter geritten. Da lagen die armen Verwundeten und Toten und die Sonne ging hinter Mainz sehr prächtig auf . . .

Daß dir das Kleid gefallen hat, kann ich denken. Du hast nun auch einen großen seidnen Schawl, mit dem du die pfui Teufelchen zudecken kannst. Wenn ich wieder nach Frankfurt komme, will ich dir auch für etwas Weißes sorgen.

Behalte mich lieb, ich werde mich um deinetwillen schonen, denn du bist mein Liebstes auf der Welt!«

Immer gelten die Gedanken auch dem »Kleinen«, an dem Goethe mit abgöttischer Liebe hängt. Voll Freude und väterlichem Stolz liest er, was Christiane ihm Neues über das geliebte »Bübgen« mitzuteilen weiß. Im letzten Brief zum Beispiel: »Ich und der Kleine lieben Dich herzlich, der Kleine redet immer von Dir und lernt sehr fleißig sein a b c, das deutsche und lateinische. Er sagt: ›Daß ich auch was kann, wenn der liebe Vater wiederkömmt.‹«

Die schönste Anerkennung ist für Christiane, daß in diesen Tagen ein Paket und ein Brief von Goethes Mutter aus Frankfurt kommen. Die Frau Rat hat in der großen Stadt allerlei hübsche Sachen für sie eingekauft – Kleiderstoffe mit modischem Putz und Spitzenkram – und läßt sie als »Dero treue Freundin und Mutter« herzlich grüßen. Christiane, die ihre Mutter nie richtig gekannt hat, ist angesichts dieser Geste tief bewegt, auch weil sie in Weimar von kleinlichen Geistern wegen ihres »unheiligen Verhältnisses« noch immer stark angefeindet wird. Das drückt sich in den Zeilen aus, die sie darüber dem Geliebten schreibt: »Lieber, ich habe das schöne Tuch und alles erhalten und mich herzlich gefreut, aber der Gruß von der lieben Mutter ging mir über alles, ich habe vor Freuden darüber geweint. Ich habe was ohne Dein Wissen gethan, ich habe an die liebe Mutter geschrieben und mich bei ihr bedankt, mein Herz ließ mir es nicht anders zu, ich mußte schreiben, Du wirst doch nicht böse darüber? Der Brief wird nun freilich nicht recht sein, aber bitte die liebe Mutter, daß sie nicht böse auf mich wird, und sage ihr, daß ich es nicht besser kann. Ach, Lieber, wenn Du nur hier wärst und sähest, wie ich mich über das alles freue, aber am meisten freu ich mich, daß die liebe Mutter nicht böse auf mich ist, das macht mich sehr glücklich, denn das hat mich noch mannichmal betrübt. Im Stillen habe ich darüber nachgedacht. Itzo fehlt mir nichts als Du, mein Lieber, daß mich mit Dir freuen könnte und ich Dich immer herzlicher liebe und Du mein einziger Gedanke bist, denn jede Freude ist nur halb, wenn Du nicht dabei bist. Komm nur recht bald wieder.«

»Komm nur recht bald wieder« – mit diesem Satz schließt fast jeder ihrer Briefe. Und ihr sehnlichster Wunsch ist es, daß dieser unselige Krieg bald ein Ende finden möge.

KAPITEL XI

Nicht nur gute Nachrichten

Im Sommer 1793 sieht Christiane endlich ihren Bruder August wieder. Vor längerer Zeit schon hat sie ihm geschrieben, an seine Leipziger Adresse, daß der »Herr Geheimderat« ihm wohlgesonnen und willens sei, ihn in Weimar in seine Dienste zu nehmen. Doch auf diesen Brief hat Christiane nie eine Antwort erhalten. Um so größer ist die Überraschung, als der Bruder plötzlich vor ihr steht.

August Vulpius hat sich inzwischen einigen Wind um die Nase wehen lassen. Er hat auch Erfolg gehabt, hat einige Stükke verfaßt, die an verschiedenen Bühnen aufgeführt wurden, unter anderem die »Abenteuer des Prinzen Kolloandro«, mit denen er recht gut beim Publikum angekommen ist. Trotzdem befindet er sich wieder in Geldnöten und kann die Unterstützung durch den Leiter des mittlerweile berühmt gewordenen Weimarer Hoftheaters sehr wohl gebrauchen – vor allem auch, um seine neuen Pläne verwirklichen zu können. August Vulpius arbeitet zur Zeit an einem umfangreichen Glossarium des achtzehnten Jahrhunderts und einem kritischen Sammelwerk »Aus dem Leben galanter Damen«, von dem er sich viel verspricht. Am meisten aber beschäftigt ihn der Entwurf zu jenem sechsteiligen Roman, mit dem er die größte Publikumsresonanz finden sollte – »Rinaldo Rinaldini«, eine »romantische Geschichte unseres Jahrhunderts«, in der er am Beispiel eines geächteten Außenseiters seine revolutionären Ideen zum Ausdruck bringen will.

Jetzt soll der Bruder sich, wie Christiane ihm sagt, beim

Kammerrat Kirms melden. Der wisse Bescheid und habe von Goethe die entsprechenden Anweisungen bekommen. Der rührige Kirms, seit einiger Zeit Goethes rechte Hand bei der Leitung des Theaters, hat sogleich Verwendung für den vielseitigen Literaten. Er setzt ihn als eine Art Dramaturg ein, zur Bearbeitung neuangenommener Stücke – meist handelt es sich um Singspiele – und zum Verfassen der so beliebten Prologe, die aus allen möglichen Anlässen vorgetragen werden. Auch bei der Herzoglichen Landesbibliothek, wo die Verhältnisse noch sehr im argen liegen, kann man Christianes Bruder gebrauchen. Er weiß sich als Bibliothekar so nützlich zu machen, daß er in wenigen Jahren zum ersten Direktor aufsteigt.

Die Abende verbringt August gern mit Christiane im Haus am Frauenplan, erzählt von seinen Abenteuern oder liest ihr heitere Szenen aus seinen Stücken vor. Dabei lernt er auch Heinrich Meyer kennen und freundet sich mit ihm an. Oft verwickeln die beiden jungen Männer einander in temperamentvolle Debatten. Es geht dabei in erster Linie natürlich um die große Revolution in Frankreich.

In letzter Zeit dringen besonders alarmierende Nachrichten vom Rhein herüber in die deutschen Fürstentümer. Paris scheint zu einem Ort des Schreckens und der Angst geworden zu sein. Nachdem Ludwig XVI. vom Nationalkonvent zum Tod verurteilt und am 21. Januar 1793 hingerichtet worden ist, herrscht der blanke Terror. Robespierre, der Führer der radikalen Bergpartei, hat seine Schreckensherrschaft errichtet, die Guillotine läuft auf Hochtouren und hält blutige Ernte unter den sich bekämpfenden Interessengruppen. Der Adel im alten Europa ist aufgeschreckt, die Fürsten blicken voll Entsetzen nach Frankreich. Auch die deutschen Dichter, die vor drei Jahren noch emphatisch den Sturm auf die Bastille als Fanal einer neuen Zeit besungen haben, schweigen betreten.

Dennoch können viele junge Menschen nicht verstehen, daß sich Goethe den reaktionären Interventionstruppen angeschlossen hat und bei Mainz gegen die freiheitlich gesinnten Verfechter der Rheinischen Republik kämpft.

Als August Vulpius und Heinrich Meyer erregt darüber diskutieren, fällt ihnen Christiane ins Wort. »Aber er kämpft doch gar nicht«, wirft sie ein. »Er ist doch kein Soldat und beteiligt sich nicht am Krieg. Er begleitet nur den Herzog, der ihn eben überall dabei haben will. Er arbeitet dort sogar und schreibt an seinen Büchern weiter.« Christiane hat nämlich gesehen, wie er vor seiner Abreise neben seinen üblichen Reisesachen Manuskripte, Papiere und Bücher eingepackt hat.

Meyer pflichtet ihr bei. Er hat oft mit Goethe über das Thema Krieg gesprochen und glaubt seine Beweggründe zu kennen. Im Grunde, meint er, sei Goethe wenig an dem kriegerischen Geschehen gegen die Aufständischen interessiert. Wenn er einmal darauf zu sprechen komme, merke man deutlich, daß er es aus tiefstem Herzen ablehne. Genauso sei er aber auch gegen die Revolution, weil sie mit Gewalt durchzusetzen suche, was sich seiner Meinung nach geschichtlich entwickeln müsse. Goethe sei für Evolution, revolutionäre Aktionen würden seiner Vorstellung von einer friedlichen Annäherung der Stände, gefördert durch Fortschritt in Technik, Wissenschaft und Kunst, zuwiderlaufen. Die rheinisch-germanische Republik, um die die Klubbisten bei Mainz auf die Schanzen steigen, sei ihm ebenso gleichgültig wie der Länderschacher, mit dem man das untergehende Heilige Römische Reich künstlich am Leben zu erhalten suche. Als Ideal schwebe ihm eine Republik der Geistigen vor, ein Reich der Bildung und Kultur, in dem es keine rohe Gewalt mehr gebe.

Christiane findet es aufregend, gespannt folgt sie dem Gespräch und vergißt darüber zeitweilig ihre Sorgen. Sie erwartet wieder ein Kind und fragt sich bang, ob es ihr wohl diesmal erhalten bleibt. In einem ihrer letzten Briefe an den Gebliebten hat sie geschrieben: »Das Pfuiteufelchen hat sich gemeldet, und es wird wohl seinen Besuch im Oktober machen. Da bist Du doch wohl wieder da. Ach ja, da läßt Du mich nicht allein . . .«

Neue Schicksalsschläge

Goethe kommt früher als erwartet zurück. Auf der Rückreise schreibt er aus Frankfurt an den Freund Jacobi in Düsseldorf: »Mein herumschweifendes Leben und die politische Stimmung aller Menschen treibt mich nach Hause, wo ich einen Kreis um mich ziehen kann, in welchem außer Lieb und Freundschaft, Kunst und Wissenschaft nichts herein kann.«

Wenige Tage vor seinem vierundvierzigsten Geburtstag trifft Goethe wieder in Weimar ein – für Christiane ein Anlaß zu unendlicher Freude. Liebevoll bereitet sie für den Geburtstag ein festliches Essen vor, an dem nur die engsten Hausgenossen teilnehmen, zu denen neben Ernestine und der Tante diesmal auch der Bruder August gehört. Eine witzige Ansprache von Heinrich Meyer krönt die kleine Feier. Und August Vulpius hat für Goethes Sohn einen Glückwunsch verfaßt, den dieser voll Stolz dem Vater überreicht: »Liebes Väterchen! / Dein Geburtstag ist heute, / Darüber habe ich große Freude; / Ich wünsche: Du möchtest noch hundert Jahre fein / Gesund und zufrieden, wie jetzo, sein. / Den 28. August 1793. August«.

Als Goethe bald darauf wieder für kurze Zeit nach Jena muß, wo er in Zusammenarbeit mit Fachgelehrten einige neue naturwissenschaftliche Beobachtungen niederlegt, schreibt ihm

Christiane: »Ich hoffe recht darauf, Dich wiederzusehen, denn mir ist ein bißchen ›kurigos‹ zu Muthe.« Und ein wenig später bittet sie ihn, ihr bald zu schreiben, »wie die Krabskrälligkeit heißen soll, denn einen Taufnamen muß es doch haben. Ich glaube, es wird so lange warten . . .«

Zur gleichen Zeit erreicht Goethe eine kurze Notiz Herders mit dem »modus« der wohl bald bevorstehenden Taufe – »zur Vermeidung des Aufsehens«, wie Herder rücksichtsvoll schreibt, denn in der Weimarer Gesellschaft betrachtet man das Verhältnis noch immer als Skandal.

Doch alle Vorkehrungen für einen diskreten Taufakt in der Kirche erübrigen sich. Das kleine Mädchen, das am 21. November 1793 früh um sechs Uhr geboren wird, ist von so schwacher Konstitution, daß man nicht wagen kann, es beim Kirchgang der rauhen Novemberwitterung auszusetzen. Noch am Abend desselben Tages wird es im Haus durch den Kollaborator Hahrseim auf den Namen Caroline getauft. Es lebt nicht lange. Am 4. Dezember, nach kaum zwei Wochen Erdendasein, stirbt Christianes Tochter am »Steckfluß« und wird still zu Grabe getragen.

»Dem kleinen Mädelein seine Rolle war kurtz«, schreibt Frau Rat aus Frankfurt voller Anteilnahme an den Sohn. »Gott! Erhalt dich und was noch übrig ist.« Und in einem Brief, den Goethe einige Tage nach dem Tod der Kleinen an Jacobi schickt, heißt es: »Die trübe Jahreszeit hat mir trübe Schicksale gebracht. Wir wollen die Wiederkehr der Sonne erwarten . . .«

Goethes Schmerz über den Verlust der mit so viel Freude erwarteten kleinen Caroline ist äußerst heftig, doch vor Christiane, die er immer wieder tröstet, versucht er seine Fassung zu wahren. Nur Heinrich Meyer gegenüber, der ihm neben der geliebten Lebensgefährtin am nächsten steht, läßt er sich anmerken, was in ihm in Wirklichkeit vorgeht. Wie Meyer Wochen später Christianes Bruder August erzählt, ist Goethe in der Nacht nach der stillen Beerdigung fast in einen Zustand der Raserei verfallen und nur schwer zu beruhigen gewesen. Nichts macht deutlicher als dieser Verzweiflungsausbruch, wie sehnlich er sich von Christiane mehrere Kinder gewünscht hat.

Ähnliche Schicksalsschläge muß Christiane in der Folgezeit noch zweimal hinnehmen: am 30. Oktober 1795, als sie einen Sohn bekommt, der nach knapp achtzehn Tagen von einem unbekannten Leiden wieder dahingerafft wird, und am 18. Dezember 1802, als sie erneut von einem Mädchen entbunden wird, das die Geburt gar nur um drei Tage überlebt. Es ist, als habe sich das Schicksal gegen die Liebenden verschworen. Enttäuscht müssen sie erkennen, daß ihr sehnlichster Wunsch keine Erfüllung mehr findet: Der kleine August wird nie ein Brüderchen oder Schwesterchen haben . . .

Bei der Geburt des dritten Sohnes am 30. Oktober 1795 waren beide noch voller Hoffnung gewesen. Schon lange vorher hatte man alles Nötige vorbereitet, hatte nichts unterlassen, was einer glücklichen Geburt förderlich sein konnte. Da Goethe in seiner Studentenzeit selbst an einem Geburtshelfer-Kursus teilgenommen hatte, wußte er Bescheid. Nichts hätte nach menschlichem Ermessen schiefgehen können.

Am 25. Oktober, wenige Tage vor Christianes Niederkunft, als Goethe ursprünglich mit Schiller in dessen Haus in Jena verabredet ist, schreibt er einen dringenden Brief an den Freund: »Heute komme ich nicht, mein Lieber. Jeden Tag erwarte ich einen neuen Weltbürger in meinem Hause, den ich doch gern freundlich empfangen möchte.« Am 28. Oktober heißt es dann in einem neuen Brief mit Bezug auf Schillers inzwischen zweijähriges Söhnchen Karl: »Das Schwiegertöchterchen säumt noch . . .«

Als Christiane zwei Tage später einem Knaben, der Karl heißen soll, das Leben schenkt, beeilt sich Goethe, dem Freund in Jena das freudige Ereignis mitzuteilen: »Statt eines artigen Mädchens ist endlich ein zarter Knabe angekommen und so läge denn eine von meinen Sorgen in der Wiege. Nun wäre es an Ihnen, zu Bildung und Schwägerschaft und zu Vermehrung der dichtrischen Familie für ein Mädchen zu sorgen.«

Aus Frankfurt kommt noch vor der Entbindung in herzlicher Vorfreude ein Glückwunschschreiben der Mutter, in dem es – entsprechend der fröhlichen Lebensart der Frau Rat – nur einen kleinen Wehmutstropfen gibt: »Lieber Sohn! Hier kommt der Judenkram – wünsche damit viel Vergnügen! Auch gratulire zum künftigen neuen Weltbürger – nur ärgert mich, daß ich mein Enckelein nicht darf ins Anzeigenblättchen setzen laßen und ein öffendlich Freudenfest anstellen – doch da unter diesem Mond nichts Vollkommenes anzutrefen ist, so tröste ich mich damit, daß mein Hätschelhans vergnügt und glücklicher als in einer fatalen Ehe ist – Küße mir deinen Bettschatz und den kleinen August – und sage letzterem, daß das Christkindlein Ihm schöne Sachen von der Großmutter bringen soll . . . Lebe wohl! grüße alles was dir lieb ist von deiner treuen Mutter Goethe.«

Daß Goethe bei der Taufe des Söhnchens bemüht ist, die üblichen Förmlichkeiten zu erfüllen und nichts zu versäumen, was man von ihm erwartet, geht aus einem kurzen Schriftwechsel mit dem Geheimrat von Voigt hervor, einem seiner älteren Ministerkollegen, den Goethe als Berater in juristischen und diskreten gesellschaftlichen Dingen schätzte. Am Tag vor der Taufe schickt er Voigt ein Billett, in dem es heißt: »Vielleicht wäre es gefällig, heute Abend gegen siebene mit mir ein wenig spazieren zu gehen und über die im Kasten befindlichen Exhibita zu sprechen. – Ich würde dabei einer kleinen Verlegenheit erwähnen, in der ich mich befinde, und mir Ihren freundlichen Rat erbitten.« Am nächsten Tag dankt er dem Geheimrat mit folgenden Zeilen: »Um 3 Uhr werde ich mich also, ohngefähr in der Gestalt, wie man zu Hofe geht, zur heiligen Handlung tragen lassen, wo ich Sie vergnügt und wohl anzutreffen hoffe. Was die Geschenke betrifft, so werde ich der von Ihnen angezeigten Gradation folgen: Der Lieberinn einen Laubtaler (der Hebamme) / Dem Kirchner einen Konventionstaler / Dem Andres einen Gulden / Der Wartfrau einen halben Laubtaler geben. Weil ich es sonst nicht mit ganzen Stücken zu machen weiß. Leben Sie recht wohl.«

Nach dem feierlich, aber in aller Stille vollzogenen Taufakt in der Jakobskirche, der Goethe – der besonderen Umstände und auch seiner ganzen Gesinnung wegen – offensichtlich nicht sehr angenehm ist, schreibt er erneut an Voigt: »Noch danke ich Ihnen herzlich für Ihren Anteil an meinem gestrigen Tag und für alles Liebe und Gute, das Sie mir so ununterbrochen zeigen. Da ich heute nicht ausgehe, sehe ich Sie wohl gegen Abend bei mir, um einiges zu besprechen.«

In der Woche darauf holt Goethe seinen aufgeschobenen Besuch bei den Schillers nach. Es sind angeregte Tage, die er in Jena mit dem Dichterfreund und dessen Frau verbringt. Doch muß er beständig an zu Hause, an Christiane und an den neuen kleinen Erdenbürger denken, dessen Schicksal ihm so sehr am Herzen liegt. In den Briefen ermahnt er Christiane, ihm ja immer alles zu schreiben. Vor allem wünscht er genau zu wissen, »daß der Kleine brav trinkt, ißt und zunimmt«.

Leider kann ihm Christiane keine guten Nachrichten geben. Ihr Brief vom 10. November, den sie ihm durch einen Boten überbringen läßt, klingt sehr sorgenvoll: »Es tut mir leid, daß ich Dir nicht schreiben kann, daß wir beide wohl sind. Ich bin recht wohl, so daß ich außer Bett sein kann. Aber das Kleine ist seit 2 Tagen sehr matt und schläft den ganzen Tag. Und wenn es essen und trinken soll, so muß man es aufwecken. Und da ißt es auch. Der Doctor und die Liebern trösten zwar gut, aber ich läugne es nicht, ich bin sehr ängstlich dabei. Ich wollte Dir, mein Lieber, erst nichts schreiben, aber es ist doch besser, Du weißt es, und deshalb schicke ich Dir einen Boten, daß ich auch gleich ein Wort von Dir höre und etwas getröstet werde. Durchlaucht Herzog hat heute schon 2 mal geschickt . . . Der Gustel läßt Dich schönstens grüßen und freut sich, Dich bald wiederzusehen. Sei so gut und schreibe mir ein Wort zu meinem Trost.«

Christianes Sorge ist für Goethe Grund genug, sofort seinen Aufenthalt bei der Familie Schiller abzubrechen und nach Weimar zurückzukehren. Doch auch er kann nicht mehr helfen. Wenige Tage später, am 16. November 1795, stirbt das Söhnchen. Goethes Brief an Schillers Frau beginnt mit den Worten: »Der arme Kleine hat uns gestern schon wieder verlassen und wir müssen nun suchen, durch Leben und Bewegung diese Lücke wieder auszufüllen . . .« Aus Jena kommt darauf ein kurzer Beileidsbrief, in dem aber – wie fast immer bei Schiller, dessen Frau mit Christiane, einer »Unebenbürtigen«, möglichst nichts zu tun haben will – mit keinem Wort der unglücklichen Mutter gedacht wird. Um so herzlicher und teilnahmsvoller schreibt die Frau Rat aus Frankfurt: »Daß dem lieben kleinen Söhnchen seine Rolle hienieden so kurz ausgeteilt war, tut mir sehr leid. Freilich bleiben nicht alle Blüthen um Früchte zu werden – es tut weh – aber wenn die Saat gereift ist und kommt dann ein Hagelwetter und schlägts zu Boden, was in die Scheuern eingeführt werden soll, das thut noch viel weher. Wenn nur der Baum stehen bleibt, so ist die Hoffnung nicht verloren. Gott erhalte dich – und den lieben August und deine Gefährtin – dies ist mein innigster und herzlichster Wunsch.«

Natürlich gibt man in den Weimarer Gesellschaftskreisen allein Christiane die Schuld an dem letalen Ausgang von vier Geburten. Ja, in den Klatschzirkeln der adeligen Hofdamen und Schranzen betrachtet man die schweren Schicksalsschläge, welche die »Mamsell Vulpia« im Laufe der Jahre hinnehmen mußte, sogar als gerechte Gottesstrafe für das so öffentlich zur Schau getragene sündige Verhältnis. Dabei weiß jeder, daß Tot-, Fehlgeburten und Kindersterblichkeit zu dieser Zeit nichts Ungewöhnliches sind. Bei Frau von Stein zum Beispiel, der Hauptfeindin Christianes, waren es bei sieben Niederkünften gleicherweise vier Kinder, welche die Geburt nur kurze Zeit überlebten. Auch Goethes Mutter muß in diesem Zusammenhang erwähnt werden. Sie kam insgesamt sechsmal ins Wochenbett, aber nur der älteste Sohn Wolfgang und die ein Jahr jüngere Schwester Cornelia, die dann im Alter von siebenundzwanzig Jahren starb, blieben ihr erhalten.

KAPITEL XII

Egmonts Klärchen

Ablenkung und Trost findet Christiane, wenn der Geliebte wieder einmal abwesend ist, in der Hauptsache bei ihrer Arbeit. Und Arbeit gibt es für sie wahrlich genug. Schließlich ist das Haus am Frauenplan nach dem von Goethe veranlaßten Umbau weitläufig und vielgestaltig wie ein feudaler Fürstensitz. Wenn man alle Räume, von den einfachen Stuben und Kammern bis zu den repräsentativen Zimmern und Sälen, in den beiden Hauptgeschossen und den Nebengebäuden zusammenzählt, kommt man auf mehr als drei Dutzend.

Die Anlage des Hauses, seine Unterteilung in zwei Trakte, die einen Innenhof umschließen, war Goethes Wunsch nach Trennung der gesellschaftlichen und der privaten Sphäre von vornherein entgegengekommen. So ist das Vorderhaus fast ausschließlich Repräsentationszwecken vorbehalten. Betritt man das Erdgeschoß, wo die Wirtschaftsräume liegen, fällt als erstes die prächtige, imposante Treppe ins Auge, von der Goethe allerdings später zu Eckermann sagt, sie habe ihm sein Haus verdorben. Alle Zimmer seien dadurch kleiner ausgefallen. Die Decke des hallenartigen Treppenhauses ziert eine von Heinrich Meyer gemalte Aurora; im ersten Obergeschoß grüßt den Besucher über dem Eingang zum Gelben Saal die Inschrift »Salve«. In diesem Raum, den Goethe bei größeren Einladungen gern als Speisezimmer benutzt, haben die beiden Kolossalbüsten des Antonius und des Jupiter ihren Platz gefunden, an den Wänden Kupferstiche mit Motiven aus Raphaels Stanzen und eine Kopie der »Himmlischen Liebe« von Tizian. Drei östlich des Saales gelegene Zimmer bergen eine Vielzahl von Kunstschätzen, die Goethe auf seinen Reisen erworben hat. Erst später, nach seiner Heirat mit Christiane, werden zwei dieser Räume für Wohnzwecke umgestaltet werden. Von der westlichen Seite des Gelben Saales aus betritt man das Junozimmer – so benannt nach dem hier aufgestellten Abguß des Kopfes der Juno Ludovisi –, das Goethe als Salon und Musikzimmer dient. Auf dem wertvollen Streicher-Flügel wird viele Jahre später, 1821, der zwölfjährige Felix Mendelssohn-Bartholdy dem Hausherrn vorspielen. Das nebenan gelegene kleinere Urbinozimmer ist ebenfalls für Gesellschaften vorgesehen und bildet einen der zwei Durchgänge zum privaten Wohnbereich im Rückgebäude.

Die Zimmer des Vorderhauses, deren Fenster auf den Frauenplan hinausgehen, strömen mit ihrer Fülle an Kunstwerken und wertvollen Möbeln eine Atmosphäre wohlhabender Behaglichkeit aus. Die Privaträume im Rückgebäude dagegen sind, dem Wunsch des Hausherrn entsprechend, eher spartanisch eingerichtet. Goethe hat mehrfach geäußert, eine luxuriöse Zimmereinrichtung mache ihn für die Arbeit untauglich.

Verläßt man das Urbinozimmer, so kommt man in ein rund gebautes Treppenhaus mit einer Wendeltreppe. Von hier aus führt eine Tür zu Goethes Räumen. Da ist, außer einem langgestreckten Vorzimmer, in dem zwischen zwei Fenstern eine Standuhr aus dem elterlichen Haus in Frankfurt steht, zunächst die umfangreiche Bibliothek, in der, auf zwei Räume verteilt, mehrere tausend Bücher untergebracht sind. Daran anschließend liegt das »Heiligtum« des Hauses, Goethes Arbeitszimmer mit dem großen Stehpult und den Schreibtischen für die Sekretäre, und gleich daneben die schlichte kleine Schlafkammer. Das Mobiliar dort besteht lediglich aus einem einfachen Bett, einem grüngepolsterten Lehnstuhl und einem kleinen Tisch mit Waschgeschirr. Aus den Fenstern blickt man auf den gepflegten großen Garten – ein Bild, das Goethe immer wieder erfreut.

Im gleichen Stockwerk des Rückgebäudes, von Goethes Räumen durch ein weiteres Treppenhaus getrennt, durch das sie schnell in den Hof hinuntergehen kann, befindet sich auch Christianes Reich, das aus zwei mittelgroßen Zimmern und einer Kammer besteht. Hierher zieht Christiane sich zurück, wenn Goethe Empfänge für die Weimarer Gesellschaft gibt, an denen sie nicht teilhaben kann. Oft lädt sie sich zur Unterhaltung Gäste ein, die den Abend mit ihr verbringen – wie den Schriftsteller Stephan Schütze, dessen humoristische Erzählungen zu ihrer Lieblingslektüre gehören.

Zwischen Goethes und Christianes privatem Bereich liegt ferner das helle, freundliche Gartenzimmer, in dem Goethe zu frühstücken oder auch im kleinen Kreis zu speisen pflegt. Durch das im Zuge des Umbaus geschaffene sogenannte Büstenzimmer, das den Hof überbrückt, ist es mit dem Gelben Saal verbunden und somit vom Vorderhaus her begehbar.

Die größten Räume des Hauses finden sich in einem an der Ostseite angebauten Flügel. Dort gibt es einen »Studiensaal« mit einem großen Konferenztisch, einen »Sammlungssaal« und einen »Physiksaal«, dazu viele Nebenräume zum Aufbewahren der Apparaturen und Sammlungen, die der Hausherr für seine naturwissenschaftlichen Studien und Experimente benötigt.

Hinzu kommen im zweiten Obergeschoß – das sich nur noch auf das Vorderhaus beschränkt – das Gartenhaus ist einstöckig –, eine Menge Stuben, Kammern und Kabinette, in denen die Hausgefährten sowie gelegentliche Gäste von auswärts wohnen. Dort erhält auch der Sohn August, sobald er die ständige Obhut der Mutter nicht mehr braucht, sein eigenes Reich.

In der ersten Zeit in diesem Haus ist Christiane oft der Verzweiflung nahe. Das Gewirr von Zimmern, Treppenaufgängen und Fluren, in dem man sich nur schwer zurechtfinden kann, verursacht ihr anfangs Beklemmungen und läßt sie befürchten, nie und nimmer damit fertig zu werden.

Auch jetzt noch, im zweiten Jahr ihres Lebens hier, droht ihr die Arbeit manchmal über den Kopf zu wachsen. Aber ihrem angeborenen Organisationstalent und ihrer natürlichen Begabung für alles, was mit Hauswirtschaft zusammenhängt, ist es zu danken, daß sie das Haus am Frauenplan beherrscht und die vielfältigen Aufgaben meistert. Natürlich stehen ihr neben Ernestine und der Tante Hilfskräfte zur Verfügung, teilweise sind es bis zu sieben Bedienstete. Doch allein die Beaufsichtigung dieser oft schwer zu lenkenden Dienerschar sowie die Einteilung der täglichen Arbeiten, bei der es natürlich auch hin und wieder zu unliebsamen Auseinandersetzungen kommt, erfordert viel Kraft und Hingabe. Dazu kommt die ewige Rechnerei mit dem Wirtschaftsgeld, das für den riesigen Haushalt nicht allzu üppig bemessen ist; oft genug muß sie mit Handwerkern und Lieferanten um jeden Groschen handeln.

Zu dieser Zeit ist Goethe noch kein reicher Mann; das wird er erst, als ihm die Hälfte des Familienvermögens nach dem Tod der Mutter zufällt und die Einnahmen aus der Schriftstellerei zu fließen beginnen. Zunächst hat er nur seine Besoldung als herzoglicher Beamter, die – obwohl im Laufe der Jahre regelmäßig erhöht – für die nicht gerade geringen persönlichen Aufwendungen Goethes bei weitem nicht ausreicht. Oft gibt er doppelt soviel aus wie er verdient, und immer wieder muß die Mutter in Frankfurt Geld nach Weimar schicken. Christiane ist es gewohnt, sparsam zu wirtschaften, und vermag trotzdem die ausgefallenen Ansprüche, die ihr Lebensgefährte an Essen und Trinken stellt, zu befriedigen.

Einmal schreibt sie aus dieser Not heraus an Goethe: »Wenn ich nicht gewiß geglaubt hätte, Du würdest heute kommen, so hätt ich Dir am Mittewoche geschrieben, daß ich kein Geld mehr habe, und so gehet es mir nun sehr schlecht. Ich bin in größther Noth, denn ich gebe der Köchin alleweile meinen letzten kleinen Thaler . . . Bei jetziger Zeit ist es würklich Kunst; denn, wenn Du nicht da bist, sind es unser doch immer 6 zu Tische, und ich habe es die Zeit, daß Du nicht da warst, sehr eingetheilt, so daß die Köchin immer nicht mit mir zufrieden ist. Freilich, weil der Bube krank war, habe ich wieder manche paar Groschen mehr ausgeben müssen und ihm auch wieder etwas Apartes kochen müssen. Er ist aber wieder wohl und gehet wieder aus. Von dem Carolin, den Du mir schicktest, habe ich das Komödie-Abonnement bezahlen müssen und Starke den Thaler. 2 Paar Strümpfe vor Dich, habe Holz machen lassen, dem Kutscher Trinkgeld, und wenn ich nur nicht den Dukaten von Dir angewandt hätte, so hätte ich doch noch was. Die Weiber, die sich etwas schmu machen, thun doch nicht ganz übel, um im Nothfall was zu haben. Sei so gut und schicke mir durch einen Expressen oder die Post was.«

Gewiß hat Goethe an solcherlei Nöte Christianes gedacht, wenn er später Hermann zu Dorothea die lobenden Worte sagen läßt: »Aber du hast gewiß auch erfahren, wie sehr das Gesinde / Bald durch Leichtsinn und bald durch Untreu' plaget die Hausfrau / Immer sie nötigt zu wechseln und Fehler um Fehler zu tauschen.«

Obwohl der große Haushalt Christiane von früh bis spät beansprucht, läßt sie es sich nicht nehmen, sich immer wieder selber im Garten zu beschäftigen, wo dank ihrer sachkundigen und liebevollen Pflege Blumen, Sträucher und Gemüse üppig gedeihen. Sie empfindet diese Arbeit als Entspannung und Erholung.

Aber auch darin muß sie Enttäuschungen erleben. Das geht besonders deutlich aus jenem Brief hervor, in dem sie Goethe in fast philosophisch anmutender Betrachtungsweise über vergängliche und unvergängliche Werke schreibt: »Mit Deiner Arbeit ist es schön: was Du einmal gemacht hast, bleibt ewig; aber mit uns armmen Schindludern ist es ganz anders. Ich hatte den Hausgarten sehr in Ordnung, gepflanzt und alles. In einer Nacht haben mir die Schnecken beinahe alles aufgefressen, meine schönen Gurken sind fast alle weg, und ich muß wieder von vorne anfangen.«

Bald darauf heißt es wieder voller Sehnsucht und Zärtlichkeit: »Wenn ich nur bei Dir sein könnte, das ist meine einzige Betrübnis; und manchmal werden die Wehe sehr große, denn ich habe Dich nur immer lieber. Aus lauter Hasigkeit möchte ich, wenn es nur einigermaßen anginge, ein Wägelchen nehmen und mit dem Bübchen zu Dir fahren, damit ich nur recht vergnügt sein könnte . . .«

Es ist die Zeit, da Goethe wieder einmal in Jena weilt, wo er Schelling kennengelernt hat und nach gemeinsamen optischen Versuchen sich für dessen sofortige Berufung an die Universität in Jena eingesetzt hat. Christianes Zeilen lassen ihn nicht unberührt, und er beschließt seine baldige Rückkehr. Schon von seiner letzten Reise, als er einige Wochen zur Kur in Karlsbad gewesen ist, schickte er der Gefährtin den eigens für sie gedichteten Spruch: »Von Osten nach Westen / Zu Hause am besten.« Gleichzeitig versprach er ihr, in Zukunft nicht mehr so oft zu verreisen, sondern bei ihr und dem Bübchen zu bleiben. Solch tröstende Zeilen schreibt Goethe fast immer an Christiane, um ihr über die Dauer seiner Abwesenheit hinwegzuhelfen. In einem anderen Brief beispielsweise heißt es: »Mit meinen Reisen wird es künftig nicht viel werden, wenn ich dich nicht mitnehmen kann. Denn jetzt schon möchte ich lieber bei dir zurück sein, dir im grünen Alkoven eine gute Nacht und einen guten Morgen bieten und mein Frühstück aus deiner Hand empfangen . . .«

Doch läßt sich dieses Versprechen nicht so leicht halten. Zu oft rufen Goethe die Erfordernisse und die Verpflichtungen als Minister, die ihm trotz allem verblieben sind, von zu Hause fort: mit Karl August nach Dessau, Leipzig und Dresden oder nach Ilmenau, wo er sich immer wieder um das Bergwerk kümmern muß, dessen erneute Inbetriebnahme trotz jahrelanger Bemühungen nicht den erhofften Erfolg gebracht hat. Im August 1795 nutzt er die Gelegenheit und nimmt seinen fast sechsjährigen Sohn mit nach Ilmenau, um ihm das Bergwerk, die Glashütte, die Porzellanfabrik und die Mühle zu zeigen. Der kleine Junge genießt die Tage, die er allein mit dem Vater verbringen darf, und »ist so artig als sich nur denken läßt«, wie Goethe an die daheimgebliebene Mutter schreibt. Und am Schluß des Briefes heißt es: »Gustel grüßt dich recht schön, er sitzt eben auf dem Kanapee, ich habe ihn ausgezogen und wir sind die besten Freunde.«

Kurzreisen führen Goethe immer wieder nach Jena, an die Universität. »Da man doch einmal nicht in seiner Mutter Leib zurückkehren kann«, schreibt er an Voigt, »so ist es wenigstens manchmal verjüngend, in den Uterus der Alma mater sich wieder zurückzubegeben.«

Einmal, als ihn Christiane mit dem kleinen August ein Stück des Weges, bis nach Kötschau, begleitet, schreibt sie nach der Rückkehr: »Ich und Dein liebes Bübchen sind glücklich und wohl wieder zu Hause angelangt, die Ernestine und Werners kamen uns bis Umpferstedt entgegen. Heute den ganzen Tag habe ich mich mit der Reinlichkeit Deiner Zimmer beschäftigt und bin in der Komödie gewesen . . . Stell Dir vor, wie lieb Dich Deine beiden Hasen haben: wie Du in Kötschau von uns weg warst, gingen mir raus und sahen auf dem Berg Deine Kutsche fahren, da fingen mir alle beide eins an zu heulen und sagten beide, es wäre uns so wunderlich . . .«

Christiane hat sich inzwischen damit abgefunden, daß sie oft allein ist, daß Goethe neben den Reisen, zu denen ihn dienstliche Verpflichtungen zwingen, sich auch immer öfter zurückzieht, um in Jena beispielsweise ungestört arbeiten zu können. Denn völlige Ruhe und Abgeschiedenheit findet er in dem Haus am Frauenplan trotz dessen Weitläufigkeit nicht. Der Tagesablauf wird nicht mehr wie früher nur von seinen Interessen bestimmt. Das Personal hat sich vergrößert, der kleine August fordert sein Recht – und auch Christiane mit ihrem Temperament ist nicht der Typ, der sich schweigend durchs Haus bewegt und unauffällig seinen Pflichten nachkommt. Sie weiß, daß hier einer der schwierigen Punkte in ihrer Beziehung zu Goethe liegt. Aber genau wie sie ansonsten bestrebt ist, dem Geliebten alles recht zu machen, akzeptiert sie klaglos die Konsequenzen: Goethes oft mehrmonatige Abwesenheit von zu Hause. Sowohl sie als auch Goethe nehmen es als notwendigen Kompromiß hin, um ihre ansonsten überaus glückliche Beziehung nicht unnötig zu belasten und zu gefährden.

Um so ausgiebiger feiern beide nach einer Trennung ihr Wiedersehen. Dann genießt Goethe in vollen Zügen das erwähnte Glück »im grünen Alkoven«, wo er in engem Beisammensein der Geliebten nicht nur eine gute Nacht, sondern auch den Morgengruß entbieten kann, wo ihm »die Nacht zur schönen Hälfte des Lebens« wird. Immer wieder ist es dann so, wie er in den »Venetianischen Epigrammen« geschrieben hat, als er nach mancherlei Abenteuern in Oberitalien zu Christiane zurückgekommen war: »Oftmals hab' ich geirrt, und habe mich wiedergefunden, / Aber glücklicher nie; nun ist dies Mädchen mein Glück!« Für Christiane sind Goethes leidenschaftliche Liebesbeweise die schönste Entschädigung für die still und geduldig ertragenen Stunden der Einsamkeit, für alle in seiner Abwesenheit erlebte Unbill.

In diesen Wochen und Monaten des Jahres 1795 schreibt Goethe einige seiner schönsten und empfindsamsten Gedichte. Neben »Meeresstille« und »Glückliche Fahrt« gehört dazu vor allem das Frühlingslied, dessen letzte Verse lauten: »Aber zum Busen / Kehrt er zurück. / Helfet, ihr Musen, / Tragen das Glück! / Saget, seit gestern / Wie mir geschah? / Liebliche Schwestern, / Liebchen ist da!« Auch das Gedicht »Nähe des Geliebten« entsteht in dieser Zeit, das mit seinem reizvollen Wechsel langer und kurzer Verse einen lebendigen Rhythmus schafft. Es erscheint zuerst in Schillers Musenalmanach für 1796, wo Beethoven es entdeckt und kurz darauf vertont hat:

Ich denke dein, wenn mir der Sonne Schimmer
Vom Meere strahlt;
Ich denke dein, wenn sich des Mondes Flimmer
In Quellen malt.
Ich sehe dich, wenn auf dem fernen Wege
Der Staub sich hebt;
In tiefer Nacht, wenn auf dem schmalen Stege
Der Wandrer bebt.
Ich höre dich, wenn dort mit dumpfem Rauschen
Die Welle steigt,
Im stillen Haine geh' ich oft zu lauschen,
Wenn alles schweigt.
Ich bin bei dir, du seist auch noch so ferne,
Du bist mir nah!
Die Sonne sinkt, bald leuchten mir die Sterne.
O wärst du da!

Aber nicht nur mit Lyrik und Liebesliedern hat sich Goethe in dieser Zeit befaßt, sondern gleichzeitig an einigen größeren Werken gearbeitet, über deren Inhalt und Fortgang er regelmäßig mit Christiane spricht. Dazu gehören die 1794 vollendeten »Unterhaltungen deutscher Ausgewanderten«, sechs in eine Rahmenerzählung eingebettete Geschichten, in denen es um eine vor der französischen Revolutionsarmee geflüchtete deutsche Adelsfamilie geht. In den Auseinandersetzungen stehen sich eine mit der Revolution sympathisierende und eine sie schroff ablehnende Partei unversöhnlich gegenüber. Den Abschluß bildet ein »Märchen«, in dem in symbolischen Bezügen erneut Goethes Forderung nach Ordnung und gewaltloser Evolution erhoben wird.

Mehr aber als diese Dichtung interessiert Christiane das neue große Werk, das der Freund jetzt in Angriff nimmt. Es ist das Vers-Epos »Hermann und Dorothea«, das schon bald nach Erscheinen zu Goethes populärstem Werk wird. Mehr noch als der »Werther« erlebt es in breiten Kreisen eine begeisterte Aufnahme, wohl weil es dem Selbstverständnis des deutschen Bürgertums entspricht. Im Grunde handelt es sich bei »Hermann und Dorothea« um eine einfache, in ihrer Schlichtheit aber ungemein zu Herzen gehende Liebesgeschichte, die Christiane, die eigene Schicksalsmotive darin erkennt, zum Weinen bringt. Selbst Goethe ist beim Vorlesen, zu dem oft auch Ernestine und die Tante hinzukommen, immer wieder ergriffen. Er hofft auf Erfolg, und er braucht ihn dringend, denn seine letzten Veröffentlichungen sind nicht allzu gut vom Publikum aufgenommen worden. Seine »Römischen Elegien«, die gerade jetzt, im Mai 1795, in Schillers »Horen« erscheinen, rufen sofort heftige Proteste in der Öffentlichkeit hervor. Es sind jene Verse, von denen er die meisten nach seiner Rückkehr aus Italien in der ersten aufflammenden Liebe zu Christiane schrieb.

Man bezeichnet sie, obwohl nur eine Auswahl davon erscheint, als obszön, wirft ihnen nackteste Sinnlichkeit vor.

Wie selbst nahestehende und befreundete Menschen in dieser Angelegenheit gegen den vielbeneideten Dichter intrigieren, geht aus einem später aufgefundenen Brief hervor, in dem eine diesbezügliche Bemerkung Herders zitiert und recht geringschätzig von der »Dame Vulpius« gesprochen wird. Der Brief stammt von dem bereits erwähnten Böttiger, mit dem Goethe einmal eine Auseinandersetzung hatte, und ist an den Kollegen und dilettierenden Romanschriftsteller Friedrich Schulz gerichtet: »Zu den merkwürdigsten Erscheinungen an unserem literarischen Himmel gehören Goethes ›Elegien‹ im 6. Stück der ›Horen‹. Es brennt eine geniale Dichterglut darinnen, und sie stehen ja unserer Literatur einzig. Aber alle ehrbaren Frauen sind empört über die bordellmäßige Nacktheit. Herder sagt sehr schön, die ›Horen‹ müßten nun mit dem ›u‹ gedruckt werden. Die meisten Elegien sind bei seiner Rückkunft im ersten Rausch mit der Dame Vulpius geschrieben . . .«

Solche Äußerungen dokumentieren, wie sehr der Haß auf die verachtete »Mamsell Vulpius« jede sachliche Auseinandersetzung beeinträchtigte. Man suchte Anlässe, wo keine waren, man streute Schmähungen aus, wo Anerkennung am Platz gewesen wäre. Etwa zur gleichen Zeit heißt es beispielsweise bei besagtem Böttiger: »Es ist lächerlich und tritt alle Idee des Wohlanstands mit Füßen, daß die Dame Vulpia, indem sie ihren siebenjährigen Goethulum vor sich sitzen hat, sich öffentlich im Theater und sonst mamsellisieren läßt. – Goethe hat gewiß poetische Momente, wo er sich für den Heiligen Geist, die Vulpia für die gebenedeite Jungfrau und seinen Jungen für das Christuskind hält.«

Zum Glück setzt sich Schiller als Herausgeber der »Horen«

voll und ganz für Goethe ein und sucht den Hetztiraden entgegenzutreten. An Herzog Friedrich Christian von Augustenburg, der die Zeitschrift finanziell fördert, schreibt Schiller über seine Beweggründe zur Veröffentlichung der beanstandeten Elegien: ». . . aber die hohe poetische Schönheit, mit der sie geschrieben sind, rissen mich hin, und dann gestehe ich, daß ich zwar eine konventionelle, aber nicht die wahre Dezenz dadurch verletzt glaube«. Friedrich Jacobi gegenüber, der ebenfalls Bedenken äußert, verteidigt Schiller den Verfasser noch leidenschaftlicher: »Darüber, daß ich die Goethischen Elegien in die ›Horen‹ aufgenommen habe und noch heute darin aufzunehmen willig und bereit sein würde, werde ich, wenn es nur einigermaßen meine Zeit erlaubt, öffentlich in einem kleinen Aufsatz über die Schamhaftigkeit der Dichter – oder wie er sonst betitelt sein mag – meine Gründe angeben.« Leider hat Schiller diesen Aufsatz nie geschrieben.

Zu Goethes Freude tritt Herzog Karl August in dieser Auseinandersetzung für seinen Freund ein und nimmt damit, wenn auch nur indirekt, ebenfalls Christiane in Schutz. Der Herzog kennt die Klatschsucht der Hofkamarilla und die Boshaftigkeit einiger »gebildeter Kreise«. Er weiß, daß in diesen Zirkeln viele Pamphlete gegen Goethe kursieren, heimliche Schmähschriften, in denen auch vor seiner, des Herzogs Person, nicht haltgemacht wird. Ja, ihm ist sogar hinterbracht worden, daß man seiner engen Freundschaft zu dem Dichter Neigungen unterstellt, die über das normale Maß einer Freundschaft zwischen Männern hinausgehen.

Goethe schweigt zu alledem. Was soll er auch sagen? Längst hat er die Erfahrung gemacht, die er im »West-östlichen Divan« verkündet: »Das glücklichste Wort, es wird verhöhnt, / Wenn der Hörer ein Schiefohr ist.« Und von »Schiefohren« ist er zur Genüge umgeben. Wenn ihm Freunde von den sittlichen Entrüstungen sprechen, kann er nur lächeln. Was in »Die Horen« steht, ist ja nur ein Teil seiner Römischen Elegien. Die freieren Verse hat er längst in einem Fach versenkt, das er sein »geheimes Archiv wunderlicher Produktionen« nennt. Dort ruhen Texte, die bis in unsere Zeit hinein in gängigen Goethe-Ausgaben nicht zu finden sind. In bezug auf die Liebesstunden mit Christiane heißt es zum Beispiel:

> Uns ergötzen die Freuden des echten nacketen Amors
> Und des geschaukelten Betts lieblicher knarrender Ton.

Aus dem »geheimen Archiv« Goethes

Schon im Alter von fünfundzwanzig Jahren hat Goethe sich entschlossen, dieses »geheime Archiv« anzulegen. Es enthält wahrlich »wunderliche Produktionen«, die der so schnell berühmt gewordene Dichter des »Werther« und des »Götz« teils zu seiner »inneren Befreiung«, teils in provokatorischer Absicht verfaßt hat. Gleichsam als Motto heißt es dort unverblümt: »Freunde, helft mich zu befreien / Galle, Gift und Kot zu speien / Ist mein Privilegium. / Possen, Schweinerein, Zoten, / Alles das wird mir geboten, / Saust mir um den Kopf herum!« Es sind ziemlich »unziemliche Sachen«, wie Goethe selbst sagt, »welche vielleicht niemals öffentlich erscheinen zu lassen rätlich ist«. Schließlich befinden sich auch mancherlei boshafte Spottgedichte auf hochgestellte Persönlichkeiten darunter, die ihm eine Drucklegung verübeln würden.

Aber so ganz geheim bleiben die lockeren Reimereien trotzdem nicht, dafür sorgt schon der Dichter selbst. Im engsten Freundeskreis, in fröhlicher Zecherrunde, gibt er manchen gewagten Vers kund, der dann sogleich die Runde macht. Besonders die Erotika, lange Zeit geflissentlich unterdrückt, werden von den Eingeweihten gern kolportiert und mit Augurenlächeln kommentiert. Wie von den meisten seiner Werke gesteht Goethe auch von diesen Gelegenheitsprodukten: »Nicht hab' ich sie, sie haben *mich* gedichtet . . .«

In dieser kuriosen Sammlung stehen auch die deftigen Satiren, Farcen und Hanswurstiaden der frühen Sturm-und-Drang-Jahre, die in der Ahnenfolge der großen Satiriker, von Aristophanes und Juvenal bis Fischart und Rabelais, durchaus ihren Platz haben. Sie zeigen, daß der Dichter des »Faust« – wie weiland der Doctor Martinus Luther, der ja ebenfalls einige Zeit in Weimar gewirkt hat – dem Volk aufs Maul zu schauen wußte und sich auch gern von den Knittelversen und Rüpelszenen des verehrten Hans Sachs hat anregen lassen.

Mitunter weiß Goethe seine rauhe Ausdrucksweise recht temperamentvoll zu verteidigen. Als sein »Götz« mit dem vielzitierten Satz, den der Held aus dem Burgfenster dem Parlamentär entgegenschleudert, bei einigen empfindsamen Gemütern Anstoß erregt, schreibt er seinem Freund Merck, wie er den scheinheiligen Sittenrichtern, allen »Perückeurs und Fratzen« hohnvoll gegenüberzutreten gedenkt: »Weisen wir so diesen Philistern, / Kritikastern und Geschwistern, / Wohl ein jeder aus seinem Haus / Seinen Arsch zum Fenster hinaus.« Dem vorsichtigen Gotter, dem er für sein Liebhabertheater in Göttingen das Manuskript des »Götz« schickt, gibt er in ironischem Ton die Empfehlung mit, der »Weiblein« wegen etwas auszugleichen: »Mußt alle garstgen Worte lindern, / Aus Scheißkerl Schurken, aus Arsch mach Hintern . . .«

Am deutlichsten wird Goethe in der Farce »Hanswursts Hochzeit«, einer Art Protestsatire, die die Welt und die Menschen aus der Froschperspektive zeigt. Da wird kein Blatt mehr vor den Mund genommen, jedwede Situation ganz ungeniert beim Namen genannt. Da wimmelt es nur so von Ausdrücken, die der Dichter der vulgären Umgangssprache entnimmt. Schon die Namen der Akteure zeigen, wohin es geht. Sie heißen unter anderem: Kilian Brustfleck, Hans Arsch von Rippach, Peter Sauschwanz, Schnuckfözgen und Quirin Schweinigel.

Die Handlung des Stücks erklärt Goethe so: »Hans Wurst, ein reicher, elternloser Bauernsohn, welcher soeben mündig geworden, soll ein reiches Mädchen namens Ursel Blandine heiraten . . . Hier findet sich nicht das geringste Hindernis und das Ganze beruht eigentlich nur darauf, daß das Verlangen der jungen Leute, sich zu besitzen, durch die Anstalten der Hochzeit und dabei vorwaltende Umständlichkeiten hingehalten wird.«

Die Geschichte beginnt mit einem Auftritt Kilian Brustflecks. Mit deutlichem Anklang an den Faust-Monolog hebt er zu deklamieren an: »Hab ich endlich mit allem Fleiß / Manchem moralisch politischen Schweiß / Meinen Mündel Hanswurst erzogen / Und ihn ziemlich zurechtgebogen . . .« Doch der eben erwachsen werdende Hans Wurst gibt bald in aller Deutlichkeit zu verstehen, worauf es ihm einzig und allein ankommt: »Indess, was hab ich mit den Flegeln? Sie mögen fressen und ich will vögeln.« Zwar sucht der dümmliche Brustfleck noch zu dämpfen: »Ich habs, dem Himmel seis geklagt, / Euch doch so öfter schon gesagt, / Daß ihr euch sittlich stellen sollt . . .« Doch der entflammte Held ist in seinem »Wesen« nicht mehr zu überzeugen. Er will sich nicht länger »sittlich stellen«, beginnt den dummen Bürgern zu trotzen und allen heuchlerischen Zwang abzuschütteln. Womit auch diese derbe Komödie ihren tieferen Sinn erhält.

Zu Eckermann sagt Goethe später: »Es war nicht zu denken, daß ich das Stück hätte fertig machen können, indem es einen

Gipfel von Mutwillen voraussetzte, der mich wohl augenblicklich anwandelte, aber im Grunde nicht in dem Ernst meiner Natur lag und auf dem ich mich also nicht halten konnte. Und dann sind in Deutschland unsere Kreise zu beschränkt, als daß man mit so etwas hätte hervortreten können. Auf einem breiten Terrain wie Paris mag dergleichen sich herumtummeln, sowie man auch dort wohl ein Béranger sein kann, welches in Frankfurt oder Weimar gleichfalls nicht zu denken wäre.«

Entschiedener geht er danach wieder den »Faust« an, jenes gewaltige Weltgedicht, von dem er bemerkt: ». . . und so muß es das seltsamste Werk sein, werden und bleiben, was die Welt gesehen hat.« Denn auch in diesem Werk gedenkt er nicht zimperlich mit der Sprache umzugehen. In einer besonderen Satansszene, die er nach dem Intermezzo »Oberons und Titanias goldne Hochzeit« einzuschieben gedenkt, läßt er den Teufel als skrupellosen Verführer verkünden: »Seid reinlich bei Tage / Und säuisch bei Nacht, / So habt ihrs auf Erden / Am weitsten gebracht.«

Daß die Kraftausdrücke, die folgen, von Goethe nicht ohne Bedacht gewählt worden sind, geht aus einem Epigramm hervor, in dem er die Schwierigkeiten beklagt, die er als »geplagter deutscher Dichter« hat, um gewisse Dinge beim Namen zu nennen: »Gib mir statt ›der Schwanz‹ ein ander Wort, o Priapus! / Denn ich Deutscher, ich bin übel als Dichter geplagt. / Griechisch nennt ich dich Phallos, das klänge doch prächtig den Ohren, / Und lateinisch ist auch Mentula leidlich ein Wort.« Doch da Priapus, der alles belebende Fruchtbarkeitsgott, seine Klage nicht erhört, bleibt alles beim alten. Und so erklärt Mephisto, diese »Spottgeburt aus Dreck und Feuer«, den in der Walpurgisnacht versammelten Weibern auf gut deutsch: »Für euch sind zwei Dinge / Von köstlichem Glanz: / Das leuchtende Gold / Und ein glänzender Schwanz. / Drum wißt euch, ihr Weiber, / Am Gold zu ergötzen, / Und mehr als das Gold / Noch die Schwänze zu schätzen.« Auch die Männer bekommen in dieser Satansszene ähnliche Denkwürdigkeiten zu hören.

Nachdem aber dem Dichter die frechfreien Verse flüssig aus der Feder geflossen sind, tauchen auch bei ihm Bedenken auf, und die gesamte Szene verschwindet in den sogenannten Paralipomena, den »Nebensächlichkeiten« des gewaltigen Weltgedichts, die nach dem Willen beflissener Faust-Bearbeiter nie das Licht der Bühne erblicken werden. Und Goethe fügt sich. Schließlich haben ihm die »Römischen Elegien« schon Scherereien genug eingetragen . . . Da genügt es, daß einige Sittenapostel bereits Anstoß nehmen an den wirklich harmlosen Zeilen, mit denen Philines Nachtlied in »Wilhelm Meisters Lehrjahre« endet: »Jeder Tag hat seine Plage, / Und die Nacht hat ihre Lust.«

Die Zeit ist noch nicht reif für das weltoffene Lebensgefühl und die befreiende Sinnlichkeit des Dichters. Man versteht nicht, daß für Goethe, dem nichts Menschliches fremd ist, das Leben in allen seinen Erscheinungsformen eine unteilbare Einheit ist. Erst die Fülle und Vielschichtigkeit der Eindrücke und sinnlichen Erlebnisse gibt seinem Schaffen jene Spannweite, die es über seinen philosophischen Gedankenreichtum hinaus so blutvoll und lebensnah macht: »Felsen sollen nicht Felsen und Wüsten nicht Wüsten bleiben. Drum stieg Amor herab, sieh, und es lebte die Welt!«

In diesem Sinne beginnt für Goethe die Welt erst mit jenem Zeitpunkt richtig zu »leben«, da er nach den Erfahrungen und Abenteuern der italienischen Reise innerlich gelöst und befreit die enge Verbindung mit Christiane eingeht und jene »Sinnlichkeit« in ihm aufbricht, die gerade in den verketzerten »Römischen Elegien« ihren höchsten dichterischen Ausdruck findet und so vehement aus dem Urgrund seiner Natur kommt, daß Übelwollende schon fast von einer Art »sexueller Hörigkeit« des Dichters sprechen.

Die Liebe dieser beiden Menschen, deren sie sich in leidenschaftlicher, kompromißloser Hingabe immer neu vergewissern, ist Teil einer tiefen Beziehung, in der ein Leben ohne den anderen nicht denkbar erscheint und die sich in allen Bereichen äußert – nicht zuletzt in Goethes künstlerischem Schaffen. Das erweist sich neben der Arbeit an »Hermann und Dorothea« vor allem auch an dem Gedicht »Die Metamorphose der Pflanzen«, in das Goethe Christiane einbezieht.

Mit dieser zauberhaften Versdichtung erfüllt Goethe der Geliebten ein Versprechen, das er ihr bereits vor Jahren im Gartenhaus gegeben hat: ihr seine in der Botanik erworbenen Kenntnisse nahezubringen. »Dich verwirret, Geliebte, die tausendfältige Mischung / Dieses Blumengewühls über den Garten umher / . . . O könnt' ich dir, liebliche Freundin, / Überliefern sogleich glücklich das lösende Wort!« Und er erklärt dann, die Wissenschaft poetisch verkleidend, das Werden der Pflanzen vom Samen über Teilung und Kerbung bis zu Blüten und Frucht. Am Schluß vergleicht er ihrer beider Verbindung mit diesem organischen Werden in der Natur und ruft ihr jubelnd zu:

> Freue dich auch des heutigen Tags! Die heilige Liebe
> Strebt zu der höchsten Frucht gleicher Gesinnungen auf,
> Gleicher Ansicht der Dinge, damit in harmonischem
> Anschaun
> Sich verbinde das Paar, finde die höhere Welt.

Mit diesem Gedicht, das von gleichen Gesinnungen, gleicher Ansicht der Dinge spricht, sagt Goethe vielleicht noch mehr über sein Verhältnis zu Christiane aus als in manchem

Christiane

Zeichnung von Goethe um 1790

Der Besuch

Meine Liebste wollt ich heut beschleichen,
Aber ihre Türe war verschlossen.
Hab ich doch den Schlüssel in der Tasche!
Öffne ich leise die geliebte Türe!

Auf dem Saale fand ich nicht das Mädchen,
Fand das Mädchen nicht in ihrer Stube,
Endlich, da ich leis die Kammer öffne,
Find ich sie gar zierlich eingeschlafen,
Angekleidet auf dem Sofa liegen.

Bei der Arbeit war sie eingeschlafen;
Das Gestrickte mit den Nadeln ruhte
Zwischen den gefaltnen zarten Händen;
Und ich setzte mich an ihre Seite,
Ging bei mir zu Rat, ob ich sie weckte.

Da betrachtet' ich den schönen Frieden,
Der auf ihren Augenlidern ruhte:
Auf den Lippen war die stille Treue,
Auf den Wangen Lieblichkeit zu Hause,
Und die Unschuld eines guten Herzens
Regte sich im Busen hin und wieder.
Jedes ihrer Glieder lag gefällig
Aufgelöst vom süßen Götterbalsam.
Freudig saß ich da, und die Betrachtung
Hielte die Begierde, sie zu wecken,
Mit geheimen Banden fest und fester.

O du Liebe, dacht ich, kann der Schlummer,
Der Verräter jedes falschen Zuges,
Kann er dir nicht schaden, nichts entdecken,
Was des Freundes zarte Meinung störte?

Deine holden Augen sind geschlossen,
Die mich offen schon allein bezaubern;
Es bewegen deine süßen Lippen
Weder sich zur Rede noch zum Kusse;
Aufgelöst sind diese Zauberbande
Deiner Arme, die mich sonst umschlingen,
Und die Hand, die reizende Gefährtin
Süßer Schmeicheleien, unbeweglich.

Wär's ein Irrtum, wie ich von dir denke,
Wär es Selbstbetrug, wie ich dich liebe,
Müßt ich's jetzt entdecken, da sich Amor
Ohne Binde neben mich gestellet.

Lange saß ich so und freute herzlich
Ihres Wertes mich und meiner Liebe;
Schlafend hatte sie mir so gefallen,
Daß ich mich nicht traute, sie zu wecken.

Leise leg ich ihr zwei Pomeranzen
Und zwei Rosen auf das Tischchen nieder;
Sachte, sachte schlich ich meiner Wege.

Öffnet sie die Augen, meine Gute,
Gleich erblickt sie diese bunte Gabe,
Staunt, wie immer bei verschlossnen Türen
Dieses freundliche Geschenk sich finde.

Seh ich diese Nacht den Engel wieder,
O, wie freut sie sich, vergilt mir doppelt
Dieses Opfer meiner zarten Liebe.

Christiane, schlafend im Gartenhaus,
von Goethe 1788 oder 1789 gezeichnet.
Das Bild inspirierte Goethe zu dem nebenstehenden Gedicht.

Zwei Zeichnungen von Goethe

Christiane in einem Zimmer des Gartenhauses im Sommer 1788

Goethes Gartenhaus in Weimar von der Rückseite 1779/80

seiner leidenschaftlichen Briefe. Noch 1817, also ein Jahr nach ihrem Tod, schreibt er bei Erläuterung der Geschichte seiner botanischen Studien: »Höchst willkommen war dieses Gedicht der eigentlich Geliebten, welche das Recht hatte, die lieblichen Bilder auf sich zu beziehen; und auch ich fühlte mich sehr glücklich, als das lebendige Gleichnis unsere schöne vollkommene Neigung steigerte und vollendete; von der übrigen liebenswürdigen Gesellschaft aber hatte ich viel zu erdulden . . .«

Ein erregender Theaterabend

Am 25. April 1796 findet am Hoftheater in Weimar eine bemerkenswerte Aufführung von Goethes »Egmont« statt. Obwohl das Stück bereits fünf Jahre zuvor an der gleichen Stelle uraufgeführt worden ist, kommt dem Abend, den diesmal auch Christiane miterleben kann, in doppelter Hinsicht eine besondere Bedeutung zu: Zum ersten Mal wird »Egmont« in der Schillerschen Bearbeitung gespielt, die sich in ihren dramaturgischen Elementen wesentlich von der Goethes unterscheidet. Zum anderen tritt in der Titelrolle der berühmte Schauspieler August Wilhelm Iffland auf. Es ist das erste Gastspiel, das der große Mime in Weimar gibt, was für alle Theaterfreunde der Residenz als nie wiederkehrende Sensation gewertet wird. Auch Goethe verspricht sich – für seine Schauspieler – viel von der Begegnung mit Iffland.

Die Premiere wird von Goethe auf das sorgsamste vorbereitet, wie er überhaupt die Theaterarbeit sehr ernst nimmt. Keines der vielen Institute für Kunst und Wissenschaft, die seiner Leitung unterstehen, nimmt seine Kraft so in Anspruch wie das Theater. Seit er auf Wunsch des Herzogs die Direktion der

Bühne übernommen hat, kümmert er sich um jede Kleinigkeit, schenkt auch scheinbaren Nebensächlichkeiten seine volle Aufmerksamkeit. Das bringt neben den zeitraubenden Proben eine Menge anderer Verpflichtungen mit sich: Empfang durchreisender Schauspieler, Prüfung und Verpflichtung neuer Kräfte, Auswahl der Stücke, Besetzung der Rollen, Kostüm- und Dekorationsfragen, Schlichtung von Streitigkeiten, Behandlung von Bittschriften und Bettelbriefen gescheiterter Künstler.

Bei vielen dieser Angelegenheiten ist ihm Christiane eine wertvolle Hilfe. Da sie mit den Schauspielern, im Gegensatz zu den meist bornierten Angehörigen der sogenannten »Gesellschaft«, bald in enge Beziehung kommt und sich mit den meisten ausnehmend gut versteht, kann sie bei ernsthaften Auseinandersetzungen oft vermitteln und schlichtend eingreifen. In vielen Fällen gelingt es ihr sogar, Goethe bei seinen gefürchteten Wutanfällen rasch wieder zu besänftigen.

Bei der Einstudierung neuer Stücke indessen läßt Goethe durch nichts sich beeinflussen, da ist er ein präziser, unnachsichtiger Arbeiter. Schon bei den ersten Leseproben, die meistens im Gelben Saal seines Hauses am Frauenplan stattfinden, verlangt er von seinen Akteuren äußerste Konzentration. Die anschließenden Bühnenproben spielen sich dann nach einem stets gleichbleibenden Ritus ab: Meist an drei Nachmittagen der Woche fährt Goethe mit seinem Wagen vor dem Theaterbau vor, nimmt in der herzoglichen Loge seinen »Direktionssitz« ein, und wenn dann der älteste Schauspieler die Frage stellt: »Befehlen Eure Exzellenz, daß begonnen werde?«, antwortet er mit kategorischer Kürze: »Wenn's beliebt!«

Auf Störungen während der Proben reagiert Goethe äußerst empfindlich. Das muß auch die im allgemeinen verehrte Karoline Jagemann erfahren. Als sie einmal unverhofft zwischen den Kulissen auftaucht, ruft er durchs ganze Haus: »Tausend Donnerwetter! das ist ja wie in einem Taubenschlag. Ich will, daß niemand das Theater betrete, der nicht dahin gehört!«

Um seine Vorstellungen von einer künstlerischen Bühne besser durchsetzen zu können, zieht Goethe auch August Vulpius immer mehr zur Mitarbeit heran. Und Christianes Bruder zeigt sich sehr befähigt. Schon zu der Zeit, als er noch in Leipzig tätig war, also zu Beginn von Goethes Theaterarbeit, hat er in einer literarischen Zeitschrift der »gebildeten Welt« kundgetan, »daß in Weimar ein Hoftheater errichtet worden, welches unter der Oberaufsicht des Herrn Geheimrat von Göthe steht und sich unter diesen Umständen etwas mehr für Kunst und Kunstgefühl erwarten lasse als unter den wandernden Schauspieltruppen«.

Inzwischen hat er in Goethes Auftrag viele Opern und Schauspiele übersetzt und zahlreiche Texte überarbeitet. Manches ausländische Werk hat er durch seine kongenial-einfühlsame Übersetzung überhaupt erst für die deutschen Bühnen spielbar gemacht. Nebenbei ist August Vulpius auch für die Gestaltung der Programmzettel verantwortlich. Wie genau er es auch mit dieser oft so gering geachteten Tätigkeit nimmt, geht aus einer Verlautbarung vom 15. Oktober 1796 hervor, der er den Titel »Ein paar Worte über unseren Comödien Zettel« gibt: »Es ist nicht recht, wenn man zu wenig für diese ›Küchenzettel‹ thut. Der größte Teil des Publikums hängt an dem Äußeren, und so, wie es gar viele Menschen gibt, die nur dann ins Schauspiel gehen, wenn ein starkes Personal ihnen die Vortrefflichkeit des Stückes verbürgt, so gibt es deren gewiß noch weit mehrere, welchen ein gut arrangierter Comödien Zettel ein Anziehungspunkt comme il faut ist.«

August Vulpius ist an den Vorbereitungsarbeiten zur Premiere des neuen »Egmont« beteiligt. Die ersten Leseproben dafür finden wieder im Gelben Saal des Hauses am Frauenplan statt. Da dort Christiane als verantwortliche Hausfrau für die Plazierung und in den Pausen für die Versorgung der Schauspieler sorgen muß, kann sie, wenn auch nur am Rande, miterleben, wie minuziös Goethe mit seinen Schauspielern selbst die kleinsten Einzelheiten durchspricht. Es ist ein »Colloquium«, wie es ein Zeitgenosse recht sinnfällig beschreibt: »Da sitzen sie im ›Gelben Saal‹ des Goethehauses um den großen, viereckigen Tisch. Oben ist Goethes Platz, ihm gegenüber, am Ende der Tafel, der des Regisseurs. Ihrer Rangordnung entsprechend sitzen die Schauspieler. Zuerst wird das Stück im ganzen vorgelesen, Goethe klopft mit dem Schlüssel auf den Tisch, wenn es weitergehen soll. Dann, sobald die Schauspieler erst einmal mit dem Drama vertraut sind, den Sinn begriffen haben, werden die Rollen verteilt, und nun kann die zweite Leseprobe vor sich gehen . . .«

Da Iffland erst nach Beginn der Proben aus Mannheim eintreffen wird, spricht Goethe vorerst den Part des Egmont selbst. Iffland, nicht nur Schauspieler, auch Regisseur und Theaterdichter, hat ohnehin seine eigene Auffassung von der Rolle des Helden und weiß sie – auch ohne besondere Anweisungen – hinreißend zu spielen. Die Zusammenarbeit mit Schiller, mit dem Iffland einst in Mannheim viele Auseinandersetzungen gehabt hat, erweist sich als äußerst fruchtbar. Kleinere Meinungsverschiedenheiten werden friedlich gelöst.

Diese Premiere mit Iffland wird dann in der Tat ein sensationeller Erfolg, über den man in Weimar noch lange spricht. Auch Christiane erlebt ihn mit heißem Herzen mit. Sie sitzt etwas zurückgezogen in der Goetheschen Loge, die »klein und düster«, wie einige Zuschauer immer wieder erstaunt bemerken, im Parterre liegt, während sich die Loge des Herzogs, auf die sich das gesellschaftliche Interesse konzentriert, im Proszenium des Balkons befindet. Christiane kommt diese Anordnung sehr entgegen. So kann sie Bühne und Zuschauerraum gut überblicken, ohne allzusehr beachtet zu werden.

Christiane liebt das nicht übermäßig große, stimmungsvoll ausgestattete Theater sehr. Um den oberen Teil des halbrunden Raumes läuft eine Empore mit den billigeren Plätzen, darunter befindet sich der Balkon mit den Logen für die Elite der Gesellschaft. Diese Logen werden von einer Reihe schlanker, goldverzierter Säulen getragen, von denen Schiller einmal begeistert sagte: » . . . ein harmonisch hoher Geist spricht uns / Aus dieser edlen Säulenordnung an / Und regt den Geist zu festlichen Gefühlen.«

Der Zuschauerraum ist an diesem Abend bis auf den letzten Platz besetzt. Was in der Residenz Rang und Namen hat, ist gekommen. Aber auch viel einfaches Volk drängt sich auf den Plätzen. Obwohl die sonst sehr niedrigen Preise für diesen Abend stark heraufgesetzt wurden – der billigste Platz auf der Galerie von zwei auf sechs Groschen –, will sich niemand das künstlerische Ereignis entgehen lassen.

Als sich pünktlich um halb sechs Uhr der rotseidene Vorhang hebt und auf der Bühne im Schein der Öllampen und der Unschlittkerzen, die durch blecherne Halbschirme geschützt sind, der freie Platz vor der Stadt Brüssel mit den Armbrustschützen sichtbar wird, ist Christiane von der Handlung gefesselt. Atemlos lauscht sie allem, was da auf der Bühne gesprochen wird. In ihrer Begeisterung kümmert sie in diesem Augenblick nicht der fortwährende Streit der Gelehrten, die dem Dichter vorwerfen, er habe den Grafen Egmont zu sehr idealisiert und damit die geschichtliche Wahrheit verfälscht. Auch die Auseinandersetzung darüber, inwieweit Schiller das Drama durch seine Bearbeitung verändert hat, ist ihr gleichgültig. Christiane interessiert jetzt nur noch der Befreiungskampf des niederländischen Volkes, das von Egmont aufgefordert wird, sich endlich von der Willkürherrschaft zu befreien und die Wälle der Tyrannei einzureißen. Den von Iffland dargestellten Egmont findet sie einfach hinreißend. Von seinen flammend vorgebrachten Aufrufen geht eine Kraft aus, die sie so unmittelbar ergreifend noch nie empfunden hat.

Das besondere Mitgefühl und Mitleiden Christianes aber gehört dem armen Bürgermädchen Klärchen, das von der blutjungen Schauspielerin Christiane Becker-Neumann, Goethes verehrter »Euphrosyne«, verkörpert wird. Ist das nicht zum Teil ihr, Christianes, eigenes Schicksal, das hier im flackernden Rampenlicht dargestellt wird? Ist sie nicht in vielem selbst das einfache Bürgermädchen, das sich dem edlen Grafen Egmont in freier Liebe hingibt?

Besonders deutlich wird ihr das, als Klärchen ihre Liebe zu dem großen Mann der Mutter gegenüber verteidigen muß. »Ach, was ist's ein Mann!« ruft sie da begeistert. »Alle Provinzen beten ihn an, und ich in seinem Arm sollte nicht das glücklichste Geschöpf von der Welt sein?« Und als die Mutter daraufhin gar von Verworfenheit spricht, bricht es aus ihr heraus: »Verworfen! Egmonts Geliebte verworfen? – Welche Fürstin neidete nicht das arme Klärchen um den Platz an seinem Herzen!«

Sind das nicht die gleichen Empfindungen, die auch sie in ihrem Herzen hegt?

Zum Schluß des Stücks, als Klärchen keinen Ausweg mehr sieht und freiwillig aus dem Leben scheidet und auch Egmont, trotz Oraniens Warnung, in die Falle des finsteren Herzogs Alba gerät, in der Gefängnisszene gefaßt dem Henkerstod entgegensieht, kann Christiane die Tränen nicht mehr zurückhalten. Es ist für sie das bewegendste Stück, das sie bisher gesehen hat. Vor allem deshalb, weil sie es in dem Bewußtsein erleben konnte, daß der Mann, aus dessen Feder es stammt, zugleich *der* Mann ist, den sie über alles liebt und verehrt – *ihr* Egmont also, der sie, wie Klärchen im Stück, mit seiner Liebe über alle Widrigkeiten der Welt erhöht . . .

Testamentarische Absicherung

Zu Beginn des Jahres 1797 sucht Goethe die Stellung seiner Lebensgefährtin auch wirtschaftlich zu festigen. Er will Christiane und den Jungen sicherstellen, will die beiden für den Fall, daß ihm etwas zustößt, finanziell unabhängig machen.

Das einfachste wäre natürlich eine Eheschließung – dadurch würde Christiane, ohne die Notwendigkeit komplizierter testamentarischer Verfügungen, zur Erbin seines Vermögens und August, sein Sohn, zum Nacherben.

Aber eine Eheschließung kommt für Goethe kaum in Betracht. »Ich bin doch verheiratet«, betont er, wenn er darauf angesprochen wird, immer wieder, »nur eben nicht mit Zeremonie.« Und Zeremonien sind für ihn nutzlose und rein äußerliche Formalitäten ohne Sinn und Zweck. »Ich bin nun ein für allemal für diese kirchlichen Zerimonien verdorben«, schrieb er schon Jahre zuvor an Charlotte von Stein, »alle diese Bemühungen, eine Lüge gelten zu machen, kommen mir schal vor und die Mummereien, die für Kinder und sinnliche Menschen etwas Imposantes haben, erscheinen mir auch sogar, wenn ich die Sache als Künstler und Dichter ansehe, abgeschmackt und klein.« Außerdem weiß er, daß eine Eheschließung mit Christiane vorläufig noch eine allzu starke Herausforderung für den gesamten Hof wäre und Probleme aufwerfen würde, die – wenigstens in der augenblicklichen Lage – für alle Beteiligten fast unlösbar wären. Ein Entschluß zur Heirat würde die bestehenden Schwierigkeiten nur noch vergrößern, am meisten für Christiane, und könnte letztlich zu einem irreparablen Eklat führen. Da erscheint es ihm schon besser, den jetzigen Zustand beizubehalten.

Nach Rücksprache mit seinem juristischen Berater, dem Geheimrat von Voigt, findet Goethe schließlich eine geeignete Möglichkeit, Christiane und das Kind auch ohne offizielle Eheschließung rechtlich abzusichern und in den Genuß seiner Hinterlassenschaft zu bringen. Allerdings braucht er dazu die Einwilligung der Mutter in Frankfurt, die nach Voigts rechtlicher Auskunft zuvor ganz offiziell auf ihre »sämtliche Erbrechte renunciiren«, das heißt verzichten muß.

Als dieses Einverständnis der Frau Rat am 5. Juni 1797 eintrifft, setzt Goethe sogleich sein Testament auf. Er bestimmt darin August, seinen Sohn, zu seinem Universalerben und gewährt dessen Mutter, Christiane Vulpius, die er als seine »Freundin und vieljährige Hausgenossin« bezeichnet, zeit ihres Lebens die Nutznießung allen festen und beweglichen Gutes, das der Testator im Zeitpunkt seines Todes in den weimarischen Landen besitzt. Zum Testamentsexekutor und Vormund wird Voigt bestellt, der auch bei etwaigen Veräußerungen irgendwelchen Gutes ein Mitspracherecht hat. Voigt soll nach erfolgtem Tod von Goethes Mutter das von Frankfurt her zufallende Erbe in »Obsorge« nehmen und von dessen Einkünften drei Viertel zum Besten Christianes verwenden.

Wie sorgsam Goethe diese letztwillige Verfügung trifft und rechtlich abzusichern sucht, geht aus der Tatsache hervor, daß er das Dokument von Herzog Karl August bestätigen läßt, damit »nach seinem Ableben keine Obsignation statt habe, vielmehr seine Erben ohne dieselbe und ohne weitere gerichtliche Inventur zu dem Besitz seines Nachlassens gelangen«.

Nachdem diese für Christiane so wichtige Angelegenheit erledigt ist, trägt sich Goethe wieder mit größeren Reisevorhaben. Innere Unruhe erfaßt ihn, er fühlt, daß er neue Eindrücke braucht. Die Reise soll erneut nach dem Süden gehen. Diesmal aber möchte er, ein Stück wenigstens, Christiane und den Kleinen mitnehmen: bis Frankfurt jedenfalls, wo er sie endlich seiner Mutter vorstellen will. Danach plant er, in die Schweiz zu fahren. Dort will er mit Heinrich Meyer zusammentreffen, der sich bereits seit einiger Zeit in Stäfa am Zürichsee aufhält. Wenn es die unruhigen Zeitläufte erlauben, will er anschließend mit Meyer zu kunsthistorischen und naturwissenschaftlichen Studien nach Italien aufbrechen, um später gemeinsam mit dem Kunstfreund ein größeres Werk über die Ergebnisse der Reise zu verfassen.

Für Christiane bedeuten die Reisevorbereitungen turbulente Tage. Die Fahrt nach Frankfurt ist für sie ein abenteuerliches Unternehmen, dem sie nicht nur mit hochgespannten Erwartungen, sondern insgeheim auch mit bangen Gefühlen entgegensieht. Schließlich ist es das erste Mal in ihrem Leben, daß sie so weit von Weimar entfernt sein wird. Bisher sind Jena und Bad Lauchstädt die entferntesten Orte, die sie kennengelernt hat. Nun soll es in tagelanger beschwerlicher Reise bis in die große Stadt Frankfurt gehen, wo sie zudem die Frau Rat, die hochverehrte Mutter des Geliebten, kennenlernen wird. Vor lauter Reisefieber kann sie kaum noch schlafen; so viele Dinge gibt es zu bedenken, so vieles herzurichten und vorzubereiten.

Wichtig sind vor allem die Paßangelegenheiten, die es zu regeln gilt. Am 27. Juli 1797 wendet sich Goethe deswegen mit einem Brief an den Kanzler von Koppenfels und bittet um Ausstellung eines Reisepasses für sich. Gleichzeitig fügt er hinzu: »Da ich aber auch meine kleine Familie bis Frankfurt mitzunehmen denke und sie besonders auf dem Rückwege, den sie allein zurücklegen, sich selbst überlassen muß, so hätte ich auch für Mutter und Sohn um einen besonderen Paß zu bitten.«

Da Goethe in diesem Schreiben seine Lieben ausdrücklich »meine kleine Familie« nennt, gilt es eine bürokratisch-knifflige Frage zu lösen: Wie soll der besondere Paß lauten, den Mutter und Sohn für die Rückreise benötigen? Goethe schreibt dazu recht diplomatisch an den Kanzler: »Ich überlasse Ew. Hochwohlgeb., ob Sie unbedenklich finden, etwa einen dergleichen auf *Frau Vulpius und Sohn* ausfertigen zu lassen, oder was Sie sonst schicklich und zweckmäßig finden . . . Der Name der Mutter ist Christiane und das Alter des Sohnes sieben und ein halbes Jahr.«

Zwei Tage später vermerkt Goethe in seinem Tagebuch in gewohnter Kürze: »Alles in Ordnung.« Damit kann die Reise, die für Christiane zu einem der schönsten und aufregendsten Abenteuer ihres bisherigen Lebens wird, losgehen.

KAPITEL XIII

Reise zur Mutter nach Frankfurt

Am Nachmittag des 30. Juli 1797, kurz nach dem gemeinsam eingenommenen Mittagessen, steht der fertig gepackte Reisewagen angespannt und abfahrbereit vor dem Haus am Frauenplan. Da Größe und Anzahl der festgeschnallten Koffer eine längere Reise des prominenten Hausherrn vermuten lassen, ist das Gefährt von neugierigen Passanten umlagert. Auch an den Fenstern der Nachbarhäuser zeigen sich wißbegierige Gesichter. Wenn der Geheimrat und hohe Regierungsbeamte von Goethe für längere Zeit die Residenz verläßt, ist das allemal ein bemerkenswertes Ereignis – daß er diesmal seine Familie mitnimmt, ist eine Sensation.

Zur Verabschiedung der Reisenden, zu denen auch der Schreiber Geist gehört, hat sich das gesamte Personal vor dem Haus versammelt. Auch Christianes Bruder August hat sich eingefunden. Noch wenige Tage vor der Abreise hat Christiane beim Geheimrat durchgesetzt, daß das Salär des »armen Theaterschreibers«, wie sie den Bruder in einem Brief nennt, merklich aufgebessert wird. Er hat es ja auch redlich verdient. Erst vor kurzem wurde am Hoftheater eine Oper aufgeführt, zu der August den Text verfaßt hat. Es handelt sich um »Die neuen Arkadier« des Komponisten Franz Xaver Süßmayer, einem Mozart-Schüler und bekannten Wiener Hofkapellmeister. Goethe hat zu dieser Aufführung das Bühnenbild entworfen.

August Vulpius verabschiedet sich mit einem kräftigen Händedruck von dem Geheimrat, mit einer Umarmung von der Schwester und dem kleinen Neffen, der wenigstens für den

Beginn der Fahrt neben dem Kutscher auf dem Bock, direkt hinter den Pferden sitzen darf. Dann geht mit Peitschenknall die Reise los.

Auch Pistolen hat man dabei. In diesen unsicheren Zeiten ist es nicht ratsam, unbewaffnet zu verreisen.

Christiane ist trotz der Strapazen, die tagelanges Fahren in einer Kutsche mit sich bringt, selig. Es kommt ihr vor, als befinde sie sich auf einer verspäteten Hochzeitsreise. Meist ist sie in dem geräumigen Gefährt an die Schulter des geliebtes Mannes gelehnt, läßt sich von ihm die Sehenswürdigkeiten der Umgebung zeigen. Goethe weiß das ständig wechselnde Bild der Landschaft zu genießen, hat Freude am Wissensdurst der Geliebten und wird nicht müde im Erklären. »Man reist ja nicht, um anzukommen«, sagt er, »sondern um zu reisen. Nur durch Reisen können neue Entdeckungen und Ansichten lebendig und rasch verbreitet werden. Das ist das Angenehme dabei, daß auch das Gewöhnliche durch Neuheit und Überraschung das Ansehen eines Abenteuers gewinnt.«

Insgesamt dauert die Fahrt von Weimar nach Frankfurt fast fünf Tage. Da man erst nachmittags um drei Uhr von Weimar abgefahren ist, kommt man am ersten Tag nur bis Erfurt, von wo man nach kurzer Übernachtung bereits um fünf Uhr aufbricht. Dann geht es zügig weiter über Mechterstädt und Eisenach bis Marksuhl, von da früh um vier Uhr weiter über Buttlar und Hünfeld nach Fulda und am vierten Tag schließlich über Schlüchtern und das Kinzigtal hinab bis Gelnhausen.

Hier, in der sehenswerten alten Reichsstadt, wo – auf einer Insel in der Kinzig – noch die Ruine der um 1180 von Friedrich Barbarossa erbauten, später von den Schweden zerstörten Kaiserpfalz steht, trennt sich Goethe für kurze Zeit von den Seinen, um zu der Mutter vorauszufahren. Mitten in der Nacht bestellt er eine Extrapost nach Frankfurt, wo er am 3. August morgens gegen acht Uhr ankommt, ganze zwölf Stunden vor Christiane und dem Jungen. Er trifft dieses Arrangement auf Wunsch seiner Mutter, die ihn im letzten Brief gebeten hat: »Mir wäre es sehr lieb, wenn du es einrichten könntest, bey hellem Tag deinen Einzug zu halten – des Nachts anzukommen liebe ich nicht, zumal in einem dir gantz frembten Hauß . . .«

Frau Aja hat bereits vor zwei Jahren, 1795, das große Haus am Hirschgraben unter dem Eindruck der Kriegswirren, die auch Frankfurt nicht verschont hatten, verkauft. Ohne Bedenken hat sie »allen Kling Klang« zur Auktion und ganze Berge von Papier zur Vernichtung in die Papiermühle gegeben, darunter leider auch viele frühe Manuskripte, Aufzeichnungen und Erinnerungsstücke des Sohnes, die damit unwiederbringlich verlorengegangen sind. Jetzt wohnt sie im zweiten Stock des Hauses zum »Goldenen Brunnen« am Roßmarkt in einer bequemen und nach ihrem Geschmack eingerichteten Mietwohnung, die sie ohne Mühe allein bewirtschaften kann.

Natürlich soll der Sohn in dieser Wohnung, die er noch nicht kennt, während seines Frankfurter Aufenthalts wohnen und schlafen. Christiane und der Kleine werden mangels ausreichender Räumlichkeiten im nahen Gasthaus zum »Weißen Schwan« untergebracht.

Als die beiden Nachzügler endlich gegen Abend eintreffen, werden sie so herzlich und überschwenglich begrüßt, daß Christiane überwältigt ist. Wüßte man nicht aus den Briefen, welche die Frau Rat später an die »liebe Freundin und Tochter« schreibt, von welch nachhaltiger Wirkung dieses entscheidende erste Treffen der beiden Frauen gewesen ist, könnte man Goethes Tagebucheintragungen zufolge lediglich an eine konventionelle Begegnung unter entfernten Verwandten denken. In der für ihn charakteristischen Kürze und Sachlichkeit heißt es dort lediglich: »3. August: Morgens 8 Uhr in Frankfurt, abends 8 Uhr kamen die Meinigen an. – 4. August: Mittags mit meiner Mutter und den Meinigen in dem Schwanen gegessen. – 7. August: Mittags im Schwanen. Fuhren die Meinigen um 3 Uhr fort.« Etwas ausführlicher schreibt er an Heinrich Meyer, seinen »Kunschtmeyer«, nach Stäfa: »Ich will Ihnen, mein lieber Freund, nur geschwind vermelden, daß ich in Frankfurt mit den Meinigen glücklich angekommen bin. In diesen ersten Tagen bin ich nur beschäftigt, diesen ›Fremdlingen‹ alles zu zeigen, da sie Montag, den 7. schon wieder abreisen . . .«

Diese »Fremdlinge«, die Geliebte und den kleinen Sohn, führt Goethe in den nächsten Tagen durch seine Vaterstadt. Christiane kommt auf den Spaziergängen und -fahrten aus dem Staunen nicht heraus. Daß eine Stadt so groß sein kann, übersteigt ihr Vorstellungsvermögen. Denkt sie an das verträumte, eher dörflich anmutende Weimar, erscheint ihr in Frankfurt alles noch weiträumiger, großzügiger und prächtiger als es tatsächlich ist. Der Stadtkern, wo sich ein Haus ans andere drängt, die zahllosen repräsentativen Bürgerhäuser mit ihren schönen Fassaden, Giebeln und Simsen, wo die vielen Geschäfte, Handelshäuser und Banken stehen, das Gewirr der Straßen und Gassen überwältigt sie. Und überall herrscht lebhaftes, geschäftiges Treiben. Das hat sie noch nie erlebt. Sie müsse bedenken, erklärt Goethe ihr, daß in Frankfurt immerhin an die vierzigtausend Menschen leben, und das sei fast achtmal soviel wie in Weimar.

Christiane will mehr erfahren, will alles sehen und wissen. Nicht anders der kleine August. Er löchert Mutter und Vater mit Fragen über Fragen.

Goethe kommt den Wünschen von Christiane und dem Jungen nur zu gern entgegen. Er schildert die stolze Geschichte Frankfurts, erzählt von der Tradition als Kaiserstadt, ihrer Bedeutung, die sie seit dem Mittelalter als Handels- und Messestadt hat. Er zeigt ihnen die Bauten, die noch heute von dieser Geschichte künden: das Rathaus, das »Römer« genannt wird und in dem sich der berühmte Kaisersaal befindet, den Saalhof, das älteste Gebäude der Stadt, von Friedrich Barbarossa im zwölften Jahrhundert errichtet, und den Dom, in dem seit mehr als zweihundert Jahren die Kaiser des Heiligen Römischen Reiches gekrönt werden.

Christiane erinnert sich: Erst vor ein paar Jahren, kurz bevor Goethe den Herzog auf dem mißglückten Frankreich-Feldzug begleiten mußte, war in Frankfurt der jetzige Kaiser, Franz II., gekrönt worden. Sie weiß noch nicht, daß es die letzte Kaiserkrönung an dieser historischen Stätte sein sollte.

Natürlich führt Goethe seine Lieben auch an die Stätten, wo er die Kindheit und Jugend verbracht hat, zu dem stattlichen Haus am Großen Hirschgraben. Er weist auf das Fenster, hinter dem sein Reich gelegen hat, die Kammer mit der Staffelei, mit den vielen Zeichnungen und Scherenschnitten an den Wänden und mit dem Puppenspiel.

Von hier aus ist es nur ein Katzensprung zur Hauptwache und zum Römerberg, wo er damals mit seiner jüngeren Schwester Cornelia und den Nachbarskindern gespielt hat. Von der Leonhardskirche aus sieht Christiane dann zum ersten Mal in ihrem Leben einen großen Fluß, den Main. Stundenlang könnte sie dastehen, den beladenen Schleppkähnen und den bunten kleinen Fischerbooten nachsehen. An dieses Bild mag sich auch Goethe erinnert haben, als er das folgende Gedicht schrieb: »Großen Fluß hab ich verlassen, / Einem kleinen mich zu weihn, / Sollte der doch eine Quelle / Manches Guten, Schönen sein.«

Auch ins Theater gehen Goethe und Christiane in Frankfurt gemeinsam: einmal in die Oper »Der Deserteur« von Monsigny, anderntags in das Trauerspiel »Die Tempelherren« von Kalchberg. Später, nach ihrer Abreise, schreibt er Christiane, daß er noch mehrmals in der Komödie war und nach der Loge hinaufgesehen habe, »wo wir so oft vergnügt zusammen waren . . .«

Kinderstreiche des kleinen Wölfchen

Zum stärksten Erlebnis dieser Tage in Frankfurt aber wird für Christiane das Zusammensein mit Goethes Mutter. Die Frau Rat hat sie vom ersten Augenblick an wie eine Tochter aufgenommen. In ihrer umkomplizierten Natürlichkeit, ihrer praktischen Lebensklugheit kommt die Gefährtin des Sohnes dem heiteren Naturell der Mutter entgegen. Wie viele Stunden verbringen sie gemeinsam! Es gibt ja so viel zu berichten. Aufmerksam hört die ältere Frau der jungen zu, was diese aus dem Leben in Weimar an der Seite ihres Sohnes zu erzählen hat.

Meist jedoch ist Christiane die Zuhörerin, die gebannt den Erzählungen der Mutter über frühe Kindheit und Jugend des inzwischen so berühmten Sohnes lauscht. Die Frau Rat hat all die kleinen und kleinsten Begebenheiten sorgsam in ihrer Erinnerung bewahrt und vermag sie so farbig zu schildern, als seien sie erst gestern geschehen. Der Sohn, als er klein war von seiner Mutter zärtlich Wölfchen genannt, sei von jeher etwas Besonderes gewesen, schon vom Tage seiner Geburt an. Drei Tage habe er sich besonnen und allen, die ungeduldig auf seine Ankunft warteten, schwere Sorgen gemacht. Die Mutter beschreibt Christiane die Wochenstube: ein dunkles Zimmer, ein Bett mit blaukarierten Vorhängen, daneben bereitgestellt die alte Familienwiege aus dunklem Holz mit Ornamenten. Endlich, am 28. August 1749, sei mittags mit dem Glockenschlag zwölf der Sohn »ganz schwarz und ohne Lebenszeichen« zur Welt gekommen. Man habe schon an seinem Aufkommen gezweifelt, mußte seine Herzgrube mit Wein einreiben und alles mögliche mit ihm anstellen, bis er endlich die Augen aufgeschlagen und die bei der Geburt anwesende Großmutter voll Freude ausgerufen habe: »Rätin, er lebt!«

Christiane muß an die eigenen Sorgen denken, die sie bei den Geburten ihrer Kinder durchleben mußte, an die Angst vor einer neuen Enttäuschung.

Die Frau Rat tröstet sie. Sie habe doch den kleinen August, einen so hübschen aufgeweckten Jungen – auch der Vater sei ein besonders hübsches Kind gewesen, nach dem sich die Leute auf der Straße umgedreht hätten. Aber schwierig dazu! Mit anderen Kindern habe er nur spielen wollen, wenn er sie »schön« fand. Auf einer Kindergesellschaft habe der Dreijährige einmal zu weinen angefangen, weil ihm ein Kind zu häßlich erschien, und sich erst zu Hause wieder beruhigen lassen. Nur zu seiner Schwester Cornelia, ein Jahr jünger als er, habe er eine zärtliche Zuneigung gehegt. In ihren ersten Lebenswochen habe er ihr heimlich von seinem Essen abgeben wollen, ihr Brot in den Mund gestopft und gar nicht verstanden, warum ihm das verboten wurde.

Für Christiane ist es ganz selbstverständlich, daß der Freund schon als Kind nicht alltäglich war. Sie erzählt der Frau Rat von den hohen Ansprüchen, die er hinsichtlich der Haushaltführung stellt, und von der Sorgfalt, die auf seine Garderobe verwendet werden muß.

Goethes Mutter pflichtet ihr bei. Ja, er habe sich schon immer in den Mittelpunkt zu stellen gewußt und sei sehr von sich überzeugt gewesen. Einmal habe sie vom Fenster aus beobachtet, wie der Sohn mit mehreren anderen Knaben über die Straße aufs Haus zukam und dabei merkwürdig gravitätisch einhergeschritten sei. Als sie ihn nach dem Grund fragte, habe er selbstbewußt geantwortet: »Damit mache ich den Anfang, und später werde ich mich noch mit allerlei anderem auszeichnen!«

Christiane erfährt, daß schon der junge Goethe in seiner Kleidung ganz entsetzlich eigen war, wie die Mutter sagt. Täglich habe sie ihm drei »Toiletten« besorgen müssen. Auch Verkleidungen und Theaterspielen habe er schon immer geliebt. So hätten die Kinder einmal an ihrem Geburtstag den grünen Sessel, in dem sie abends ihre Märchen erzählte, in den Garten getragen und mit Blumen und bunten Bändern geschmückt. Wolfgang habe dann, als Schäfer herausgeputzt, auf dem Sessel als dem »Sitz der wunderschönen Märchen« eine erstaunliche Rede gehalten, von der alle Gäste begeistert gewesen seien. Und natürlich das Puppenspiel, das die Großmutter den Kindern schenkte. Frau Rat erinnert sich an unzählige phantasievolle Aufführungen. An einem Weihnachtsabend beispielsweise habe man die Geschichte von Saul und David gespielt.

Der kleine August, der zumeist dabeisitzt, wenn die Großmutter erzählt, möchte nun aber wissen, ob der Vater sich hin und wieder eigentlich Streiche und Dummheiten geleistet habe. Einen Jungen in seinem Alter, der nur mustergültig ist, kann er sich nicht vorstellen.

»Natürlich«, sagt die Frau Rat. Und auch hier weiß sie Geschichten wie diese zu erzählen, als der kleine Wolfgang an einem frühen Sonntagmorgen, während die anderen in der Kirche waren, in die Küche ging und aus lauter Übermut nach und nach das ganze Geschirr zum Fenster hinauswarf.

Christiane könnte der Frau Rat stundenlang zuhören. Was für eine wundervolle Mutter muß sie gewesen sein. Dabei weiß Christiane, daß die Frau Rat bei Goethes Geburt erst achtzehn Jahre alt war, sie stand altersmäßig ihren Kindern näher als ihrem einundzwanzig Jahre älteren Mann.

Christiane spürt, wie die Wirkung der Frau Rat auch auf ihren eigenen Jungen ausstrahlt, der voller Bewunderung an den Lippen der Großmutter hängt. Hier erfährt er Dinge über seinen Vater, die ihm bisher noch nie jemand erzählt hat. Zu schade, daß diese Tage so schnell vorübergehen.

Abenteuerliche Heimfahrt

Am 7. August heißt es für Christiane und den Jungen Abschied nehmen. Goethe bleibt noch einige Tage bei der Mutter. Er hat sich mit verschiedenen Frankfurter Freunden verabredet, will auch noch weitere Theateraufführungen besuchen. Anschließend soll es über Heidelberg und Stuttgart in die Schweiz zu Heinrich Meyer gehen. Den Plan einer Weiterreise nach Italien hat er aufgegeben, denn Oberitalien ist seit einem Jahr Schauplatz des Krieges, der nun schon fünf Jahre zwischen Frankreich und Österreich herrscht. Weite Gebiete des habsburgischen Besitzes sind besetzt. Der Oberbefehlshaber der französischen Armee wird in den kommenden Jahren die Welt in Atem halten: Napoleon Bonaparte.

Für Christiane wird die Rückreise nach Weimar zu einem aufregenden Abenteuer. Bis Hanau begleitet sie Goethes Schreiber Geist, dann setzt sie die lange Strecke mit dem Jungen allein fort. Dabei hat sie einige Ängste auszustehen, wie sie dem Geliebten in ausführlichen Briefen von unterwegs mitteilt; gelegentlich muß sie sogar zu den beiden Pistolen greifen, die er ihr zu ihrem Schutz mitgegeben hat.

Vom »ersten Schröcken auf der ganzen Reise« berichtet sie bereits aus Saalmünster: Nachdem sie in Hanau Ärger hatte, da sie »zuviel hat bezahlen müssen«, kamen ihrem Wagen am nächsten Morgen bei Rothenbergen an einer Stelle, wo man nicht ausweichen kann, Fuhrleute entgegen. Dabei warf einer Pferd und Fuhrwerk um, und der ganze »Kram« wäre beinahe auf ihre Kutsche gefallen.

Bald darauf ritt ein Trupp kaiserlicher Husaren vorbei, die ein Manöver abhielten und vorbeigelassen werden mußten. Etliche der Husarenoffiziere traten zu Christiane an den Wagen, fragten nach dem Woher und Wohin. »Es wurde auch über die Pistolen gesprochen, die ich, da ich Soldaten kommen sah, ein bißchen weiter als sonst herausgucken ließ. Sie waren aber gar nicht garstig; wäre ich nicht so betrübt gewesen, daß Du nicht bei mir warst, es hätte gewiß ein bißchen Äuglichen gegeben; so aber ging es diesmal so ab . . .«

Über den weiteren Verlauf der Fahrt, die den gleichen Weg nahm wie die Hinreise, heißt es in den Briefen dann in fast tagebuchartigen Aufzeichnungen: »Den 8. Abend 8 Uhr in Neuhof. Der Kutscher kam nicht wieder. Wir sind sehr schlecht logirt und werden nicht viel zu essen haben. Das ganze Haus ist voller kaiserlicher Soldaten; ich bin mit meinen 2 Pistolen durch 50 Mann ins Haus gegangen und es hat keiner gepiepst.

Mittag, den 9. August im Dorfe Rasdorf, eine Stunde von Buttlar, wo es sehr schlecht ist. An was ich mich und das Bübchen erhole, ist der Wein, den ich im ›Weißen Schwan‹ habe mitgenommen, und Semmeln. Was hilfts? Man muß nur immer guten Muths sein. Wir legen doch alle Tage ein gutes Stück Weg zurück. Ich habe hier von Götzen einen Schwager angetroffen, einen Roßhändler. Er war in Frankfurt und hat alles verkauft, auch sein Reitpferd. Den will ich, so lang er mir nicht beschwerlich wird, mitnehmen und eine Geldkassette mit 200 Gulden.

Den 9. Abends um 10 Uhr in Marksuhl zur ›Goldenen Krone‹. Heute ist doch der Roßhändler zu etwas gut; er brachte die Wirtsleute heraus, und ich bin hier recht leidlich logirt.

Donnerstag, den 10. August, Morgens. Der Herr Gerichts-Secretär empfiehlt sich bestens, und der Kutscher hat sein Halfter wieder da geholt. Das Kind hat auch seine Nüsse in Fulda wieder bekommen; wir fragten an, als wir vorbeifuhren.

Den 10. August, Mittags um 11 Uhr. Nun bin ich wieder in Eisenach im ›Halben Mond‹. So viel, nach Tisch weiter. Wehe, denn es sieht mit meinem Gelde schlecht aus . . . Leb wohl, Lieber. Das Kind ist gar zu artig, aber ohne Dich reist sichs doch nicht gut. Werde nur nicht über das Geld verdrüßlich. Wir können Gott danken, daß wir die Reise so gut gemacht haben.

Donnerstag, den 10. Abends um 10 Uhr, Gotha, im Gasthaus zur ›Schelle‹. Hier ist es recht artig; heute ist uns alles recht gut gegangen und mir haben, ich und das Kind, immer von Dir gesprochen. Bei dem Hörsel, so weit als mir den Inselsberg nur sehen konnten, hieß es immer: Ach, wenn nur der gute Vater bei uns wäre! Morgen um 12 Uhr denke ich in Weimar zu sein und schicke Dir dieß und noch ein Briefechen. Leb wohl.

Freitag, den 11. August, Mittag 3 Uhr in Weimar. Mir sind beide gesund und wohl angekommen und haben auch zu Hause alles in rechtem guten Stand gefunden. Das Kind läßt Dich und die liebe Groß-Mama grüßen. Und Du, Lieber, wirst mich bei der lieben Frau Rath auch entschuldigen, daß ich heute nicht schreibe. Ich bin von der Reise sehr echauffirt, daß mir diese paar Zeilen fürchterlich heiß machen. Leb wohl und behalte mich so lieb wie ich Dich.«

Beilage von August: »Lieber Vater! Ich bin glücklich nach Weimar gekommen und habe unter meine Kinder Zuckerbrot ausgeteilt, daß ich in Erfurt gekauft hatte. Ich danke Ihnen sehr, daß Sie mich in Frankfurt herumgeführt und mir so viel Schönes gezeigt haben.

Leben Sie wohl und behalten Sie mich lieb. August Göthe«.

Freundschaft mit den Schauspielern

Nach Rückkehr von der großen Reise ist Christiane wie verwandelt: aufgeschlossener, freier, selbstsicherer. »Ich bin sehr heiter und vergnügt, wenn ich an unsere Reise nach Frankfurt denke«, schreibt sie an den Geliebten. »Wie Du, Lieber, so gut warst und uns so lieb hattest, das werd ich nie vergessen. Und die liebe Frau Rath hat uns so gut aufgenommen! Ich glaube, ich bin nach der Reise ganz anders, ich komme mir ganz glückselig vor. Ich werde wohl nie wieder gramseln. Wenn Du wiederkommst, da will ich Dich auch lieb haben, so wie Du Dir es gar nicht denken kannst!«

Und Goethe lobt ihren Fleiß im Briefeschreiben und versichert immer wieder, wieviel Freude er an ihren liebevollen Schilderungen hat. Voller Zärtlichkeit versichert auch er: »Ich liebe dich recht herzlich und einzig, du glaubst nicht, wie ich dich vermisse. Nur jetzt wünschte ich reicher zu sein als ich bin, daß ich dich und den Kleinen auf der Reise immer bei mir haben könnte. Künftig, meine Beste, wollen wir noch manchen Weg zusammen machen. Meine Mutter hat dich recht lieb und lobt dich und freut sich des Kleinen. In acht Tagen will ich hier weggehen, denn an eine Arbeit ist hier nicht zu denken, du hast selbst die Lage gesehen; und so will ich die Zeit wenigstens anwenden, um viel zu sehen.«

Auch die Mutter schreibt reizende Briefe, in denen sie zu erkennen gibt, wie entzückt sie von der neugewonnenen »Schwiegertochter« ist: »Liebe Freundin! Das Vergnügen, so ich in Ihrem traulichen lieben Umgang genossen, macht mich noch immer froh – und ich bin meinem Sohn vielen Dank schuldig, daß er mir solches zu verschaffen die Güte hat haben wollen. So kurz unsere Zusammenkunft war, so vergnügt und herzlich war sie doch, und die Hoffnung, Ihnen, meine Liebe, einst auf längere Zeit bei mir zu sehen, erfreut mich im voraus.« Der Brief schließt: »Leben Sie wohl! Behalten Sie diejenige in gutem liebevollen Andenken, die mit wahrer Liebe und Herzlichkeit ist und sein wird dero treue Freundin und Mutter Elisabeth Goethe«.

Schon wenige Tage später kommt ein weiterer ausführlicher Brief aus Frankfurt mit der gleichen herzlichen Versicherung der engen Zugehörigkeit. Wiederum schließt er mit den wärmsten Wünschen der Frau Rat: »Bleiben Sie bei den Ihnen beiwohnenden edlen Grundsätzen, und Gott und Menschen werden Wohlgefallen an Ihnen haben. Auch wird die Ernte die Mühe reichlich lohnen. Grüßen Sie den lieben August und danken ihm durch einen Kuß für seinen lieben Brief. Gott erhalte ihn zu unser aller Freude gesund und lasse ihn in die Fußstapfen seines Vaters treten. Amen. Behalten Sie mich indessen in gutem liebevollen Andenken, und seien Sie versichert, daß ich bis ans Ende meiner Tage sein werde dero treue Mutter und Freundin Goethe«.

Frau Aja ist eine bewunderungswürdige Lebenskünstlerin, die in ihrer Frohnatur für alle Situationen Verständnis zeigt. Als man ihr einmal hinterbringt, der »Bettschatz« ihres Sohnes gehe in dessen Abwesenheit oft auf Redouten und sonstigen Veranstaltungen zum Tanzen und drehe sich dort mit jungen Schauspielern ungeniert und lustig im Kreise, schreibt sie – anstelle jeder Ermahnung – die aufmunternden Worte: »Tanzen Sie immer, liebes Weibchen, tanzen Sie! Fröhliche Menschen, die mag ich gar zu gern, und wenn sie zu meiner Familie gehören, habe ich sie doppelt und dreifach lieb. Wäre ich eine regierende Fürstin, so machte ich es wie Julius Cäsar: lauter fröhliche Gesichter müßten an meinem Hof zu sehen sein, denn das sind der Regel nach gute Menschen, die ihr Bewußtsein froh macht. Aber die Duckmäuser, die immer unter sich sehen, haben etwas vom Cain an sich, die fürchte ich. Luther hat Gott zu Cain sagen lassen: warum verstellst du deine Gebärde, aber es heißt eigentlich im Grundtext: warum lässest du den Kopf hängen? Leben Sie wohl, vergnügt und tanzen Sie, wo Sie Gelegenheit dazu finden. Darüber wird sich herzlich freuen, die sich nennt Ihre treue Mutter Goethe«.

Christiane hört solche Ermunterungen gern. Da der Freund auf seiner Reise in die Schweiz noch mindestens ein Vierteljahr unterwegs sein wird, sucht sie sich die Zeit auf ihre Weise zu vertreiben.

Wenn die Arbeit in Haus und Garten verrichtet ist, verlangen Temperament und Lebensfreude ihr Recht. Christiane kann nicht still zu Hause sitzen, sie muß etwas unternehmen. Sehr oft geht sie in die Komödie, trifft sich nach der Vorstellung mit den Schauspielern, mit denen sie sich besonders gut versteht. Sie fährt, wenn das Theater ein Gastspiel gibt, mit der Truppe auch mit nach Lauchstädt, gesellt sich zu den Künstlern, diskutiert, trinkt, tanzt. Sie liebt den kleinen Badeort, wo nicht nur die Weimarer Gesellschaft die Sommermonate verbringt, sondern auch Professoren und Studenten der Universitäten von Jena und Leipzig. Es sind Vergnügungen, über die Christiane dem Geliebten offen und in allen Einzelheiten schreibt.

Goethe wünscht ja immer, daß sie enge Verbindung zum Theater unterhält und ihn über wichtige Vorkommnisse unterrichtet. Sie kommt dem selbstverständlich nach, berichtet etwa, daß das neuengagierte Schauspieler-Ehepaar Hunnius bei ihr seinen Antrittsbesuch gemacht hat, und hält auch mit ihrem Urteil nicht zurück, daß die neue Ophelia im »Hamlet« ihr überhaupt nicht gefallen habe. Oder sie schildert ihm ein »Bonmot« von der Schauspielerin Vohsen, die eifersüchtig auf die große und vergötterte Karoline Jagemann ist, deren Stern soeben am Weimarer Bühnenhimmel aufgegangen ist: »Das ist gar nicht übel. Wie in Lauchstädt der Lärm mit der Jagemann gar zu groß ist und der Hof-Kammerrath die Jagemann nach der Komödie nach Hause führt, stehen die Studenten in 2 Colonnen und applaudieren. Da geht die Vohsen ganz vergnügt hinterdrein und singt immer die Strophe: ›pflücket die Rose, ehe sie verblüht‹.«

Christiane legt auch einen Brief des kleinen August bei, der beweisen soll, daß der siebenjährige Junge, wie es die Großmama wünscht, bereits in die Fußstapfen seines »Väterchens« tritt. August schildert darin ein Spiel, das sie bei einer Geburtstagsfeier aufgeführt hatten und bei dem neben vielen lustigen und skurrilen Figuren auch ein »Doctor Faust« vorkommt:

»Auf den Abend spielten wir ein Schattenspiel, das uns viel Vergnügen machte; da kamen ein Hanswurst mit seiner Columbine, ein Nachtwächter, ein Teufel, der Doctor Faust, ein Höllendrache, Bäume, Häuser, Blitze, ein Zauberer, eine Einsiedlergrotte und zuletzt eine lebende Katze vor, welche das Licht auslöschte. Ehe uns aber die Katze diesen Streich machte, nahm der Teufel den Hanswurst, die Columbine und den Doctor Faust mit sich fort in die Luft.«

Goethe hat solche Nachrichten von zu Hause mit größter Anteilnahme gelesen. Um den Seinen zu zeigen, daß auch er auf seiner ausgedehnten Forschungsreise fröhlichen Sinnes gewesen ist, bringt er aus Zürich ein »Schweizerlied« mit, das er inmitten der herrlichen Bergwelt verfaßt hat. Es hat zwar, wie Heinrich Meyer, der gebürtige Schweizer, lächelnd versichert, mehr mit schwäbischem Dialekt als mit echtem Schwyzerdütsch zu tun, aber Christiane gefällt es so gut, daß sie es trotz des ihr fremden Dialekts schon bald auswendig gelernt hat:

Uf'm Bergli
Bin i gesässe,
Ha de Vögle
Zugeschaut;
Hänt gesunge,
Hänt gesprunge,
Hänt's Nästli
Gebaut.

Uf d' Wiese
Bin i gange,
Lugt' i Summer-
Vögle a;
Hänt gesoge,
Hänt gefloge,
Gar z' schön hänt s'
Getan.

In ä Garte
Bin i gestande,
Ha de Imbli
Zugeschaut;
Hänt gebrummet,
Hänt gesummet,
Hänt Zelli
Gebaut.

Und da kummt nu
Der Hansel,
Und da zeig' i
Em froh,
Wie sie's mache,
Und mer lache
Und mache's
Au so.

KAPITEL XIV

Saure Wochen, frohe Feste

Das »Schweizerlied«, das Christiane so viel Spaß bereitet, ist nur ein kleines Nebenprodukt der großen Reise. Als Ergebnis der ausgedehnten Studienfahrten, die Goethe bis zum Sankt Gotthard geführt haben, bringt er geologische und mineralogische Notizen, außerdem geschichtliche Aufzeichnungen mit. Aus dieser Zeit datieren auch der Zyklus vom »Edelknaben und der Müllerin« sowie die Versdichtung »Euphrosyne«, die er im Gedenken an die früh verstorbene, von ihm verehrte Schauspielerin Christiane Becker-Neumann schuf, einer Schülerin der großen Corona Schröter. »Es kann größere Talente geben«, sagte er einmal von ihr, »aber für mich kein anmutigeres.«

In der Schweiz hat Goethe ferner ein Gedicht verfaßt, das nach seiner Veröffentlichung zum Anlaß für eine neue ungerechtfertigte Hetzkampagne gegen Christiane wird. Entstanden sind die Verse in der Nähe von Zürich, nachdem Goethe auf der Reise zwischen Schaffhausen und Jestetten am Rand eines Baches einen Apfelbaum entdeckt hatte, der so sehr von üppig wucherndem Efeu umrankt war, daß er unter der Last abzusterben schien. In seinem Tagebuch ist dieses Erlebnis unter dem Datum des 19. September 1797 stichwortartig festgehalten. Der Anblick erinnerte Goethe an eine Idylle des griechischen Dichters Theokrit, in der im Zusammenhang mit einem Arzt Nikias von der Heilung des Liebesschmerzes die Rede ist. Inspiriert von der antiken Idylle und beeindruckt vom Bild des Baumes schuf Goethe eine Elegie, die in der Tradition jener Gedichte steht, in denen er das Wachstum der Menschen wie das der Pflanzen deutet. Nach seiner Rückkehr erscheint das Gedicht unter dem Titel »Amyntas« in Schillers Musenalmanach.

»Nikias, trefflicher Mann, du Arzt des Leibs und der Seele / Krank, ich bin es fürwahr; aber dein Mittel ist hart. / Ach! mir schwanden die Kräfte dahin, dem Rate zu folgen; / Ja, und es scheinet der Freund schon mir ein Gegner zu sein. / Widerlegen kann ich dich nicht; ich sage mir alles, / Sage das härtere Wort, das du verschweigest, mir auch. / Aber, ach! das Wasser entstürzt der Steile des Felsens / Rasch, und die Welle des Bachs halten Gesänge nicht auf. / Rast nicht unaufhaltsam der Sturm? und wälzet die Sonne / Sich, von dem Gipfel des Tags, nicht in die Wellen hinab? / Und so spricht mir rings die Natur: Auch du bist, Amyntas, / Unter das strenge Gesetz ehrner Gewalten gebeugt. / Runzle die Stirne nicht tiefer, mein Freund, und höre gefällig, / Was mich gestern ein Baum, dort an dem Bache, gelehrt. / Wenig Äpfel trägt er mir nun, der sonst so beladne; / Sieh, der Efeu ist schuld, der ihn gewaltig umgibt. / Und ich faßte das Messer, das krummgebogene, scharfe, / Trennte schneidend, und riß Ranke nach Ranken herab; / Aber ich schauderte gleich, als tief erseufzend und kläglich / Aus den Wipfeln zu mir lispelnde Klage sich goß: / O verletze mich nicht! den treuen Gartengenossen, / Dem du als Knabe, so früh, manche Genüsse verdankt. / O verletze mich nicht! du reißest mit diesem Geflechte, / Das du gewaltig zerstörst, grausam das Leben mir aus. / Hab' ich nicht selbst sie genährt, und sanft sie herauf mir erzogen? / Ist wie mein eigenes Laub nicht mir das ihre verwandt? / Soll ich nicht lieben die Pflanze, die, meiner einzig bedürftig, / Still, mit begieriger Kraft, mir um die Seite sich schlingt? / Tausend Ranken wurzelten an, mit tausend und tausend / Fasern senket sie fest mir in das Leben sich ein. / Nahrung nimmt sie von mir; was ich bedürfte, genießt sie, / Und so saugt sie das Mark, sauget die Seele mir aus. / Nur vergebens nähr' ich mich noch; die gewaltige Wurzel / Sendet lebendigen Safts, ach! nur die Hälfte hinauf. / Denn der gefährliche Gast, der geliebteste, maßet behende / Unterweges die Kraft herbstlicher Früchte sich an. / Nichts gelangt zur Krone hinauf, die äußersten Wipfel / Dorren, es dorret der Ast über dem Bache schon hin. / Ja, die Verräterin ist's! sie schmeichelt mir Leben und Güter, / Schmeichelt die strebende Kraft, schmeichelt die Hoffnung mir ab. / Sie nur fühl' ich, nur sie, die umschlingende, freue der Fesseln, / Freue des tötenden Schmucks fremder Umlaubung mich nur. – / Halte das Messer zurück, o Nikias, schone den Armen, / Der sich in liebender Lust, willig gezwungen, verzehrt! / Süß ist jede Verschwendung; o laß mich der schönsten genießen! / Wer sich der Liebe vertraut, hält er sein Leben zu Rat?«

Die Weimarer Gesellschaft legt das Gedicht auf ihre Weise aus. Sie will darin kein allgemeines Gleichnis sehen, sondern die persönliche Klage des Dichters, der seine Schaffenskraft, seine Freiheit bedroht sieht. Und durch wen – über diese Frage können in ihren Augen keinerlei Zweifel bestehen. Auf wen anders sollte die tödliche Umschlingung gemünzt sein als auf die »Mamsell Vulpius« mit ihrem verhängnisvollen Wirken! Saugt sie dem Dichter nicht wirklich das Mark, die Seele aus? Man hat es ja schon immer gewußt, daß diese Beziehung nichts als Unheil bringt, und nur Goethe, der Verblendete, hat es nicht wahrhaben wollen. Höchste Zeit, daß er die drohende Gefahr endlich erkennt, tuscheln die Neider und stecken die Köpfe zusammen. In ihrem boshaften Eifer, Christiane zu schaden, haben sie jedes Maß verloren. Wahllos greifen sie jene Zeilen aus dem Zusammenhang, die ihr Zerrbild zu bestätigen scheinen.

Goethe will seine Elegie ganz anders verstanden wissen. Nicht als Stoßseufzer eines tödlich Umstrickten, sondern als Gleichnis für eine Liebe, in der man sich freudig-bereitwillig in Abhängigkeit begibt. Es findet sich kein direkter Hinweis, daß Goethe dabei an seine Beziehung zu Christiane gedacht hat. Aber wenn es so sein sollte – kann es eine tiefere Bezeugung ihrer unlösbaren Verbindung geben als das Eingeständnis, ohne die Geliebte nicht leben zu können, als die Erklärung, eins mit ihr zu sein und sich in »liebender Lust« freiwillig zu verzehren?

Hauptakteurin in der neuen Verleumdungskampagne ist wiederum Frau von Stein. Seit sie nach dem kürzlich erfolgten Tod ihres Mannes, des Herzoglichen Oberstallmeisters, zurückgezogen als Witwe lebt, ist sie verbitterter den je. Begegnet sie dem einstigen Freund gelegentlich bei Hof, bleibt es bei einer kühl-reservierten Begrüßung und dem höflichen Austausch konventioneller Redensarten. Zwei ehemals eng miteinander verbundene Menschen, die sich nichts mehr zu sagen haben . . .

Charlottes Rache

Wie intensiv Liebe und Verehrung Charlottes seit der Zeit, da sie sich von Christiane verdrängt fühlt, in Haß und Rachsucht umgeschlagen sind, bezeugt das Trauerspiel »Dido«, das sie 1794 verfaßt und vielen ihrer Freunde – darunter auch Schiller – zu lesen gegeben hat.

In diesem Stück um die sagenhafte Königin Dido, die Gründerin Karthagos – Herzogin Luise hat Modell gestanden –, tritt ein bis zur Lächerlichkeit karikierter und von der Verfasserin besonders gehässig gezeichneter Hofpoet namens Ogon auf, mit dem kein anderer als Goethe gemeint ist. Dieser Ogon hat der Hofdame der Königin, Elissa, in der Charlotte sich selbst darstellt, lange Zeit Liebe geheuchelt. Nun aber hat er sie endgültig aufgegeben und sich der Sinnlichkeit in die Arme geworfen.

Damit es keinen Zweifel an der Identität dieser Figuren gibt, läßt Charlotte diesen treulosen Ogon ganz persönliche Briefstellen zitieren, die Goethe aus Italien an sie geschrieben hat. So sagt er einmal: »Ich habe nur eine Existenz, und die will ich ganz spielen . . . Die menschliche Natur ist schlangenartig, eine alte Haut muß ich nach Jahren einmal wieder abwerfen. Diese wäre bei mir nun herunter!«

Ihre eigene Gestalt in dem Stück charakterisiert Charlotte mit den Worten: »Mir ist nichts gefällig, als was recht und wahr ist.« Sie spielt damit deutlich auf Goethes »Tasso« an, in dem die Prinzessin auf das kühne Dichterwort: »Erlaubt ist, was *gefällt*«, sogleich erwidert: »Erlaubt ist, was sich *ziemt.*« Allerdings übersieht Charlotte von Stein dabei geflissentlich die unmittelbar darauf folgende Ergänzung, mit der Goethe sich damals vor der einst geliebten Frau verbeugt hat: »Willst du genau erfahren, was sich ziemt, / So frage nur bei edlen Frauen an.« Die Art, wie sie, die »edle Frau«, jetzt den Freund in ihrem Trauerspiel darstellt, ist nicht gerade fein. Trotz des »schönen Kammstrichs seiner Haare« schildert sie ihn mit Bockshörnern, Hufen und anderen Attributen. Zu seinen hervorstechendsten Eigenschaften gehöre es, daß er »sich gern loben hört, es mag von Güte, Schmeichelei oder Albernheit herrühren«; dann heißt es beziehungsvoll: »Er besingt am liebsten sein Mädchen und den Wein«, denn »der mittelmäßigste Dichter findet noch ein Weib, das ihm huldigt, ob er gleich von der Königin dieses nicht rühmen kann.«

Schließlich läßt sie Ogon-Goethe von sich selbst sagen: »Ich war einmal ganz im Ernst an der Tugend in die Höhe geklettert. Ich glaubte oder wollte das erlesene Wesen der Götter sein, aber es bekam meiner Natur nicht, ich wurde so mager dabei: Jetzt seht mein Unterkinn, meinen wohlgerundeten Bauch, meine Waden! Sieh, ich will dir freimütig ein Geheimnis offenbaren: Erhabene Empfindungen kommen von einem zusammengeschrumpften Magen. Ich zähle mich jetzt auch unters Gewürm, lebe auch am liebsten mit ihnen und bin ein rechter guter Narr . . .«

So sieht ihn also jetzt jene Frau, der er einst in verzehrender Liebe verbunden war und der er, das steht außer Frage, noch immer dankbar ist für die Förderungen, die er durch sie besonders in seiner ersten Weimarer Zeit erfahren hat.

Wie hat er damals geurteilt, als er – noch vor der persönlichen Bekanntschaft – ihre Silhouette für den Physiognomiker Lavater zu deuten suchte? Da schrieb er mit eigener Hand unter den zarten Schattenriß: »Es wäre ein herrliches Schauspiel, zu sehen, wie die Welt sich in dieser Seele spiegelt. Sie sieht die Welt, wie sie ist, und doch durch das Medium der Liebe.«

Und heute? Heute ist es das Medium des Hasses, durch das sie alles sieht.

Über das Stück selbst schweigt Goethe sich aus. Er verfaßt lediglich das resignierende Epigramm: »Eine Liebe hatt' ich, sie war mir lieber als alles! / Aber ich hab sie nicht mehr! Schweig und ertrag den Verlust!« Damit ist die Angelegenheit für ihn, so schmerzlich er sie empfindet, zunächst erledigt.

Nicht aber für Charlotte. Im Kreis ihrer Freundinnen weiß sie bald darauf eine interessante Neuigkeit zu verbreiten: Vor kurzem sei Frau von Berlepsch, eine ehemals glühende Verehrerin des Dichters, aus Hannover nach Weimar zurückgekommen. Da sie jetzt geschieden sei, werde sich da gewiß etwas tun. Sie sei jetzt dick und fett geworden, konstatiert Frau von

Stein mit boshaftem Lächeln, vielleicht mache sie nun mehr Eindruck auf Goethe als früher, da sie mager war; sie sehe jetzt auch etwas gemeiner aus. Vornehme Damen seien ja nicht sein Geschmack, wie man wisse.

Frau von Stein konnte es nicht verwinden, daß Goethe die Seelen- und Herzensfreundschaft mit ihr der Lebens- und Liebesgemeinschaft mit Christiane Vulpius geopfert hatte. Tatsächlich hatte er das gar nicht getan, sondern war, noch bevor er Christiane in sein Herz geschlossen hatte, vor der alternden, herb und abweisend gewordenen, dabei Ansprüche an ihn stellenden Hofdame geflohen – bis nach Italien. Daß sie nicht die hoheitsvolle Gestalt war, die Goethe in ihr gesehen hatte, bewies sie mit ihrem »Dido«-Erguß und ihrem Verhalten.

Welch verhängnisvolle Macht von Klatsch ausgehen kann, muß auch Goethes Freund Karl Ludwig von Knebel erfahren. Als man sich in den gleichen Kreisen Knebels Heirat mit dem bürgerlichen Fräulein Rudorff widersetzen will, schreibt er darüber: »Diese lächerlichen Hagestolzinnen scheinen es zum Gesetz machen zu wollen, daß man ohne sie nicht leben dürfe, ob sie gleich nichts zum eigentlichen Glück des Lebens beitragen. Wie die alten Tanten im Tom Jones verdammen sie jedes junge, gefällige Mädchen mit einem abscheulichen Richterspruch und möchten in ihrer Wut den Keim alles Lebens vernichten. Der schwache Charakter der meisten Herrn in Weimar unterstützt noch ihre Bosheit. Sogar Herder und seine Frau haben sich bei dieser Sache heuchlerisch und zweideutig gezeigt.«

Selbst Schiller ist nicht frei von Vorurteilen. So erwähnt er in dem ausgedehnten Schriftwechsel mit Goethe fast nie die Lebensgefährtin des Freundes, spart sie aus – selbst in jenen Briefen, in denen er Goethe sein Mitgefühl bei dem Verlust der nicht lebensfähig geborenen Kinder ausspricht.

Zweifellos ist Schiller in dieser Beziehung stark von seiner Frau beeinflußt, die es peinlich vermeidet, mit der nicht standesgemäßen Christiane zusammenzutreffen. Sogar nachdem die Familie Schillers 1799 von Jena nach Weimar übersiedelt ist, geht Schillers Frau Goethes Christiane aus dem Weg. In den Briefen an Frau von Stein, Charlotte Schillers intimster Freundin, ist von Christiane als von der »dicken Hälfte« Goethes die Rede. Das Wort »Unsereins« aber schreibt sie stets mit bedeutungsvollem großem »U«.

In einem Punkt mögen die Lästermäuler recht haben: Goethe, der sonst so gesellige Weltmensch, sucht sich zu absentieren. Fast ist es wie damals, als er, in jugendlichem Ungestüm sich losreißend, die Verse schrieb: »Es schlug mein Herz. Geschwind, zu Pferde!« Oder später, als er unvermittelt in die Waldeinsamkeit bei Ilmenau flüchtet, hinauf auf den Kickelhahn, wo er nach einer Nacht in einer Holzhütte endlich zu sich selber findet und an die Bretterwand die unsterblichen Verse kritzelt: »Über allen Gipfeln / Ist Ruh . . .« Ist es das Bedürfnis des schöpferischen Menschen, sich von Zeit zu Zeit von allen äußeren Zwängen zu befreien? Glaubt Goethe, nur so seinen himmelstürmenden Ideen leben zu können?

Mag sein, daß das uralte Thema des »Faust« ihn wieder gepackt hat; in seinem Arbeitsprogramm rückt es jetzt jedenfalls an die vorderste Stelle. Die »Zueignung« entsteht: »Ihr naht euch wieder, schwankende Gestalten . . .«, dann der »Prolog im Himmel«, die Paktszene und ein erster Entwurf der »Walpurgisnacht«. Trotzdem überkommt Goethe erneut das beängstigende Gefühl, mit dem gewaltigen Werk nicht fertig zu werden. Schon früher schrieb er einmal an Herder: »Ich möchte beten, wie Moses im Koran: ›Herr, mache mir Raum in meiner Brust!‹«

Christiane sind Stimmungsschwankungen bei Goethe nicht

fremd. Sie kennt den Geliebten und weiß, daß er jetzt für sein Werk Ruhe braucht, Abstand vom Alltag.

»Ich kann dir nicht sagen, mein liebes Kind«, schreibt er ihr Ende 1797 aus Jena, »ob ich in den nächsten Tagen kommen werde, es kommt alles darauf an, ob sich die Lust zu einer neuen Arbeit einfindet. Geschieht das, so bleibe ich hier, es ist nämlich die große Idylle, von der du weißt . . . Könnte ich diese noch diesen Monat fertig machen, so wäre ich über alle Maßen glücklich.«

Um ihm das Arbeiten zu Hause verlockend zu machen, antwortet ihm Christiane darauf: »Dein Zimmer, mein Lieber, und das ganze Haus ist in Ordnung und erwartet seinen Herrn mit der größten Sehnsucht. Es würde vielleicht mit dem Arbeiten hier besser gehen als sonst. Du kannst hier wie in Jena im Bette diktieren, und ich will des Morgens nicht eher zu Dir kommen, als bis Du mich verlangst. Auch der Gustl soll früher nicht zu Dir kommen. Komm nur bald!«

Ein schlimmer Traum

Inzwischen kursieren Gerüchte. Immer wieder tauchen die Namen von Frauen auf, mit denen Goethe angeblich eine engere Verbindung einzugehen gedenkt. Nach Frau von Berlepsch ist es Amalie von Imhoff, eine Nichte der Frau von Stein, die als Favoritin genannt wird. Das junge Fräulein, eine auffallend schöne Erscheinung, gehört zu den eifrigsten Verehrerinnen Goethes. Sie verfaßt Gedichte an ihn, leidenschaftliche Hexameter, die er sich geduldig anhört, gelegentlich auch verbessert. Mehr geschieht nicht, sehr zum Leidwesen der adeligen Damenzirkel, die den verehrten Dichter zu gern »standesgemäß« verheiraten möchten.

Daß man Christiane unablässig mit solchem und ähnlichem Klatsch verfolgt, geht aus einem späteren Brief Christianes hervor. Sie schildert Goethe darin zunächst Freuden, die sie sich durch nichts verbittern lassen will. »Die Weimarer thäten es gerne«, schreibt sie weiter, »aber ich achte auf nichts. Ich habe Dich lieb und ganz allein lieb, sorge für mein Bübchen und halte mein Hauswesen in Ordnung, und mache mich lustig. Aber sie können einen gar nicht in Ruhe lassen. Vorgestern in der Komödie kommt Meisel und fragt mich ohne Umstände, ob es wahr wär, daß Du heurathst, Du schafftest Dir ja schon Kutsche und Pferde an. Ich wurde den Augenblick so böse, daß ich ihm eine recht malicieuse Antwort gab, und ich bin überzeugt, der fragt mich nicht wieder. Weil ich aber immer daran denke, so habe ich heute Nacht davon geträumt. Das war ein schlimmer Traum, den muß ich Dir, wenn du kommst, erzählen. Ich habe dabei so geweint und laut geschrien, daß mich Ernestine aufgeweckt hat, und da war mein ganzes Kopfkissen naß. Ich bin sehr froh, daß es nur ein Traum war.«

Anfang Dezember 1797 kehrt Goethe nach Weimar zurück. Vorher aber schreibt er noch einen tröstenden Brief an Christiane, in dem es unter anderem heißt: »Ich kann aber auch wohl sagen, daß ich nur um deinetwegen und des Kleinen willens zurückgehe. Ihr allein bedürft meiner, die übrige Welt kann mich entbehren. Betrübe dich nicht über das, was außer dir vorgeht! Die Menschen sind nicht anders gegeneinander, im Großen wie im Kleinen. Du weißt ja die Art des ganzen Geschlechts, daß es lieber beunruhigt und hetzt, als tröstet und aufrichtet. Denke, daß ich dich liebe und daß ich keine andre Sorge habe, als dir eine unabhängige Existenz zu verschaffen, es wird mir ja das auch wie so manches andre gelingen.«

Goethe versichert Christiane also nicht nur seiner Liebe und Zuneigung, er ist darüber hinaus darauf bedacht, ihre »unabhängige Existenz« zu sichern. Den Anfang hat er bereits mit dem großzügigen Testament gemacht. Nun sinnt er nach einer neuen Möglichkeit, ihre Stellung an seiner Seite zu festigen und damit auch in aller Öffentlichkeit zu beweisen, daß es außer Christiane keine andere Frau gibt, an die er sich gebunden fühlt.

Die Gelegenheit ergibt sich, als er durch Bekannte erfährt, daß das in der Nähe gelegene Freigut Oberroßla zum Verkauf steht und unter Umständen günstig zu erwerben ist. Nach einem Gespräch darüber mit Christiane entschließt er sich ganz rasch zum Kauf.

Die nächsten Freunde beglückwünschen ihn zu diesem Schritt. Sie bewundern, wie souverän Goethe alle umherschwirrenden Gerüchte ignoriert, wie unangefochten er von allen verleumderischen Behauptungen seinen Weg an der Seite Christianes geht, wie selbstsicher er alles regelt, was den Bestand seiner »Gewissensehe« sichert. Er beweist damit nachdrücklicher als es verbale Beteuerungen vermöchten, daß es für ihn keine »elenden häuslichen Verhältnisse« gibt, die ihm, wie Schiller unterstellt, Verdruß bereiten.

Für Christiane ist der Erwerb des nur wenige Kilometer von Weimar entfernt gelegenen Gutes das schönste Geschenk, das er ihr machen konnte. Sie liebt das Landleben. Aus dieser Sehnsucht heraus hat sie schon früher – mit nachträglicher Billigung Goethes – ein Stück Ackerland mit Wiese an der Lotte erworben. Mit den beiden Gärten hinter dem Frauenplan und am Stern sowie dem Stück Krautland beim alten Gartenhaus bringt das eine Menge Pflichten mit sich. Es gibt viel zu graben und zu säen und im Herbst dann zu ernten: Obst, Gemüse, Kartoffeln und Wein, der am Haus gedeiht. Die Wiese muß gemäht, das Heu gerecht werden. Zeitweise mästet Christiane sogar Schweine und läßt im Haus schlachten. Einmal schreibt sie: »Itzo werden noch die Ställe ausgeräumt, und ich halte so viel als möglich alles in Ordnung. Hab recht viel Gänse und Hühner angeschafft, und habe so meine Freude an dem Wesen.«

Natürlich könnte sie das alles ohne Personal nicht schaffen. Im Haus stehen ihr außer Ernestine und der Tante mehrere Diener und Küchenmägde zur Verfügung, im Garten und auf dem Feld ein Gärtner mit Gehilfen. Auch ein Kutscher ist fest angestellt. Aber allein die Beaufsichtigung dieser dienstbaren Geister erfordert Zeit, Geschick und Verantwortungsgefühl.

Alle diese Fähigkeiten kommen ihr für das neuerworbene Gut Oberroßla sehr zustatten; schon bei den ersten Verkaufsverhandlungen hat sie tatkräftig und sachkundig mitgewirkt. Jetzt widmet sie sich mit besonderem Eifer dem großen Fest, das nach erfolgter Übergabe am 8. März 1798 mit vielen geladenen Gästen stattfinden soll. Aus den Tagen der Vorbereitung ist ein Brief ihres Bruders erhalten, aus dem hervorgeht, wie genau Christiane das Programm schon vorher festgelegt hat. August Vulpius schreibt an Goethe: »Ew. Excellenz soll ich, da meine Schwester eben nicht so geschwinde mit der Feder fortkommt, schreiben, wie sie meint, daß es mit der Festlichkeit zu Roßla könne gehalten werden. Sonntags soll sehr früh dahin gefahren, von der ganzen Gesellschaft in die Kirche gegangen und, da dieselbe sehr arm ist, der Klingelbeutel reichlich bedacht werden. Sodann, nach dem Mittagessen und der Kirche, werden die Dorfbewohner mit Musik vor das Gut kommen und dort den Hammel abholen. Von hier aus soll nun der Zug nach dem Wirtshause also gehen: 1. Die Dorfmusik. 2. Die jungen Pursche; Paar und Paar. 3. Die Mädchen. 4. August und eine kleine Bäuerin mit dem Hammel. 5. Die Stadtfrauenzimmer; Paar und Paar. 6. Die Herren. 7. Unsere Musik. Bei dem Wirtshause wird den Leuten der Hammel übergeben, ein kleiner Ehrentrunk angenommen und sodann nach dem Gute zurückgezogen, wo gegen Abend (wenn die Frauenzimmer es erwarten können) der Ball anheben und dann nach Weimar zu rechter Zeit wieder zurückgefahren werden soll.«

Freuden des Landlebens

Das ländliche Fest wird ein voller Erfolg. Goethe ist heiterster Laune. Bei strahlendem Sommerwetter genießt er die bäuerliche Umgebung, beobachtet das Treiben der einfachen Menschen, delektiert sich an dem kräftigen Mahl und dem reichlich fließenden Wein. Christiane hatte es sich nicht nehmen lassen, die Speisefolge zu bestimmen. Nach einer Sagosuppe werden Rindfleisch mit Senf gereicht, junge Hühner mit grünen Erbsen, dann Forelle oder Backfisch, Wildbret und Gansbraten und zum Dessert Torte und Rührkuchen.

Auch die altehrwürdigen Bräuche, mit denen die feierliche »Adjukation und Übergabe« des Gutes durch die Vorbesitzer vorgenommen wird, finden Goethes ungeteiltes Interesse. Da wird auf dem Herd des Gutshauses das Feuer gelöscht und wieder neu entzündet, womit die neuen Besitzer symbolisch in alle Rechte der Hausherren eintreten. Danach erfolgt die Übereignung aller zum Gut gehörenden Äcker, Wiesen und Gärten, indem man den künftigen Gutsherren ein ausgestochenes Stück Erde und den frisch gebrochenen Zweig eines Obstbaums überreicht.

Seine helle Freude hat Goethe an Christianes kindlichem Übermut. Eigentlich ist es ja *ihr* Fest. Sie ist überglücklich, fällt ihm um den Hals, ihre Augen leuchten, als sie ihm sagt, dies sei einer der schönsten Tage ihres Lebens. Sie hält eine launige Ansprache, und als die Musik zum Tanz aufspielt, wird sie nicht müde, mit den jungen Bauernburschen, die sie respektvoll als Prinzipalin betrachten, über das Tanzpodium zu wirbeln.

Zwischendurch inspiziert sie Ställe und Wirtschaftsgebäude. Sie steigt ins Dachgeschoß des Gutshauses hinauf: Voller Besitzerstolz überblickt sie Felder und Wiesen ringsum, kann sich nicht sattsehen. Gut Oberroßla wird in der nächsten Zeit ihr Lieblingsaufenthalt.

Goethe verbringt ebenfalls manche Tage dort, um in der ländlichen Stille ungestört seinen neuesten botanischen und zoologischen Studien nachzugehen. Die Hauptarbeit auf dem Gut besorgt ein Pächter, so daß sich auch Christiane unbelastet an dem neuen Besitz erfreuen kann. Manchmal sitzt Goethe mit der Geliebten, wenn es dunkel wird, auf der Bank vor dem Haus, genau wie damals beim Gartenhaus am Stern zu Beginn ihrer Partnerschaft. Diesmal ist es einzig und allein *Christianes* Bank, nicht der Platz einer verlassenen, eifersüchtigen und gehässigen Frau. An solchen Abenden legt Goethe den Arm um Christianes Schultern, drückt die Geliebte zärtlich an sich und gibt ihr lächelnd zu verstehen, daß man eigentlich schon ein »altes Ehepaar« sei, an dessen Gemeinsamkeit es nichts mehr zu rütteln gebe.

Christianes durchgetanzte Schuhe . . .

Die Welt ist für Christiane wieder in Ordnung. Die letzten Jahre des ausklingenden Jahrhunderts, so turbulent sie sich auf der Weltbühne in politischer und kriegerischer Hinsicht gebärden, sind für Christiane die glücklichsten, die sie an der Seite des geliebten Mannes verlebt.

Goethe macht in dieser Zeit nur noch selten längere Reisen.

Lediglich nach Jena muß er öfter, wo er, nachdem Fichte im Verlauf des sogenannten Atheismus-Streits die Universität verlassen mußte, zum Kurator bestellt wird. Aber in der Regel bleibt er nur wenige Tage dort. Dafür zieht er sich jetzt wieder häufiger ins Gartenhaus zurück, verbringt mitunter auch die Nacht dort. Es ist der Mond, der ihn neuerdings fasziniert. Seit er Schröders berühmte »Topographie des Mondes« in die Hand bekommen hat, will er den Planeten, den er so oft besungen hat, auch wissenschaftlich ergründen; nächtelang beobachtet er ihn mit einem neuartigen Spiegelteleskop. Daneben studiert er Winckelmanns »Geschichte der Kunst des Altertums« und beschäftigt sich mit Zelters Vertonung seiner Lieder.

Langeweile kennt Christiane in dieser Zeit noch weniger als sonst. Da auch sie nun wieder öfter in das Gartenhaus muß, um dort nach dem Rechten zu sehen, sind ihre Tage von früh bis spät ausgefüllt. Trotzdem findet sie hin und wieder Zeit für unterhaltsame Stunden, sei es mit dem Geliebten oder mit den »Lustigen von Weimar«, wie man den Freundeskreis nennt, an den sie engen Anschluß gefunden hat. Fast scheint es, als stamme die Losung, die Goethe in der gerade jetzt verfaßten Parabel vom »Schatzgräber« den jungen Genius aussprechen läßt, von ihr: »Tages Arbeit, abends Gäste! / Saure Wochen, frohe Feste!«

Christiane empfängt Freunde und Bekannte im Haus, wird aber auch in die Nachbarschaft zu Gesellschaftsspielen und Kartenrunden eingeladen. Während des Sommers werden Ausflüge mit Picknicks in der Umgebung veranstaltet, nach Belvedere oder Tiefurt, im Winter geht man Schlittschuhlaufen auf dem Schwansee, oder Goethe macht mit ihr ausgedehnte Schlittenfahrten. Vor allem aber besucht Christiane nach wie vor besonders gern die Komödie und läßt nur selten einen Ball oder eine der glanzvollen Redouten aus. Da sie den Geliebten, wenn er nicht in Weimar ist, immer in ihren Briefen darüber informiert, was sie gerade tut, weiß Goethe von allen Vergnügungen seines »kleinen Mädchens«. Und er billigt sie ausdrücklich. »Wie sehr von Herzen ich dich liebe«, schreibt er ihr, »fühle ich erst recht, da ich mich an deiner Freude und Zufriedenheit erfreuen kann.« Um sie für Ausflüge in die Umgebung unabhängiger zu machen, kauft er ihr 1799 eine eigene Equipage und läßt ihr, damit sie auch bei Ausritten teilnehmen kann, beim Hofstallmeister Seidler Reitunterricht geben.

Einmal, als Goethe wieder in Jena weilt, teilt Christiane ihm mit: »Heute ist Ball, und ich habe schon 10 Tänze engagirt.« Und am nächsten Morgen schreibt sie ihm von einem »sehr schönen Tänzer«, »der mit Namen Eisert heißt«. Die Folge sei, sie habe »ein paar ganz neue Schuhe durchgetanzt«. Goethes Antwort: »Mit den Äugelchen geht es, merke ich, ein wenig stark. Nimm dich nur in Acht, daß keine Augen daraus werden.« Und gleich darauf seine Bitte: »Schicke mir mit nächster Gelegenheit deine letzten, neuen, schon wieder durchgetanzten Schuhe, daß ich nur wieder etwas von dir habe und an mein Herz drücken kann.«

Deutlicher als in dieser fetischistischen Vorstellung konnte sexuelles Begehren sich nicht zu erkennen geben. Die geheimsten Wünsche des geliebten Mannes, die ausgesprochenen und die unausgesprochenen, zu erfüllen, war Christianes sehnlichstes Verlangen. Goethes Liebeserwartung und Christianes Liebesbereitschaft schufen einen unauflösbaren Bund.

Zu dieser Zeit entsteht eine Dichtung, in der die Verbundenheit Goethes mit Christiane erneut ihren Niederschlag findet. Es ist die Ballade »Der Gott und die Bajadere«, die viele Verehrer des Dichters zu seinen schönsten und empfindsamsten

Schöpfungen zählen. Sie entsteht im sogenannten »Balladenjahr«, in dem Goethe – angeregt durch die enge Freundschaft mit Schiller – nach den »Xenien«, den stacheligen »Gastgeschenken«, seine bekanntesten Balladen wie »Die Braut von Korinth«, »Der Zauberlehrling«, »Legende« und »Der Schatzgräber« verfaßt.

In »Der Gott und die Bajadere« gestaltet Goethe eine alte indische Legende zu dem zeitlosen Gleichnis, wonach in jedem Menschen die Fähigkeit zu wahrer Liebe liegt. Mahadöh, der Herr der Erde, kommt aus seinen lichten Höhen herab, um mit den Irdischen »Freud' und Qual« zu fühlen. Denn: »Soll er strafen oder schonen, / Muß er Menschen menschlich sehn.« Dabei trifft er in den Gassen der Vorstadt »ein verlornes schönes Kind«, das den müden Fremdling bewirtet und labt. Bezaubert von des Mannes Erscheinung, beginnt das Mädchen die Zimbeln zum Tanz zu schlagen und gibt sich ihm schließlich in selbstloser Liebe hin. Als sie ihn nach »süßer Nacht« am nächsten Morgen tot an ihrem Herzen findet und man die sterbliche Hülle zur Flammengrube trägt, folgt sie ihm ohne Zögern in den Feuertod, obwohl die Priester sie warnen:

»Höre deiner Priester Lehre:
Dieser war dein Gatte nicht.
Lebst du doch als Bajadere,
Und so hast du keine Pflicht.
Nur dem Körper folgt der Schatten
In das stille Totenreich;
Nur die Gattin folgt dem Gatten:
Das ist Pflicht und Ruhm zugleich.
Ertöne, Drommete, zu heiliger Klage!
O nehmet, ihr Götter! die Zierde der Tage,
O nehmet den Jüngling in Flammen zu euch!«

So das Chor, das ohn' Erbarmen
Mehret ihres Herzens Not;
Und mit ausgestreckten Armen
Springt sie in den heißen Tod.
Doch der Götterjüngling hebet
Aus der Flamme sich empor,
Und in seinen Armen schwebet,
Die Geliebte mit hervor.
Es freut sich die Gottheit der reuigen Sünder;
Unsterbliche heben verlorene Kinder
Mit feurigen Armen zum Himmel empor.

Schöner hat Goethe kaum je in Versen beschrieben, wie sich die große Liebe im Opfer bewährt. Zweifellos hat Goethe bei der Gestaltung der Ballade an die Frau an seiner Seite, an Christiane gedacht – auch wenn über ein Jahrzehnt später Marianne von Willemer die inzwischen vertonten Verse als »ihr« Lied singen wird. Goethe hat mit dieser Dichtung das einfache Mädchen, das ihm einst im Park als unverbildetes Naturgeschöpf gegenübergetreten war, auf seine Weise erhöhen wollen, wie er es auch in dem Gedicht »Der neue Pausias und sein Blumenmädchen« getan hat. Dabei wäre es müßig, nach genauen Übereinstimmungen zu suchen. Goethes »Verdichtung« seiner Erlebnisse läßt das nicht zu. Das Gleichnis muß genügen: Christiane ist nicht, wie es ihre Widersacher sehen wollten, der erstickende Efeu aus dem »Amyntas« – sie ist, wie ihre weitere Lebensgeschichte beweist, die aufopfernde Geliebte, die der Dichter – gleich dem Götterjüngling Mahadöh – durch sein Werk unsterblich macht.

KAPITEL XV

Entwicklung des Sohnes

In der Vorweihnachtszeit des Jahres 1800 schickt Christiane an den Geliebten, der wieder kurz in Jena, bei Schelling, weilt, einen »Wunschzettel«, der beweist, wie sparsam sie zu wirtschaften weiß und wie bescheiden sie bleibt, obwohl doch mit den steigenden Honoraren auch die Mittel im Goethe-Haus reichlicher zu fließen beginnen: »Nun wünschte ich nur, der heilige Christ verlöre in Jena 10 Ellen weißen Halbatlas, die Elle zu 12 Groschen, das wären 5 Thaler; das wäre dem heiligen Christ ein Leichtes. Oder nur 5 und 1/2 Elle Calico-Halb-Atlas, das wäre nur 2 Thaler 18 Groschen, die Elle zu 12 Groschen. Das müßte der heilige Christ aber bald verlieren. Solltest Du ihm etwa unverhofft begegnen, so kannst Du mit ihm darüber sprechen. Du mußt aber ja nicht böse werden, daß ich Dich mit einem solchen Auftrag beschwere, ich werde auch nicht böse, wenn es mir abgeschlagen wird. Wenn er nichts verliert, so ziehe ich mich wieder wie das vorige Mal an und bin auch zufrieden.«

Wenige Tage später teilt sie ihm mit: »Ich und die Ernestine machen jetzo aus alten Kleidern Chemisen, und gestern ist der Gelbkattunene besonders gut geraten, und ich bilde mir ein, daß er mir gut stehe. Da wurde, stelle Dir vor, vor lauter Freude die Flasche Champagner auf Dein Wohlsein von mir, der Tante und Ernestine geleert, und dann ging es mit mir in die Komödie, – aber von Äugelein gab es nichts.«

Doch Christiane ist nicht nur sparsame und erfindungsreiche Hausfrau, gute Mutter und ideale Geliebte, wie ihr Goethe immer wieder dankbar versichert, sie bewährt sich auch als aufopfernde Pflegerin: Als Goethe zu Beginn des Jahres 1801 lebensgefährlich erkrankt, ist es – nach dem Urteil der Ärzte – in der Hauptsache ihrer aufopfernden und sachkundigen Pflege zu verdanken, daß der Dichter, um dessen Leben schon alle Welt zu bangen beginnt, die schweren Krisen erfolgreich übersteht.

Die Krankheit ist die Folge einer Erkältung, die sich Goethe in den zur Winterszeit unwirtlichen Zimmern des Jenaer Schlosses zuzieht. Ein heftiger Katarrh befällt ihn, der sich in kurzer Zeit zu einem gefährlichen Krampfhusten verschlimmert. Einige Anfälle bringen ihn dem Erstickungstod nahe. Dazu kommen hohes Fieber und eine starke Schwellung des linken Auges.

Als die Krankheit ihren Höhepunkt erreicht, verbringt Christiane Tag und Nacht am Bett des Geliebten, versorgt ihn nach ärztlichem Ratschlag und sucht seine Leiden unablässig durch Wickel und Packungen zu lindern.

Welch sorgenvolle und angsterfüllte Nächte sie in dieser Zeit verbringt, schildert sie in einem ausführlichen Brief an Freund Meyer. Sie berichtet darin auch, daß Goethe in seinen Fieberphantasien mitunter laut zu sprechen begann und »mit wahrhafter Begeisterung in die beweglichsten, herzergreifenden Reden an den Erlöser ausbrach«. Ihrem Bericht nach zu urteilen scheint sich Goethe im Fieberwahn an eines seiner frühesten Gedichte, an die »Höllenfahrt Jesu Christi« erinnert und einige Stellen daraus laut deklamiert zu haben. Es handelt sich um jene »poetischen Gedanken«, die der damals erst Fünfzehnjährige »auf Verlangen entworfen« und in kunstvollen Versen nach dem Vorbild von Johann Adolf Schlegels »Der Gottesleugner« niederlegte. Christus erscheint darin als heroischer Gott-Mensch und zorniger Rächer, um den Fürsten der

Hölle zu strafen: »Welch ungewöhnliches Getümmel! / Ein Jauchzen tönet durch die Himmel. / Ein großes Heer zieht herrlich fort. / Gefolgt von tausend Millionen / Steigt Gottes Sohn von seinen Thronen / Und eilt an jenen finstern Ort.«

Es dauert ziemlich lange, bis Goethe wieder ganz hergestellt ist und seine alte Schaffenskraft zurückerlangt. Mit seiner Gesundheit steht es ohnehin nicht zum besten. Im Grunde ist er ja, was seine körperliche Konstitution betrifft, durchaus nicht der kraftvolle Held, der strahlende Apoll und siegreiche Götterjüngling, als den ihn seine Verehrer gern sehen. Wenn man es genau betrachtet, hat Goethe sich eigentlich zeit seines Lebens immer wieder mit allerlei Leiden und körperlichen Beschwerden herumschlagen müssen.

Zu einem verhängnisvollen physischen Zusammenbruch war es bereits 1768 gekommen, als er als Neunzehnjähriger in Leipzig studierte. Ein Blutsturz hatte ihn so schwer danieder geworfen, daß er mehrere Tage zwischen Tod und Leben geschwebt hatte und gleichsam als »Schiffbrüchiger« ins Elternhaus nach Frankfurt hatte zurückkehren müssen. Nahezu eineinhalb Jahre hatte es danach gedauert, bis Goethe sich wieder erholt und von der quälenden Sorge, er habe die gefürchtete Schwindsucht, befreit worden war.

In der Folgezeit mußte er immer wieder von Lungenspezialisten behandelt werden, unter anderem auch wegen einer hinderlichen Geschwulst am Hals. Später kommt dann noch eine gefährliche Herzbeutelentzündung dazu, und im Alter wird Goethes immer schwerer werdender Körper oft von Atemnot und Schüttelfrost geplagt. Kein Wunder, daß die hypochondrische Veranlagung, die oft als grundlos bespöttelt wird, mit fortschreitender Zeit immer stärker hervortritt und daß Goethe mitunter schon bei geringen Unpäßlichkeiten die Flucht in die Krankheit antritt. Es ist eine Schwäche, die seinen neuen Mitarbeiter Riemer einmal zu der einsichtsvollen Bemerkung veranlaßt, Goethes Krankheiten seien »meistens unmittelbare Folgen zurückgedrängten und verhaltenen Seelenschmerzes«.

Aber trotz der Leiden und Beschwerden, die Goethe durch häufige Badekuren in Lauchstädt, Karlsbad und dem beliebten Marienbad auszukurieren sucht, überlebt er die wesentlich jüngere und vitalere Christiane um mehr als eineinhalb Jahrzehnte . . .

Ausflüge mit August

Nach seiner Genesung tritt Goethe am 14. Juni 1801 auf Anraten seiner Ärzte eine längere Erholungsreise nach Bad Pyrmont an. Zuvor schreibt er im Gefühl seiner »glücklichen Wiedergeburt« an die befreundete Engländerin Elisa Gore, die Tochter des Landschaftsmalers Charles Gore: »Nach einer schrecklichen Krise der Natur, in welcher sich das Individuum zu verlieren schien und welche etwa zehn Tage mag gedauert haben, befinde ich mich wieder ganz leidlich und, ich könnte sagen, wohl, wenn nicht die Geschwulst des linken Auges mich noch an die Gewalt des vergangenen Übels erinnerte.« Und zum Lobe seiner Christiane schreibt der Genesende an die Mutter in Frankfrurt: »Wie gut, sorgfältig und liebevoll sich meine liebe Kleine bei dieser Gelegenheit erwiesen, werden Sie sich denken, ich kann ihre unermüdete Tätigkeit nicht genug rühmen. August hat sich ebenfalls sehr brav gehalten und beide machen mir bei meinem Wiedereintritt in das Leben viel Freude.«

Überglücklich bedankt sich daraufhin die Frau Rat bei der Lebensgefährtin des Sohnes: »Meine liebe liebe Tochter! Wie soll ich Ihnen danken vor alle Liebe und Sorgfalt, die Sie meinem Sohn erwiesen haben. Gott sei Ihr Vergelter! Er hat ihn Ihnen jetzt aufs neue geschenkt. Sie werden jetzt ein neues Leben mit ihm leben und wird Ihrer beider Wohlsein zu meinem größten Trost bis in die spätesten Zeiten erhalten, Amen!«

Zur Nachkur nach Bad Pyrmont nimmt Goethe diesmal – so wie er früher von Fritz von Stein auf Reisen in den Harz und nach Kassel begleitet wurde – seinen Sohn August mit, der inzwischen fast zwölf Jahre alt ist. Der Junge soll auf dieser Reise, die beinahe so weit und für ihn genauso abenteuerlich ist wie die Fahrt zur Großmutter nach Frankfurt, »ein neues Stück Erde« kennenlernen. »Er ist sehr artig«, schreibt Goethe an Christiane, »und wir sprechen oft vom Muttchen.« Später heißt es dann einmal: »Gustel ist aber auch Schuld an meinem minderen Fleiß, indem er mich zerstreut und manche Betrachtung ableitet.«

Goethe, der länger als zwölf Jahre die Vaterrolle bei Fritz von Stein gespielt, 1783 den Zwölfjährigen sogar zu sich in das Haus am Frauenplan aufgenommen und sich als meisterhafter Erzieher erwiesen hatte, ist zwar seinem Sohn der liebevollste Vater, aber als Pädagoge ist er nicht immer von folgerichtiger Bestimmtheit. Goethes Verhältnis zu seinem Sohn birgt oft auch Widersprüche. Es liegt nahe, zu vermuten, daß der Dichter an einer Stelle des »Wilhelm Meister« eine eigene Einsicht ausgesprochen hat. »Mich dünkt«, so läßt Goethe Wilhelm Meister sagen, »der Sohn entwickele sich nirgends besser als in Gegenwart des Vaters.« – »Keineswegs!« lautet die Antwort. »Dies ist ein holder, elterlicher Irrtum: der Vater behält immer eine Art von despotischem Verhältnis zu dem Sohn, dessen Tugenden er nicht anerkennt und an dessen Fehlern er sich freut.«

August Goethe – noch trägt er nur den Namen des Vaters ohne das Adelsprädikat – ist ein Knabe wie alle anderen Knaben, er hat nicht die Genialität des Vaters, sondern vielmehr den praktischen Verstand der Mutter und ist im innersten Wesen scheu. Er spürt früh, daß er einen besonderen Vater hat und daß etwas in seinem Dasein anders ist als bei anderen Kindern. Aufgrund übermächtiger Liebe läßt ihm Goethe einerseits zu viel durchgehen, verlangt andererseits von ihm mehr als er leisten kann. Die Briefe Augusts an den Vater sind keine Kinderbriefe, sie verraten, daß der Sohn, um vor dem Vater zu bestehen, mehr geben möchte, als er aufgrund seiner Fähigkeiten zu geben imstande ist.

Für den Vater hegt August eine hingebungsvolle Verehrung. »Vor meinem Vater«, sagt er später einmal zum Schriftsteller und Schauspieler Karl von Holtei, mit dem er befreundet war, »darf ich kein Geheimnis haben. Seitdem ich reden kann, ist kein Tag vergangen, wo ich nicht, wenn wir an einem Orte lebten, jeden Morgen zu meinem Vater getreten bin und ihm alles erzählt habe, was mir am vorigen Tage begegnete, was ich getan, was ich gedacht. Über meinem Vater geht mir nichts.«

Jetzt, während des Pyrmonter Aufenthalts, machen Vater und Sohn viele Ausflüge in die Umgebung. Da ist des Fragens und Antwortens über Land und Leute, Pflanzen und Tiere, Gestein und Bergbau kein Ende. Ein leidenschaftlicher Hang zur Mineralogie erwacht in dem Knaben, und Goethe betreibt mit ihm eingehende Steinstudien. »Gestern waren wir auf einem Hügel 5/4 Stunden von hier, wo Versteinerungen und Krystallisationen angetroffen werden, deren Suchen und Auffinden das größte Fest war.«

Schon bald verspürt Goethe Sehnsucht nach Christiane, er denkt an die Heimreise. Dabei wünscht er, daß Christiane ihm bis Kassel entgegenkommen möge, wo er mit ihr einige Tage verbringen möchte. Für Christiane bedeutet das eine Zwei-

Tage-Reise in ihrer Kutsche. »Da die Briefe von hier aus manchmal so langsam gehen«, bereitet Goethe sie vor, »will ich dir voraus meinen Plan sagen: Ich wünsche, daß du Sonnabend in Cassel eintreffest, ich werde an demselben Tage auch anlangen. Du kehrst im Posthause am Königsplatz, bei Madame Goullon ein; wer zuerst kommt, macht Quartier, so daß wir zwei Zimmer haben. Ich freue mich herzlich, dich wiederzusehen und mit dir in Cassel, unter so viel neuen und schönen Sachen, einige Tage zuzubringen. Ein recht zierliches Unterröckchen und einen großen Shawl, nach der neuesten Mode, bring ich dir mit. In Cassel kannst du dir ein Hütchen kaufen und ein Kleid, sie haben die neuesten Waren dort so gut als irgendwo.«

Für die fünf glücklichen Tage, die die Liebenden gemeinsam mit ihrem Jungen in Kassel verbrachten, notiert Goethe in seinem Tagebuch in gewohnter Kürze: »16.: Fuhr ich mit den Meinigen nach Wilhelmshöhe, wo die Wasser sprangen; 17.: Abend in ›Camilla‹; 18.: Früh 4 Uhr von Cassel ab . . .«

Natürlich gibt es in der schönen alten Stadt an der Fulda genügend interessante Dinge zu sehen. Bei Stadtrundgängen erzählt Goethe Christiane und dem Jungen manches aus der wechselvollen Geschichte der Stadt. Kunstsammlungen werden besichtigt, Theateraufführungen besucht. August ist vom Bergpark Wilhelmshöhe, »wo die Wasser sprangen«, begeistert.

Mit Genugtuung kann Christiane in diesen Tagen wahrnehmen, daß der geliebte Mann die Krankheit überwunden hat. Die gemeinsam verbrachten Abende im Quartier der liebenswürdigen Madame Goullon im Posthaus am Königsplatz sind die schönste Entschädigung für die vor Wochen ausgestandenen Ängste.

Wie sehr Goethe sich der neugeschenkten Lebensfreude bewußt ist, geht aus dem 1802 entstandenen Gedicht hervor, das den bezeichnenden Titel »Die glücklichen Gatten« trägt. Die erste Strophe lautet:

Nach diesem Frühlingsregen,
Den wir so warm erfleht,
Weibchen, o sieh den Segen,
Der unsre Flur durchweht.
Nur in der blauen Trübe
Verliert sich fern der Blick;
Hier wandelt noch die Liebe,
Hier hauset noch das Glück.

Veränderungen am Frauenplan

Leider haust das besungene Glück nicht auch in dem von Christiane so geliebten Gut Oberroßla, auf das die zitierten Verse wohl in erster Linie gemünzt waren. Der Pächter, ein gewisser Johann Friedrich Fischer, erweist sich als ein Mann, der mehr Wert auf einen flotten Lebenswandel als auf eine erfolgreiche Gutsverwaltung legt. Immer häufiger bleibt er die fällige Pacht schuldig. Bald ist das bis dahin florierende Gut hoffnungslos verschuldet. Die spärlichen Erträge reichen kaum noch aus, die laufenden Zahlungsverpflichtungen zu decken. Es kommt zu häßlichen Auseinandersetzungen, die Goethe allmählich den Aufenthalt in dem geliebten »Tusculum« verleiden. Er habe in den letzten Tagen »oft mit der rohen Natur und über das ekelhafteste Mein und Dein« im Streite gelegen, klagt er Schiller gegenüber, als er sich Ende 1803 schweren Herzens entschließt, das Gut wieder zu verkaufen.

Auch im Haus am Frauenplan gibt es Veränderung. Heinrich Meyer, der langjährige Schweizer Hausfreund, verheiratet sich mit Luise von Koppenfels und gründet in Weimar seinen eigenen Hausstand. Das dadurch frei werdende Zimmer wird sogleich von August mit Beschlag belegt. Der Junge freut sich, jetzt endlich genügend Platz für seine wachsende Sammlung von Steinen und anderen Naturschätzen zu haben.

August, dem der erste Unterricht im Elternhaus von Eisert, einem Seminarlehrer, unter Aufsicht von Professor Kästner erteilt wurde, wird im Juni 1802 von Herder konfirmiert. Er soll jetzt einen Hauslehrer bekommen, der sich seiner humanistischen Weiterbildung annimmt. August hat wohl größeres Interesse für die Natur entwickelt, mit seiner Kenntnis der alten Sprachen sieht es jedoch, wie Goethe dem berühmten klassischen Philologen Friedrich August Wolf in Halle schreibt, nicht sonderlich gut aus.

Für diese wichtige Erziehungsaufgabe engagiert Goethe 1803 den neunundzwanzigjährigen Friedrich Wilhelm Riemer, Schüler von Friedrich August Wolf. Vorher war Riemer Hauslehrer bei Wilhelm von Humboldt in Rom, mußte dort aber gehen, weil er sich, wie man in Weimar behauptete, in die Dame des Hauses verliebt hatte. Bei Goethe nun, in dessen Nähe zu sein Riemer als die langersehnte große Chance seines Lebens sieht, weiß er sich auf den verschiedensten Gebieten nützlich zu machen. Er bleibt nicht nur Hauslehrer und Erzieher des Sohnes, er wird auch Schreiber, Sekretär und schließlich sogar engster Vertrauter des berühmten Hausherrn. Und Goethe weiß den Rat des intelligenten jungen Mannes – vor allem in literarischen und philologischen Fragen – zu schätzen.

In zwei Jahren fördert Riemer seinen Zögling so weit, daß dieser im Frühjahr 1805 das Gymnasium besuchen kann. Der nunmehr entbehrliche Hauslehrer widmet fortan seine Dienste ganz dem Vater, bis Riemer Ostern 1812 eine Professur am Weimarer Gymnasium antritt.

Auch für den scheidenden »Kunschtmeyer« kommt Ersatz. Es ist ein junger Mann, der ebenfalls Meyer heißt, aber mit Vornamen Nicolaus. Er ist Student, der an der medizinischen Fakultät in Jena zum Doktor promovieren und Arzt werden will. Als Sohn eines Bremer Senators, den Goethe kennt, wird er gastlich am Frauenplan aufgenommen und erhält die Erlaubnis, zur Abfassung seiner Dissertation über vergleichende Anatomie die naturwissenschaftlichen Sammlungen des Hausherrn zu benutzen. Auf Christianes Küchenherd kocht er dann seine Tierpräparate aus, vor allem Mäuse, deren zierliche Skelette später auf dem Dachboden gebleicht werden.

Obwohl sich Christiane angesichts dieser »Leichenarbeit« graust, freundet sie sich mit dem geselligen jungen Mann an. Er wird zu einem geschätzten Mitglied der »Lustigen von Weimar« und bald ein enger Vertrauter, mit dem Christiane auch später, als er als Arzt nach Bremen zurückkehrt, in herzlichem Briefwechsel verbunden bleibt. Er ist der erste Mensch, dem sie ihr verstecktes Leiden anvertraut, eine rätselvolle Krankheit, die schließlich zu ihrem viel zu frühen tragischen Tod führt . . .

Noch aber fühlt Christiane sich relativ wohl. Die von Zeit zu Zeit auftretenden Beschwerden können jedenfalls ihrer Lebensfreude keinen Abbruch tun und auch die vielgelästerte Tanzlust nicht dämpfen. »Je mehr ich Bewegung habe«, schreibt sie einmal, »desto besser befinde ich mich.« Sie betrachtet das Tanzen ebenso wie das Reiten und das Schlittschuhlaufen als ihrer Gesundheit förderlich. Später einmal, als sie eine ihrer vielen Badekuren absolvieren muß, teilt sie dem zu Hause gebliebenen Goethe in entwaffnender Offenheit mit: »Seit zehn bis zwölf Tagen haben wir täglich einige Stunden getanzt und dieses, glaube ich, vollendet meine Cur besser, nebst dem Wasser, als alle Medicin.«

Goethe vollendet in dieser Zeit sein Trauerspiel »Die natürliche Tochter«, von dem er Christiane in den letzten Monaten viel erzählt und aus dem er ihr auch schon einige Szenen vorgelesen hat. Es steht in Stil und Form der »Iphigenie« und dem »Torquato Tasso« nahe und soll eigentlich der Auftakt einer Trilogie über die Französische Revolution sein. Doch zu den zwei Fortsetzungen kommt es nicht mehr. Das Stück wird im April 1803 am Weimarer Hoftheater uraufgeführt, hat jedoch, obwohl die vergötterte Jagemann die Hauptrolle spielt, nicht den Erfolg der anderen dramatischen Werke.

Goethe läßt das, wie immer, unberührt. Was er von der Meinung des Publikums hält, schreibt er in einem Brief an Zelter: »Das liebe, allerliebste, gegenwärtige Publikum meint immer: das, was man ihm vorsetzt, müßten jedesmal warme Kräppel auf der Pfanne sein. Es hat keinen Begriff, daß man sich zu jedem Neuen und wahrhaft Altneuen erst wieder zu bilden habe.« Allerdings kann auch der alte Herder, der vor noch nicht langer Zeit den Sohn August konfirmiert hat, dem Stück nichts abgewinnen. Als Goethe ihn fragt, ob ihm »Die natürliche Tochter« nicht gefallen habe, erwidert er: »O doch! Am Ende ist mir aber doch Dein natürlicher Sohn lieber als Deine ›Natürliche Tochter‹.«

Vergnügungen in Lauchstädt

Wesentlich mehr Erfolg beim Publikum hat Goethe im Sommer 1802 bei der Eröffnung des neuerbauten Sommertheaters in Lauchstädt. In den letzten zehn Jahren hat sich in dem Badestädtchen, in das während der Sommermonate viele Gäste aus Leipzig und Halle kommen, ein buntbewegtes, vergnügtes Leben entwickelt, in dessen Mittelpunkt die Kunst steht.

Goethe, der jetzt auch das Theaterprogramm von Lauchstädt gestaltet, hat sich für einen würdigeren Theaterbau als die ehemals von Bellomo ökonomisch eingerichtete Bühne eingesetzt. Nun ist das neue Theater fertig, und aus diesem Anlaß hat Goethe ein kleines Gelegenheitsstück verfaßt, das bei der Einweihung gespielt wird. Es handelt sich eigentlich nur um ein Vorspiel und heißt »Was wir bringen«. Nach der Aufführung ruft das Parterre dem Dichter ein dreimaliges Vivat zu, in das bald darauf alle Zuschauer begeistert einstimmen.

Christiane, die mit Goethe und Sohn August in Lauchstädt weilt, genießt die Tage, ist berauscht von den Huldigungen, die dem geliebten Mann an ihrer Seite dargebracht werden. Goethe ist mehr als zufrieden, und auch die Einnahmen stimmen den Herrn Geheimrat zuversichtlich. In einem Brief vom 12. Juli berichtet Christiane darüber Nicolaus Meyer: »Schon seit drey Wochen . . . bin ich mit dem Geheimen Rath und August in Lauchstädt und jeden Tag habe ich Ihm schreiben wollen. Aber frühe wird gebadet alsdann muß man doch gehen und dann geht es zu Tisch, von da wird geputzt und geht in das Theater, wieder zum Abendessen, und als dann auch wohl auf den Ball. Ich war schon hier auf 6 Bällen, wo es sehr brillant ist. Es sind viele junge Komtessen hier, die alle recht hübsch sind, viele Offiziere sind nicht da, aber die Hallischen Studenten sind meist sehr gescheute Leute, und der Geheime Rath ist sehr mit ihrem Betragen sowohl auf Bällen als im Theater zufrieden . . . Ich tanze auf jedem Ball mit einem wie mit dem andern, weil sie mir alle gleich sind. Sie erweisen mir alle wo ich bin, sehr viel Artigkeit. Sie haben auf dem Geheimen Rath und mein Vivat zugerufen. Das Theater ist hier sehr schön geworden, es können tausend Menschen zusehen – im ersten Stück, das mit einem kleinen Vorspiel vom Geheimen Rath anfing betitelt: ›Was wir bringen‹, waren 8 Hundert Menschen –

wir waren auf dem Balkon in einer sehr schönen Loge, und wie das Vorspiel zu Ende war, so ruften die Studenten ›Es lebe der größte Meister der Kunst, Goethe!‹ Er hatte sich ganz hinten hin gesetzt, aber ich stand auf, und er mußte vor, und sich bedanken. Nach der Comödie war Illumination und dem Geheimen Rath sein Bild illuminirt und sein Name brennt. Und wir speisen mit im Salon, wo auch wieder alles illuminirt war, und der ganze Saal mit Blumen Guirlanden geschmückt. Die Jagemann ist auch vierzehn Tage hier gewesen und hat auch sehr viel tanzen müssen.«

In Lauchstädt hält es Goethe nicht lange. Er muß nach Weimar zurück, wo er mit der Ausbildung des schauspielerischen Nachwuchses für das Hoftheater begonnen hat, Lehrvorträge halten und praktische Übungen durchführen muß. Außerdem wünscht der Herzog, der mit seiner Familie Einzug in das neuerbaute Schloß hält, bei diesem feierlichen Anlaß Goethes Anwesenheit. Für Christiane, so sehr sie den geliebten Mann vermißt, geht nach seiner Abreise das unbekümmerte Leben in Lauchstädt im Kreis der Schauspieler weiter. In den tagebuchartigen Aufzeichnungen, die sie nach Hause schickt, schildert sie mit größter Unbefangenheit den wirbelnden Reigen erlebter Badefreuden. Da gibt es abendliche Ständchen, Wasserfahrten und Feuerwerke, bei denen »höllisch geschossen« wird. Es gibt Visiten und Gegenvisiten, auch bei Karoline Jagemann, die inzwischen zur Mätresse des Herzogs Karl August avanciert ist; vor allem nimmt Christiane an Bällen, Redouten und anderen geselligen Veranstaltungen teil. Mit den Weimarer Schauspielern fährt Christiane nach Merseburg und Halle, um auch über die dortigen Gastspiele zu berichten. Ihr schönstes Vergnügen allerdings ist es, wie sie schreibt, mit dem eigenen Wagen über die Promenade zu fahren.

Goethe, der nie ein guter Tänzer war und mit zunehmendem Alter gar nichts mehr von dieser »angenehmen, selten aber schönen und anständigen Bewegung« hält, ermuntert sie verständnisvoll: »Du bist recht lieb und gut, daß du so viel schreibst; fahre nur fort, denn es macht mir viel Vergnügen, auch im Einzelnen zu wissen, wie dirs geht und wie du deine Zeit hinbringst. Nach deiner Beschreibung muß es jetzt sehr artig in Lauchstädt sein. Genieße das alles mit frohem Herzen und bleibe dort, so lange du Lust hast. Wie sehr von Herzen ich dich liebe, fühle ich erst recht, da ich mich an deiner Freude und Zufriedenheit erfreuen kann. Lebe wohl und liebe mich und gedenke mein, wie ich mit Sehnsucht an dich denke.«

Und Christiane antwortet ihm überschwenglich: »Mein allerbester, superber, geliebter Schatz! Ich bin sehr glücklich, und so glücklich machst Du, Lieber, mich! Ich kann Dir nicht genug dafür danken. Wenn ich Dir nur auch soviel Gutes erweisen könnte! Aber lieben tue ich Dich immer mehr und unaussprechlich. Wie Du gibt es keinen Mann in der ganzen Welt!«

Künftig muß Christiane ihrer zunehmenden Leiden wegen öfter zur Kur in die Badestadt. Doch nach wie vor ist ihre Lebensfreude ungebrochen. »Lustig bin ich, wie du nicht glauben kannst, und solche Einfälle, als ich hier habe, kommt mir kein einziger in Weimar in die Gedanken«, schreibt sie an Goethe. Sie berichtet ihm von ihren Unternehmungen mit den Schauspielern, die sie zum Tanz ausführen: ». . . und so müde als man war, mußte man doch aufstehen und ein bißchen huppen.« Aber sie geht in Lauchstädt auch ganz ungezwungen mit Leuten um, die sie in Weimar als nicht gesellschaftsfähig ansehen. Bei einem Dejeuner, das sie gegeben hat, war beispielsweise Schiller anwesend: ». . . wir haben an einem Tisch gesessen und waren sehr vergnügt. Kurz, es gefällt mir höllisch.«

Und unter dem Datum des nächsten Tages heißt es dann in dem Brief an Goethe: »Wir mußten mit zu Sangusto gehen, wo wir noch Sardellensalat und Wein verzehrten, und wir waren sehr vergnügt. Als wir aber so dasaßen, kam die Jagemann, eine Menge Offiziere, der Prinz, Schiller und eine ganze Gesellschaft. Es wurde sehr lustig und dabei sehr viel Champagner getrunken. Ich sprach lange mit dem Hofrat Schiller, und als die Herren Offiziere zu lustig wurden, so gingen wir weg und fuhren noch bei Mondschein auf dem Kahn.« Aus Weimar kommen daraufhin anerkennende Worte: »Daß dir alles glücklich von statten geht, freut mich sehr, du verdienst es aber auch, da du dich so klug und zierlich zu betragen weißt.«

Erfolg des »Rinaldo Rinaldini«

Gelegentlich kommt auch der Bruder nach Bad Lauchstädt. August Vulpius hat inzwischen in aller Stille geheiratet. Seine Frau Helene ist eine Tochter des herzoglich meiningischen Rats Deahna. Das Ehepaar hat bereits einen Sohn mit dem Namen Rinaldo, jetzt ist ein zweites Kind unterwegs. Es ist eine glückliche kleine Familie, bei der »Tante Christl« ein stets gerngesehener Gast ist.

Beruflich geht es mit August Vulpius in den letzten Jahren ebenfalls mit Erfolg voran. Die Universität Jena hat ihn zum »Dr. philos.« ernannt, und seit 1797 ist er – dank der Fürsprache Goethes – Bibliothekssekretär an der Herzoglichen Bibliothek in Weimar, wo er 1805 Bibliothekar wird. Vor allem aber hat er sich als Schriftsteller einen Namen gemacht, in erster Linie mit seinem Abenteuerroman »Rinaldo Rinaldini, der Räuberhauptmann, eine romantische Geschichte unseres Jahrhunderts«: Neben der Schilderung sizilianischer Raubzüge und spannender Liebeshändel seines Helden bringt er hier manche seiner gesellschaftskritischen Ideen unter. Das in drei Bänden 1798 in Leipzig erschienene Werk hat einen enormen Publikumserfolg und hilft zur Verbesserung der sonst so mißlichen wirtschaftlichen Verhältnisse des Autors. Die nach dem Zeitgeschmack in den Prosatext eingestreuten Gedichte, allen voran »Froh und heiter ohne Kummer« und »In des Waldes tiefsten Gründen«, werden bald vertont und zu Vulpius' Lebzeiten vor allem im Jenaer Burgkeller von den Studenten begeistert gesungen.

Die Gestalt des Rinaldo, dessen Namen er Tassos »Befreitem Jerusalem« entlehnte, hat August Vulpius schon Anfang der neunziger Jahre konzipiert. Rinaldo erscheint bereits als Held in dem 1794 veröffentlichten und in Ferrara spielenden Roman »Aurora«. Den Nachnamen aber hat August Vulpius erst bei der Niederschrift des Romans erfunden, die in wenigen Monaten erfolgte.

Dieses Buch ist der große Wurf seines Lebens. Von Vulpius' einundsechzig Romanen und Erzählungen, fünfunddreißig Dramen und fünf kulturgeschichtlichen Werken ist nichts dem Bewußtsein unserer Tage erhalten geblieben. Sein »Rinaldo Rinaldini« aber lebt. Mit diesem Werk kam Vulpius dem damaligen Zeitgeschmack voll und ganz entgegen. Das war es, was die Welt damals lesen wollte. Schillers »Räuber«, 1782 in Mannheim uraufgeführt, hatten wohl dazu beigetragen, das Interesse an Räuberromanen zu wecken. 1794 war Heinrich Zschokkes Roman »Abällino, der große Bandit« erschienen, der 1795 zum Drama umgearbeitet auch auf Bühnen großen Beifall erntete; den Schauplatz hatte der Autor nach Italien verlegt, wo das Räuberwesen seit Jahrhunderten blühte. Aber der erfolgreichste unter den Schriftstellern, die Ritter- und Räuberromane verfaßten, ist zweifellos August Vulpius, der in seinem

»Rinaldo Rinaldini« den edlen Räuber par excellence schuf. Es ist der bekannteste und beliebteste Roman seiner Zeit. Alles, was den Trivialroman an zugkräftigen Motiven auszeichnet, wendet Vulpius an. Die Kulisse einer wildromantischen Landschaft, in der prunkvolle Schlösser und verwunschene Ruinen, verborgene Höhlen und friedliche Einsiedeleien der ständig wechselnden Handlung den adäquaten Hintergrund liefern, hat ihre Entsprechung in der Personenstaffage von Schurken und Mönchen, Einsiedlern, edlen Grafen mit deren mehr oder weniger tugendhaften Töchtern, dem schicksalsbestimmenden Genius und sogar seiner verführerischen Gehilfin. Für die einzelnen Episoden entwirft Vulpius aus dem Repertoire spannender Motive höchst wirksame Szenen: Auffinden geheimer Verliese, Erlösung von Gefangenen, Flucht und plötzliches Wiederfinden, Taschenspielertricks der Geisterbanner, Entführungen und Liebesabenteuer. Dabei wechselt die Handlung in einem regelmäßigen Rhythmus: Rinaldo, der unerschrockenste, wagemutigste, aber auch großmütige und ehrenhafte Bandit, tritt unter falschem Namen in einen neuen Kreis, verliebt sich unweigerlich in die schönste Frau seiner Umgebung, erlebt Stunden höchsten Glücks, wird erkannt und verraten und entkommt dank eigener Geistesgegenwart oder durch rechtzeitige Hilfe. Während dieses sich ständig wiederholenden Lebenslaufs durchquert er den ganzen Mittelmeerraum. Der Phantasie des Autors scheinen in der Ausschmückung dieses Schemas keine Grenzen gesetzt zu sein.

Die Leser entzücken sich an der ständig veränderten Konstellation, an dem turbulenten Leben des tapferen Helden. August Vulpius hat eine in der Gunst des Publikums unsterbliche Figur geschaffen, deren Gestalt nur Kristallisationspunkt für immer neue Anekdoten ist, die sich ad infinitum um sie ranken können.

Das Publikum gibt sich mit dem gewaltsamen Ende seines Lieblings nicht zufrieden, und Vulpius sieht sich gezwungen, um das immense Publikumsinteresse zufriedenzustellen, den Tod des Helden zu einem Scheintod zu deklarieren und Rinaldo zwei Jahre nach Erscheinen in zwei Fortsetzungsbänden unter dem Titel »Rinaldo Rinaldini. 10. – 15. Buch. Ferradino, Fortsetzung des Räuberhauptmanns Rinaldini« neuen Abenteuern entgegenzuschicken.

Alle späteren Bearbeitungen und Nachdrucke fügen Anekdoten hinzu. Auf dieser erfolgreichen Bahn läßt Vulpius selbst weitere Helden fortfahren. Er ist sein eigener Plagiator in seinem 1800 in Rudolstadt erschienen »Glorioso, der große Teufel«, einer Abfolge ähnlicher Abenteuer.

Von nun an wetteifern Autoren mit immer neuen »Seitenstücken« und Nachahmungen des berühmten Vorbilds. In der Nachfolge von Vulpius' Roman erfreute sich das Motiv der Räuberromantik bis weit ins neunzehnte Jahrhundert hinein ständig wachsender Beliebtheit. Zum Schauspiel umgearbeitet ging »Rinaldo Rinaldini«, der an Popularität unerreicht blieb, über viele Bühnen und wurde in fast sämtliche europäische Sprachen übersetzt. August Vulpius litt darunter, daß seine gelehrten Schriften demgegenüber wenig Echo fanden.

Christiane erlebt, daß ihr Bruder in breiten Volksschichten nicht weniger populär ist wir ihr »hochdecorirter Herr Geheimrath«.

Schillers Tod

Leider bleibt Christianes Glück nicht ungetrübt. Schon zu Anfang des Jahres 1805 brechen wieder schwere Zeiten für sie an. Goethe erkrankt aufs neue, fast noch schwerer und gefährlicher als vor vier Jahren. Schmerzhafte Nierenkoliken quälen ihn. Es ist ein komplizierter Rückfall, der ihn zeitweise in die Nähe des Todes bringt. Wieder wird Christiane von der quälenden Angst befallen, daß der Geliebte sie allein zurücklassen könnte. In ihrer Not schreibt sie an Nicolaus Meyer nach Bremen: »Der Geheimrath hat nun seit einem Vierteljahr keine gesunde Stunde gehabt und immer Perioden, wo man denken muß, er stirbt. Sie können sich denken, wenn so ein unglücklicher Fall käme und ich ganz allein stände, wie mir zu Muthe ist. Ich bin wahrhaftig ganz auseinander. Und dann kommt noch dazu, daß die Ernestine sich abzehrt und auch dem Grabe sehr nahe ist, und die Tante ist auch sehr schwach. Es ist also die ganze schwere Last der großen Haushaltung auf mich gewälzt, und ich muß fast unterliegen. Ach Gott, wenn Sie nur hier wären! Ich glaube, die Ärzte kennen seine Krankheit nicht recht, oder es ist ihm nicht mehr zu helfen. Ich weiß gar nicht, was ich denken soll, der Anfall kommt gewöhnlich alle vier Wochen mit den größten Schmerzen, wobei er gewiß noch unterliegen muß. Wenn Sie mir auf diesen Brief antworten, so adressieren Sie ihn an meinen Bruder oder an die Frau Doctorin Buchholtz, weil ich weiß, der Geheimrath hat es nicht gern, wenn ich von seiner Krankheit schreibe.«

Zur gleichen Zeit, da Christiane dies schreibt, erkrankt auch Schiller, so daß die beiden Dichterfreunde sich mehrere Wochen nicht sehen können. Heinrich Voß, der Sohn des Homer-Übersetzers, der in dieser Zeit enge Verbindung zu den beiden großen Männern hält, schreibt darüber: »In der letzten Krankheit Schillers war Goethe ungemein niedergeschlagen. Ich habe ihn einmal weinend im Garten gefunden; aber es waren nur einzelne Tränen, die ihm in den Augen blinkten. Sein Gesicht weinte, nicht seine Augen; und in seinen Blicken las ich, daß er etwas Großes, Überirdisches, Unendliches fühlte. Ich erzählte ihm vieles von Schiller, das er mit unnennbarer Fassung anhörte. ›Das Schicksal ist unerbittlich, und der Mensch wenig!‹ Das war alles, was er sagte.«

Am 9. Mai 1805 stirbt Schiller.

Bei der großen Erregbarkeit, in der sich Goethe noch durch die Nachwehen seiner Krankheit befindet, ist es verständlich, daß niemand aus seiner Umgebung ihm die furchtbare Nachricht zu überbringen wagt. Über die beklemmende Situation, die an diesem Tag im Haus am Frauenplan herrscht, schreibt Heinrich Voß in dem erwähnten Bericht weiter: »Als Schiller gestorben war, war eine große Besorgnis, wie man es Goethe beibringen sollte. Niemand hatte den Mut, es ihm zu melden. Meyer war bei Goethe, als draußen die Nachricht eintraf, Schiller sei tot. Meyer wurde hinausgerufen, hatte nicht den Mut, zu Goethe zurückzukehren, sondern ging weg, ohne Abschied zu nehmen. Die Einsamkeit, in der sich Goethe befindet, die Verwirrung, die er überall wahrnimmt, das Bestreben, ihm auszuweichen, das ihm nicht entgehen kann – alles dieses läßt ihn wenig Tröstliches erwarten. ›Ich merke es‹, sagt er endlich, ›Schiller muß sehr krank sein‹ und ist die übrige Zeit des Abends in sich gekehrt.«

Heinrich Voß fährt fort, daß allein Christiane Fassung bewahrte. Sie habe gehört, sagte sie zu Goethe, Schiller sei über lange Zeit ohnmächtig gewesen, sei jetzt jedoch wieder erwacht. Und dann ist dem Bericht von Voß zu entnehmen, daß Christiane die ganze Nacht über kein Auge zugetan hat. Immer nur um den Geliebten besorgt, stellte sie sich schlafend. Schließlich sei Goethe, nachdem er Christiane ruhig atmen hörte, zur Ruhe gekommen und eingeschlafen. Wörtlich heißt es dann bei Voß: »Am Morgen sagt er zu der Vulpius: ›Nicht wahr, Schiller war gestern sehr krank?‹ Der Nachdruck, den er auf das ›sehr‹ legt, wirkt so heftig auf jene, daß sie sich nicht länger halten kann. Statt ihm zu antworten, fängt sie laut an zu schluchzen. ›Er ist tot?‹ fragt Goethe mit Festigkeit. ›Sie haben es selbst ausgesprochen‹, antwortet sie. ›Er ist tot‹, wiederholt Goethe noch einmal, wendet sich seitwärts, bedeckt die Augen mit den Händen und weint, ohne eine Silbe zu sagen.«

In den Tag- und Jahresheften vermerkt Goethe später einen »hohlen Zustand«, in dem er sich treiben ließ und in laufenden Geschäften »ohne weiteren Anteil zur Seite ging«. Hinzu kommt aber noch etwas ganz anderes: Im Schicksalsjahr 1806 kehrt der Tod in Goethes Haus ein. Am 7. Januar stirbt Ernestine, Christianes jüngere Halbschwester, an Schwindsucht.

Christiane, die das nur schwer verwindet, kann ihren Schmerz kaum verbergen. Aber sie muß es, man darf ihr das Leid nicht ansehen, denn sie weiß, daß Goethe Zeit braucht, um einen Todesfall seelisch zu verkraften. So muß die Nachricht noch einige Tage von ihm ferngehalten werden, bis sich einfach nicht länger verheimlichen läßt, daß Ernestine nicht mehr am Leben ist. ». . . doch soll er sie beweint haben«, schrieb Frau von Stein am 15. Januar an ihren Sohn Fritz. Der Brief ist noch aus einem anderen Grund äußerst aufschlußreich. Er bestätigt, daß Christiane in Weimar inzwischen als Goethes Frau angesehen wurde. Charlotte von Stein schreibt darin, daß vor acht Tagen »seine Schwägerin« gestorben sei.

Sicherlich bezeichnete Charlotte von Stein ungewollt Christianes Halbschwester Ernestine als Goethes Schwägerin, und als habe ihr Unterbewußtsein die Anerkennung Christianes als Goethes Frau sogleich zensiert, läßt Frau von Stein in ihrem Brief an Fritz dem Begriff »Schwägerin« das Wort »Demoiselle« folgen: »Vor acht Tagen war eben seine Schwägerin, die jüngere Schwester seiner Demoiselle, gestorben . . .« Das ist der genaue Text.

Mitfühlend nimmt Goethes Mutter in einem ihrer Briefe an

Christianes Trauer Anteil. Ernestine könne so fein spinnen, hat die Frau Rat anerkennend einige Jahre vorher an Christiane geschrieben.

Am 1. März 1806 – der Kummer um Ernestine lastet noch über Goethe und Christiane – stirbt Tante Juliane. Sie hatte sowohl für Ernestine wie für Christiane lange Zeit Mutterstelle eingenommen. Jetzt ist Christiane kaum mehr zu trösten. Vor acht Wochen ihre Schwester und jetzt die Tante. Beide hatten in den neun Jahren hier eine Aufgabe und ihr Zuhause gefunden. Auch Goethe war beiden Frauen gegenüber rücksichtsvoll, war ihnen zugetan und verwöhnte sie gern mit kleinen Geschenken. Christiane hat zudem nicht nur den Verlust zweier geliebter Menschen zu beklagen, mit denen sie von Kindheit an aufs engste verbunden war, sie verliert damit auch ihre wichtigsten Stützen im Haushalt.

Das Ende des alten Europa

Der bedrückende Zustand im Goetheschen Haus wird noch verstärkt durch die stürmische politische Entwicklung in Europa. England, als Hauptgegner Napoleons, von dem es seine Vormachtstellung bedroht sieht, hat sich 1805 mit Rußland, Österreich und Schweden zur Wiederherstellung des europäischen Gleichgewichts vereinigt. Spanien und die süddeutschen Staaten haben sich mit Frankreich verbündet, Preußen ist neutral geblieben. Napoleon hat plötzlich die geplante Landung in England aufgegeben, die Kapitulation der Festung Ulm erzwungen, in der der österreichische General Mack mit 25 000 Mann eingeschlossen ist, und Wien besetzt. Am 2. Dezember 1805 hat Napoleon bei Austerlitz einen glänzenden Sieg über die Russen und Österreicher errungen. Im Frieden zu Preßburg ist am 25. Dezember vereinbart worden, daß Österreich Venetien, Istrien und Dalmatien an Italien, Tirol und Vorarlberg an Bayern abzutreten hat und dafür als Entschädigung Salzburg bekommt. Bayern und Württemberg sind zu Königreichen erhoben worden.

Der völlige Verlust der überlieferten Machtstellung in Italien, die Verdrängung vom Rhein und aus Süddeutschland, die fast völlige Abkapselung von der See sind schwerwiegende Verluste für das Haus Österreich. Das Reich befindet sich nun in einem Auflösungsprozeß. Verwandtschaftliche Bande mit der Familie Napoleons fesseln die süddeutschen Vasallen noch mehr an das französische Interesse. 1806 treten sechzehn süddeutsche Fürsten aus dem Reich aus und gründen in Paris unter Napoleons Protektorat ein militärisches Dauerbündnis mit Frankreich, den Rheinbund. Die politische Zentrale dieser gegen Wien gerichteten Gruppierung ist München.

Auf ein Ultimatum Napoleons hin legt Kaiser Franz II. – seit 1804 als Franz I. Kaiser von Österreich – am 6. August 1806 die römisch-deutsche Kaiserwürde nieder. Das bedeutet das Ende des Heiligen Römischen Reiches Deutscher Nation, das über achthundert Jahre bestanden hat. Die politischen Machtinteressen der Reichsstände haben die Rechtsgrundlage des Reiches zerstört, das im Feudalismus erstickt ist. Diesem Reich fehlen die wichtigsten Beamten, seine Heeresorganisation ist unvollkommen, es ist kein einheitlicher Wirtschaftskörper, es besitzt kein eigenes Münz-, Maß- und Gewichtssystem. In allem ist es das Gegenteil des aufsteigenden napoleonischen Kaiserreichs. Das alte Europa geht zugrunde, ohne Ruhm, unheroisch, sogar verspottet von der technisch-organisatorischen Überlegenheit der revolutionären Demokratie.

Aber nicht der glanzlose, sich schon lange abzeichnende Untergang des zerfallenden Reiches ist es, der Goethe bedrückt.

Es sind vielmehr die kriegerischen Ereignisse und Wirrnisse, in die er Europa stürzen sieht. An allen Ecken und Enden brennt es. Bald wird sich der Kanonendonner und das verheerende Schlachtengetümmel auch den thüringischen Gefilden nähern und Not und Verzweiflung über die Bevölkerung bringen.

Am 14. Oktober 1806 ist es dann soweit. Die preußischen Heere, die in der Umgebung von Weimar Stellung bezogen haben, werfen sich den vordringenden napoleonischen Truppen entgegen, werden aber bei Jena und Auerstädt vernichtend geschlagen. Auch Weimar wird zum Kriegsschauplatz. Flüchtende Truppen ziehen in wilder Panik durch die Straßen der Residenzstadt, werden von den verfolgenden Franzosen gestellt und in verzweifelte Kämpfe verwickelt.

Von den Höhen jenseits der Ilm drohen die Feuerschlünde der Geschütze, Kugeln fliegen über die Dächer, schlagen auf Straßen und Plätzen ein. In der Nähe des Schlosses gehen Häuser in Flammen auf, überall wird von versprengten Marodeuren geplündert.

Goethe vermerkt in seinem Tagebuch unter dem 14. Oktober in lakonischer Kürze: »Früh Kanonade bei Jena, darauf Schlacht bei Kötschau. Deroute der Preußen. Abends um 5 Uhr flogen die Kanonenkugeln durch die Dächer. Um 1/2 6 Einzug der Chasseurs. 7 Uhr Brand, Plünderung, schreckliche Nacht. Erhaltung unseres Hauses durch Standhaftigkeit und Glück.«

Was im einzelnen an diesem Schicksalstag geschieht, kennen wir aus einer detaillierten Schilderung Riemers. Da dieser Bericht eines unmittelbar beteiligten »Augen- und Ohrenzeugen« besonders plastisch alle Geschehnisse berichtet und vor allem auch die großen Verdienste Christianes als »erprobte treue Seele« würdigt, sei er hier in seinen wichtigsten Teilen im Wortlaut wiedergegeben.

KAPITEL XVI

Riemers Bericht

»Dienstag den 14. Oktober 1806 des Morgens um 7 Uhr hörte man in Weimar ganz deutlich die Kanonade der Schlacht bei Jena. In Goethes Hausgarten vernahmen wir diesen Donner pelotonweise, weil die Morgenluft den Schall in grader Richtung brachte, der, wie der Tag zunahm, sich verminderte und endlich ganz aufzuhören schien. Wir setzten uns daher ohne weitere Beunruhigung zu Tische, wie gewöhnlich um 3 Uhr etwa, aber wir hatten kaum angefangen von den Speisen zu genießen, als wir Kanonenschüsse erst einzeln, darnach mehrere hintereinander ganz in der Nähe vernahmen. Wir standen sogleich auf, der Tisch wurde schleunig abgeräumt, Goethe entfernte sich durch die vorderen Zimmer, ich eilte von der andern Seite durch den Hof in den Hausgarten und fand ihn bereits darin auf- und abgehend. Während dessen pfiffen Kanonenkugeln über das Haus hin. Es war von der Altenburg her und eine der Kugeln hatte in das alte Theater eingeschlagen.

Ich eilte durch den Hof in das Haus zurück, mich in den untern Räumen aufzuhalten. Während dessen ging die preußische Retirade hinter dem Garten dicht an der Ackerwand weg in der gräßlichsten Verwirrung.

Ich sah sie nicht, sondern hörte nur das Geschrei und bemerkte die Spitzen der Gewehre und sonstigen Waffen über der Gartenmauer hinschwankend.

Unter Angst und Erwartung der Dinge, die da kommen sollten, unter Hin- und Wiederrennen der Hausleute und Wegschaffen von zurückgelassenen Effekten der bisherigen preußischen Einquartierung war vielleicht eine Stunde vergangen, als eine ehrfurchtsvolle Stille die Straßen und den Platz vor Goethes Hause erfüllte.

Da kamen einzelne französische Husaren ans nahe Fraunthor gesprengt, spähend, ob Feinde in der Stadt wären. Einer wagte sich etwas weiter herein; wir eilten, Goethes Sohn und ich, mit Bouteillen Weins und Biers auf sie zu und reichten ihnen diese Erfrischungen, die sie aber nicht eher annahmen, als bis wir ihnen versicherten, daß keine Preußen mehr in der Stadt wären . . .

. . . bald darauf bemerkte ich, daß Goethe zu Fuße an der Seite eines Husarenoffiziers nach dem Markte zu also vermutlich auf das Schloß ging. Erst lange nachher erfuhr ich, dieser Offizier, der mir als Bekannter Goethes bezeichnet wurde, habe sich sehr geheimnisvoll nach ihm erkundigt; es war ein Baron Türkheim, Sohn der unter dem Namen Lili als Goethes frühere Geliebte berühmt gewordenen Frau von Türkheim geb. Schönemann . . .

Mittlerweile war Feuer in der Stadt ausgekommen; es brannten mehrere Häuser in der Nähe des Schlosses, höchst wahrscheinlich, ja gewiß durch die Franzosen selbst angezündet, welche dadurch Signale ihres Einzugs in Weimar gaben, und daher auch zur Löschung selbst wieder beitrugen.

Während dessen herrschte die größte Verwirrung in der Stadt durch das Hereinströmen immer neuer zahlreicher Truppen, die auf Plätzen der Stadt bivuakierten, Läden und Keller erbrachen, in die Häuser drangen, um zu plündern und Mißhandlungen zu verüben.

Goethe war indes zurückgekommen, aber der Marschall erschien noch immer nicht, ohngeachtet die Tafel für ihn und seine Begleiter schon lange bereit war. Die Elsasser schliefen indessen fest. Das Haus war verriegelt . . .

Während ich so allein auf der Diele des Hauses auf und abgehend verweilte, ohne Licht und nur von den hochaufleuchtenden Flammen der in der Ferne brennenden Häuser die nötige Hellung empfangend, waren in einem der Zimmer des Hinterhauses eine Menge Personen aus der Stadt zusammengedrängt, die geflüchtet vor der Wucht und den Mißhandlungen der Plünderer hier Schutz und Verborgenheit zu finden hofften. Einige derselben waren der Wirtin in Bereitung der Speisen und der Herausschaffung des nötigen Kellervorrats für den erwarteten Marschall und sein Gefolge behülflich; andere jammerten über das wie ein Blitz hereingebrochene noch nie erfahrene Unglück und Elend und vermehrten so die Bestürzung und Unruhe der Hausgenossen, die den Kopf zusammenzunehmen hatten, um das Nötigste und Geeignetste in dieser Bedrängnis nicht zu verfehlen.

Es war schon tief in der Nacht, der Lärm auf den Straßen dauerte immer fort; ich hatte bisher meinen Posten unangefochten behauptet, als plötzlich fürchterliche Kolbenstöße an die Haustür donnerten und auf mein endliches Wer da! Einlaß verlangt wurde. Ich schlug ihn ab mit der Bedeutung, das Quartier sei schon für den Marschall in Beschlag genommen, dessen Ankunft man jeden Augenblick entgegensehe, und außerdem mit 16 Reitern belegt.

Nun wurden sie heftiger, drohten die Tür einzuschlagen; und da sie vollends die niedrigen Fenster nebenan gewahrten und durch diese bemerken konnten, daß ich mich in einem beinahe zimmerähnlichen Raum befände, so machten sie Anstalten, das Fenster einzuschlagen und sich mit Gewalt in das verweigerte Asyl zu setzen. Nun hielt ich es nicht für geraten, den Widerstand weiter zu treiben, ich schob daher den Riegel zurück und ließ sie ein.

Es waren zwei Kerls, Tirailleurs in voller Bewaffnung. Als sie eintraten, wiederholte ich nochmals meine Vorstellung und öffnete zum Beweis die Tür in das Zimmer, wo die Reiter schliefen. Sie überzeugten sich durch Einblick und schienen gelassener, indem sie nichts weiter verlangten, als hier im Schauer zu verweilen und einiges zu genießen. Ich holte Licht aus der nahen Küche und einiges Getränk und Speise und setzte es auf einem bereitstehenden Tisch ihnen vor. Schemel waren auch zur Hand, und so nahmen sie bald Besitz von dem allen und sprachen der Flasche weidlich zu.

Der Wein schien ihnen zu munden, sie wurden heiter und gesprächig, fragten nach diesem und jenem, auch nach dem Hausherrn. Ich entschuldigte seine Abwesenheit und mochte ihnen scheinen, die Wahrheit zu verhehlen. Sie wurden immer dringender ihn zu sehen; ich mußte befürchten, sie möchten sich selber den Weg zu seinem Zimmer suchen und es ihm dann empfindlicher entgelten lassen. Ich eilte also zu Goethe hinauf, erzählte mit kurzen Worten den Hergang, und wie ich mir nicht weiter zu helfen wüßte und ihn bäte herunterzukommen, sich den Leuten zu zeigen und sie mit mehr Gewicht abzuweisen, als ich haben könne.

Er tat es auch, ohne betroffen zu sein. In Erinnerung ähnlicher Auftritte der deutschen Krieger in der Champagne mochte er wohl denken, daß jetzt die Reihe an die Deutschen käme, und wie er sich in alles zu finden und zu fügen wußte, so auch in dieses. Obgleich schon ausgekleidet und nur im weiten Nachtrock, der sonst scherzhaft Profetenmantel von ihm genannt wurde, schritt er die Treppe herab auf sie zu, fragte, was sie von ihm wollten und ob sie nicht alles erhalten, was sie billigerweise verlangen könnten, da das Haus bereits Einquartierung habe und noch einen Marschall mit Begleitung erwarte.

Seine würdige ehrfurchtgebietende Gestalt, seine geistvolle Miene schienen auch ihnen Respekt einzuflößen, sie waren auf einmal wieder die höflichen Franzosen, schenkten ein Glas ein und ersuchten ihn, mit ihnen anzustoßen. Es geschah auf eine Weise, die jeder Unbefangene den Umständen gemäß und seiner nicht unwürdig erkannt haben würde.

Nach einigen gewechselten Reden entfernte er sich wieder; sie schienen zufrieden und beruhigt und sprachen den Flaschen von neuem zu; bald aber schienen sie schläfrig sich nach einer Ruhestatt umzusehen, und da ihnen die bloßen Dielen nicht genügen mochten, verfolgten sie die nahe Treppe, auf der sie den Hausherrn hatten kommen und gehen sehen. Ich eilte ihnen nach, sie nahten dem Zimmer, worin die Betten für die Begleitung des Marschalls standen, und drangen hinein. Widerrede half nichts, Widerstand war so unmöglich wie töricht, ich mußte es geschehen lassen in der Hoffnung, daß einer der auf jeden Fall angekündigten Adjutanten wenigstens und mit erfolgreichern Mitteln sie vertreiben werde . . .

Es war nun völlig Tag geworden, der Marschall, der die Nacht anderswo geblieben, kam an; augenblicklich trat Sauvegarde vor das Haus, größere Ruhe und Ordnung stellte sich ein und ich erfuhr in der ersten Unterredung mit den übrigen Hausgenossen, daß, während ich die beiden Maraudeurs in den Betten glaubte, sie dem Hausherrn auf das Zimmer gerückt wären und *sein Leben bedroht* hätten. Da habe seine Frau einen der mit ins Haus Geflüchteten zu Hilfe gerufen, dieser habe Goethe von den Wütenden befreit, sie hinausgejagt, die Türen seines Zimmers und Vorgemachs verschlossen und verriegelt.

Goethe selbst ließ sich nie etwas davon merken; ich aber war nicht wenig bestürzt über die Gefahr, in welcher er ohne mein Wissen und Gedenken geschwebt.«

Die entscheidende Szene hat demnach Riemer nicht selbst miterlebt. In einem Bericht des Anatomen Loder an Hufeland heißt es darüber wesentlich dramatischer, die Marodeure seien »mit blanken Säbeln auf Goethe eingedrungen und hätten ihn vielleicht umgebracht, wenn Christiane sich nicht auf ihn geworfen und ihn teils dadurch, teils durch einige silberne Leuchter, die sie sogleich hergab, gerettet hätte.«

Riemer berichtet dann weiter: »Indes bewahrte Goethe von diesem Tage an eine treue Dankbarkeit sowohl gegen seinen Retter als gegen die Frau, die überhaupt in diesen Schreckenstagen sich mit großer Standhaftigkeit und Gewandtheit, ohnerachtet sie nicht französisch sprach, zu nehmen wußte, und trotz des furchtbaren Aufwandes an Lebensmitteln, den sowohl die Soldaten als der Marschall und seine verschwenderischen Köche verursachten, ihr Hauswesen doch so beisammen hielt, daß sie noch andern Bedürftigen aushelfen und ihren Schützlingen aus der Stadt etwas zuwenden konnte.

Dieses Dankgefühl, dieses Anerkennen, das er ihr in diesem Augenblick des Lebens schuldig geworden, war das Hauptmotiv, eine Handlung zu beschleunigen, die er bereits im Sinne habend, nur an den zur Ausführung schicklichen Moment knüpfte, wo sie als natürlich, sich von selbst verstehend, weniger befremdend und ohne Aufsehen zu erregen, sich vornehmen ließ.«

Riemer schildert nun ausführlich, wie schwer Goethes Los gewesen wäre, wenn Napoleon seine Drohung, ganz Weimar niederbrennen zu lassen, ausgeführt hätte. Er schließt dann: »In dieser traurigen Aussicht, ein ferneres Leben, wenn es noch gestattet sein sollte, als Bettler in der Fremde kümmerlich zu fristen, war ein innigeres Anschließen an eine erprobte treue Seele so natürlich, daß es keines andern Beweggrundes bedurfte, und im Fall einer günstigen Wendung des Geschickes, nicht mehr als eine gerechte Entschädigung für bisher empfundene Nachteile und Entbehrungen, die aus der öffentlichen

Meinung erwachsen mögen. Nun war seine Vaterliebe nicht allein ihr sondern auch ihrem Sohne bei dessen Heranwachsen und bevorstehender Lebensbestimmung eine öffentliche Anerkennung schuldig.

Diese doppelten Beweggründe waren es, die Goethen gleich in den ersten Tagen der sich verlaufenden Kriegsflut und des erscheinenden Friedensbogens vermochten, das stille Gelübde seines Herzens durch eine förmliche öffentliche Trauung zu sanktionieren.«

KAPITEL XVII

Die Hochzeit

Drei Tage später, am 17. Oktober 1806, schreibt Goethe an Wilhelm Christoph Günther, den Oberkirchenrat von Weimar: »Dieser Tage und Nächte ist ein alter Vorsatz bei mir zur Reife gekommen; ich will meine kleine Freundin, die so viel an mir getan und auch diese Stunden der Prüfung mit mir durchlebte, völlig und bürgerlich anerkennen, als die Meine. Sagen Sie mir, würdiger geistlicher Herr und Vater, wie es anzufangen ist, daß wir sobald möglich, Sonntag oder vorher, getraut werden. Was sind deshalb für Schritte zu tun? Könnten Sie die Handlung nicht selbst verrichten, ich wünschte, daß sie in der Sakristei der Stadtkirche geschähe. Geben Sie dem Boten, wenn er Sie trifft, gleich Antwort. Bitte!« Und Heinrich Voß berichtet am nächsten Tag: »Mir war es rührend, wie Goethe am zweiten Abend nach der Schlacht, als wir um ihn versammelt waren, der Vulpius für ihre Treue in diesen unruhigen Tagen dankte und mit den Worten schloß: ›So Gott will, sind wir morgen Mittag Mann und Frau!‹«

Die Hochzeit zwischen dem siebenundfünfzigjährigen Goethe und der sechzehn Jahre jüngeren Christiane findet am 19. Oktober, einem strahlend hellen Sonntag, in der Sakristei der Hofkirche statt. Es ist die altehrwürdige Jakobskirche in der Nähe der Luthergasse, wo die Familie Vulpius so lange gewohnt hat. Christianes Hochzeit wird somit in dem gleichen Gotteshaus vollzogen, das sie schon in frühester Kindheit regelmäßig besucht hat und in dem sie auch konfirmiert worden ist.

Der barocke Bau, dessen älteste Teile bis auf das zwölfte Jahrhundert zurückgehen, ist seit dem Jahre 1774, als mit dem herzoglichen Schloß gleichzeitig die wertvolle Schloßkapelle niederbrannte, von Herzog Karl August zur Hof- und Garnisonkirche ernannt worden, in der auch alle fürstlichen Trauungen und sonstigen Feierlichkeiten stattfinden. Das Innere des schmalen Kirchenschiffs mit seinen drei Emporen ist in klassischer Strenge gehalten. Zu den glatten Wänden in lichtgrauer Farbe bildet das satte Rot des kunstvollen barocken Altaraufbaus einen besonders wirkungsvollen Kontrast.

Zum Leidwesen Christianes kann die Trauungszeremonie nicht im Hauptschiff vor diesem feierlich stimmenden Altar stattfinden, denn in der Nacht nach der großen Schlacht hat man die Kirche zu einem Lazarett und Asyl für Verwundete und Kranke umgewandelt. Da alle Krankenhäuser der Stadt überfüllt sind, liegen auch jetzt noch verwundete Soldaten auf den notdürftig vor dem Kirchengestühl aufgestellten Pritschen.

So findet die Trauung in der etwas versteckt liegenden kleinen Sakristei statt. Man hat dazu einen schmalen Tisch aufgestellt und mit einem weißen Spitzentuch bedeckt. Den Schmuck bilden zwei Herbstblumensträuße und brennende Kerzen, die in behelfsmäßigen Haltern stecken, da die silbernen Leuchter der Plünderung zum Opfer gefallen sind.

Gewiß hat sich Christiane ihre Hochzeit, wenn sie als junges Mädchen davon träumte, anders vorgestellt: mit Brautkleid und Schleier, mit festlichem Aufzug, Chorgesang, Orgelspiel und Glockengeläut. Doch bringt ihr nun diese stille und schlichte Feier mehr, als sie je zu hoffen gewagt hat. Auch ohne pompöses Gepränge wird ihr dieser 19. Oktober 1806 zum schönsten und beglückendsten Tag ihres Lebens. Trotz der fühlbaren Kühle in dem dämmrigen Raum wird Christiane warm ums Herz. Verstohlen greift sie, während beide vor den Pfarrer treten, nach der Hand des Geliebten, und da sie fühlt, daß er den Druck verständnisvoll erwidert, ist ihr Glück vollkommen.

Obwohl wegen der Kürze der Zeit und der verwirrenden Kriegsereignisse kaum besondere Vorbereitungen möglich waren, trägt sie ein hübsches Kleid aus hellblauem Seidendamast mit duftigem Musselin, dezent dekolletiert, mit modisch hoher Raffung der Taille, die ihre schöne und volle Büste betont.

Auch Goethe hat sich Christiane zuliebe festlich angezogen. Er trägt einen dunkelblauen Frack mit Beinkleidern von gleicher Farbe, eine helle Seidenweste und eine kunstvoll geschlungene Halsbinde aus weißem Batist mit wertvoller Vorstecknadel.

Goethe ist bei der Hochzeit, zu welcher der außergewöhnlichen Umstände wegen keine Gäste geladen sind, siebenundfünfzig Jahre alt, seine Braut einundvierzig. Trauzeugen sind der sechzehnjährige Sohn August und Friedrich Wilhelm Riemer. Den Akt der Trauung vollzieht der Oberkonsistorialrat Wilhelm Christoph Günther »in angemessener Weise«, wie Riemer in seinem Bericht vermerkt. Im Traubuch der Weimarer Hofkirche wird folgender Eintrag besiegelt: »S. Exzellenz, Herr Johann Wolfgang von Goethe, Fürstl.-Sächs. Geheimer-Rath allhier, mit Demoiselle Johanna Christiana Sophia geb. Vulpius, des weil. Herr Johann Friedrich Vulpius, Fürstl.-Sächs. Amts-Copistens allhier, hinterlassene älteste Tochter sind Dom. XX post Trinitatis als den 19. Oktobris in allhiesiger Fürstl. Hofkirche-Sakristei von dem Herrn Oberkonsistorial-Rat Günther in der Stille copuliert worden.«

Nach Hause zurückgekehrt, stellt Goethe den Glückwünschenden, die sich eingefunden haben, Christiane mit den Worten vor: »Sie ist immer meine Frau gewesen!«

Für den Sohn August ist dieser Tag natürlich ebenfalls ein ganz besonderes Ereignis – seine Mutter wird endlich gesellschaftlich anerkannt, er selbst hoffähig, darf das Adelsprädikat des Vaters tragen, seine Mutter wird eine Exzellenz. Wie sehr August erleichtert ist, geht aus einem Brief der Tochter von Johanna Fahlmer kurz nach Goethes Eheschließung hervor: »Er ist ein sehr lieber, braver Junge, gescheut, herzlich und treu. Genialisch wie sein Vater ist er nicht. Auch freut es ihn gewaltig, daß seine Mutter nun seines Vaters Frau ist. Er . . . hängt kindlich an seinen Eltern.«

In ihrem Verhalten bleibt Christiane, auch nachdem sie Goethes Namen führt, natürlich und bescheiden. Karoline Jagemann, die alles andere als eine Freundin der Christiane ist, stellt fest: »Man muß es ihr nachsagen, daß sie darum den Kopf nicht höher trug und ihre Gewohnheiten nicht veränderte.« Und in einem anderen Bericht über jene Zeit kurz nach der überraschenden Eheschließung heißt es: »In ihrer Sprache, ihrem Wesen war Christiane v. Goethe ganz thüringisch . . . Den Vater ihrer Kinder zu pflegen und ihm das körperliche Leben behaglich zu machen, war die Hauptaufgabe ihres Daseins, die sie mit Eifer zu lösen versuchte. In allem übrigen ließ sie sich aber nichts anfechten und verharrte unwandelbar bei ihrer Sitte und ihrem Treiben. Sollte man wohl glauben, sagte Goethe, daß diese Person schon zwanzig Jahre mit mir gelebt hat? Aber das gefällt mir eben an ihr, daß sie nichts von ihrem Wesen aufgibt und bleibt, wie sie war.«

In dem Gedicht »Die glücklichen Gatten«, das 1806 innerhalb der Gruppe »Gesellige Lieder« in den »Werken« erschienen, aber schon 1802 in Gedanken an das Roßlaer Gut entstanden ist, stehen die Verse:

Doch als uns vom Altare,
Nach dem beliebten Ja,
Mit manchem jungen Paare
Der Pfarrer eilen sah;
Da gingen andre Sonnen
Und andre Monden auf,
Da war die Welt gewonnen
Für unsern Lebenslauf.

»Frau Geheimrätin von Goethe . . .«

Zwar gehen jetzt nicht »andre Sonnen und andre Monden« auf; was sollte amtliche und kirchliche Trauung auch für zwei Menschen bedeuten, die seit mehr als siebzehn Jahren in häuslicher Liebes- und Lebensgemeinschaft miteinander verbunden sind – in einer »Gewissensehe«, zu der Goethe sich bekannt hat. Aber für Christiane ist wohl doch »die Welt gewonnen«, wie es beziehungsvoll in dem Gedicht heißt. Sie ist jetzt »Frau Geheimrätin von Goethe«, rechtmäßig angetraute Gemahlin der »Weimarer Exzellenz« mit allen »Honneurs«. Und als solche muß sie von der Gesellschaft anerkannt werden, auch wenn es verschiedenen Damen in den adeligen Zirkeln noch so schwer fällt.

Goethe unternimmt alles, um diese Anerkennung voranzutreiben. Zunächst gibt er den wichtigsten Freunden und Bekannten den »neuen Zustand« bekannt. So schreibt er unter anderen an den Dr. Nicolaus Meyer in Bremen: »Um diese traurigen Tage durch eine Festlichkeit zu erheitern, habe ich und meine kleine Hausfreundin gestern als am 20sten Sonntag nach Trinitatis den Entschluß gefaßt, in den Stand der heiligen Ehe ganz förmlich einzutreten . . .« Und im Hinblick auf die durch die Plünderungen entstandene Lebensmittelknappheit fügt er in hausväterlicher Sorge hinzu: ». . . mit welcher Notifikation ich Sie ersuche, uns von Butter und sonstigen transportablen Viktualien manches zukommen zu lassen.« Und an Freund Knebel schreibt er: »Daß ich mit meiner guten Kleinen seit vorgestern verehelicht bin, wird Euch freuen. Unsre Trauringe wurden vom 14. Oktober datiert.«

Dieses Datum bezieht sich bezeichnenderweise nicht auf den Tag der Hochzeit, es soll vielmehr die Erinnerung an jenen Schreckenstag wachhalten, an dem er durch das entschlossene Eingreifen seiner Christiane aus höchster Lebensgefahr errettet wurde.

Groß ist die Freude natürlich bei Frau Aja. In Ihren Augen war die Lebensgefährtin ihres Sohnes und die Mutter ihres Enkels seit langem ihre »liebe Tochter«. In dem Brief, der am 27. Oktober an den Sohn aus Frankfurt kommt, heißt es: »Zu deinem neuen Stand wünsche dir allen Segen – alles Heil – alles Wohlergehen – da hast du nach meines Hertzens wunsch gehandelt – Gott! Erhalte Euch! Meinen Seegen habt Ihr hiemit in vollem Maas – der Mutter Seegen erhält den Kindern die Häußer – wenn sie schon vor dem jetzigen Augenblick nichts weiter in diesen Hochbeinigen erbärmlichen Zeiten thun kan. Aber nur Gedult – die Wechsel-Briefe, die ich von unserm Gott erhalten habe, werden so gewiß bezahlt als jetzt – da ich dies schreibe – die Sonne scheint: Darauf verlaßt Euch – Ihr solt mit Eurem theil zufrieden seyn – das schwöre ich Euch. Grüße meine Liebe Tochter hertzlich – sage Ihr, daß ich Sie Liebe – schätze – verehre . . .«

KAPITEL XVIII

Mme. Schopenhauer empfängt Christiane von Goethe

Schon bald nach der Hochzeit, die überall in der Gesellschaft größtes Aufsehen erregt, erscheint ein Zeitungsartikel, der Goethe wegen der niederen und gemeinen Gesinnung Christiane gegenüber besonders erbost. In dem Artikel, der von einem ungenannt bleibenden Zeitungsschreiber stammt, heißt es: »Goethe ließ sich unter dem Kanonendonner der Schlacht von Jena und Auerstedt mit seiner vieljährigen Haushältern, Demoiselle Vulpius, trauen, und so zog sie allein einen Treffer, während viele tausend Nieten fielen.«

Wäre der Bericht in einem der üblichen Winkelblätter erschienen, hätte ihn Goethe ignoriert. Aber er steht merkwürdigerweise in der bedeutenden »Allgemeinen Zeitung«, einem angesehenen, gemäßigt liberalen Blatt, das 1798 von Goethes Verleger Cotta in Stuttgart gegründet worden ist und lange Zeit als Sprachrohr einer gebildeten Öffentlichkeit gegolten hat.

So schreibt Goethe, entgegen seiner sonstigen Gewohnheit, eine Erwiderung an Cotta, in der es heißt: »Ich bin nicht vornehm genug, daß meine häuslichen Verhältnisse einen Zeitungsartikel verdienen; soll aber was davon erwähnt werden, so glaube ich, daß mein Vaterland mir schuldig ist, die Schritte, die ich tue, ernsthaft zu nehmen: denn ich habe ein ernstes Leben geführt und führ' es noch!«

Kurze Zeit später sieht er sich genötigt, in der gleichen entschiedenen Weise für Christianes Bruder, der jetzt auch offiziell sein Schwager ist, einzutreten.

August Vulpius, der unweit vom Frauenplan mit seiner kleinen Familie eine hübsche Wohnung besitzt, hat unter den kriegerischen Ereignissen besonders hart leiden müssen. Genau wie Charlotte von Stein, der bei der allgemeinen Plünderung sämtliche Räume ausgeraubt worden sind, hat er sein gesamtes Hab und Gut verloren. »Man hat uns von allem entblößt«, berichtet er in bewegten Worten über die schreckliche Zeit, »vom Kamm bis zur Nadel, vom Zinn bis zur Schere. Selbst die Fässer mit dem Eingemachten, das Brennholz, alles dahin!«

Da er die Wohnung den plündernden Franzosen überlassen mußte, hat er die erste Nacht mit seiner Frau und seinen beiden Kindern frierend im Park verbracht. Am nächsten Tag hat Goethe ihn in sein weitgehend verschont gebliebenes Haus aufgenommen, wo Christiane die verzweifelte Familie wenigstens mit dem Nötigsten versorgen konnte. Erst viel später, als Napoleon einige Bücher aus der Weimarer Bibliothek verlangt und man deshalb August Vulpius' Hilfe benötigt, kann er mit seiner Familie wieder in die völlig verwüstete Wohnung zurückkehren.

In dieser Zeit erscheint in der bereits erwähnten »Allgemeinen Zeitung« ein schäbiger Schmähartikel gegen den Autor des »Rinaldo Rinaldini«. Der Jenaer Berichterstatter des Blattes schreibt darin mit kaum zu überbietender Gehässigkeit: »Unserem famösen Romanfabrikanten Vulpius ist es auch scharf ans Leben, und seiner Frau ans Nothzüchtigen gegangen; aber wenn es traurig ist, dergleiche zu erleben, so ist es eine Wonne, ihn die Szene erzählen zu hören. In jenen Momenten ist die Gebährmutter seines Geistes, aus der schon so viele Räuber und Ungeheuer hervorgingen, gewiß aufs neue zu einem Dutzend ähnlicher Schöpfungen geschwängert worden, die in den nächsten Messen wie junge Ferkel herumgrunzen werden.«

Goethe antwortet geharnischt auf diese »niederträchtige Art« der Verunglimpfung eines Menschen aus seiner nächsten Umgebung. Er weiß genau, daß dieser Angriff auch ihn und Christiane treffen soll. In einem langen, zornigen Brief, den er seinem Schreiber diktiert, stellt er Cotta die Frage: »Ist es die Zeit, einen Geplünderten als Autor anzugreifen? Wollen wir, mein Bester, die Kritik, die den Rinaldo Rinaldini verdammt, aufrufen? Wo bleiben, daß ich's grade heraus sage, diejenigen Artikel, die dem Buchhändler am besten fruchten?« Und anschließend erklärt er: »Man weiß sehr gut, daß der Friede, wie das stehende Wasser, solches Ungeziefer hervorbringt; wenn es aber im Kriege erscheint, dann ist es erst recht ekelhaft.«

Daß Goethe mit der literarischen Produktion seines Schwagers vielleicht nicht in allem einverstanden ist, beeinträchtigt in keiner Weise die herzlichen verwandtschaftlichen Beziehungen zur Familie Vulpius. In Goethes Tagebüchern nach der Eheschließung mit Christiane sind August Vulpius und dessen Frau häufig als Gäste verzeichnet. Am 25. Dezember 1807, also zum Weihnachtsfest, steht darin: »Abends Gesellschaft zu Augusts Geburtstag und kleine dramatische Unterhaltung von Dr. Vulpius, vorgestellt durch De. Elsermann, Engels und Rinaldo.«

Rinaldo – so heißt der älteste Sohn von Christianes Bruder, der später gemeinsam mit Kanzler Müller zu Goethes Testamentsexekutor wird. Goethe mochte den kleinen Rinaldo schon als Kind sehr gern und gab Christiane oft den Auftrag, dem Jungen in seinem Namen eine besondere Freude zu machen. Kein Wunder, daß der kleine »Räuber« mit abgöttischer Liebe an seinem »Onkel Goethe« hing.

Christianes gesellschaftliches Debüt

Der erste Besuch, den Goethe mit seiner angetrauten Gattin macht, gilt der wohlhabenden Hofrätin Johanna Schopenhauer aus Danzig, die seit kurzem in Weimar einen geselligen Salon unterhält. Sie ist die Mutter des Philosophen Arthur Schopenhauer, hat sich aber selbst einen Namen als Romanautorin gemacht. Seit sie sich mit ihrer Tochter Adele in der Residenzstadt an der Ilm niedergelassen hat, ist ihr Haus ein Mittelpunkt gesellschaftlichen und literarischen Lebens geworden. Zu dem Zirkel, der sich sonntags und donnerstags um sie herum versammelt, gehören so bekannte Persönlichkeiten wie Charlotte von Stein, Charlotte von Schiller, die Witwe des Dichters, deren Schwester Caroline von Wolzogen, Herr Bertuch, der frühere Arbeitgeber Christianes in der Blumenfabrik, und der reisende Schriftsteller und Professor Georg von Reinbeck, der lange Zeit Lehrer am Pageninstitut in Petersburg war.

Madame Schopenhauer ist eine vorurteilsfreie, liberal eingestellte Dame. »Ich denke«, sagte sie, »wenn Goethe dieser Frau seinen Namen gibt, so kann ich ihr auch eine Tasse Tee geben.«

Für diese Tasse Tee, die sie Christiane, die heute womöglich gehemmter ist als sonst, reicht, ist ihr Goethe zeit seines Lebens dankbar, denn dank dieser noblen Geste ist seine Frau gleichberechtigt in die Weimarer »Societät« aufgenommen.

Wie geschickt Goethe in der Sache vorgegangen ist und wie selbstverständlich Johanna Schopenhauer seine Wünsche erfüllt hat, geht aus einem Brief hervor, den die Gastgeberin kurz darauf ihrem Sohn Arthur schreibt: »Goethe hat sich am Sonntag mit seiner alten geliebten Vulpius, der Mutter seines Sohnes, trauen lassen. Er hat gesagt, in Friedenszeiten könne man die Gesetze wohl vorbeigehen, in Zeiten wie den unseren müsse man sie ehren. Den Tag darauf schickte er Dr. Riemer, den Hofmeister seines Sohnes, zu mir, um zu hören, wie es mir ginge. Noch denselben Abend ließ er sich bei mir melden und stellte mir seine Frau vor; ich empfing sie, als ob ich nicht wüßte, wer sie vorher gewesen wäre. Ich sah deutlich, wie sehr mein Bekenntnis ihn freute; es waren noch einige Damen bei mir, die erst formell und steif waren und hernach meinem Beispiel folgten. Goethe blieb fast zwei Stunden und war so gesprächig und freundlich, wie man ihn seit Jahren nicht gesehen hat. Er hat sie noch zu niemand als zu mir in Person geführt. Als Fremden und Großstädterin traute er mir zu, daß ich die Frau so nehmen werde, als sie genommen werden muß; sie war in der Tat sehr verlegen, aber ich half ihr bald darauf durch. In meiner Lage und bei meinem Ansehen und der Liebe, die ich mir hier in kurzer Zeit erworben habe, kann ich ihr das gesellschaftliche Leben sehr erleichtern. Goethe wünscht es und hat Vertrauen zu mir, und ich werde es gewiß verdienen.«

Nun, Christiane ist Johanna Schopenhauer für ihre verständnisvolle Art von Herzen dankbar. An Aufgeschlossenheit und ständigem Bemühen läßt Christiane es gewiß nicht fehlen. Georg von Reinbeck, der an der Teegesellschaft teilgenommen hat, sieht Christiane als eine Frau »von vielem materiellen Reiz, an welcher man Gutmütigkeit und einen stets heiteren Sinn rühmt, wie dies mit Temperamenten jener Art gewöhnlich verbunden ist«.

Und Christiane notiert in ihrem Tagebuch nach dieser Einladung: »Goethe sagte heut, ich wär durch die Feuertaufe zur Weimaranerin geworden.«

Vor vielen Jahren bereits hatte sich August Ludwig Hülsen gegenüber Friedrich Schleiermacher in seinem schon einmal erwähnten Brief vom 13. April 1800 anerkennend geäußert, daß Christiane Vulpius seinem Eindruck nach durchaus gebildet sei und »sehr viel Einnehmendes« habe, um fortzufahren, »daß sie sogar bei Staatsvisiten die Honneurs im Hause macht, welches mir unter anderm die Geheimrätin von Koppenfels in Weimar erzählt hat, die auch Besuche von ihr erhielt und sie erwiderte«. In der Tat, im Beisein Goethes verlor Christiane in ihrer Natürlichkeit ihre Sicherheit nie.

Die Anschauung über Christiane hat sich vielerorts seit geraumer Zeit zu ändern begonnen. Unter dem sanften Druck Goethes, der nach der Eheschließung keinen Zweifel daran gelassen hatte, daß er eine Mißachtung seiner Frau als persönlichen Affront werten würde, haben die Damen der Weimarer Gesellschaft sich notgedrungen mit der ungeliebten Frau Geheimrat abgefunden. Pflichtgemäß absolvieren sie ihre Aufwartungen und laden Christiane im eigenen Haus ein.

Wie sehr sich die Situation im Lauf von zwei Jahren verändert hat, spürt man aus einem Brief Christianes an ihren Sohn vom 31. Dezember 1808: »Denke Dir nur, wer alles bei uns ist: ein Herr v. Kügelgen, der Dr. Meyer, Herr v. Humboldt, Werner, Arnim und noch mehrere Fremde. Dazu habe ich müssen achtzehn vornehmen Damen Visiten machen. Wir hatten einen Tee von dreißig Personen, alle Damen, die du kennst, Frau v. Wolzogen, Stein, Schiller und mehrere. Am zweiten Weihnachtsfeiertag war ein großes Souper bei Wolzogens, wo ich auch eingeladen war. Und ich sitze im Theater nicht mehr auf meiner alten Bank . . . Ich sitze in der Loge neben den Schopenhauern. Du kannst also aus diesem Brief ersehen, daß meine jetzige Stellung ganz anders als sonst ist.«

Es fehlt auch nicht an ersten anerkennenden Äußerungen. Wilhelm von Humboldt, der im Dezember einige Zeit in Goethes Haus zu Gast ist, nimmt von Christiane den Eindruck mit, daß sie »ein ganz leidliches Wesen« ist. Und hinsichtlich ihrer Einführung in die Weimarer Gesellschaft hebt er lobend Karoline von Wolzogen hervor. Sie akzeptiere Christiane »ohne Anstand«, schreibt Humboldt, »da sie mit Recht sagt, daß sehr viele von jeher aufs rechtmäßigste verheiratete Damen um kein Haarbreit amüsanter sind«.

Goethe hat in seinem Bemühen, Christianes gesellschaftliche Anerkennung zu erwirken, einen Sieg errungen. Aber im verborgenen wird die Hetze gegen diese Ehe immer wieder angefacht. Bedauerlicherweise ist es wiederum Charlotte von Stein, die hinter der üblen Nachrede steckt. Längst hat sich Goethe mit der ehemals so engen Vertrauten im äußerlichen Umgang ausgesöhnt, das heißt die Begegnungen mit ihr in konventionelle Bahnen gelenkt. »Einsalzen der Liebe mit Freundschaft«, nennt er das einmal. In der Kleinstadt, in der man immer wieder aufeinanderstößt, kann man nicht wie Fremde aneinander vorübergehen. Man grüßt sich höflich, spricht miteinander, tauscht die üblichen Redensarten aus. Doch Charlotte von Stein kann nicht vergeben. Gewiß, ihr Schicksal ist beklagenswert, besonders jetzt, da sie als Folge der Plünderungen vollständig verarmt ist. Aber der Brief, den sie an ihren Sohn Fritz schreibt, ist infam. Sie teilt ihm mit, er sei von Goethe, diesem »ausgelöschten Stern«, der lange Jahre die Vaterrolle bei ihm gespielt hat, hintergangen worden, wie auch sie selbst sich aufs ärgste getäuscht fühle. Und Lotte Schiller gegenüber verdächtigt Charlotte von Stein Christiane in, man kann es nicht anders sagen, niederträchtiger Weise: »Sie betrinkt sich alle Tage, wird aber dick und fett. Auch ihr Sohn ist schon gewohnt, sein Leiden zu ertrinken. Neulich hat er in einem Klub von der Klasse seiner Mutter siebzehn Glas Champagner getrunken. Er macht auch nicht den Eindruck, als ob er lange leben könne.«

Charlotte von Stein ist über das Ziel hinausgeschossen. Selbst in »ihrem« Kreis vermerkt man ihre Ausfälle mit Mißbehagen. »Es sind böse Reminiszenzen in ihr geblieben«, urteilt Karoline von Wolzogen, die andere Lengefeld-Schwester. »Die Stein ist aufgerieben in sich. Arme Seele!«

Wie unversöhnlich Frau von Stein ist, offenbart ihre letzte Verfügung: Darin bestimmt sie, daß nach ihrem Ableben ihr Leichnam nicht, wie es der kürzeste Weg gewesen wäre, am Haus Goethes vorbeigetragen werden dürfe.

August wird Student

Schon bald nach der Hochzeit engagiert Goethe für Christiane, auf die jetzt viele neue und ungewohnte Pflichten zukommen, eine Gesellschafterin. Es ist die junge Caroline Ulrich, eine geistreiche und gewandte Demoiselle aus achtbarem Bürgerhaus, mit der sich Christiane aufs beste versteht und die deshalb bald zu ihrer Freundin und Vertrauten wird. In mancher Beziehung tritt sie an die Stelle ihrer verstorbenen Schwester Ernestine.

Goethe hat die hübsche kleine Person mit Bedacht ausgewählt. Sie soll ja nicht nur, wie es für Gesellschafterinnen vermögender Damen üblich ist, der Unterhaltung und der Kurzweil für einsame Stunden dienen. Seine Absicht ist vor allem, Christiane eine junge Frau an die Seite zu geben, die sich in allen Etikettenfragen auskennt und ihr bei gesellschaftlichen Anlässen eine Hilfe ist. Außerdem ist »Carolinchen«, wie er die neue Hausgenossin nennt, erstaunlich schreibgewandt und kann deshalb von Christiane auch als »Secretarius« benutzt werden.

Von dieser Fähigkeit ihrer Gesellschafterin macht Christiane gern Gebrauch; sie ist auch stolz darauf, jetzt genau wie Goethe über einen Schreiber zu verfügen. In eiligen Fällen sagt sie ganz einfach, was sie mitzuteilen gedenkt, die Formulierung überläßt sie der Ulrich.

Christiane macht sich übrigens rasch mit einigen Stilmerkmalen der Gesellschafterin vertraut. Das verraten auch viele der späteren Briefe Christianes an den geliebten Mann. Goethe bemerkt das natürlich und erlaubt sich manchmal den Spaß, bei seinen Antworten in versteckten Andeutungen auch »Uli« in den Briefdialog mit einzubeziehen.

Daß Goethe mit dem jungen und reizvollen Geschöpf auch sonst gern umgeht, ist aus zahlreichen Tagebucheintragungen ersichtlich, wo er im Plural von »seinen Frauen« spricht, mit denen er einen lustigen Abend verbringt. Da ist von dem räuberischen Spiel »Rabusche« die Rede oder vom beliebten Whist, das eine große Rolle spielt. Immer wieder heißt es: »Nachher Whist gespielt mit den Frauenzimmern.« Oder: »Rabusche mit den Frauenzimmern.« Oder: »Mit den Frauen zur Nacht gespeist.«

Auch bei den abendlichen Vorlesungen ist Caroline Ulrich, auf deren Urteil er Wert legt, dabei. Er scherzt gern mit ihr und freut sich über die schlagfertigen Antworten der witzigen Person. Sogar einige kleine Verse hat er ihr gewidmet. Kein Wunder, daß sich bald die Fama der Geschichte bemächtigt: Der alternde Geheimrat, heißt es in Weimar, falle in die Zeit seiner Jugendsünden zurück. Seit er Ehemann geworden ist, suche er es seinem herzoglichen Freund gleichzutun und lege sich neben der angetrauten Gattin eine junge Geliebte zu. Er habe sich ganz einfach ein »Nebengeschöpf« ins Haus geholt, das ihm Abwechslung in das eintönig werdende Eheleben bringen soll.

Nicht ganz schuldlos an dem neuen Gerücht scheint Riemer

zu sein, der zu einer Schlüsselfigur am Frauenplan geworden ist. Als »Majordomus« des Hauses hat er selbst ein Auge auf Christianes Gesellschafterin geworfen. Eifersüchtig beobachtet er seinen Dienstherrn. Der heimlich Angebeteten gegenüber wird er sogar zutraulich. Als Christiane schwer erkrankt und Caroline Ulrich, besorgt um ihre Zukunft, die Frage aufwirft, was nach einem eventuellen Ableben der Hausherrin aus ihr werden solle, ist seine Antwort: dann sicherlich auch offiziell die »Nachfolgerin« der Geheimrätin . . .

Christiane, der das alles nicht verborgen bleibt, greift kurzerhand in das Geschehen ein und bringt es fertig, daß aus Caroline Ulrich und Friedrich Wilhelm Riemer ein Paar wird. Später drängt sie auf schnelle Heirat.

Im Mai 1808 bedrücken Christiane noch andere Sorgen: August soll auf Goethes Wunsch in Heidelberg Rechtswissenschaft studieren und somit für längere Zeit das Haus verlassen. Wie jede Mutter, die ihren geliebten Sohn zum ersten Mal in das »freie Leben dort draußen« ziehen sieht, befällt sie Angst vor dem Abschied. Wie schmerzlich sie die Trennung empfindet, geht aus den Briefen hervor, die sie August nach Heidelberg schreibt: »Bei jedem Schritt und Tritt wünsche ich mir, wenn wir beide nur zusammen wären. Dein liebes Bild grüße ich alle Morgen und unterhalte mich mit ihm und freue mich schon voraus, wenn wir uns wiedersehen werden. Schreibe mir recht bald, wie es Dir in Heidelberg gefällt und wie es mit der Kost geht.« Ein andermal: »Ich sehne mich sehr nach Dir, und um 11 Uhr ist mir immer, als müßtest Du aus der Schule kommen, und ich sehe mich immer nach Dir um, und bei allen meinen kleinen Gesellschaften wird immer auf Deine Gesundheit getrunken. Dein letzter Brief, den Du zu Bartholomäi geschrieben hast, hat dem Vater sehr gefallen. Er hat ihn von Riemer abschreiben lassen, und er ist dann allen Damen produziert worden; es war ein so hübscher Stil darin. Auch der Vater hat Dich sehr lieb, das habe ich erst recht gesehen, wie Du weg warst. Die erste Zeit hat er nichts gegessen. Sein einziger Wunsch ist nur, daß Du was lernen möchtest, und hoffe ich auch von Dir. Leb wohl, mein lieber Sohn. Deine Dich liebende Mutter«.

Schwieriges Amt in Frankfurt

Schneller als geplant kann Christiane ihren geliebten Sohn wieder in die Arme schließen.

Am 13. September 1808 stirbt Goethes Mutter. Als die Nachricht vier Tage später in Weimar eintrifft, ist es in Anbetracht der langen Anreise für eine Teilnahme an der Beerdigung zu spät. Trotzdem muß ein Beauftragter der Familie zur »Entsiegelung« und Regelung der Erbschaftsangelegenheiten nach Frankfurt fahren.

Goethe, der eben von einem längeren Kuraufenthalt in Karlsbad und Teplitz zurückkommt, ist von der Todesnachricht so erschüttert, daß er das Ereignis nicht einmal in seinem Tagebuch vermerkt. Hier wie sonst scheut er, sich allzu schmerzlichen Eindrücken auszusetzen. Christiane ist bestimmt imstande, ihn zu vertreten und die nötigen Formalitäten in Frankfurt zu erledigen. Goethe schickt seine Frau nach Frankfurt. Auf der Rückfahrt kann sie auch ihren Sohn in Heidelberg besuchen, der an der Ruhr erkrankt ist.

Goethe findet durch diese Regelung Zeit, ins nahe Erfurt zu fahren, wo in diesen Tagen der von aller Welt mit Spannung erwartete Fürstenkongreß stattfindet. Napoleon, nach seinen glanzvollen Siegen der machtvolle Beherrscher Europas, hat dort alle regierenden Fürsten der Rheinbundstaaten und die wichtigsten Diplomaten seiner Einflußgebiete zusammengerufen. Auch Zar Alexander von Rußland wird erwartet. Herzog Karl August hat den Wunsch geäußert, bei dieser wichtigen Zusammenkunft Goethe in seinem Gefolge zu haben.

Christiane reist nur in Begleitung ihrer Gesellschafterin Caroline Ulrich nach Frankfurt, wo sie diesmal mit allen Verwandten ihres Mannes, mit sämtlichen Basen und Vettern, zusammentrifft. Sie denkt bei allem, was sie sagt und tut, an *den* Menschen, dessen Tod sie hierher geführt hat: die geliebte und verehrte Mutter ihres Mannes. Über die letzten Wochen, welche die Frau Rat nur mehr im Bett zugebracht hat, läßt sie sich ausführlich erzählen. Oft kommen ihr die Tränen.

Der gewiß nicht leichten Aufgabe der Erbschaftsaufteilung unterzieht sie sich mit erstaunlichem Geschick. Goethe berichtet Knebel später, daß seine »liebe kleine Frau« die schwierige Mission »auf eine glatte und noble Weise« hinter sich gebracht habe, und Henriette Schlosser, eine Tochter von Goethes Schwager aus dessen zweiter Ehe, vermerkt im Hinblick auf diesen Familientag: »Sie betrug sich liberal und schön bei der Teilung, bei der sie sich doch gewiß verraten hätte, wenn Unreines in ihr wäre. Es freut uns alle, sie zu kennen, um über sie nach Verdienst zu urteilen und sie bei anderen verteidigen zu können, da ihr unerhört viel Unrecht geschieht.«

Bewegend ist auch das Wiedersehen mit dem Sohn in Heidelberg. Wie sehr hing er an seiner Großmutter! Christiane beginnt ihn zu pflegen; noch hat er sich nicht ganz von der gefährlichen Ruhr erholt. Auch finanziell befindet er sich in einigen Nöten; eine Folge der Kriegswirren ist die, daß alles ständig teurer wird und der Wert des ausgegebenen Papiergelds immer mehr verfällt. Also steckt sie ihm in mütterlicher Fürsorge einen größeren Geldbetrag zu, obwohl ihr Goethe eingeschärft hat, aus erzieherischen Gründen nicht allzu großzügig zu sein. »Es ist freilich etwas Eigenes«, schreibt er Christiane nach Heidelberg, »so allein in der Welt zu stehen und alles bar bezahlen zu müssen, da man zu Hause so vielen Hinterhalt und Ausflüchte hat. Er mag sich noch ein wenig hinhelfen, damit er sieht, was das Geld wert ist; dann kann man ihm ja wohl mit etwas Außerordentlichem beispringen.«

Empfang bei Napoleon

Als Christiane nach langer Fahrt wieder nach Hause kommt – sechs Wochen war sie gemeinsam mit Caroline Ulrich fort –, findet sie den Geliebten »besternt und bebändert«: Die Kaiser von Frankreich und Rußland haben ihn anläßlich des Erfurter Fürstenkongresses mit höchsten Orden ausgezeichnet.

Christiane beglückwünscht ihn. Doch Goethe überwertet die neuen Auszeichnungen nicht. Zwar erkennt er das Nützliche solcher Ehrungen, denn »ein Titel und ein Orden halten im Gedränge manchen Puff ab«, aber eigentlich gereichen sie doch nur zu »gesteigerter Mühseligkeit«, wie er Zelter gegenüber bemerkt. Wichtiger erscheint ihm, daß ihn in diesen geschichtsträchtigen Tagen der Kaiser der Franzosen in persönlicher Audienz empfangen und sich »auf die gnädigste Weise« lange mit ihm unterhalten hat.

Der als Eroberer in die Geschichte eingegangene Korse ist ein passionierter Leser und ein brillanter Schriftsteller. Für die eigene literarische Betätigung findet er allerdings erst in der Verbannung auf Sankt Helena Zeit. Mit Goethe spricht er vor allem über den »Werther«, den Napoleon nach eigenen Worten mehrmals gelesen hat und auf allen seinen Feldzügen mit sich führt.

Goethe hat für Napoleon von allem Anfang an Bewunderung gehegt. Bei aller vaterländischen Gesinnung, die man Goethe umsonst hat absprechen wollen, ist der Dichter von der dämonischen Größe Napoleons ergriffen und befangen. Er teilt den allgemeinen Haß gegen den französischen Imperator nicht. Für ihn ist der Korse, in dem viele den Verräter der großen Revolution, andere einen größenwahnsinnigen Emporkömmling und Usurpator sehen, einer der größten Geister seiner Zeit und vor allem der Wiederhersteller der Ordnung nach den Greueln der Revolution.

Beeindruckt von der faszinierenden Persönlichkeit des großen Franzosen schreibt Goethe von der Begegnung am 2. Oktober 1808 an Christiane am 4. und 16. des Monats. Er hat die Unterredung später auf Anregung des Kanzlers von Müller schriftlich fixiert:

»Ich werde hereingerufen . . .

Der Kaiser sitzt an einem großen runden Tisch frühstükkend; zu seiner Rechten steht, etwas entfernt vom Tische, Talleyrand, zu seiner Linken ziemlich nah Daru, mit dem er sich über die Kontributionsangelegenheiten unterhält.

Der Kaiser winkt mir heranzukommen.

Ich bleibe in schicklicher Entfernung vor ihm stehen.

Nachdem er mich aufmerksam angeblickt, sagte er: ›Vous êtes un homme.‹ Ich verbeuge mich.

Er fragt: ›Wie alt seid Ihr?‹

›Sechzig Jahr.‹

›Ihr habt Euch gut erhalten – Ihr habt Trauerspiele geschrieben.‹

Ich antworte das Notwendigste . . .

Er wandte sodann das Gespräch auf den ›Werther‹, den er durch und durch mochte studiert haben. Nach verschiedenen ganz richtigen Beobachtungen bezeichnete er eine gewisse Stelle und sagte: ›Warum habt Ihr das getan? Es ist nicht naturgemäß‹; welches er weitläufig und vollkommen richtig auseinander setzte.

Ich hörte ihm mit heiterem Gesichte zu und antwortete mit einem vergnügten Lächeln, daß ich zwar nicht wisse, ob mir jemand denselben Vorwurf gemacht habe; aber ich finde ihn ganz richtig und gestehe, daß an dieser Stelle etwas Unwahres nachzuweisen sei. Allein, setzte ich hinzu, es wäre dem Dichter vielleicht zu verzeihen, wenn er sich eines nicht leicht zu entdeckenden Kunstgriffs bediene, um gewisse Wirkungen hervorzubringen, die er auf einem einfachen natürlichen Wege nicht hätte erreichen können.

Der Kaiser schien damit zufrieden, kehrte zum Drama zurück und machte sehr bedeutende Bemerkungen, wie einer, der die tragische Bühne mit der größten Aufmerksamkeit gleich einem Kriminalrichter betrachtet und dabei das Abweichen des französischen Theaters von Natur und Wahrheit sehr tief empfunden hatte.

So kam er auch auf die Schicksalsstücke, die er mißbilligte. Sie hätten einer dunklern Zeit angehört: ›Was‹, sagte er, ›will man jetzt mit dem Schicksal, die Politik ist das Schicksal.‹

Er wandte sich sodann wieder zu Daru und sprach mit ihm über die großen Kontributionsangelegenheiten; ich trat etwas zurück und kam gerade an den Erker zu stehen, in welchem ich vor mehr als dreißig Jahren zwischen mancher frohen auch manche trübe Stunde verlebt . . .

Der Kaiser stand auf, ging auf mich los und schnitt mich durch eine Art Manœuvre von den übrigen Gliedern der Reihe ab, in der ich stand.

Indem er jenen den Rücken zukehrte und mit gemäßigter Stimme zu mir sprach, fragte er: ob ich verheiratet sei, Kinder habe? und was sonst Persönliches zu interessieren pflegt. Ebenso auch über meine Verhältnisse zu dem fürstlichen Hause, nach Herzogin Amalia, dem Fürsten, der Fürstin und sonst; ich antwortete ihm auf eine natürliche Weise. Er schien zufrieden und übersetzte sichs in seine Sprache, nur auf eine etwas entschiedenere Art, als ich mich hatte ausdrucken können.

Dabei muß ich überhaupt bemerken, daß ich im ganzen Gespräch die Mannigfaltigkeit seiner Beifallsäußerungen zu bewundern hatte; denn selten hörte er unbeweglich zu, entweder er nickte nachdenklich mit dem Kopfe oder sagte ›oui‹ oder gar ›c'est bien‹ oder dergleichen; auch darf ich nicht vergessen zu bemerken, daß, wenn er ausgesprochen hatte, er gewöhnlich hinzufügte: ›Qu'en dit Mr. Göt?‹

Und so nahm ich Gelegenheit, bei dem Kammerherrn durch eine Gebärde anzufragen, ob ich mich beurlauben könne? die er erwiderte, und ich dann ohne weiteres meinen Abschied nahm.«

Frau Ajas letzte Stunden

Christiane und die ihr während der Reise und der Wochen in Frankfurt schon fast zur Herzensfreundin gewordene Gesellschafterin Caroline Ulrich sind nun an der Reihe zu erzählen.

Christiane hat natürlich in Frankfurt gehört, wie Goethes Mutter gestorben ist, und gibt nun das, was sie weiß, an ihren Mann weiter: Die Frau Rat habe auf dem Krankenlager spätabends ihren Neffen, den Doktor Melber, zu sich kommen lassen. Doktor Melber hat es Christiane selber erzählt. Goethes Mutter soll gesagt haben: »Mach er mir nichts vor, Vetter, ich weiß doch, daß es aus mit mir ist. Sag er's rundheraus, wieviel Stunden sind mir noch übrig?« Und als Doktor Melber sich dazu entschließt, ihr die Wahrheit zu sagen, weil er Goethes

Mutter so gut kennt und weiß, daß sie die Wahrheit ertragen kann, gibt er ihr zur Antwort, es würde wohl nur noch einen Tag dauern. »Stell dir vor«, sagt Christiane, »als deine Mutter das gehört hat, läßt sie sich eine Schale Schokolade machen. Denn«, so soll sie gesagt haben, »das kann mir nun auch nicht mehr schaden.«

Goethe läßt sich erzählen, daß seine Mutter alles rechtzeitig geordnet hat. So wurde der Tischler von ihr bestimmt, der den Sarg zu machen hatte, und auch die Träger ausgesucht, von denen sie beerdigt werden wollte. Als durch ein Mißverständnis sich ein zweiter Tischler meldete, hat Frau Aja ihm Geld geschenkt und ihm versichert, wie leid es ihr tue, daß sie ihn nun nicht auch noch beschäftigen könne. Das Leichenessen hatte sie angeordnet, den Wein ausgesucht und den Mägden eingeschärft, beim Kuchen nicht mit den Rosinen zu sparen. Sie habe das schon bei Lebzeiten nicht leiden können und möchte sich nicht noch im Grab ärgern.

In den letzten Tagen vor ihrem Tod, so schildert Christiane, habe die Frau Rat noch eine Einladung bekommen. So gern sie noch gegangen wäre, denn Einladungen folgte sie wenn irgend möglich – sie freute sich stets darauf, sich schön anzuziehen, Schmuck anzulegen, aber damit war es jetzt vorbei –, sie beschied die Botin: Sie ließe sich entschuldigen, sie könne nicht kommen, »sie müsse alleweil sterben«. So soll sie – fast könnte man sagen – heiter eingeschlafen sein.

»So möchte ich auch einmal sterben«, sagt Christiane ihrem Mann, »allerdings glaube ich nicht, daß ich einmal siebenundsiebzig Jahre alt werde, obwohl ich es gern würde. Aber sicher wirst du mich überleben.«

Goethe widerspricht ihr, äußert, daß er sich ein Leben ohne sie ohnehin nicht vorstellen könne und deshalb sicher früher abberufen würde.

Goethe spürt, daß Christiane seine Mutter mehr geliebt hat als er, der Sohn. Tagelang spricht er nicht mehr über den Tod der Mutter. Christiane respektiert das. Auch seinem Tagebuch vertraut er seinen Schmerz nicht an. Erst eine Woche später äußert er an einem Abend, als beide miteinander allein sind: »Wenn ich an meine Mutter denke, sehe ich jetzt eigentlich immer dich vor Augen.«

Es war lange her, daß er Christiane einmal gesagt hatte, ihr Wesen erinnere ihn immer wieder an seine Mutter: Christianes Natürlichkeit, ihre Heiterkeit, ihre Fähigkeit, ihre Herzenswärme und Herzensbildung.

KAPITEL XIX

Die »Lustigen von Weimar«

Als nach den schrecklichen Kriegswirren endlich wieder ruhigere Zeiten einkehren, erlebt Christiane ihre höchste gesellschaftliche Anerkennung: Sie wird, wie das prätentiöse Prädikat der Zeit lautet, »hoffähig«.

Es geschieht auf einer festlichen Redoute im Schloß, die 1808 aus Anlaß der Rückkehr des Herzogs Karl August aus Erfurt veranstaltet wird. Zu diesem großen gesellschaftlichen Ereignis ist der Herr Geheimrat Goethe erstmalig »mit Gemahlin« geladen. Goethe erscheint im dunklen Staatsfrack mit weißseidenem Spitzenjabot, den Orden der Ehrenlegion an der Brust, Christiane in großer Gesellschaftsrobe. Wie es bei solchen Anlässen üblich ist, tragen die Herren Domino-Anzüge, die Damen Reifröcke und buntseidene Kleider mit lang herabhängenden Ärmeln. Da die Perücken nicht mehr in Mode sind, haben sich die Damen das Haar hoch aufgesteckt.

Sobald Herzogin Luise erscheint, treten unter Trompetenklang und Paukenschlag die Zutrittsdamen, dann die übrigen näher und werden zum Rockkuß zugelassen. Darauf tanzt die Herzogin mit einem distinguierten Kavalier ganz allein Menuett und eröffnet mit dem von ihr ausgewählten Vortänzer den Ball. Dann erst dürfen die geladenen Gäste folgen. Außer den Menuetten werden einige englische Tänze – darunter vor allem der schottische Tri –, die sogenannten Allemagnes Vaurhalls und raschen Walzer getanzt.

Nach dem glanzvollen Defilee läßt Herzogin Luise Christiane zu sich rufen und unterhält sich »außerordentlich gnädig«

mit ihr. Die Herzogin wird zu dieser Zeit begeistert als Heldin gefeiert, als »Retterin Weimars«, da sie während der allgemeinen Flucht als einzige Vertreterin des Fürstenhauses im Schloß geblieben ist und durch ihr mutiges Auftreten Napoleon gegenüber verhindert hat, daß dieser, in seiner Wut über den Herzog, der sich als preußischer General mit seinen Truppen gegen ihn gestellt hatte, die ganze Stadt hat abbrennen lassen.

Karl August zeigt sich an diesem Abend sehr aufgeräumt. Er fordert Christiane zum Tanz auf, was in der Gesellschaft als besondere Auszeichnung betrachtet wird.

Für Christiane ist der Abend ein voller Erfolg. Obwohl sie innerlich aufgeregt ist, benimmt sie sich zu Goethes Genugtuung sicher und natürlich. Charlotte von Stein allerdings kann sich nicht zu einer wenigstens höflichen Bemerkung durchringen: »Angenehm ist es mir nicht, in ihrer Gesellschaft zu sein; indessen, da Goethe das Kreatürchen sehr liebt, kann ich's ihm wohl einmal zu Gefallen tun.«

Erste Krankheitszeichen

Christiane hat Sorgen. Ihr verstecktes Leiden, das sie seit einiger Zeit quält, macht sich immer schmerzlicher bemerkbar. Auch die Kuren in Lauchstädt und Karlsbad, die Goethe jetzt öfter gemeinsam mit ihr unternimmt, schaffen keine fühlbare Erleichterung.

Goethe zeigt sich um den Gesundheitszustand seiner Frau äußerst betroffen. Er hat in Karlsbad den bedeutenden Leipziger Arzt Doktor Kapp gesprochen und schreibt am 13. Juli 1808 darüber an Christiane: »Ich habe ihm deinen Fall vorgetragen. Er wünscht, daß du Doctor Schlegel in Merseburg befragst, ihm die Umstände erzählest und ihn ersuchst, sein Gutachten aufzusetzen, das du mir alsdann nach Karlsbad schicken wirst, so bald als möglich. Lebe recht wohl, mein liebes Kind. Wir müssen sorgen, daß du deine Übel noch vor Winters los wirst. Behalte mich lieb, antworte aber ja hierauf bald möglichst.«

Ein paar Tage später schickt er ihr eine »Assignation auf 200 Taler« und schreibt dazu: »Hier, mein liebes Herz, die verlangte Assignation. Tue für deine Gesundheit, was du für das beste hälst. Du erhälst hierbei das Kappische Gutachten. Kapp sagt, es sei da nichts Bedenkliches noch Gefährliches, nur müsse man dazu tun, und rät viel Fußbewegung. Bade in der Niedermühle und tue Camillen und Schafgarbe in das Bad. Daß dir der Lauchstädter Aufenthalt keinen Spaß dies Jahr gemacht hat, tut mir leid; aber es bleibt sich nichts gleich! Wir wollen nun auf Herbst und Winter hoffen. Das liebste ist mir, daß sich dein Befinden wieder einrichtet und daß nach Kapps Meinung alles wieder recht hübsch werden kann.« Zum Trost kündigt er wieder ein paar hübsche Geschenke an, die beweisen, wie liebevoll er sich auch mit Dingen der weiblichen Mode befaßt: »Mit der fahrenden Post erhälst du eine Schachtel in Wachstuch, worin ein Häubchen, mit aufgestecktem Tuche. Ich wünsche, daß es zu einem Sonntag-Dejeuné ankommen möge. Auch ein hübsches Seidenkleid habe ich dir angeschafft, ein Zeug, den sie Levantine nennen, königsblau, eine Farbe, die jetzt viel getragen wird. Es werden Kleider gemacht, ohne Schleppe, wie eine Art Pekesche, womit man aber überall hingeht, wenn man sich nicht ausdrücklich putzen will. Mit den Krausen will ich bis nach Franzensbrunn warten. Die Frau, bei der ich das Häubchen gekauft habe, hatte sehr schöne Sachen von dieser Art.«

Von dem ärztlichen Gutachten, das Goethe erwähnt, ist eine Abschrift erhalten geblieben. Es heißt darin: »Ich glaube, daß außer der Schlaffheit des Darmkanals auch noch eine Schlaffheit der Blutgefäße des Unterleibs vorhanden ist; daher Anhäufungen und Blähungen und Unreinigkeiten in dem ersten und Blutstockungen in den zweiten. Ich würde zu etwas tonischen Extracten, z. B. von Schafgarbe mit etwas Enzian und dergleichen, zu einem Pulver aus Pomeranzenrinden mit etwas Rhabarber und ein paar Tropfen Cajaputöl, vorzüglich aber zu spirituosen und etwas gewürzhaften Einreibungen raten. Die Frau Geheim-Rath muß sich viel Bewegung zu Fuß machen und alle fetten und blähenden Speisen vermeiden. Zum Getränke wäre rother Wein mit Wasser am zuträglichsten. Dr. Kapp«.

Tafelfreuden im Goethe-Haus

Goethe ist in den vergangenen Wochen und Monaten nicht untätig gewesen. Noch während der aufregenden Besatzungszeit vollendet er den ersten Teil der Faust-Tragödie, die zur gewaltigsten dichterischen Schöpfung deutscher Sprache wird. Dann arbeitet er an den Romanen »Wilhelm Meisters Wanderjahre« und »Die Wahlverwandtschaften« und beginnt sein großes autobiographisches Werk »Dichtung und Wahrheit«. Daneben beschäftigt er sich auch wieder mit physikalischen Experimenten wie dem kürzlich entdeckten Galvanismus sowie mit der Farbenlehre, die ihn immer wieder aufs neue fasziniert.

Zum Erstaunen Christianes beginnt er sogar mit Kartoffeln zu laborieren, die er aus der Küche holt.

Seit der Kontinentalsperre Napoleons ist der Zucker knapp und teuer und damit zu einem beliebten Schmuggelgut geworden. Überall in Europa sucht man nach einem Ersatz für den Rohrzucker der überseeischen Länder. Goethe kommt auf die Idee, das begehrte Produkt aus der Kartoffelstärke zu gewinnen, und verhandelt darüber längere Zeit mit dem berühmten Chemieprofessor Döbereiner, dem Erfinder des sensationellen »chemischen Feuerzeugs«, der in Jena lebt, wohin Goethe, um die schwierigen Arbeiten ungestört vollbringen zu können, im Herbst 1809 wieder für längere Zeit zieht. Christiane besucht ihn dort häufig. Aber die Ehegatten schreiben sich auch regelmäßig.

In dem Briefwechsel geht es meist um häusliche Probleme oder um Dinge, die ihm Christiane besorgen und nach Jena schicken soll. Aber immer enden die Briefe an das »geliebte Weibchen« mit zärtlichen Liebeserklärungen und sehnsuchtsvollen Beteuerungen: »Liebe mich recht schön und sei versichert, daß ich mich recht ungeduldig nach den Schlender- und Hätschelstündchen mit dir sehne!«

In einem dieser Briefe schreibt er sehr eindringlich: »Schicke mir ja von Zeit zu Zeit etwas Genießbares: denn unser Tisch ist sehr schlecht und wird noch schlechter werden.« Ein paar Tage später heißt es dann: »Alles was ich gewünscht habe, ist recht glücklich und gut angekommen, deswegen du auch ganz besonders gelobt sein sollst. Unsere Geschäfte gehen hier sehr gut; nur bringt mich leider das Essen beinahe zur Verzweiflung. Ich übertreibe nicht, wenn ich sage, daß ich vier, fünf Tage bloß von Cervelatwurst, Brot und rotem Wein gelebt. Ich bitte dich also aufs allerinständigste, mir mit jedem Boten-Tage etwas Gutes, Gebratenes, einen Schöpsenbraten, einen Kapaun, ja, einen Truthahn zu schicken, *es mag kosten, was es will,* damit wir nur zum Frühstück, zum Abendessen und wenn es zu Mittag gar zu schlecht ist, irgend etwas haben. Ich mag dir gar nicht sagen, wie verdrießlich und ärgerlich ich die Zeit her gewesen bin, wenn ich mit einem übertriebenen und ganz unschicklichen Aufwand entweder hungern oder etwas genießen mußte, was mir offenbar schädlich war.«

Goethe vermißt also, wenn er abwesend ist, nicht nur die Liebe und die Zärtlichkeiten Christianes, er vermißt auch ihre Künste als Köchin. Im Laufe der Jahre hat Christiane des »Geheimbderates« kulinarische Neigungen »wohl studieret« und weiß auch auf diesem Gebiet auf seine speziellen Wünsche und Gelüste einzugehen. Er schätzt, wenn er zu Hause ist, ein reichhaltiges Menü; besonders, wenn er sich Gäste zu Tisch geladen hat. In der Regel beginnt die Speisenfolge mit einer starken Bouillon. Dann folgen meist Kaviar, Lampreten oder andere Delikatessen. Als Hauptgericht bevorzugt er Fisch, edles Geflügel oder Wild, wozu verschiedene Salate und mit Anchovis garnierte Sandwiches gereicht werden oder, je nach Jahreszeit, eine seiner Lieblingsgemüsesorten wie Spargel, Artischocken oder Teltower Rübchen. Als Dessert gibt es Früchte aus dem eigenen Garten oder eingemachtes Essigobst wie Mirabellen und Aprikosen, mitunter aber auch Ingwerstäbchen, geröstete Kastanien oder andere Süßigkeiten.

Um all diese Wünsche des Gourmets, der Goethe war, befriedigen zu können, muß Christiane viel haushälterisches Geschick entfalten. Die Bratwürste werden aus Würzburg bestellt. Der Schwartenmagen, ein besonders beliebtes Gericht, wurde früher, als Frau Rat noch lebte, aus Frankfurt geschickt. Sogar an Freund Meyer in Bremen schreibt Christiane des öfteren und bestellt Nachschub der begehrten Meeresfrüchte, worauf dann die Fuhrleute Körbe, Kisten und kleine Fäßchen anbringen, in denen sich Heringe, Lachs, Bricken, Austern, Hummer und andere in Eis verpackte Leckereien aus dem hohen Norden befinden.

Auch Getränke, vor allem der Wein, müssen stets in ausreichendem Vorrat vorhanden sein. »Schicke mir doch noch einige Bouteillen Wein«, heißt es oft in seinen Briefen aus Jena. Oder: »Sende mir noch einige Würzburger, denn kein anderer

Wein will mir schmecken und ich bin verdrießlich, wenn mir mein gewohnter Lieblingstrank abgeht.«

Die verantwortungsvolle Aufgabe, die Christiane bei der Versorgung des ausgedehnten Haushalts zu bewältigen hat, weiß Goethe wohl zu würdigen. So wie er in »Römische Elegien« in begeisterten Hexametern das Lob der Geliebten, des zärtlichen »Erotikon« an seiner Seite singt, so preist er in der sogenannten »Zweiten Epistel«, die er schon vor Jahren für Schillers »Horen« verfaßt hat, ihre Eigenschaften als Hausfrau, als Herrscherin über das Personal in Haus, Hof und Garten:

. . . da gibt es, wahrhaftig,
Arbeit genug, das tägliche Mahl durch Sommer und
  Winter
Schmackhaft stets zu bereiten und ohne Beschwerde
  des Beutels
Alles, was ihr die Jahreszeit gibt, das bringt sie bei
Zeiten Dir auf den Tisch und weiß mit jeglichem Tage die
  Speisen
Klug zu wechseln, und reift nur eben der Sommer die
  Früchte,
Denkt sie an Vorrat schon für den Winter. Im kühlen
  Gewölbe
Gärt ihr der kräftige Kohl und reifen im Essig
  die Gurken;
Aber die luftige Kammer bewahrt ihr die Gaben
  Pomonens.

Episode mit Minchen Herzlieb

Am 15. September 1809, als Christiane – in Begleitung Caroline Ulrichs – wieder einmal zu einem kurzen Besuch in Jena war, schickt ihr Goethe ein dickes Briefpaket und schreibt dazu: »Zuerst danke ich dir und deiner schönen Begleiterin für den angenehmen Besuch; sodann schicke ich ein Bändchen, aber nur unter folgenden Bedingungen: 1. Daß ihr es bei verschlossenen Türen leset. 2. Daß es niemand erfährt, daß ihrs gelesen habt. 3. Daß ich es künftigen Mittwoch wiedererhalte. 4. Daß mir alsdann zugleich etwas geschrieben werde von dem, was unter euch beim Lesen vorgegangen. Weiter weiß ich gerade jetzt nichts zu sagen, auch nichts zu verlangen, weil übrigens alles unter uns abgeredet worden.«

Bei dem »Bändchen«, das er unter so geheimnisvollen Andeutungen nach Hause schickt, handelt es sich um ein Teilmanuskript der »Wahlverwandtschaften«, jenes genial komponierten Eheromans, den Goethe in verschiedenen Äußerungen als sein »bestes Buch« bezeichnet. Er schreibt es in verhältnismäßig kurzer Zeit nieder, was der Geschichte, die ursprünglich als Episode für »Wilhelm Meisters Wanderjahre« gedacht war, den Vorzug großer Einheitlichkeit und Geschlossenheit verleiht.

Es ist nicht das erste Mal, daß Goethe auf Christianes Urteil Wert legt. Knebels Frau hatte schon wiedergegeben, wie Goethe ihrem Mann und ihr erzählt hatte, daß er selber oft über Christianes Scharfblick und Vorschläge erstaunt sei.

Die Handlung der »Wahlverwandtschaften« wirkt wie der Ablauf eines Kräftespiels der Naturwissenschaften, für die der Autor so viel Neigung zeigt: Aus den Verhältnissen der vier Hauptpersonen zueinander werden gleich einem chemischen Vorgang zwei wahlverwandte Elemente herausgelöst und zu einer neuen Verbindung gebracht, die sich in der Folge stärker als die ehelichen Bande erweist. Grundmotiv ist dabei, wie Goethe später einmal zu dem Philologen Zauper sagt, das Wort Christi: »Wer ein Weib ansiehet ihrer zu begehren, der hat schon mit ihr die Ehe gebrochen in seinem Herzen.«

Die kunstvoll verschlungene Geschichte, die mit fast wertherscher Konsequenz zu einem tragischen Ende geführt wird, hat leidenschaftliche Diskussionen heraufbeschworen. Es sind Diskussionen, die auch heute noch gern weitergeführt werden. Während die einen, darunter Wieland und Knebel, die unmoralische Haltlosigkeit der geschilderten Liebesverwirrungen kritisieren, sehen andere in dem Werk einen Preisgesang auf die eheliche Treue als einem der wichtigsten Grundpfeiler menschlicher Ordnung.

Es ist bekannt, daß Goethe die Gestalt der anmutigen jungen Ottilie in »Die Wahlverwandtschaften«, die an der Liebe zu Eduard zerbricht, an seine Beziehung zu Minna Herzlieb erinnert hat.

»Minchen« oder »Minne-Herz-Lieb«, wie Goethe das zarte Geschöpf mit den träumerisch-dunklen Augen wortspielerisch nannte, hatte er in Jena im Haus des Buchhändlers Frommann kennengelernt. »Sie war die lieblichste aller jungfräulichen Rosen, edel und graziös«, schreibt die Malerin Luise Seidler.

Minna Herzlieb war 1807, als der bald sechzigjährige Goethe sich ernsthaft für sie zu interessieren begann, gerade achtzehn Jahre alt. Ihre Eltern waren früh gestorben, und so kam sie schon bald zu den Frommanns, die sie gemeinsam mit ihren beiden Kindern erzogen. Dort, in dem Haus des Jenaer Buchhändlers, wurde sie rasch zum Mittelpunkt vielfacher Verehrungen und Huldigungen. Dichter, Maler und Musiker machten der zarten Elfe den Hof, malten sie, musizierten mit ihr und veranstalteten ihr zu Ehren literarische Leseabende.

Auch Goethe, der so schnell Entflammbare, verliebte sich »Advent des Jahres achtzehnhundertsieben« in die Achtzehnjährige mit dem poesievollen Namen. Er widmete ihr auch einige Gedichte, vor allem Sonette in der Art Petrarcas. In einem dieser Sonette, dem er die Überschrift »Freundliches Begegnen« gibt, bekennt er deutlich, was ihn bewegt: »Und folgt' ihr doch. Sie stand. Da war's geschehen! / In meiner Hülle konnt' ich mich nicht halten, / Die warf ich weg, sie lag in meinen Armen.«

Doch von betörender Leidenschaft war die Beziehung Goethes zu Minchen nicht, auch wenn sie später von den Literaturwissenschaftlern zu einer »bedeutungsvollen romantischen Affäre« hochgespielt wurde. Dazu war das zartbesaitete Mädchen, das Goethe an seine frühverstorbene Schwester Cornelia erinnerte, zu zurückhaltend und verschlossen. Der Keim eines versteckten seelischen Leidens, der schon früh in ihrem zerbrechlichen Körper lag, ließ sie scheu vor jeder Liebesbeziehung zurückweichen. Bezeichnenderweise nannte sie den verehrungswürdigen Dichter zeitlebens »den lieben alten Herrn«.

Schon kurz nach der so plötzlich aufgeflammten Liebe verlor Goethe das feenhafte Kind wieder aus den Augen. Minna Herzlieb verließ ihre Pflegeeltern und zog zu einer Schwester nach Züllichau, wo sie mehrere Jahre in völliger Zurückgezogenheit lebte. Schließlich heiratete sie einen ungeliebten Mann, den Berliner Gymnasialprofessor Walch. Aber ihr krankhafter Widerwille gegenüber körperlicher Liebe führte zur Trennung, sie wurde gemütskrank, verfiel in geistige Umnachtung und starb schließlich in einer Görlitzer Nervenheilanstalt.

Christiane wußte von diesem Intermezzo ihres Gemahls. Der rege Stadtklatsch sorgte schon dafür, daß solche Nachrichten auch von Jena schnell herüberdrangen. Und in Weimar gab es Leute genug, die die Vorgänge im Frommannschen Haus mit heimlichem Genuß zu kolportieren wußten. Was aber tat Christiane? Sie reagierte nicht darauf. Sie tolerierte, daß Goethe von Zeit zu Zeit offenbar eine kleine Schwärmerei genoß. Sie muß gespürt haben, daß Goethe, so leidenschaftlich eine momentane Verliebtheit auch sein mochte, ohne seine Frau nicht auskommen konnte, daß er immer wieder zu ihr zurückkehren würde. In dieser unerschütterlichenGewißheit wurde sie ein Leben lang nicht enttäuscht.

Daß Goethe Christiane gegenüber nicht verschwieg, was er für Minchen Herzlieb empfand, geht aus einem Brief hervor, den er ihr später, im November 1812, aus Jena schrieb: »Gestern habe ich auch Minchen wiedergesehen. Ich überließ es dem Zufall, wie ich mit ihr zusammenkommen sollte. Der hat sich auch recht artig erwiesen, und es war eben recht. Sie ist nun eben um ein paar Jahre älter, an Gestalt und Betragen usw., aber immer noch so hübsch und artig, daß ich mir gar nicht übel nehme, sie einmal mehr als billig geliebt zu haben.«

Skandal in der Kunstausstellung

Christiane gehört nun endgültig zur Weimarer Gesellschaft. Wie hatte sie nach dem Weihnachtssouper bei Wolzogens geschrieben: »Ich habe die Schillern und Wolzogen recht lieb gewonnen.« Nun, die Gegenliebe ließ, wenn man sich die Überheblichkeit jetzt bei Zusammenkünften, zufälligen und gesellschaftlichen, auch nicht mehr anmerken ließ, noch immer auf sich warten. Die Ansichten über Christiane hatten die Damen, nachdem sie Goethes Frau näher kennengelernt hatten, wohl etwas revidiert; dem Eindruck der überwältigenden Liebe Christianes zu dem großen Mann und ihrer Aufopferungsfähigkeit konnten sich auf die Dauer auch Böswillige nicht ganz entziehen. So ist es verständlich, wenn Goethe sich am 5. Mai 1810 an Charlotte von Schiller mit der Bitte wendet, »den Meinigen etwas Gefälliges« zu erweisen, »die ich wieder, wahrscheinlich länger als billig ist, allein lasse. Verschaffen Sie meiner Frau das Glück, Frau von Humboldt kennen zu lernen . . .«

Am 18. Juni 1810 schreibt Frau von Schiller an Goethe: »Ich habe die liebe Frau in dem Garten einigemal aufgesucht, fand aber die Türe in das Gartenhaus nicht offen. Vorige Woche wollte ich sie besuchen mit meiner ältesten Tochter, weil sie so freundlich war, sie die Tanzstunden einen Abend zu sich zu nehmen, aber ich hatte einen so argen Schnupfen.«

Der Brief, den Charlotte von Schiller Ende Januar 1811 an die Prinzessin von Mecklenburg, Tochter Karl Augusts und der Herzogin Luise richtet, verrät dann allerdings die wahre Gesinnung: »Gestern war ich recht erstaunt. Als ich in des Meisters Loge komme, wo noch niemand war, finde ich – raten Sie, was? Vier brennende Lichter und einen Teetisch. Die Lichter und das Öffnen der Türe hatte Sensation gemacht; alle Köpfe waren nach der Loge gerichtet, wo ich ganz betroffen und bescheiden stand.

Der Meister kam und die Gemahlin, die einen heftigen Katarrh hatte, und deswegen waren diese Anstalten getroffen; die vielen Lichter waren aber ohne Befehl hingestellt, und ich war recht froh, als nur eins blieb. Heute ist die Frau Gemahlin so krank, daß sie zu Bette liegt, doch waren wir dort, wo prächtige, lateinische Gesänge erschallten, und ganz ernsthaft.

Ich darf es manchmal gar nicht sagen, wie mich doch des Meisters Lage einengt und im Innern schmerzt; denn mir deucht, ich fühle zuweilen in seiner Seele, daß er irre in sich ist. Welcher Dämon hat ihm diese Hälfte angeschmiedet? Es gehört zu den Rätseln der Menschenbestimmung.« Wenn Charlotte von Schiller in ihrer weiteren Korrespondenz mit Goethe diesen bittet, »mich der Frau Geheimrätin freundlich zu empfehlen«, so weiß man, was man davon zu halten hat. Immerhin, ein Fortschritt ist es, früher hatte sie, ebenso wie Schiller in der Post an Goethe, von Christianes Existenz, wie man sich erinnert, keinerlei Notiz genommen.

Im Frühling 1810 meldet Goethe während eines erneuten Jena-Aufenthalts bei Christiane den Besuch des Herrn von Knebel an, den sie »auch ohne Erinnern« gut aufnehmen möge. Kein Zweifel, daß sie das getan hat, denn Knebel berichtet Goethe Anfang Juli desselben Jahres von einem zweiten Besuch bei Christiane: »Nun muß ich Dir noch sagen, daß ich ganz kürzlich ein paar Tage in Weimar zugebracht habe und mir die Freiheit genommen, in Deinem Hause abzutreten, wo mich Deine Frau mit ihrer gewöhnlichen Liebe und Freundschaft aufgenommen hat. Ich habe ein paar der schönsten Frühmorgen in Deinem Garten zugebracht und durch die Güte Deiner Frau mich mit dem Egerbronnen erfrischt, der mir sehr gut bekam. Der Garten gefiel mir seiner Ordnung, Lage und Einrichtung nach ganz ungemein und ich würde ihn zu den behaglichsten Winkeln in ganz Weimar rechnen. Alles steht da ausgewählt und gut und in manchem Betracht besser als hier in Jena, wo sich die Trockne doch schon mehr anjetzt bemerken läßt. Die Sorgfalt und Ordnung Deines Gartens ist über alles zu loben. Sie wird in dieser Woche noch, wie sie gesagt, nach Lauchstedt abreisen.«

Der Garten war, man weiß es, Christianes ganze Liebe und Goethes ganzer Stolz.

Im Sommer 1811 will das Ehepaar Bettina und Achim von Arnim Goethe in Weimar einen Besuch abstatten. Bettina ist die Schwester des Dichters Clemens Brentano, der mit Achim von Arnim die berühmte Volksliedsammlung »Des Knaben

Wunderhorn« herausgegeben hat. Sie ist ein einfühlsames und leidenschaftlich-kapriziöses Persönchen. Schon früh begann sie aus ihrer Verehrung für Goethe einen fast religiösen Kult zu machen. Als Enkelin der Schriftstellerin Sophie von La Roche und Tochter jener schwarzäugigen Maximiliane, die Goethe zur Zeit des »Werther« kurz und leidenschaftlich liebte, hat die 1785 geborene Bettina bereits als junges Mädchen die Frau Rat in Frankfurt kennengelernt und in ihr Haus Eingang gefunden. Ihr verzehrender Drang, vom großen Meister geliebt zu werden, wird nicht erwidert. Zwar nimmt Goethe ihre schwärmerische Zuneigung freundlich auf, aber das ist auch alles; Bettina erscheint ihm immer noch »wie ein Kind«.

Über lange Zeit läßt Goethe sich die überschäumenden Beteuerungen des jungen Mädchens gern gefallen, führt sogar einen ausgedehnten Briefwechsel mit Bettina. Da sie von seiner Mutter in Frankfurt viele Einzelheiten aus seiner frühesten Kindheit erfahren hat, Dinge zumeist, die ihm nicht geläufig sind oder die er vergessen hat, kommen ihm ihre Berichte für seine autobiographischen Aufzeichnungen zustatten. So entsteht jene Korrespondenz, die Bettina später, ihrem schwärmerischen Wesen gemäß mit Erdichtetem und Hinzuphantasiertem unter dem Titel »Goethes Briefwechsel mit einem Kinde« herausgibt.

Zweimal bereits, 1807 und 1810, hatte sie Goethe in Weimar aufgesucht. Jetzt, 1811, hat sich das jungverheiratete Paar Bettina und Achim von Arnim an Riemer mit der Bitte gewandt, ihm in einem Privathaus nicht weit von Goethes Haus eine Unterkunft zu beschaffen, denn es will dem Dichter zu seinem Geburtstag Glückwünsche darbringen. Das Paar trifft am 25. August in Weimar ein. Das Wiedersehen mit Goethe ist sehr herzlich. Vom Ankunftstag bis einschließlich 12. September speisen Arnims oft bei Goethe und Christiane.

Am 13. September besuchen Bettina und Christiane gemeinsam die Kunstausstellung, die im großen Saal der Zeichenakademie veranstaltet wird. Dort zeigt Heinrich Meyer, seit einiger Zeit Direktor des – Goethe und dem Minister von Voigt unterstehenden – Zeicheninstituts, eine Sammlung eigener Gemälde. Goethe hat die Ausstellung bereits am 5. September besichtigt. Christiane, die sich in der Zeichenakademie gut auskennt, kann Bettina, ihrem Gast, alles zeigen.

Indessen geraten hier, in aller Öffentlichkeit, beide Frauen in Streit: Bettina, die sich selbst im Malen und Zeichnen versucht, äußert sich spöttisch und abfällig über die Bilder des »Kunschtmeyer«. Christiane ist empört. Sie glaubt, sie ist es dem Freund und ehemaligen Hausgenossen schuldig, ihn in Schutz nehmen zu müssen. So macht Christiane einige heftige und scharfe Erwiderungen. Bettina, die sich als überlegene Kunstkennerin aufspielt, arrogant ist und durchblicken läßt, daß Christiane überhaupt nicht fähig sei, Kunstwerke zu beurteilen, reizt Christiane aufs äußerste. Die überspannte Phantasie der einen, die gesunde, warmherzige Menschlichkeit der anderen Frau, die Rivalität um den Mann, den die eine umwirbt und den die andere zum Ehegatten hat – es ist wohl Zündstoff genug vorhanden. Es kommt zu einer lauten Auseinandersetzung und schließlich zu groben Beleidigungen, jedoch nicht, wie bösartige Zungen später behaupten, zu einem Handgemenge. Mit der Erklärung, Bettina solle sich nie wieder bei ihr blicken lassen, beendet Christiane den Eklat und verläßt die Ausstellung.

Goethe zögert keinen Augenblick: Er steht zu seiner Frau und verbietet Bettina sein Haus. Vergebens bittet diese Goethe am 17. September in einem Brief um eine Zusammenkunft: Er hat dieser Beziehung für immer ein Ende gemacht.

Der Skandal hat in der kleinen Residenzstadt die übelsten

Folgen. »Die Flut des Klatsches ist ungeheuer, die ganze Stadt ist in Aufruhr, und alles erdichtet und hört Geschichten über den Streit mit Arnims«, berichtet Frau von Schiller noch am 3. Oktober in einem Brief.

In weiten Teilen der Gesellschaft schiebt man Christiane die Schuld an dem Vorfall zu. So hat Bettina nach außen hin leichtes Spiel, wenn sie in Weimarer Kreisen die »dicke Hälfte« am Frauenplan karikiert und Geschmacklosigkeiten über sie verbreitet, wie Marie Helene von Kügelgen zu berichten weiß: »Als Bettina . . . den heftigen Streit mit der Goethe hatte, der so viel Aufsehen machte, hat sie in ganz Weimar erzählt: es wäre eine Blutwurst toll geworden und hätte sie gebissen.«

Goethe läßt sich nicht irritieren.

Achim von Arnim versteht die Unerbittlichkeit nicht. In seinem Brief vom 28. Oktober 1811 an Riemer meint Arnim, »daß es Goethe leicht gewesen wäre, ohne seiner Frau etwas zu vergeben, meine Frau für ihre langgehegte fromme Anhänglichkeit tröstend zu belohnen und mit ein paar Worten für die erlittene Kränkung zu entschädigen«.

»Von Arnims nehme ich nicht die mindeste Notiz, ich bin sehr froh, daß ich die Tollhäusler los bin«, schreibt Goethe 1812 an Christiane aus Teplitz. »Frau von Arnims Zudringlichkeiten abgewiesen«, notiert er noch lange danach in seinem Tagebuch, als Bettina einen wiederholten Annäherungsversuch macht. Auf diese Auseinandersetzung geht auch das Epigramm »Den Zudringlichen« zurück: »Was nicht zusammengeht, das soll sich meiden! / Ich hindr' euch nicht, wo's euch beliebt, zu weiden; / Denn ihr seid neu und ich bin alt geboren. / Macht, was ihr wollt, nur laßt mich ungeschoren!«

Sorge um den Sohn

Goethe befaßt sich zu dieser Zeit mit einem großen Werk, dem er den Titel »Dichtung und Wahrheit« gibt. »Ich hatte Ursache«, sagt er in den Annalen von 1811, nachdem er sich mit einem biographischen Werk über den Maler Hackert abgemüht hat, »mich zu fragen, warum ich dergleichen, was ich für einen anderen tue, nicht für mich selbst zu leisten unternehme.«

Schon vor einigen Jahren hat Goethe mit umfangreichen Studien und Materialsammlungen für ein geplantes autobiographisches Werk begonnen, historische Stücke aus dem alten Frankfurt zusammengetragen, Geschichtsdokumente aus dem Siebenjährigen Krieg und Zeugnisse von dem großen Erdbeben in Lissabon 1755, das in frühester Kindheit so tiefe Eindrücke bei ihm hinterlassen hat. Jetzt, in dem unruhvollen Jahr 1812, beschäftigt er sich wieder besonders intensiv mit dem gewaltigen Vorhaben. Den zeitraubenden Studien zuliebe müssen jetzt alle anderen Arbeiten in den Hintergrund treten – auch die naturwissenschaftlichen Experimente.

Von den weltpolitischen Ereignissen dieser Zeit, die sich vorwiegend im fernen Rußland abspielen, merkt man in Weimar wenig. Erst 1813, beim Ausbruch der deutschen Befreiungskriege, nähert sich erneut Kriegsgetümmel der sonst so still gewordenen Residenzstadt. Wieder durchziehen preußische, französische und russische Truppen die Straßen und versetzen die Bevölkerung in Angst und Schrecken.

Als es am 18. April 1813 am Ettersberg, vor dem Kegeltor – und sogar im Innern der Stadt – zu heftigen Gefechten zwischen dem Blücherschen Korps und der französischen Vorhut des Marschalls Ney kommt, steht Christiane tausend Ängste aus und befürchtet eine Wiederholung der Greuel von 1806 – und bangt nun außerdem um ihren Sohn.

Goethe ist die Hofbeamtenlaufbahn als die einzige Form erschienen, dem Sohn eine Existenz und sich zugleich seine dauernde Nähe zu sichern. Deshalb hat er ihn schon während seiner Studienzeit seinem herzoglichen Freund präsentiert. August, der vom Herbst 1809 ab in Jena studiert, 1811 seine Studien abgeschlossen hat und nach Weimar zurückgekehrt ist, um wenig später das vom Herzog bewilligte Amt eines Kammerassessors anzutreten, hat sich im deutschen Freiheitskampf zu den Waffen gemeldet. Aber Goethe, der seinen Sohn über alles liebt und dem der Gedanke unerträglich ist, ihn in der Blüte der Jahre auf dem Schlachtfeld zu verlieren, nutzt seine Stellung beim Landesvater dazu, August freizubitten. Er läßt die Gefühle des Sohnes außer acht und verschafft ihm einen sogenannten Druckposten. August steht in Weimar Wache und begleitet, auf einen vom Vater inspirierten herzoglichen Befehl hin, den Kammerrat Rühlmann auf einer Inspektionsreise, die in kein Feldlager führt. Für diesen Schritt des Vaters muß sich August von den heimkehrenden Kriegsfreiwilligen, die sich größtenteils aus seinen Jugendfreunden rekrutieren, verspotten und beleidigen lassen. Auch daran, seine Ehre in einem Duell wieder herzustellen, hindert ihn der Vater. Es ist kaum anzunehmen, daß die passionierte Soldatenseele des Herzogs Goethes Verhalten innerlich gutheißt. Trotzdem vermag Karl August nicht, den einzigen Sohn seines Freundes zu gefährden, der seinem alt gewordenen Vater in Haus und Amt immer unentbehrlicher wird.

Im Frühjahr 1813 ist Christiane wieder allein. Goethe, dessen Gesundheitszustand seit Jahresbeginn neuen Anlaß zur Sorge gibt, ist zu einer längeren Kur nach Karlsbad und Teplitz gefahren. Er hat genug von den weltpolitischen Ereignissen, die nur Unruhe in sein geordnetes Leben bringen. Im Jahr zuvor hat ihn Napoleon, als er auf dem Rückzug von seinem verhängnisvollen russischen Feldzug durch Weimar ritt, noch kurz grüßen lassen. Doch das hat Goethe schon nicht mehr interessiert. Napoleon, der einst bewunderte Feuergeist, ist für den Olympier nach den jüngsten Ereignissen zum verhängnisvollen Zerstörer geworden, den er schon bald nach der endgültigen Niederlage in seinem »West-östlichen Divan« nur noch als wilden Dämon »Timur« darstellt. Andererseits zweifelt Goethe im Gegensatz zu seiner Umgebung noch immer am Erfolg der deutschen Waffen, wie er überhaupt dem deutschen Volk, das »so achtbar im einzelnen, so miserabel im ganzen ist«, nicht zutraut, daß es von der endlich errungenen Freiheit den rechten Gebrauch zu machen weiß.

Im Spätsommer dieses bewegten Jahres bringt Goethe von einer längeren Reise ganz überraschend ein neues Gedicht für Christiane mit. Er hat es unterwegs verfaßt, auf der Heimfahrt, in der Nähe von Stadt-Ilm, in seinem »Fahrhäuschen«, wie er den geschlossenen Reisewagen nennt. Den Zettel, auf dem er spontan die mit Bleistift entworfenen Verse niedergeschrieben hat, überreicht er Christiane mit feierlicher Geste. Sie sollen eine nachträgliche Huldigung darstellen, ein sinniges Präsent für die Geliebte anläßlich eines Ereignisses, an das Christiane wegen der Wirren überhaupt nicht mehr gedacht hat: Es handelt sich um den Tag der fünfundzwanzigsten Wiederkehr ihrer engen Verbindung – ihrer Eheschließung, wie er immer betont –, also sozusagen um das Fest der »silbernen Hochzeit«. Das Gedicht – es wurde bereits erörtert – trägt den beziehungsreichen Titel »Gefunden«, beginnt so lyrisch verträumt

Ich ging im Walde
So für mich hin,
Und nichts zu suchen,
Das war mein Sinn

und schildert dichterisch verklärt die erste Begegnung im stillen Park an der Ilm. Der volksliedhafte Ton erinnert stark an das frühe »Heidenröslein«, dessen Motiv aber eine bedeutungsvolle Umkehr erfährt. Hier wird kein »Röslein rot« in wilder Begier gebrochen, so daß es trotz Weh und Ach eben leiden muß; vielmehr wird das Blümchen, das der Spaziergänger »wie Sterne leuchtend« im Schatten entdeckt, vorsichtig mit allen Wurzeln ausgehoben und im Garten »am hübschen Haus« wieder eingepflanzt, so daß es ihm immerfort zweigt und blüht.

Inniger hat Goethe nie zum Ausdruck gebracht, mit welch fürsorglicher Liebe er Christiane von allem Beginn an umgeben hat.

An diesem Abend gehen beide Hand in Hand noch einmal die Wege zurück in die Vergangenheit: an der Ilm entlang, durch die überschatteten Parkwege zu jener Felsentreppe, in deren Nähe damals die unbekannte kleine Demoiselle dem verehrten Geheimrat die Bittschrift des Bruders überreicht hat. Wieder liest der Dichter mit innerer Ergriffenheit die Worte, die er vor mehr als einem Vierteljahrhundert, noch ehe er Christiane begegnet war, in das Naturgestein meißeln ließ: »Die ihr Felsen und Bäume bewohnt, o heilsame Nymphen, / Gebet jeglichem gern, was er im stillen begehrt! / . . . Und dem Liebenden gönnt, daß ihm begegne sein Glück!«

Ist nicht alles, was er damals nach enttäuschter Heimkehr von der großen Reise ersehnt hat, überreichlich erfüllt worden?

Auch am »Altar des guten Glücks« gehen sie vorüber, an dem Denkstein der Agathe Tyche, dessen ruhende Kugel Goethe mit einem dankerfüllten Blick umfängt. Dann hinauf zum Gartenhaus, das noch immer so vertraut durch die Büsche hervorschaut wie in jenen ersten Weimarer Tagen, als Goethe es auf einer Ilm-Wanderung entdeckt und sogleich zu seinem Domizil erwählt hat.

Hier, wo die erste Umarmung stattfand, an jenem 12. Juli des Jahres 1788, setzen sie sich auf die Gartenbank inmitten der bunten Beete, auf der sie so manche abendliche Stunde verplaudert haben.

Zärtlich legt Goethe seinen Arm um Christianes Schultern, blickt hinüber auf das jenseitige Ufer der Ilm, wo hinter den Wipfeln der Bäume an der »Ackerwand« der Glutball der Sonne verschwindet. Weiße Nebel steigen aus den Ilm-Auen, der laue Abendwind trägt das Rauschen des Wehrs herüber – es ist alles so, wie es damals war . . .

Ob sie zufrieden sei, will Goethe wissen.

Christiane nickt nur stumm. Mit einem dankbaren Blick schmiegt sie sich noch enger an ihn.

Später, als die Dämmerung sinkt und es kühl im Garten wird, geht er ins Haus und entzündet feierlich wie damals den vierarmigen Kerzenleuchter auf dem großen Tisch.

»Kommst du?« fragte er in den Garten hinaus.

Langsam erhebt sich Christiane und folgt ihm ins Haus. Von den Schmerzen, die sie in letzter Zeit fast unaufhörlich peinigen, verrät sie in dieser Nacht nichts.

Spiel und Tanz, Gespräch, Theater . . .

Im gleichen Jahr, 1813, schreibt Goethe das Gedicht »Die Lustigen von Weimar«. Es ist gewiß kein lyrisches Meisterwerk, kein Beispiel seiner hohen Dichtkunst, sondern mehr ein launiges Nebenprodukt, eine Gelegenheitsdichtung, wie er sie öfter aus gegebenen Anlässen oder einfach »nur so zum Spaß« verfaßte.

Die »Lustigen von Weimar« – das sind die Menschen, die Christiane im Laufe der Jahre um sich zu versammeln wußte, Schauspieler zumeist, in deren Gesellschaft sie sich am wohlsten fühlt, mit denen sie scherzt und die sie zu fröhlichen Runden zu sich ins Haus lädt oder zu lustigen Ausflügen animiert.

Während also Goethe intensiv mit dem dritten Teil seines autobiographischen Werks »Dichtung und Wahrheit« beschäftigt ist und er außerdem an der Schrift über die »entopischen Farben« arbeitet, die Werke Shakespeares studiert, den Epilog zu der Tragödie »Essex« von Banks schreibt und zugleich bedeutsame Begegnungen mit Zar Alexander von Rußland, mit dem Fürsten Metternich und dem preußischen Staatskanzler von Hardenberg hat, die sich nach der Völkerschlacht bei Leipzig im Oktober 1813 in Weimar aufhalten – während all dieser weltbewegenden Vorgänge also findet er noch Zeit und Muße, Vergnügungen mitzumachen und darüber ein Gedicht zu verfassen, das sich wie das gereimte Kalendarium närrischer Tage liest:

Donnerstag nach Belvedere,
Freitag geht's nach Jena fort;
Denn das ist, bei meiner Ehre,
Doch ein allerliebster Ort!
Samstag ist's, worauf wir zielen,
Sonntag rutscht man auf das Land;
Zwäzen, Burgau, Schneidemühlen
Sind uns alle wohlbekannt.

Montag reizet uns die Bühne;
Dienstag schleicht dann auch herbei,
Doch er bringt zu stiller Sühne
Ein Rapuschchen frank und frei.
Mittwoch fehlt es nicht an Rührung:
Denn es gibt ein gutes Stück.
Donnerstag lenkt die Verführung
Uns nach Belveder' zurück.

Und es schlingt ununterbrochen
Immer sich der Freudenkreis
Durch die zweiundfünfzig Wochen,
Wenn man's recht zu führen weiß.
Spiel und Tanz, Gespräch, Theater,
Sie erfrischen unser Blut;
Laßt den Wienern ihren Prater:
Weimar, Jena, da ist's gut!

Christiane nähert sich zu dieser Zeit ihrem fünfzigsten Lebensjahr und trägt bereits den Keim ihrer tödlichen Krankheit in sich. Doch ihr Lebensmut ist ungebrochen. Es ist, als bäume sich ihre urwüchsige Natur kurz vor dem Tod noch mal mit letzter Kraft auf und treibe sie dazu, in der kurzen Frist, die ihr noch verbleibt, alles mit doppelter Intensität zu erleben.

Goethe sieht es gern, wenn sie sich auf ihre Art zerstreut und dabei, wenigstens vorübergehend, ihre Leiden vergißt. Obwohl er im Grunde seines Wesens ein ernst veranlagter Mensch ist, war er schon immer dafür, daß die Frau an seiner Seite »vergnüglich« ist. Das hält er für besser als den umgekehrten Fall. »Eine stille, ernsthafte Frau ist übel daran mit einem lustigen Mann«, sagt er einmal. »Ein ernsthafter Mann nicht so mit einer lustigen Frau.«

Christiane hat das Genießen des Weines von Goethe übernommen. Ein leichter Rausch lindert ihre Schmerzen. Sie ist beschwingt und wie erlöst von allen Kümmernissen. Sie beruft sich dabei auf das Attest des Doktor Kapp, der neben »viel Bewegung zu Fuß«, was sie am angenehmsten durch ausgiebiges Tanzen zu erreichen sucht, vor allem »rothen Wein mit Wasser« verordnet hat.

Was Christiane aber als Erleichterung betrachtet, verschlimmert womöglich in Wirklichkeit ihr Leiden, wer weiß das? Zumindest aber schadet es ihrem Ansehen. Schon beginnt die primadonnenhafte Karoline Jagemann das Gerücht zu verbreiten, die jungen Herren in Jena und Lauchstädt, wo sich Christiane jetzt häufig aufhält, würden sich über die »Geheimrätin« lustig machen, wenn sie »dem Punschglas so eifrig zugesprochen hatte, daß ihre Zunge lallte und ihr Angesicht wie Feuer glühte«.

Nun ist die Jagemann keine unbefangene Zeugin. Seit sie als Mätresse des Herzogs ein Rittergut als Geschenk bekommen hat, geadelt worden ist und nun Frau von Heygendorff heißt, steht sie in offener Opposition zur Intendanz ihres ehemaligen Gönners Goethe. Immer offener beginnt sie sich seinen Anweisungen zu widersetzen und sich als unbeschränkte Herrscherin der Bühne zu fühlen, bis es einige Jahre später zum großen Krach kommt und Goethe enttäuscht die Leitung des Hoftheaters niederlegt.

Daß Christiane den Wein als Medizin betrachtet, geht aus vielen Briefen hervor, in denen sie offen darüber schreibt, wie sehr er ihr hilft. So heißt es einmal: »Vergiß nicht an Zapf (Weinhändler) zu schreiben, denn itzo sehe ich erst, wie notwendig der Wein ist, weil ich keinen habe. Mein Mägelchen tut mir gewaltig weh, wenn ich keinen trinke.« Und ein andermal: »Den Mittewoch, wie ich früh aufwachte, war ich sehr krank und wußte nicht, wovon. Ich hielt mich im Bette und curierte mich nach meiner Art mit Portwein.«

Goethe teilt Christianes Auffassung, Wein sei ein gutes Heilmittel. Am 5. Juli 1802 sagt er in einem Brief an Schiller in Bezug auf Nicolaus Meyer: »Hätte er sich, statt Pyrmonter Wasser hier teuer in der Apotheke zu bezahlen, ein Kistchen Portwein, zur rechten Zeit, von Bremen verschrieben, so sollte es wohl anders mit ihm aussehen; aber es stehet geschrieben, daß der freieste Mensch (also eben der vorurteilfreieste) gerade an dem, was seinen Leib betrifft, den Vorurteilen unterliegen muß.«

Goethe, der Lebenskünstler, ist regelmäßigem und reichlichem Weingenuß zeit seines Lebens zugetan. Schon sein Erstlingswerk, ein mit etwa sieben Jahren verfaßtes lateinisches Gespräch bezeugt Spezialkenntnisse in der Weinbehandlung. Er liebt den Wein, das edle Gewächs seiner Heimat; die Weinatmosphäre seiner Jugend ist in seinem dichterischen Schaffen von großer Bedeutung. Darüber, daß Goethe, der in der ersten Weimarer Zeit in einem weinfrohen Ruf stand, das Getränk nicht etwa nur in Gedichten liebte, weiß Varnhagen zu berichten. In einer abendlichen Sitzung Goethes mit Herzog Karl August und dem Prinzen Louis Ferdinand von Preußen hatte sich der Herzog früher zurückgezogen, während die anderen die ganze Nacht tranken – »ungeheuer viel um die Wette und Goethe blieb nichts schuldig, er konnte fürchterlich trinken«. Und Goethes Biograph Lewes sagt: »Den Wein liebte er sehr, täglich trank er seine zwei bis drei Flaschen.«

Goethe braucht den Wein zur Würze der Mahlzeiten und zur Steigerung des Lebensgenusses, oder besser gesagt – wie er im vorgerückten Alter seine Schwiegertochter Ottilie wissen lassen wird – »zur Anregung des Geistes«. Er sieht nicht ungern, wenn bei seinen Tischgenossen »der Teig durch Säuerung sich in Bewegung setzt«, wie es in einem der jetzt entstehenden »Divan«-Gedichte heißt. Immer wieder schreibt er Trinklieder, in denen er fröhliche Zecher verherrlicht, so die Verse »Gewohnt, getan«, in denen er, allerdings kaum merkbar parodiert, ausruft: »Ich habe getrunken, nun trink ich erst gern; / Der Wein, er erhöht uns, er macht uns zum Herrn / Und löset die sklavischen Zungen.« In dem 1810 entstandenen Gedicht »Ergo bibamus!«, das im Stil der Studentenlieder gehalten ist, läßt er die lateinische Aufforderung zum Becherschwingen gar ein dutzendmal erklingen.

Im Haushalt des Dichters ist man stets um die Besorgung guten Weines bemüht, von dem im Briefwechsel mit Christiane fortwährend die Rede ist – gemäß Goethes Devise: »Nach dem Gelde ist wohl der Wein am ersten wert, daß man sein gedenke.« Von seinem langjährigen Lieferanten, dem Weinhändler Ramann in Erfurt, bezieht der Dichter: Würzburger, Elsässer, Malaga und Champagner. Für Frankenweine hat er, zumal in seinen späteren Tagen, eine besondere Vorliebe. Er schätzt, wie seine Zeitgenossen, vornehmlich alte Weine und nie auf sehr lange Zeit hin die gleiche Sorte. Er findet, daß nur ein Wein, der schmeckt, wohltut. So schreibt er am 4. November 1812 an Christiane: »Seitdem mir der leichte rote Wein nicht mehr schmeckt, bekommt er mir nicht.« Und in seiner Schrift »Im Rheingau, Herbsttage« äußert sich Goethe 1814 durchaus als Weinfachmann über schwierige Fragen der Materie. Es kann darum kaum verwundern, wenn sowohl Christiane als auch Sohn August dem Weingenuß nicht abgeneigt sind.

Hilfe bei der Theaterarbeit

Bei einer von Goethes wichtigen Tätigkeiten war ihm über all die Jahre Christiane eine hochwillkommene Hilfe: am Theater, wo ihm zeitweise auch die Mitarbeit ihres Bruders als Dramaturg, Bearbeiter und Stückeschreiber unentbehrlich war. Christiane hatte zu den Theaterleuten sehr rasch eine enge Beziehung gefunden. Bei den Schauspielern war sie ein überaus geschätzter, gern gesehener Gast. Vorurteilsfrei wie diese als Künstler waren, interessierten sie sich nicht dafür, ob Christianes Lebensgemeinschaft mit dem Dichter und Theaterdirektor durch einen Trauschein beglaubigt war oder nicht. Da Christiane sich in ihrer Gesellschaft wohl und anerkannt fühlte, erweiterten sich durch den Umgang mit ihnen zum Beispiel auch ihre literarischen Kenntnisse.

Goethe lud ebenfalls gern Schauspieler ein, jedenfalls solche, die er auszeichnen wollte. Dann war Christiane die Frau des Hauses: eine vorzügliche Gastgeberin, eine aufmerksame Zuhörerin, die am Ende auch ihr Mitspracherecht lebensklug zu nutzen wußte. Christiane lud auch von sich aus Darsteller ein und verstand es, Fröhlichkeit zu verbreiten. Sie ließ es sich außerdem nicht nehmen, sich um die Kinder von Schauspielern und Schauspielerinnen zu kümmern; immer wieder fanden im Goetheschen Haus vergnügte Kindergeburtstage statt, die sie ausrichtete.

Christiane war schon immer eine leidenschaftliche Theaterbesucherin gewesen. Allein dadurch hatte sie sehr früh ein Gefühl für alle Dinge der Bühne bekommen. Inzwischen interessierte sie sich – man möchte sagen: fachmännisch – für Fragen der Besetzung, der Kostüme, der Ausstattung. Über manches konnte sie zeitweise anschließend mit ihrem Bruder diskutieren, abgesehen davon, daß sie in Goethes Ansichten meist ohnehin eingeweiht war. Da sie mit Schauspielern zahlreiche Abende nach der Vorstellung verbrachte, kannte sie bald deren künstlerische und menschliche Eigenschaften, deren Stärken und Schwächen. Es waren zumeist nicht ganz unschwierige Menschen. Goethe hatte keineswegs immer eine glückliche Hand; im »dienstlichen Betrieb« war er imstande, bei seinen Schauspielern mit harter Hand durchzugreifen, und schreckte auch nicht davor zurück, einen renitenten Mimen durch öffentliche Ordnungshüter abführen und arretieren zu lassen. Christiane aber ist geradezu geschaffen dafür, auftretende Streitigkeiten zu schlichten, Probleme zu lösen, zwischen der Direktion und den Mitgliedern des Theaters zu vermitteln. Dafür ist Goethe ihr außerordentlich dankbar. Er schätzt sie auch als Berichterstatterin von Aufführungen, die er nicht sehen kann, wenn er abgehalten oder auf Reisen ist. 1803 teilt Christiane ihm mit, daß »Nathan der Weise« sehr gut gegeben wurde, »außer der Maaß, die spielte mit einer abscheulichen Kälte«. Goethe antwortet ihr nach Lauchstädt: »Mit dem schlechten Wetter müßt ihr freilich Geduld haben und sehen wie ihr euch in Sälen und sonst unterhaltet, dagegen kann es bald recht schön werden und ich sehe gern, wenn du so lange dort bleibst als dir's gefällt. Im Hause vermissen wir dich sehr und Ernestine wird für Sorgen schon ganz mager, auch muß ich manchmal ein neu Gemüß oder sonst was zukaufen, weil das ausgesetzte nicht reichen will. Das ist aber eigentlich ein Spaß und August ist sehr tätig bei dieser Gelegenheit. Er wird dir selbst schreiben. Wir kommen fast nicht von einander und er ist gar unterhaltend und artig. Nach Lauchstedt möchte er gar zu gern . . . Jetzt arbeite ich an dem kleinen Stücke und will sehen, wie weit ich komme. Fahre nur fort, mir täglich zu schreiben . . .«

Immer wieder geht es in der Korrespondenz zwischen

Goethe und seiner Christiane um das Theater. 1808 zollt er ihr eine solche Anerkennung, daß sie meint, es nicht verdient zu haben. In einem seiner Briefe heißt es: »Du tust wohl, in Lauchstedt bis zu Ende zu bleiben, und mir geschieht eine große Liebe. Denn ohne dich, weißt du wohl, könnte und möchte ich das Theaterwesen nicht weiter führen.« Zwei Jahre später versichert er in einem Brief: »Es ist mir von großem Wert, daß du wieder in Lauchstedt warst.« Und er fährt fort: »Denn gewöhnlich kochen sie im Sommer einen garstigen Hexenbrei, den ich im Winter schmackhaft machen soll.«

Goethe hat Christiane aber auch in Weimar vermißt: »Beim Theater sind Dinge vorgekommen, die viel gelinder abgegangen wären, wenn du dagewesen wärest.«

Es kann nicht ausbleiben, daß gelegentlich auch Einwände gegen Christianes Vollmachten laut werden. Einige Schauspieler sagen, Christiane führe in den Sommermonaten, während der Abwesenheit Goethes, eine Art geheimer Subdirektion. Die zumeist feindselige Einstellung der Jagemann gegenüber Goethes Lebensgefährtin hat jedoch einen noch stärkeren Rückhalt für Christiane bei den übrigen Schauspielerinnen, die auf die eitle Primadonna eifersüchtig sind, zur Folge. Sie sind wenig geachtete Komödiantinnen, auf die vielfach noch immer zutrifft, was Goethe einst von den »Schwestern auf dem Thespiskarren« geschrieben hat: »Die ihr vor Hunger kaum, vor Schande nie bewahrt, / Von Dorf zu Dorf euch feilzubieten fahrt.« Dankbar empfinden sie Christianes Zuneigung, lassen sich gern von ihr einladen und bereichern zugleich kunstsinnig die Vergnügungen der »Lustigen von Weimar«.

Es muß noch einmal wiederholt werden: Christiane ist für Goethe eine hervorragende Assistentin in der Theaterarbeit. Sie wäre vielleicht sogar in der Lage gewesen, einige Jahre später seinen unrühmlichen Abgang vom Theater zu verhindern, wäre sie da noch am Leben gewesen. Im März 1817 muß er bekanntlich eines Hundes wegen seinen Abschied nehmen.

Es geht um die alberne Posse »Der Hund des Aubry de Mont Didier oder Der Wald bei Bondy« des reisenden Wiener Schauspielers Karsten, in der ein dressierter Pudel die Hauptrolle spielen soll. Goethe ist strikt dagegen. Als Karoline Jagemann, die eine Befreiungsmöglichkeit von Goethes »Diktatur« wittert, trotzdem beim Herzog, der ein eifriger Hundeliebhaber ist, den Auftritt des Pudels durchsetzt, tritt Goethe ab. Sechsundzwanzig Jahre erfolgreicher Tätigkeit als Theaterleiter gehen damit possenhaft zu Ende.

Vielleicht hätte Christiane mit ihrem ausgleichenden Verhandlungsgeschick wirklich auch in diesem Streit noch vermitteln können – aber da war sie nicht mehr am Leben . . .

Geständnis im »Tagebuch«

Während seiner Bühnentätigkeit gibt es für Goethe vielerlei Anfechtungen. Doch hat er sich stets gehütet, in eine Liaison mit einer seiner Schauspielerinnen verwickelt zu werden, auch wenn er sich, wie er freimütig gesteht, zu manchen »leidenschaftlich hingezogen« fühlte und man ihm, wie es öfter geschah, »auf halbem Weg entgegenkam«. Zu Eckermann sagt er später zu diesem Thema: »Es fehlte bei unserem Theater nicht an Frauenzimmern, die schön und jung und dabei von großer Anmut der Seele waren. Dadurch aber, daß ich immer Herr meiner selbst blieb, blieb ich auch Herr des Theaters, und es fehlte mir nie die nötige Achtung, ohne welche jede Autorität sehr bald dahin ist.«

Über eine andere Art der Anfechtung spricht Goethe in aller Offenheit und Deutlichkeit in einem umfangreichen Gedicht aus diesen Jahren, dem er den Titel »Das Tagebuch« gibt. Es ist eines von jenen geheim verfaßten »Nebenprodukten« des Dichters, die in keine der offiziellen Ausgaben aufgenommen wurden und deshalb nur Goethe-Kennern bekannt sind.

Das Gedicht besteht aus herrlichen Stanzen, dem neuentdeckten epischen Versmaß der Italiener – in Italien seit Boccaccio bekannt –, bei dem jede Strophe kunstvoll aus acht fünffüßigen Jamben gebildet wird. Goethe berichtet darin über ein ganz persönliches Abenteuer, das ihm während eines unfreiwilligen Aufenthalts in einem ländlichen Gasthaus widerfahren ist. Er hatte dort Quartier zur Nacht nehmen müssen, da sein Wagen auf der Heimreise zu Bruch gegangen war und nicht so schnell repariert werden konnte.

Während er nun »behäglich« in dem kleinen Zimmer sitzt und seiner »Trauten zu Hause« gedenkend die letzten Ereignisse seinem Tagebuch anvertraut, erscheint ein Mädchen »des seltensten Gebildes«, um ihm sein Abendessen zu servieren und ihm auch sonst zu Diensten zu sein. Ein vertrauliches Gespräch entspinnt sich, in dessen Verlauf sich ihm »himmlisches Versprechen entfaltet«. Zu seinem Entzücken zeigt sich die Holde auch nicht abgeneigt, später, um Mitternacht, wenn die Muhme schlafe, wieder in seine Kammer zu kommen und das Lager mit ihm zu teilen.

Doch obwohl sie ihm »mit liebevollem Fügen des süßen Körpers Fülleform« gewährt, kommt es nicht zu der gewünschten Vereinigung. Der Grund liegt in einem ganz einfachen männlichen Versagen: »Denn der so hitzig sonst den Meister spielet, / Weicht schülerhaft zurück und abgekühlet.« Kein Wunder, daß der Verlangende voller Wut die enttäuschende Ohnmacht verwünscht: »Verfluchter Knecht, wie unerquicklich liegst du! / Und deinen Herrn ums schönste Glück betrügst du!«

Lange und grüblerisch bedenkt er sich, was wohl die Ursache solchen Unvermögens sei. Dabei erinnert er sich voll Wehmut der zahlreichen Freuden, die er der zu Hause auf ihn wartenden Frau verdankt. Und sein Gedenken geht zurück zu jener Zeit, da er seine angetraute »Herrin« zum ersten Mal traf: »Da quoll dein Herz, da schwollen deine Sinne, / So daß der ganze Mensch entzückt sich regte!« Seine liebende Kraft ist so stark, daß er später, als er mit ihr vor »Priester und Altar«, steht, freimütig gestehen kann: »Vor deinem Jammerbild sogar, o Christe, / Verzeih mirs Gott, es regte sich der Iste.«

Bei dem Gedanken an diese glücklichen Liebesstunden erwachen seine Sinne aufs neue, und auch der geschmähte Knecht erhebt sich wieder »zu allen seinen Prachten«. Doch zugleich bewirkt die Beschwörung jenes Bildes, »das ihm auf ewig teuer, mit dem er sich in Jugendlust vermählet«, daß er sich in seiner verführerischen Lage nicht mehr geheuer fühlt. Es gibt ihm unversehens die Kraft, sich dem holden Zauberkreis zu entziehen und das Abenteuer vorzeitig zu beenden. Als eine Art Sühne entwindet er sich dem Lager, und während das fremde Mädchen sanft in Schlaf versunken ist, setzt er sich an den Tisch und vollendet im Gedenken an die Liebste zu Hause sein Tagebuch: »Ich nahte mich der heimischen Pforte, / Entfernen wollten mich die letzten Stunden, / Da hab ich nun am sonderbarsten Orte / Mein treues Herz aufs neue dir verbunden.«

Aufs neue dir verbunden!

KAPITEL XX

Christianes Krankheit und Tod

Im Frühjahr 1814 verbringt Goethe mit Christiane einige Wochen in Berka. Der kleine Ort, wenige Kilometer südlich von Weimar an der Ilm gelegen, ist ein ländlich bescheidenes Bad, dessen heilsame Schwefelquellen erst vor kurzem entdeckt wurden. Durch Goethes Aufenthalt dort erfährt es nun einen erstaunlichen Aufschwung.

In den bewaldeten Hügeln der Umgebung macht Goethe viele ausgedehnte Spaziergänge mit seiner Frau, die hier ihre letzte, unbeschwerte Zeit mit dem Geliebten verlebt. Abgesehen von ihrem Gesundheitszustand, der immer wieder zu wünschen übrigläßt, kann Christiane endlich einmal wieder völlig gelöst sein. Das Haus in Weimar ist wohlversorgt, und mit dem Sohn August, der inzwischen Kammerassessor geworden ist, steht alles zum besten. Auch um den Bruder braucht sie sich keine Sorgen mehr zu machen. Seit er die Anstellung in der Bibliothek hat und durch seinen »Rinaldo Rinaldini« zu dem Erfolgsschriftsteller geworden ist, hat er keine finanziellen Sorgen mehr. Goethe hat sogar vor, ihn demnächst für die geplante zusammenfassende Oberaufsicht über die »Anstalten für Wissenschaft und Kunst in Weimar und Jena« noch enger zur Mitarbeit heranzuziehen.

Goethe selbst geht im ländlich-stillen Berka mit unvermindertem Fleiß seinen Arbeiten nach. Auf Bitten Ifflands, der seit 1811 Generaldirektor des Berliner Nationaltheaters ist, verfaßt er ein Festspiel, das anläßlich einer großen Siegesfeier aufgeführt werden soll. Es trägt den Titel »Des Epimenides Erwachen« und gestaltet in kunstvollen Versen die Sage von dem griechischen Hirten Epimenides, der Jahrzehnte verschlafen hat und – nach seinem Erwachen – die völlig veränderte Welt nicht wiedererkennt. Auch mit dem autobiographischen Werk »Dichtung und Wahrheit«, dessen erste Teile bereits im Druck erschienen sind, beschäftigt er sich in Berka wieder. Mit diesem Werk will er in großen Zügen eine »Summe seiner Existenz« ziehen, eine Selbstdarstellung seines so vielgestaltigen Lebens, das er in allen seinen Erscheinungsformen eine »große Konfession« nennt.

Auch Christiane läßt er an dieser persönlichsten seiner dichterischen Arbeiten teilnehmen. Abends, nach den anstrengenden Schwefelkuren, wenn sie in ihrem behaglichen Quartier im Gasthaus »Edelhof« zusammensitzen, liest er ihr abschnittweise aus dem Manuskript vor, wie er es seinerzeit bei der Entstehung von »Hermann und Dorothea« gemacht hat. Er bevorzugt dabei Episoden aus seiner Jugendzeit, liebevoll ausgesponnene Geschichten, in denen alles »Unerfreuliche« ausgespart ist und auch der zeitgeschichtliche Hintergrund nur herangezogen wird, wenn es unbedingt erforderlich ist. Manche *Wahrheit* ist dabei durch *Dichtung* angereichert, womit sich das Buch »durch höhere Tendenzen aus der Region einer niederen Realität erhebt«.

Diese Geschichten finden den ungeteilten Beifall Christianes. Sie lernt dabei manches aus dem Leben des geliebten Mannes kennen, was ihr bisher unbekannt geblieben ist.

Die »Affäre Willemer«

Schon bald nach den idyllischen Wochen in Berka begegnet Goethe der schönen Marianne von Willemer, einer intelligenten, künstlerisch hochbegabten jungen Frau, die für ihn wesentlich bedeutungsvoller – und in gewisser Hinsicht auch gefährlicher – wird als die kindhaft rührende Minna Herzlieb.

Es ist die Zeit, da Goethe wieder einmal vor einer neuen Stilepoche seines dichterischen Schaffens steht. Mit dem Erwachen des griechischen Schläfers Epimenides ist gewissermaßen seine klassische Zeit abgeschlossen. Er entdeckt eine neue Welt: das Morgenland. Angeregt durch die sinnlich-lebensfreudigen und zugleich mystisch-vergeistigten Lieder des persischen Dichters Hafis plant er eine eigene Sammlung orientalischer Gedichte. Er nennt sie ursprünglich den »Östlichen Divan vom westlichen Verfasser«, später kurz den »West-östlichen Divan«.

Die Beschäftigung mit der östlichen Welt ist für ihn auch ein Ausweichen vor den politischen Tagesereignissen, die seit dem Sturz Napoleons und mit der Neuverteilung Europas auf dem Wiener Kongreß 1815 die Welt in Atem halten. Es ist gleichsam eine romantisch verbrämte Flucht in ferne Zeiten und Zonen: »Nord und West und Süd zersplittern, / Throne bersten, Reiche zittern, / Eile du, im reinen Osten / Paradieses Luft zu kosten . . .«

Doch ehe er, wie es in den Versen heißt, mit des Dichters Hand in den Euphrat greift, sucht er nach anderweitigen Eindrücken und Zerstreuungen. Kurz entschlossen fährt er in die entgegengesetzte Richtung: »Zu des Rheins gestreckten Hügeln, / Hochgesegneten Gebreiten« – in das Land seiner Jugend also, das er nun schon so lange nicht mehr gesehen hat.

Auf dieser Reise in die Vergangenheit trifft er einen alten Freund wieder, den reichen Frankfurter Bankier Johann Jacob von Willemer, der inzwischen zum dritten Mal geheiratet hat. Zur dritten Frau hat er sich ein junges und hübsches Mädchen genommen, das Goethe von früheren Besuchen her kennt. Damals war sie allerdings noch die kleine »Demoiselle Jung«, die mit den Töchtern des Bankiers spielte. Nun, da der fünfundsechzigjährige Goethe dieser Marianne erneut gegenübersteht, die Herrin eines großen Hauses ist, sieht er sie zu einer auffallenden Schönheit von noch nicht ganz dreißig Jahren herangereift.

Marianne von Willemer, wie sie jetzt heißt, ist in mehr als einer Hinsicht eine bemerkenswerte Erscheinung. Schon ihren Lebensweg findet Goethe aufregend. Woher sie ursprünglich stammt, weiß keiner recht zu sagen. Niemand kennt ihren Vater. Ihre Mutter ist in verschiedenen Wiener Vorstadttheatern in winzigen Rollen aufgetreten und hat ihre Tochter schon früh Tanzunterricht nehmen lassen. Später sind die beiden von irgendeinem dunklen Schicksal nach Frankfurt verschlagen worden, wo die Mutter jedoch kein Engagement mehr als Schauspielerin bekam und sich dürftig als Theaterdienerin und Garderobenfrau durchs Leben schlagen mußte. Und die Tochter hat hin und wieder für eine geringe Gage im Chor oder in der Ballettgruppe mitwirken dürfen. Hier nun hat der Bankier Willemer die hübsche Marianne kennengelernt und sich auch sogleich für sie zu interessieren begonnen. Als er von ihrem ungewöhnlichen Schicksal erfährt, kauft er die damals kaum Sechzehnjährige, um sie zu »retten«, der Mutter kurzerhand für zweihundert Taler ab und nimmt sie mit in sein Haus, wo sie gemeinsam mit seinen Töchtern durch einen Hauslehrer erzogen wird. In dieser Zeit wacht der alte Willemer eifersüchtig über das junge Geschöpf und weist jeden Bewerber ab – darunter auch den jungen Clemens Brentano –, bis er sie, fast vierzehn Jahre später, zu seiner Frau macht.

Marianne von Willemer ist nicht nur eine schöne und kluge junge Frau mit interessanter Lebensgeschichte, sie ist auch musisch begabt und besitzt auf den verschiedensten Kunstgebieten beachtliche Talente. Da Goethe einige Wochen als Gast in der Gerbermühle, dem Landhaus der Familie, lebt, sitzt man an den Abenden oft beisammen. Dann führt Marianne Ballettszenen vor oder singt Goethe-Lieder zur Laute, das sehnsuchtsvolle »Kennst du das Land« und das romantische »Füllest wieder Busch und Tal«, manchmal auch die inzwischen von Zelter vertonte Ballade »Der Gott und die Bajadere«, mit deren Inhalt sie sich in kühnen Gedankenverbindungen identifiziert.

Auch die eigenen Gedichte, die sie für den Gast verfaßt, finden seinen Beifall. Kein Wunder, daß er sich von ihr angezogen fühlt und in ihr die Personifizierung einer neuen Epoche sieht.

Die Neigung, die die beiden Menschen schon bald miteinander verbindet, ist von so ursprünglich empfundener Erlebniskraft, daß sie entscheidend auch auf Goethes dichterisches Schaffen einwirkt. Immer stärker beginnt Marianne Anteil am »West-östlichen Divan« zu nehmen. Eigene Verse, die sie beiträgt, nimmt er bedenkenlos in die Sammlung auf. So wird das Werk, das er der Grundkonzeption nach als Buch der Weisheit begann, durch die Begegnung mit Marianne zu einem Buch der Liebe, in dem sie die »Suleika« und er der »Hatem« ist.

Marianne von Willemer ist zur Dichterin geworden, und Goethe bringt durch die heimliche Zwiesprache mit ihr die Verse des »Buches Suleika« zur höchsten Vollendung. In dem Gedicht »Selige Sehnsucht« aus dem »Divan« weist er beispielhaft auf das Gesetz der Metamorphose im menschlichen Dasein: »Sagt es niemand, nur den Weisen, / Weil die Menge gleich verhöhnet, / Das Lebend'ge will ich preisen, / Das nach Flammentod sich sehnet. / In der Liebesnächte Kühlung, / Die dich zeugte, wo du zeugtest, / Überfällt dich fremde Fühlung / Wenn die stille Kerze leuchtet. / Nicht mehr bleibest du unbefangen / In der Finsternis Beschattung, / Und dich reißet neu Verlangen / Auf zu höherer Begattung. / Keine Ferne macht dich schwierig, / Kommst geflogen und gebannt, / Und zuletzt, des Lichts begierig, / Bist du, Schmetterling, verbrannt. / Und so lang du das nicht hast, / Dieses: Stirb und werde! / Bist du nur ein trüber Gast / Auf der dunklen Erde.«

Lobpreisung der Ehe

Will man die »Affäre Willemer«, die etwa ein Jahr dauerte, im Leben Goethes richtig beurteilen, so muß man berücksichtigen, daß dieses wunderliche Wesen unter allen Frauen, mit denen er während seines langen Daseins in Berührung kam, die einzige war, die sich ihm nicht nur geistig, sondern auch künstlerisch gewachsen zeigte. Nur sie konnte ihm in einem Dialog auf höchster poetischer Ebene folgen. Eine ähnliche geistig-seelische Übereinstimmung hat er in der Tat nie wieder erlebt.

Natürlich erkennt Goethe die Gefahr, die in dieser engverschlungenen Freundschaft liegt. Obwohl ihn Marianne, die ihm bei der Heimreise noch bis Heidelberg folgt, zu halten versucht, reißt er sich, wie aus einem Traum erwachend, von ihr los. Er hat sie auch später, trotz vieler brieflicher Einladungen, nie wieder gesehen.

Das Geheimnis ihrer Beziehungen haben beide lange Zeit aufs strengste gewahrt. Erst ein Vierteljahrhundert nach des Dichters Tod hat sich Marianne von Willemer dem jungen Hermann Grimm gegenüber offenbart, durch den dann die Nachwelt das Geheimnis von Goethe und seiner Suleika erfuhr. Natürlich ist nicht völlig auszuschließen, daß Mariannes spätes Bekenntnis nicht frei von Wunschvorstellungen ist.

Auf der Heimfahrt von dem Frankfurter Abenteuer, auf der

ihn der befreundete Kunstgelehrte Sulpiz Boisserée ein Stück begleitet, hat Goethe mit einem deutlichen Anflug von Resignation geäußert: »Die Verhältnisse mit Frauen allein können doch das Leben nicht ausfüllen und führen zu gar zu vielen Verwicklungen, Qualen und Leiden, die uns aufreiben. Oder zu vollkommener Leere. Ich muß flüchten!«

Christiane hat von dieser Beziehung höchstwahrscheinlich nichts gewußt. Marianne von Willemer ist letzten Endes auch nur eine Episode in Goethes Leben. Der Rausch mit ihr ging schnell vorüber; die Liebe zu Christiane blieb.

Wie Goethe über die Unlösbarkeit der Ehe dachte, geht aus den Worten hervor, die er in den »Wahlverwandtschaften« schreibt: »Die Ehe ist der Anfang und der Gipfel aller Kultur. Sie macht den Rohen mild, und der Gebildetste hat keine bessere Gelegenheit, seine Milde zu beweisen. Unauflöslich muß sie sein; denn sie bringt so vieles Glück, daß alles einzelne Unglück dagegen gar nicht zu rechnen ist. Und was will man von Unglück reden? Ungeduld ist es, die den Menschen von Zeit zu Zeit anfällt, und dann beliebt er sich unglücklich zu finden. Lasse man den Augenblick vorübergehen, und man wird sich glücklich preisen, daß ein so lange Bestandenes noch besteht. Sich zu trennen gibts gar keinen hinlänglichen Grund . . . Unbequem mag es manchmal sein, das glaub ich wohl, und das ist eben recht. Sind wir nicht auch mit dem Gewissen verheiratet, das wir oft gerne los sein möchten, weil es unbequemer ist, als uns je ein Mann oder eine Frau werden könnte?«

Ehrungen und Ordenssegen

Bei Hof gibt es wieder einmal Feiern und Feste. An ihnen soll auch das Ehepaar Goethe teilnehmen. Der Anlaß: Durch Beschluß des Wiener Kongresses ist Sachsen-Weimar-Eisenach im Mai 1815 zum Großherzogtum erhoben und um fast die Hälfte seines Gebietes vergrößert worden. Karl August, nunmehr Großherzog, kann sich hinfort »Königliche Hoheit« nennen.

Kurz darauf, am 28. Juni 1815, wird Goethe auf wiederholtes Drängen Karl Augusts von Kaiser Franz das Kommandeurkreuz des Kaiserlich-Österreichischen Sankt Leopoldordens verliehen. Die Ordensauszeichnung geschieht in »Anerkennung Ihrer ausgezeichneten Verdienste um die Deutsche Sprache und Literatur«. Am 12. Dezember dieses Jahres wird er »in Betracht seiner ausgezeichneten Verdienste um die Beförderung der Künste und Wissenschaften und der denselben gewidmeten Anstalten in Unsern Landen« von Großherzog Karl August zum Staatsminister ernannt. Goethes offizieller Titel lautet nun »Seine Exzellenz der Wirkliche Geheime Rat und Staatsminister von Goethe«. Die »unmittelbaren Anstalten für Kunst und Wissenschaft« stehen unter unmittelbarer Direktion Seiner Königlichen Hoheit und werden von Goethe »als ein eigenes Department dirigiert«. Der Dichter ist also Staatsminister, ohne jedoch einem Ministerialdepartement vorzustehen, auch nicht etwa Minister ohne Portefeuille, da er weder vortragender noch votierender Minister ist, sondern nur Minister dem Namen, Titel und Rang nach. Bald darauf – am 30. Januar 1816 – bekommt Goethe die erste Ordensauszeichnung seines eigenen Landesherrn, das Großkreuz des »Großherzoglichen Hausordens der Wachsamkeit oder vom weißen Falken«, der am 2. August 1732 von Herzog Ernst August gestiftet worden ist.

Caroline Ulrich, die seit 1806 Christianes Gesellschafterin und vertraute Freundin war, hat 1814 den Secretarius Riemer geheiratet und ist mit ihm aus Goethes Haus ausgezogen.

Nach seiner Verheiratung hat Riemer, der seit Ostern 1812 am Weimarer Gymnasium lehrt, als Nebenamt die stellvertretende Leitung der Weimarer Bibliothek übernommen, deren Erster Direktor zu dieser Zeit Christianes Bruder August Vulpius ist. Nebenher geht eine zunächst kaum spürbare innere Entfernung von Goethe, die schließlich, nach Christianes Tod im Juni 1816, zur Trennung führt.

Mit Goethes Sohn, seinem ehemaligen Schüler, hatte Riemer eigentlich nie in ein freundschaftliches Verhältnis kommen können. Über Augusts Braut Ottilie von Pogwisch gehen Klatschereien von Mund zu Mund, deren Ursprung Ottilies Freundinnen bei Caroline Riemer suchen. Die Folge ist ein völliger Bruch zwischen August und Riemer.

»Wie leid es mir tut«, schreibt Goethe am 19. Juli 1816, »Sie, mein guter Riemer, mit meinem Sohn in einem Verhältnis zu sehen, welches mir nicht erlaubte, Sie einzuladen, muß ich aussprechen, eh ich scheide. Möge bei meiner Rückkunft alles ausgeglichen sein.« Der Ausgleich erfolgt jedoch nicht. Riemer bleibt bis zum Februar 1819 dem Haus am Frauenplan fern. Nur ein einziges Mal sucht er in dieser Zeit seiner »Quarantäne«, wie Riemer die Jahre der Trennung nennt, den Dichter in Jena auf. Erst Anfang 1819 kann Riemer den Jenaer Freunden melden, daß »das gute alte Verhältnis wieder angeknüpft ist«.

Für die ausgeschiedene Gesellschafterin Caroline Ulrich ist 1815 eine Madame Kirsch ins Haus gekommen, die Christiane im Sommer desselben Jahres nach Karlsbad begleitet. Dort, bei einer ausgedehnten Badekur in den heilsamen Quellen, hofft Christiane auf Ausheilung oder zumindest Besserung ihrer immer stärker auftretenden Schmerzen im Unterleib.

Unterwegs hat sie eine Begegnung, über die sie Goethe, der inzwischen nach Wiesbaden gereist ist, stolz berichtet: »Wie wir von Hof weg waren und kamen in den Rehauer Wald, so wurden wir sehr angenehm überrascht: es begegneten uns zwei Droschken, die wir von weitem für Russen hielten und schon ziemlich verlegen waren; aber wie groß war unser Erstaunen, als es näher kam und wir sahen, daß es unser Groß-Herzog war. Er grüßte uns sehr freundlich; wie er einige Schritte vorbei war, fragte er seine Leute, wer wir wären. Er ließ sogleich halten und stieg aus, um zu unserem Wagen zu kommen. Wie ich es sah, so stieg ich geschwind aus, um ihm entgegenzugehen. Er war sehr gnädig und fragte gleich nach Dir, erkundigte sich nach meinem Befinden und wünschte mir Glück zu meiner Cur.« Später gesteht sie dann noch, daß die unverhoffte Begegnung mit dem Landesfürsten sie doch verwirrt hat. Als der Herzog sich nämlich nach dem Befinden des Gemahls erkundigt, verspricht sie sich und sagt, er sei in Teplitz. Tatsächlich war Goethe in Wiesbaden. Der Herzog »half mir aber gleich, indem er sagte: er habe gehört, Du seist am Rhein; da fiel mir erst ein, daß ich mich versprochen hatte.«

Leider bringt die Kur in Karlsbad, die Christiane bis in den Herbst hinein ausdehnt, nur vorübergehende Linderung. Schon bald nach ihrer Rückkehr nach Weimar setzen die Beschwerden wieder ein. Besonders der Winter 1815/16 wird eine böse Zeit. Die alten Leiden verschlimmern sich, neue kommen hinzu. Vor allem machen ihr jetzt heftige Krämpfe in der Magengegend zu schaffen.

Anfang Januar 1816 wirft sie ein schwerer Anfall aufs Krankenlager. Die Ärzte Doktor Kieser und Doktor Stark stehen vor einem Rätsel. In der Stadt, in der sich die Nachricht von Christianes gefährlicher Erkrankung wie ein Lauffeuer verbreitet, vermutet man, daß es sich um epileptische Krämpfe handle.

Wenige Wochen später wiederholt sich der Anfall, er ist noch heftiger. Christiane wird diesmal auch von starkem Fieber geschüttelt, und Goethe verbringt sorgenvolle Tage in ihrer Nähe. In einem Brief an Frankfurter Freunde bekennt er: »Ich habe viel gelitten. Meine gute Frau war zwei Querfinger vom Tode.«

Doch als der Frühling anbricht und wieder wärmere Tage ins Land ziehen, stellt sich eine erstaunliche Besserung ein. Christiane kann das Bett verlassen und sich sogar wieder um den großen Haushalt und den Garten kümmern. Goethe schreibt in dieser Zeit für sie das idyllische Gedicht »Frühling übers Jahr«. Goethes Verhältnis zu Christiane ist vielleicht nirgends schöner und sinniger umschrieben worden als in diesem Gedicht. Es faßt das ganze gemeinsame Leben zusammen und bezeugt in innigen, herrlichen Bildern, in tiefer Dankbarkeit, daß bei einer solchen Gefährtin der Frühling nicht nur *eine* Jahreszeit erfülle, sondern das ganze Jahr.

Doch was im Garten
Am reichsten blüht,
Das ist des Liebchens
Lieblich Gemüt.

»Die Liebe das Beste«

Beruhigt glaubt Goethe nach Jena fahren zu können, wo ihn dringende Arbeiten erwarten. Es geht um die Revision der eigenen Werke für die im Erscheinen begriffene Cottasche Ausgabe. Vor allem aber beschäftigt er sich mit seiner neuen Zeitschrift »Über Kunst und Altertum«, für die er eigenhändig das Titelblatt entwirft und deren Erscheinen er bereits in Cottas »Morgenblatt für gebildete Stände« ankündigt. Mitarbeiter sind unter anderen Heinrich Meyer, Boisserée und Eckermann. Goethe selbst schreibt den Aufsatz über das »St. Rochusfest zu Bingen«, eines der schönsten Beispiele seiner kunstvollen Prosa.

Zu Hause, am Frauenplan, scheint alles in bester Ordnung. Als ihm Christiane von ihren Tätigkeiten und Ablenkungen schreibt, antwortet er ihr: ». . . darin hast du vollkommen recht, daß man sich durch äußere Gegenstände von der Betrachtung seines innern Zustandes zerstreuen müsse. Die angenehmsten Tage, die ich zubrachte, waren immer die, wo alles so schnell zuging, daß ich nicht an mich denken konnte. Deshalb mache dir so viel Bewegung und Veränderung als du kannst in diesen schönen Tagen. Und nun lebe recht wohl, meine herzlich Geliebte . . .«

Einen seiner letzten Briefe an Christiane schließt er mit dem unterstrichenen Satz:

»Die Liebe das Beste!«

Christiane ahnt noch nichts von dem sie bedrohenden Verhängnis. Am 18. Mai 1816, nicht ganz drei Wochen vor ihrem qualvollen Tod, schreibt sie noch unbekümmert: »Die Bestätigung Deines Wohlbefindens aus dem Munde des Kanzlers Müller hat mich sehr vergnügt. Auch ich befinde mich leidlich; ich benutze jeden Sonnenblick, um in die freie Luft zu kommen, die mir so wohl tut. Im Allgemeinen aber ist die gegenwärtige Witterung in unserem Thale nicht die angenehmste, es ist kühl, naß, windig, alles auf einmal. Dein Garten steht gegenwärtig in seiner größten Pracht, und es macht wirklich verdrüßlich, daß die üble Witterung so wenig im Freien zu sein erlaubt. Die Apfelbäume blühen in höchster Fülle, es steht Blüte an Blüte, die Rabatten vor Deinen Fenstern schmücken die schönsten gefüllten Tulipanen, deren schöne Farben die stolzen Kaiserkronen verdunkeln, und trotz der geringen Wärme und den kühlen Nächten reift doch alles der Vollkommenheit entgegen. Möge Dich die schöne Blüte in Jena für diese Entbehrung reichlichst entschädigen. Wäre nur recht viel Neues und Interessantes bei uns vorgefallen, meine Feder sollte nicht ermüden, Dir alles haarklein zu erzählen; so aber fehlt es mir ganz an dergleichen, alles geht seinen ruhigen Gang fort, und was ich Dir ja noch würde erzählt haben, das hat mir schon August in seinem Briefe, über dessen Länge Du Dich diesmal freuen wirst, weggenommen.«

August, der Sohn, ist in diesen Tagen sehr um die Mutter besorgt. Voll Stolz hat sie seine Erhebung zum Kammerjunker erleben können. Mit hoffnungsvoller mütterlicher Fürsorge verfolgt sie auch seine Zuneigung zu der seit einiger Zeit im Hause verkehrenden Ottilie von Pogwisch, einer Enkelin der stolzen Gräfin Henckel von Donnersmarck. Im Geist malt sie sich schon eine festliche Hochzeit des Sohnes aus. Sie kann nicht ahnen, daß die adelsbewußte gräfliche Großmutter von der Braut verlangt hat, das Ableben der nicht standesgemäßen Mutter des Bräutigams abzuwarten . . .

Am Abend des 21. Mai 1816 trifft Christiane ein neuer Schlaganfall. Aber auch von diesem deutlichen Vorboten des nahen Todes, den sie als »Unfall« bezeichnet, erholt sie sich wieder. In beruhigenden Worten schreibt sie an den geliebten Mann tags darauf: »Ich habe Dich um Verzeihung zu bitten, daß ich Deinem gut gemeinten Rath wegen des Aderlasses nicht schleunig genug nachgekommen, wodurch höchst wahrscheinlich ich diesem Unfalle entgangen wäre. Ich danke Gott, daß es so glücklich überstanden ist. Gegenwärtig befinde ich mich ziemlich wohl, der Kopf ist mir sehr leicht, alle Sinne sind frei und heiter, und nirgends ist mehr ein Druck oder betäubende Schwere zu bemerken. Nur die spanische Fliege incommodirt mich noch etwas.«

Das sind, neben einer kurzen Nachbemerkung über Haushaltsangelegenheiten und dem herzlichen Gruß »Leb nun wohl und gedenke mein« die letzten Zeilen Christianes an Goethe.

Nur wenige Tage nachdem sie diesen Brief abgeschickt hat verdunkeln sich ihre »frei und heiter« gewordenen Sinne, so daß Goethe, als ihm ein Bote die Nachricht überbringt, in höchster Sorge aus Jena herbeieilt. Er läßt, wie aus seinem Tagebuch zu ersehen ist, alle Arbeit liegen, um in der Nähe seiner Frau zu sein.

Sorgenvollste Tage und Nächte folgen, zumal in dieser Zeit auch einige der Dienstboten ernstlich erkranken. Das Haus ist wie von einer Epidemie befallen. Goethe, der wieder an einem starken Katarrh leidet, wird von einem heftigen Fieber geschüttelt und muß ebenfalls zeitweise das Bett hüten. Christianes Schwägerin, August Vulpius' Frau, und Caroline Riemer stehen ihr bei. Schauspielerinnen, die in guten Tagen sich der Freundlichkeit Christianes erfreut haben, sind zur Hilfe herbeigeeilt. Aber wenige halten das furchtbare Drama dieses tagelangen Sterbens bis zum Ende aus. Dem Tagebuch vertraut Goethe in knappen Sätzen an, was ihn bewegt.

»29. Mai. Gefährlicher Zustand meiner Frau.
30. Mai. Meine Frau wieder außer Bett.
31. Mai. Rückfall meiner Frau.
1. Juni. Verschlimmerter Zustand meiner Frau. Minchen ward krank . . . Hofmedikus Rehbein. Verschlimmerter Zustand meiner Frau.
3. Juni. Eine unruhige, sorgenvolle Nacht verlebt. Die Köchin dieselben Anfälle, zu Bette. Frau von Heygendorff bei meiner Frau, die noch immer in großer Gefahr.
4. Juni. Meine Frau noch immer in der äußersten Gefahr. Kräuter war die Nacht bei mir geblieben. Plötzlicher heftiger Fieberanfall. Ich mußte mich zu Bette legen.

5. Juni. Den ganzen Tag im Bett zugebracht. Meine Frau in äußerster Gefahr. Die Köchin und Minchen leidlich. Mein Sohn Helfer, Ratgeber, ja einziger haltbarer Punkt in dieser Verwirrung. Kräuter die vergangene Nacht bei mir.

6. Juni. Nahes Ende meiner Frau. Letzter fürchterlicher Kampf ihrer Natur. Sie verschied gegen Mittag...«

Übrigens wurden in den letzten Tagen, als Christianes tödliche Erkankung bekannt geworden war und viele Besucher kamen, um sich nach ihrem Gesundheitszustand zu erkundigen, Kondolenzlisten angelegt. Für die Listen, über denen ein kurzes »Bulletin« steht, hatte Goethes neuer Sekretär Kräuter gesorgt. Die Besucher haben sich meistens einschreiben *lassen;* bei Herrn von Tompson, Geheimrat von Einsiedel und Kanzler von Müller ist jedesmal ausdrücklich vermerkt, daß sie »in Person« erschienen seien. Das »Bulletin« des 5. Juni lautet: »Die Frau Geheimeräthin befindet sich noch in demselben gefährlichen Zustande, ja noch matter als bisher. Der Herr Staats-Minister, gestern Abend von einem heftigen Fieber befallen, hat diese Nacht wohl geschlafen, und gut transpirirt. Dieselben sind hoffentlich bald wieder hergestellt.« Darunter vierundzwanzig Eintragungen, unter anderen der Minister von Voigt und Frau, die Geheimen Kammerräte Büttner, Rühlmann, Riedel und Stichling mit ihren Frauen, die Frau Oberstallmeisterin von Stein, der Hofschauspieler Oels, der Minister von Fritsch, Madame Schopenhauer und Legationsrat Bertuch: Bertuch, Christianes einstiger Arbeitgeber. Ja, und auch Charlotte von Stein.

Letzte Visionen

Einundfünfzig Jahre alt ist Christiane, als ihr so reiches, alle Höhen und Tiefen menschlichen Daseins umfassendes Leben erlischt. Fast eine Woche lang dauert der Todeskampf. Es ist ein langsames, qualvolles Sterben.

Wenn auch die liebsten Menschen in diesen schweren Stunden, da die Schmerzen kaum zu ertragen sind, nicht ständig um sie sein können, so hat sie doch, wenn sie die Augen schließt, das geliebte Gesicht ihres Mannes vor sich. Achtundzwanzig Jahre ist es her, daß sie ihn kennenlernte. Dabei fällt ihr ein, daß er ihr ja schon zwei Jahre zuvor begegnet ist, in der Bertuchschen Blumenfabrik. Herr Bertuch war eigentlich stets nett zur ihr, später in Gesellschaften ist sie ihm ja öfter begegnet, er hat sie immer als Goethes Lebensgefährtin behandelt. Christiane denkt an ihre Kindheit zurück. Von der Mutter kann sie sich keine Vorstellung machen.

Als der Schmerz einige Minuten nachläßt, greift sie in die Schublade und holt ein Bündel Briefe hervor. Es sind die Briefe, die Goethes Mutter ihr geschrieben hat. Goethes Mutter? *Ihre* Mutter? Wie war das doch gleich? In ihrem ersten Brief hatte die Frau Rat noch eine unmittelbare Anrede vermieden. Bald aber schrieb sie: »Liebe Freundin«. Und nachdem sie Christiane in Frankfurt kennengelernt hatte, kam der erste Brief mit der Anrede »Liebe Tochter«. Nie wird sie das vergessen. Sie fiebert, aber ihre Gedanken sind in diesem Augenblick vollständig klar. Sie ähnelt in ihrem Wesen wohl wirklich in mancherlei Beziehung Goethes Mutter. Goethe hatte es ihr gesagt. Einmal im Gartenhaus in Weimar vor einem Vierteljahrhundert und dann noch einmal, als sie nach dem Tod der Mutter von der Erledigung der Erbschaftsangelegenheit aus Frankfurt mit Caroline zurückgekommen war. Sagt man nicht, Söhne suchen die Frau nach dem Bild ihrer Mutter? Wie geheimnisvoll ist das, denkt sie.

Die Erinnerungen reißen ab, als ihr Sohn August nach ihr sieht. Den Sohn hat sie vergöttert, Goethes Sohn . . . Er hat Krankenschwestern verpflichtet, die jetzt bei ihr wachen sollen. Aber in den nächsten, Christianes letzten, Tagen werden sie ziemlich hilflos sein.

Plötzlich kann sie nicht einmal mehr sagen, was sie denkt, nur unverständliche Schreie ausstoßen. Sie hat sich bei einem Anfall im Krampf vor Schmerzen die Zunge zerbissen. Kann nicht mehr sprechen, nicht sagen, wie besorgt sie um Goethe ist, ihren Mann, um seine Erkankungen. Wie sehr sie ihn geliebt hat! Unendlich! Wie sie an seiner Seite nach der Trauung in der Kirche zum ersten Mal bei Johanna Schopenhauer empfangen wurde, die ihr beistand seitdem, jederzeit. Madame Schopenhauer hatte ihr später erzählt, mit welchen Worten Goethe sie bei ihr eingeführt hatte: »Ich empfehle Ihnen meine Frau mit dem Zeugnisse, daß, seit sie ihren ersten Schritt in mein Haus tat, ich ihr nur Freuden zu danken habe.« Und von Goethe wußte sie, daß die Geheimrätin sich fast liebevoll über sie geäußert hatte. Jedenfalls war es Johanna Schopenhauer in ihrer warmherzigen Weise gelungen, ihr die Befangenheit im Umgang mit der Weimarer Hofgesellschaft zu nehmen. Was alles fiel ihr ein: Zwei oder drei Jahre nach der Hochzeit hatte Madame Schopenhauer, die Frau Hofrätin, ihr einen Braten und eine Schachtel mit Kirschen überbracht. Madame Schopenhauer war von Goethe, der in Jena war, um die Übermittlung gebeten worden. Immer hatte Goethe Überraschungen für sie. Immer hatte er ihr etwas geschickt. Immer hatte er ihr etwas mitgebracht von seinen Reisen.

Und wieder hat sie das Bild ihrer Mutter vor Augen, nein, *seiner* Mutter. Sie sieht sie vor sich, überdeutlich: Ziemlich groß und ziemlich korpulent war die Frau Rat, hatte braune Augen, braunes Haar. Wie hatte sie einmal von sich gesagt? Sie getraue sich die Mutter von Prinz Hamlet darzustellen . . . Prinz Hamlet – das Theater – die Schauspieler . . . Gestern hat eine junge Schauspielerin nachgefragt, wie es ihr gehe. Ja, das Theater war ihre Welt. Und die Welt des von ihr unsagbar geliebten Mannes. Wo mag er sein? Wieso kann er nicht bei ihr sein?

Diese Schmerzen. Sie schreit wie eine Wahnsinnige. Will sprechen, es geht nicht, sie kann nur lallen. Warum nimmt das kein Ende? Sie versinkt in tiefen Schlaf.

Als sie noch einmal erwacht, tastet sie nach den Briefen, die auf ihrer Bettdecke liegen. Die Briefe der Mutter Goethe.

Wer gibt ihr noch einmal die Kraft, für Minuten, um die Briefe in die Hand nehmen, sie lesen zu können? Ja, sie liest, fast ohne Mühe:

24. 8. 1797: Liebe Freundin!
15. 2. 1798: Liebe Tochter!
19. 1. 1801: Meine liebe liebe Tochter!

Tränen kommen. Sie kann nicht weiterlesen, versinkt in Ohnmacht, die wohltätig ist.

Im Traum kann sie sprechen, nur im Traum. Goethes Gedichte, die vielen, die er für sie geschrieben hat.

Als Todesursache hat man später krampfartige Anfälle als Folge von Urämie, Vergiftung des Blutes durch Versagen der Nierentätigkeit, festgestellt.

Unmittelbar nachdem ihre einst »wie Sterne leuchtenden Augen« erloschen sind, schreibt Goethe in sein Tagebuch jenen Satz, der in seiner Einfachheit die Erschütterung des großen Mannes über den erlittenen Verlust ahnen läßt:

Leere und Totenstille in und außer mir

Der Schmerz, den Goethe um ihren Verlust empfindet, ist zu tief, als daß er ihn mit prosaischen Worten umschreiben und entweihen mag. Er verschließt sich immer dann seiner Umwelt, wenn ihn etwas im Innersten berührt.

Noch am gleichen Tag verfaßt er die ergreifenden Verse, die später auf der Platte von Christianes Grab auf dem alten Friedhof der Jakobskirche eingemeißelt worden sind und über die er die Worte setzt: »Der Gatte der Gattin«.

Du versuchst, o Sonne, vergebens,
Durch die düstren Wolken zu scheinen!
Der ganze Gewinn meines Lebens
Ist, ihren Verlust zu beweinen.

Epilog

Am Tag nach Christianes Tod vermerkt Goethe in seinem Tagebuch: »Meine Frau um zwölf nachts ins Leichenhaus. Ich den ganzen Tag im Bett.« Am 8. Juni heißt es dann: »Meine Frau früh um 4 Uhr begraben . . . Um 3 Uhr Collecte meiner Frau von Voigt gehalten.« Anschließend finden sich noch die Vermerke: »Zahlreiche Condolenzen. Trauer-Notificationen.«

Nach den vielen Beileidsbesuchen, zu denen sich Freunde und Bekannte in den nächsten Tagen ansagen, wird es still im Haus am Frauenplan. Das fröhliche Lachen, mit dem Christiane so lange Zeit die weitläufigen Räume erfüllt hat, ist für immer verstummt. In seinem Schmerz über den unersetzlichen Verlust zieht sich Goethe mehr und mehr in die Abgeschiedenheit der hinteren Räume zurück. Er ist jetzt, für alle spürbar, der »alte Goethe«, der »große Einsame«, wie ihn Kanzler Müller, der vertraute Freund der letzten Lebensjahre, in dem kleinen Studierzimmer unruhvoll umhergehen sieht: ». . . und kam mir recht alt und verlassen vor«.

Der erste Beileidsbrief kam von Knebel, der dem Freund schon ein paar Tage zuvor, als Christiane noch im Todeskampf lag, sein Mitgefühl ausgedrückt hatte: »Ich übersehe die Größe Deines Verlustes, und kenne die Empfindlichkeit Deines Herzens.« In seinem zweiten Brief schreibt er nun: »Die Prüfungen des Schmerzes und der Trauer, die Du, Bester, in diesen letzten Tagen hast ausdulden müssen, will ich nicht durch meine Tröstungen noch vermehren. Du weißt, daß wir Deine liebe Gattin wirklich geschätzt haben und daß uns ihr Verhältnis zu

Dir jederzeit sehr achtungswürdig schien. Was soll man sagen, wenn das Schicksal, das uns allen bevorsteht, losreißt und teilt? Der Schmerz ist groß, aber wir sind nach den Gesetzen der Natur unsere Erhaltung schuldig . . . Meine Frau, die die Deinige in Wahrheit geliebt und geschätzt hat, ist sehr betrübt über den Fall und läßt Dir viel teilnehmendes sagen.«

In der ersten Zeit der Trauer dürfen außer dem Sohn August, der ihm jetzt die einzige wirkliche Stütze ist, nur Heinrich Meyer und Riemer, zu dem Goethe wieder ein herzliches Verhältnis hat, zu ihm. Riemer schreibt über die kurzen Begegnungen: »Ob er gleich gefaßt erscheint und von allem anderen spricht, so überfällt ihn doch mitten unter Anderem der Schmerz, dessen Tränen er umsonst zurück zu drängen strebt.«

An den Komponisten Zelter, mit dem Goethe einen umfangreichen Schriftwechsel führt, schreibt er in diesen Tagen: »Wenn ich Dir, derber, geprüfter Erdensohn, vermelde, daß meine liebe kleine Frau uns in diesen Tagen verlassen, weißt Du, was es heißen will.« Und in einem schwarz versiegelten Brief an den jungen Kunstfreund Boisserée heißt es am 24. Juni mit erschütternder Offenheit: »Leugnen will ich Ihnen nicht, und warum sollte man großtun, daß mein Zustand an die Verzweiflung grenzt . . .« An Cotta richtet er zwei Tage darauf die Zeilen: »Ew. Wohlgeboren haben gewiß Anteil an meinem Zustande genommen, wenn Ihnen die Nachricht zukam, daß meine liebe kleine Frau, deren Anmut Sie kannten, mich in diesen Tagen verlassen hat.«

Lange Zeit kann Goethe den Verlust nicht verwinden. Schließlich hat er mit Christiane achtundzwanzig Jahre lang in engster und vertrautester Gemeinschaft gelebt. Nach Frau von Knebels Zeugnis konnte er vier Jahre später »noch immer ihren Verlust nicht verschmerzen«. Immer wieder sucht er ihr Bild zu beschwören, ihre lebensvolle Erscheinung in freundlichen und frischen Farben festzuhalten:

Ein rascher Sinn, der keinen Zweifel hegt,
Stets denkt und tut, und niemals überlegt,
Ein treues Herz, das, wie empfängt, so gibt,
Genießt und mitteilt, lebt, indem es liebt,
Froh glänzend Auge, Wange frisch und rot,
Nie schön gepriesen, hübsch bis in den Tod.

Und kurz darauf dichtet er vor ihrem Bild das abschließende Bekenntnis:

Gott hab' ich und die Kleine
Im Lied erhalten reine.
So laßt mir das Gedächtnis
Als fröhliches Vermächtnis.

Neue Herrin am Frauenplan

Die Stellung der Hausfrau am Frauenplan bleibt nicht lange verwaist. Schon am 1. Januar 1817 wird die Verlobung von Goethes Sohn August mit Ottilie von Pogwisch, der ältesten Tochter der verwitweten Majorin von Pogwisch, einer Hofdame der Großherzogin, bekanntgegeben.

August und Ottilie kennen und lieben sich seit 1812, doch die stolze Großmutter Ottilies, die Gräfin Henckel von Donnersmarck, hat zu Lebzeiten Christianes alle Heiratsabsichten immer wieder hintertrieben. Erst jetzt, nach dem Tod der »unmöglichen« Mutter des Bräutigams, sieht sie keinen Hinderungsgrund mehr für eine eheliche Verbindung ihrer Enkelin mit dem einzigen Sohn des berühmten Dichters.

Am 17. Juni 1817, also unmittelbar nach Beendigung des obligaten Trauerjahres, findet dann die Hochzeit im engsten Familienkreis statt.

Die Verbindung entspricht vor allem dem Wunsch Goethes. Von der Ehe des Sohnes und dem Einzug der jungen Schwiegertochter in das Haus am Frauenplan verspricht er sich eine Belebung seiner einsamen Tage. Im Dachgeschoß des Hauses, in dem sogenannten »Schiffchen«, richtet er dem jungen Paar eine eigene, abgeschlossene Mansardenwohnung ein und vermerkt mit Freude, wie sich durch die Vergrößerung des Hausstands auch die unteren Räumlichkeiten wieder mit fröhlicher und gastlicher Geselligkeit zu füllen beginnen.

Mit großem Eifer beginnt sich Ottilie ihren neuen Pflichten als Hausfrau zu widmen, besonders was die gesellschaftliche Seite dieser Pflichten betrifft. Sie weiß elegant aufzutreten und gibt sich ihren Gästen gegenüber stets geistreich und witzig. Da sie auch künstlerisch begabt ist, ist der Gesprächsstoff in ihrer Gesellschaft stets höchst vielseitig. Fast täglich verkehrt jetzt ein ausgedehnter Freundeskreis im Haus am Frauenplan. Ottilie, die man scherzhaft den »Paradiesvogel« nennt, lockt auch manche jener überheblichen Gäste an, die früher unter fadenscheinigen Vorwänden nicht gern in das »Haus der Vulpius« kommen mochten.

Goethe, der das Treiben zunächst mit Wohlwollen verfolgt, lernt bald genug die Schattenseiten des neuen Aufwandes kennen. Die junge Frau, die vaterlos in einem verarmten Adelshaus aufgewachsen ist, versteht bei allem gastlichen Geschick, mit dem sie ihre literarischen Teegesellschaften und die glanzvollen Soireen veranstaltet, nicht mit den gegebenen Mitteln hauszuhalten. Bald erreicht ihre Verschwendungssucht so gefährliche Ausmaße, daß Goethe sich zum Eingreifen gezwungen sieht. Er nimmt die Schlüssel des Hauses an sich und rechnet in Zukunft eigenhändig mit den Dienstboten ab. So wird er aufs eindringlichste daran erinnert, wie vorbildlich und sorgsam Christiane als Hausfrau war.

Die Ehe des jungen Paares entwickelt sich nicht sehr günstig. Schon nach kurzer Zeit des Zusammenlebens entstehen die ersten tiefgreifenden Mißverständnisse. Die beiden Menschen sind ihrer ganzen Charakterveranlagung nach zu verschieden. Dazu kommt, daß die von Goethe geförderte Verbindung nicht aus echter Neigung und Liebe zustande gekommen ist. Das gilt besonders für Ottilie. Was die lebenslustige und ehrgeizige junge Frau vor allem an der Eheschließung gelockt hat, war der weltbekannte Name und die Aussicht, in Zukunft zum engsten Familienkreis des verehrten Dichters zu gehören und als dessen Schwiegertochter über das Haus am Frauenplan zu regieren. In August sieht sie, ohne sich dessen recht bewußt zu sein, nur den Sohn des großen Vaters, jenes verehrungswürdigen Mannes, den sie in jugendlicher Schwärmerei schon früh »mit den schönsten Träumen ihrer Phantasie« ausstattete, wie ihre Freundin Jenny von Gustedt einmal bemerkt. Es ist eine Art »Vaterkomplex«, den die aus verworrenen Familienverhältnissen stammende Ottilie an den alternden Goethe bindet. Über ihre Ehe dichtet sie die grammatikalisch nicht ganz einwandfreien, dem Sinn nach aber treffenden Zeilen: »Zwei Flammen, die nie eine war, / Zwei Ringe, die kein Reif geworden.«

Ein geordnetes Leben in der eigenen Familie hat Ottilie weder als Kind noch als junges Mädchen kennengelernt. Sie hat die Nähe des Vaters, des preußischen Offiziers von Pogwisch, sehr vermißt, der außerstande war, seine Frau, Ottilie und das zweite Töchterchen, die auffallend schöne Ulrike, zu ernähren. Ottilies Großmutter nahm ihre Tochter und die beiden Enkelkinder zu sich nach Weimar und verschaffte der jungen Frau von Pogwisch eine Stellung als Hofdame. Über den lebensuntüchtigen Schwiegersohn, den ihre Tochter noch immer liebte und mit dem sie, gemeinsam mit der kleinen Ottilie, einen heimlichen Kult trieb, war die alte Gräfin nachhaltig verbittert. Wenn Großmutter und Mutter Hofdienst hatten, blieben Ottilie und Ulrike in einer Dachkammer der Obhut einer alten Dienerin überlassen; die Mahlzeiten nahmen sie oft bei den Familien Egloffstein und Schopenhauer ein.

An der Seite der äußerst lebhaften Ottilie führt ihr Mann, der eher introvertiert veranlagte junge August, ein relativ bedeutungsloses Schattendasein. Schon früh geht er, von der verfehlten Ehe enttäuscht, seine eigenen Wege. Er hat ohnehin ein schweres Erbe zu tragen, wird mit der Last, die der berühmte Name für ihn bedeutet, nie ganz fertig. Von der Mutter, die ihn abgöttisch liebte, zeitlebens verhätschelt und verwöhnt, vom Vater streng, aber ohne eigentliche Methode erzogen, bringt er nicht die Kraft auf, sein Schicksal selbständig zu meistern. Das Bewußtsein, nie ein Eigenleben führen zu können, immer nur als Sohn des genialen Vaters gewertet zu werden, erdrückt ihn. Er kränkelt, beginnt zu trinken, läßt sich treiben. Lediglich die Sammlungen des Vaters verwaltet er nach wie vor mit gewohnter Tüchtigkeit.

Trotzdem gehen aus der Ehe Augusts mit Ottilie drei Kinder hervor: Am 9. April 1818 wird ein Stammhalter geboren, der auf den Namen Walther getauft wird. Zweieinhalb Jahre später, am 18. September 1820, kommt nach einer schweren Geburt, bei der man um das Leben der Mutter fürchten muß, der zweite Sohn, Wolfgang Maximilian, zur Welt, der zu Goethes erklärtem Lieblingsenkel wird. In ihm, so hofft er, wird sich manches entwickeln lassen, was er bei dem eigenen Sohn vermißte.

Besonders große Freude aber herrscht im Haus am Frauenplan, als dem Paar nach mehr als zehnjähriger Ehe, am 29. Oktober 1827, endlich die ersehnte Tochter geboren wird. Das kleine Mädchen, das den Namen Alma erhält, entwickelt sich bald zu einer ausgesprochenen Schönheit. Eine »süße Blüte« nennt sie der stolze Großvater. Schon früh beginnt sie zu singen und zu tanzen, und ihre natürliche, anschmiegsame Unbekümmertheit, ja, ihr ganzes Wesen erinnern Goethe oft an seine geliebte Christiane.

Leider scheint August nur wenig von dieser vitalen Veranlagung der Mutter geerbt zu haben. Je älter August wird, desto mehr verdüstert sich sein Gemüt. Immer stärker drängt es ihn, den »erdrückenden« häuslichen Verhältnissen und der sinnlos gewordenen Ehe zu entfliehen. Wie stark seine Verzweiflung, seine Enttäuschung über das ihm als ausweglos erscheinende Leben ist, geht aus einem Gedicht hervor, das er kurz nach Almas Geburt verfaßt: »Ich will nicht mehr am Gängelbande / Wie sonst geleitet sein / Und lieber an des Abgrunds Rande / Von jeder Fessel mich befrein. / Und ist auch sichrer Sturz bereitet, / Ich weiche nicht vom schmalsten Pfad, / Um Rechttun mancher mich beneidet, / Und wohl ist dies die schönste Tat. / Zerriss'nes Herz ist nimmer herzustellen, / Sein Untergang ist sichres Los, / Es gleicht vom Sturm gepeitschten Wellen / Und sinkt zuletzt in Thetis Schoß.«

In seiner Sorge um den Sohn sucht Goethe nach einem Ausweg. Wie kann er ihm helfen? Am geeignetsten erscheint ihm eine größere Reise: nach Italien etwa, die auch ihm einst in kritischer Lebenslage heilsam geworden ist. Also stellt er August die nötigen Geldmittel zur Verfügung und gibt ihm mehrere Empfehlungsbriefe mit.

Zu gern folgt August diesmal dem väterlichen Rat. Nur weg

aus Weimar! Weg aus dem engen Kreis, wo er höchstens als Sohn des berühmten Dichters umschmeichelt wird, sich ständig als Marionette am väterlichen Gängelband fühlt. Wie sagte er einmal zu dem Dichter Carl von Holtei, seinem besten Freund? »Lieber sollen sie sagen, Goethes Sohn ist ein dummer Kerl, oder was sie sonst sagen mögen, als daß es von mir heiße, er will nur den jungen Goethe spielen.«

Die Fahrt in den Süden, die August im Herbst des Jahres 1830 antritt und die ihm, wie einst die »Flucht« des Vaters aus Weimar, die ersehnte Befreiung bringen soll, wird für ihn zu einer Reise ohne Wiederkehr.

In Rom, der Ewigen Stadt, erlebt August zunächst einige frohe Tag. Wie ein aus lähmendem Winterschlaf erwachter Träumer stürzt er sich ins rauschhaft ungebundene Leben des Südens. Dann aber, nach einem Ausflug in die Albaner Berge, befällt ihn plötzlich ein heftiges Fieber, das der eiligst herbeigerufene Arzt als »Scharlachfieber« diagnostiziert. Trotz aller ärztlichen Bemühungen ist keine Hilfe mehr möglich. Am 28. Oktober 1830, noch nicht ganz einundvierzig Jahre alt, schließt August, der einzige direkte Nachkomme Christianes und Goethes, für immer die Augen – »infolge eines im Kopf gesprungenen Blutgefäßes, was seinen augenblicklichen Tod herbeiführte«, wie es in dem ärztlichen Gutachten heißt.

Einige seiner deutschen Freunde, die ihn auf dem Ausflug an den Albanersee begleitet haben, sorgen für eine würdige Beerdigung. Auf dem Protestantischen Friedhof an der Porta San Paolo, nahe der Straße nach Ostia, geleiten sie ihn zur letzten Ruhe. Sein Grab liegt am Fuß der berühmten Pyramide des Cestius, an der vor mehr als vier Jahrzehnten auch der Vater sinnend gestanden hat. Damals schrieb Goethe, die Schönheit der Umgebung bewundernd, jene Verse, die fast wie der Wunsch klingen, hier einmal selbst begraben zu werden:

»Dulde mich, Jupiter, hier, und Hermes führe mich später, / Cestius' Mal vorbei, leise zum Orkus hinab.«

Jetzt bezeichnet an dem von Zypressen beschatteten Platz ein schlichter Stein das Grab des Sohnes, und auf dem von Thorwaldsen geschaffenen Reliefmedaillon stehen die Worte: »Goethe filius patri antevertens obiit« – es starb Goethes Sohn, dem Vater vorausgehend . . .

Erst zwei Wochen später, am 11. November 1830, dringt die Mitteilung von Augusts Tod nach Weimar. Als Freunde die Todesnachricht ins Haus am Frauenplan bringen, ruft Ottilie aus: »Einsamer als mit ihm kann ich auch ohne ihn nicht sein und gäbe doch mein halbes Leben für sein Leben. Ach, wie wird der Vater leiden!«

Als die verlegen stammelnden Besucher bei Goethe vorsprechen, läßt er sie nicht ausreden, sagt: »Ich war mir bewußt, ich habe einen Sterblichen gezeugt!« Dann umarmt er schweigend Ottilie. Mit keinem Wort wird von August gesprochen. Jetzt nicht, und auch später nicht.

Was in dem einundachtzigjährigen Dichter vorgeht, wird nur aus einem Brief an Zelter deutlich, in dem es heißt: »Prüfungen erwarte bis zuletzt. Dir hat es, mein Guter, nicht daran gefehlt, mir auch nicht, und es scheint, als wenn das Schicksal die Überzeugung habe, man sei nicht aus Nerven, Venen und andern daher abgeleiteten Organen, sondern aus Draht zusammengeflochten . . . Das eigentliche Wunderliche und Bedeutende dieser Prüfung ist, daß ich alle Lasten . . . nunmehr selbst fortzuschleppen und sogar schwieriger weiter zu tragen habe.«

Der Verlust des Sohnes wiegt für Goethe doppelt schwer. Nach Christianes Tod war er das letzte Band, das ihn mit der geliebten Frau noch vereinte. Er war ihr Vermächtnis. In August lebte Christiane fort. Und es scheint, als habe Goethe bei der Trauer um den Sohn den Verlust seiner Frau erneut aufs heftigste durchlitten. Obwohl er sich niemandem anvertraut, spüren die Menschen in seiner engsten Umgebung seine Verzweiflung. Das geht aus einem Bericht Riemers hervor, den dieser nach Augusts Tod niederschreibt. Darin heißt es: »Goethe schätzte und liebte wirklich seine Frau. Und so bewies er denn auch die zärtlichste, ja ängstlichste Teilnahme bei ihrer letzten tödlichen Krankheit. Daß er nicht mehr Rühmens von ihr macht und in seinen Schriften ihrer nicht öfter namentlich gedenkt oder sogar Sonette und sonstige Trauergedichte auf sie verfertigte, liegt in der Zartheit seines Gefühls und seiner Gesinnung. Der Schmerz, den er um ihren Verlust empfand, war ein viel zu gründlicher, in seine Existenz wesentlich eingreifender und bis an sein Ende dauernder, da er sie, nach dem Ableben seines einzigen Sohnes, der ihm bisher so treu und sorgsam beigestanden, in *allen* häuslichen und wirtschaftlichen Angelegenheiten von neuem vermissen sollte, als daß er ihn mit Worten aussprechen mochte. So hielt er es immer mit allem, was tief in sein Inneres schnitt; er sprach nicht davon, aus Scheu, den Schmerz mit Worten zu berühren.«

Diesem bewegenden Dokument ist nichts hinzuzufügen.

Fast übermenschlich erscheint die Kraft, mit der Goethe sich – auch jetzt wieder – seinem Werk widmet. Viel ist noch für ihn zu tun, zu bearbeiten und zu Ende zu bringen. Das Schema des letzten Bandes von »Dichtung und Wahrheit« wartet seit Jahren auf Ausführung. Nun diktiert er in kaum zwei Wochen fast den ganzen Band. Daneben beschäftigt er sich mit philosophischen Schriften, schreibt Beiträge und Rezensionen, arbeitet an der Redaktion seiner gesammelten Schriften für die Ausgabe letzter Hand.

Die wichtigste Aufgabe aber, das »Hauptgeschäft«, wie er es

nennt, bleibt die Vollendung des zweiten Teils des »Faust«. Diesem gewaltigen Lebenswerk fehlen noch entscheidende Teile, deren Fertigstellung er viele Jahre hindurch hinausgeschoben hat. Neben Szenen des vierten Akts geht es vor allem noch um den Ausgang der »Wette« zwischen Faust und Mephisto, ohne die das Werk ein Fragment bleiben würde.

Freude mit den Enkeln

Zwischen dieser immensen Arbeit findet Goethe noch Zeit, viel Zeit, sich mit den Enkeln zu beschäftigen. Die beiden heranwachsenden Jungen und das kleine Mädchen werden ihm zur wahren Freude seines Alters, glaubt er doch in ihrem Wachsen und Werden immer wieder Anzeichen des unverfälschten Naturwesens seiner geliebten Christiane zu erkennen. Da er in seiner großväterlichen Fürsorge befürchtet, daß die flatterhafte Ottilie, die wie auf einem anderen Stern zu leben scheint, die Kleinen nicht zu brauchbaren Menschen erziehen kann, gibt er sich besonders ausgiebig mit ihnen ab. Er nimmt sogar mehr Einfluß auf ihre Entwicklung, als er es bei seinem eigenen Sohn getan hat. Viele Stunden des Tages verbringt er mit ihnen, beobachtet sie beim Spielen, belehrt und unterrichtet sie, überwacht genauestens ihre Aufgaben, überprüft ihre Schulhefte. Wie sehr bedauert er, daß Christiane dieses Enkelglück nicht mehr erleben kann. Ihre praktische mütterliche Art wäre den Kleinen bestimmt förderlicher gewesen als die übersteigerte Schöngeisterei Ottilies.

Mitunter nimmt Goethe die Kinder auch zu kleinen Ausflügen in die Umgebung mit, nach Tiefurt, Ettersberg oder Jena. Ein besonderes Ziel hat er sich für die letzten Augusttage des Jahres 1831 ausgedacht. Er fährt mit ihnen in Begleitung eines

Dieners für drei Tage nach Ilmenau, in die Berge des Thüringer Waldes, wo er in aller Stille, fern der offiziellen Feiern in Weimar, seinen zweiundachtzigsten Geburtstag zu begehen gedenkt.

Die Kinder sind von dieser Idee des »Apapa«, wie sie den Großvater nennen, begeistert. Walther ist zu dieser Zeit dreizehn, Wolfgang zehn und die kleine Alma drei Jahre alt. Sie dürfen das Kammersberger Kohlenbergwerk sehen, besichtigen eine Puppenwerkstatt und eine Porzellanfabrik, lernen Köhler, Holzhauer und Glasbrenner kennen, alles Dinge, die sie brennend interessieren.

In der Frühe des 28. August aber, an seinem Geburtstag, steigt Goethe – ohne die Enkel – auf den 861 Meter hohen Kikkelhahn hinauf. Nur der Berginspektor Mahr begleitet ihn. Durch hohes Heidekraut und Gestrüpp geht er auf die kleine Hütte zu, in der er vor mehr als fünfzig Jahren mehrere Tage in völliger Einsamkeit verbracht hat. Beim Erklimmen der steilen Holzstiege lehnt er lächelnd die Hilfe des Berginspektors ab, sucht dann die Stelle, wo er unter dem Datum des 6. September 1780 neben dem Fenster die unsterblichen Verse in die Hüttenwand geritzt hat: »Über allen Gipfeln / Ist Ruh, / In allen Wipfeln / Spürest du / Kaum einen Hauch; / Die Vögelein schweigen im Walde. / Warte nur, balde / Ruhest du auch.«

Beim Lesen der Verse, einst in jugendlich-unbekümmerter Naturbegeisterung niedergeschrieben, rinnen ihm unwillkürlich Tränen über die Wangen.

Nach einer Weile blickt er über die Hügel des Thüringer Landes, wo er so oft in fröhlicher Begleitung die Wälder durchwanderte. Ihm kommen dabei die vielen Menschen in den Sinn, die ihm nahegestanden und die der Tod ihm inzwischen genommen hat: Schiller, Wieland, Herder, die Brüder Jacobi, Bertuch, die Herzogin-Mutter Anna Amalia, Charlotte von

Stein, der herzogliche Freund Karl August, der am 14. Juni 1828 verschieden ist, Herzogin Luise und die vielen anderen. Und vor allem August. Und vor allem Christiane . . .

Leise wiederholt Goethe jetzt die letzten Worte des Gedichts: »Warte nur, balde ruhest du auch . . .« Doch dann rafft er sich auf, blickt sich, Abschied nehmend, noch einmal um und wendet sich an den Berginspektor Mahr: »Nun wollen wir wieder gehen!«

Letzte Arbeiten oder: Das Ende naht . . .

Dieser 28. August 1831 ist in der Tat der letzte Geburtstag, den Goethe erlebt. Nach dem erholsamen Ausflug mit den Enkeln macht er sich mit unverminderter Kraft erneut an die Arbeit. Er schreibt noch zahlreiche Briefe, beschäftigt sich nach wie vor mit naturwissenschaftlichen Problemen, wie dem Erscheinen eines Kometen, der für 1834 erwartet wird, empfängt Besuche, nimmt sich ein Buch vor. Auch der tiefsinnige Aufsatz »Rembrandt, der Denker« entsteht, ferner der Beitrag über die Oper »Die Athenerinnen« von Spontini. Vor allem aber wird der zweite Teil des »Faust« vollendet. Er liest daraus Ottilie und einigen wenigen Auserwählten vor, dann wird das Manuskript feierlich versiegelt und die testamentarische Verfügung diktiert, daß es erst nach seinem Tod veröffentlicht werden darf.

Trotz seines hohen Alters zeigt Goethe noch immer große geistige Beweglichkeit. Aber der Körper ist schwach und gebrechlich geworden. Im beginnenden Frühling des Jahres 1832 ist er noch hoffnungsvoll und läßt zu einer größeren Ausfahrt anspannen. Er kehrt jedoch mit einer Erkältung zurück und muß zu Bett. »Den ganzen Tag wegen Unwohlseyn im Bette zugebracht«, lautet am 16. März die letzte Notiz in der langen Reihe der Tagebucheintragungen. Der Arzt stellt »Katarrhalfieber, Lungenentzündung, Versagen der Atmung und des Herzens« fest. Das Ende naht.

Am 22. März 1832 tritt der Tod ein. Es ist ein Donnerstag, mittags gegen zwölf Uhr. Goethe sitzt angekleidet aufrecht in dem grünen Lehnstuhl neben dem Bett, eine Decke liegt auf seinen Knien. Er hebt die Hand, beginnt, während Ottilie zu seinen Füßen kniet, zu phantasieren: »Seht dort den schönen weiblichen Kopf – mit schwarzen Locken – in prächtigem Kolorit auf dunklem Hintergrunde!«

Glaubt er Christiane zu erblicken? Sieht er im Dämmerlicht des abgedunkelten Zimmers ihr Gesicht vor seinen geistigen Augen auftauchen? Jenes lebensvolle Porträt mit der Schleife im Haar, das ihm von allen Bildern immer das liebste war? Er hat Christiane mehrmals porträtieren lassen, so daß ihm auch jetzt noch ihre Erscheinung immer und überall gegenwärtig ist. Auch er hat wiederholt versucht, mit Bleistift und Zeichenfeder liebevoll ihre Züge festzuhalten. Denn zeitlebens ist er ein ausgesprochener Augenmensch gewesen, der alle Erscheinungsformen des Lebens auch bildlich in sich aufzunehmen suchte. »Zum Sehen geboren, / Zum Schauen bestellt«, läßt er gegen Schluß des eben erst vollendeten zweiten Teil des »Faust« den Türmer Lynkeus sagen. Dies trifft genausogut für Goethe zu. Und so könnte auch der Schluß des Türmerliedes, gleichsam als Quintessenz, über dem jetzt zu Ende gehenden, ungemein reichen und fruchtbaren Dichterleben stehen: »Ihr glücklichen Augen, / Was je ihr gesehn, / Es sei wie es wolle, / Es war doch so schön!«

Nach Goethes Tod gerät die Familie immer mehr in finanzielle Schwierigkeiten. Goethe hatte durch Vermittlung Metternichs erreicht, daß seine Werke bis 1867 gegen Nachdruck geschützt waren. Über 460 000 Mark – verteilt auf fünfunddreißig Jahre sind das 13 000 Mark jährlich – sind Ottilie und den Enkeln noch zugeflossen. Doch es fehlt eine ordnende Hand, die Familie kann nicht wirtschaften. Für Ottilie, die Schwiegertochter, beginnt ein unstetes Leben. Nichts hält sie länger in Weimar, der kleinen Residenz, die jetzt noch enger und provinzieller zu werden droht. Nur kurze Zeit verbleibt sie noch in dem Haus am Frauenplan, dann treibt sie ihr Freiheitsdrang hinaus in die Welt, wo sie ein ungebundeneres Leben führen kann. Zunächst zieht es sie an den Rhein, zu einem befreundeten Engländer, mit dem sie ein kurzes Glück genießt, dann nach Wien, wo sie in den höchsten Adelskreisen verkehrt und nicht zuletzt des berühmten Namens wegen gefeiert und verehrt wird.

Hier, in der alten Kaiserstadt, stirbt am 29. September 1844 die junge und hübsche Alma. Die einzige Enkelin Goethes und Christianes, die von allen, die sie kannten, geliebt und bewundert wurde, ist nicht einmal siebzehn Jahre alt geworden.

Die beiden Enkel, Walther und Wolfgang, erreichen dagegen ein verhältnismäßig hohes Alter. Beide bleiben aber unverheiratet und ohne Nachkommen. Wie der Vater August tragen sie schwer an dem berühmten Namen, der den Erben mehr Last als Vorzüge bringt.

Walther studiert Musik, komponiert auch gelegentlich, vermag aber mit seinen Schöpfungen nicht durchzudringen. Menschenscheu und verbittert zieht er sich, innerlich immer einsamer werdend, im Alter ganz in die Mansarde des Hauses am Frauenplan zurück, dessen repräsentative Räume er, von wenigen Ausnahmen abgesehen, ängstlich verschlossen hält. »Überbliebene von Tantalus' Haus« nennt er sich und seinen Bruder und schreibt die düstere Prophezeiung: »Das Reich der Eumeniden geht zu Ende . . .«

Auch die Hoffnungen des jüngeren Enkels Wolfgang erfüllen sich nicht. »Ich stehe stets daneben«, heißt es in einem seiner Gedichte, »ich trete niemals ein. Ich möchte *einmal* leben! Ich möchte *einmal* sein!« Er hat zwar den Drang, aber nicht die Kraft zu schöpferischer Gestaltung. Seine Verse und literarischen Arbeiten, die er veröffentlicht, finden kaum mehr als kühle Anteilnahme. Verschiedentlich werden sie, wenn man sie mit Goethes Werken vergleicht, belächelt. Kein Wunder, daß er verbittert reagiert. Wie ein Aufschrei seines bedrückten Gemüts klingt es, wenn er die verzweifelten Worte schreibt: »Mir wird das Leben gar zu schwer! / Ich werf' es hin und werf' es her. / Wie auf den Schultern mir ein Sack / Voll Eisen drückt der schwere Pack!«

Ottilie kehrt erst im Alter, als Vierundsiebzigjährige, wieder in das Weimarer Haus zurück. In fast ärmlichen Verhältnissen verbringt sie ihre letzten beiden Lebensjahre in der Mansarde, die sie einst mit August bewohnt hatte – das erste Stockwerk mußte vermietet werden –, und stirbt im Herbst 1872.

Walther und Wolfgang bewachen beinahe eifersüchtig die begehrte Hinterlassenschaft des Großvaters: das Haus, die Sammlungen mit den unschätzbaren Kunstwerken, die handschriftlichen Manuskripte und vor allem die noch ungehobenen Schätze der umfangreichen Korrespondenz. Dazu gehören auch die vielen Briefe, die Goethe an Christiane und sie an ihn schrieb. Die Enkel hüten dieses privateste Erbe als ihr Eigentum, an das niemand rühren darf, solange sie leben.

Wolfgang stirbt am 20. Januar 1883. Kurze Zeit später, am 15. April 1885, folgt ihm sein älterer Bruder Walther. Mit ihm erlischt, wie auf seinem Grabstein steht, Goethes Geschlecht. Nachfahren der Familie Vulpius – von Christianes Bruder August – leben aber heute noch in der Deutschen Demokratischen Republik.

Goethes Geschlecht ist erloschen, der Name bleibt. Durch die unvergänglichen Werke, die eines der größten Genies der Menschheit schuf, überdauert der Name Goethe die Zeiten. »Es kann die Spur von meinen Erdentagen / Nicht in Äonen untergehn«, läßt Goethe den sterbenden Faust sagen. Das stolze Wort gilt auch für den Dichter selbst.

Wer aber den Dichter ehrt, darf die Frau nicht vergessen, die solche Liebe wecken konnte, die, von ihm begehrt und verehrt, von den Zeitgenossen und der Nachwelt vielfach verkannt und mißverstanden, aufs engste mit ihm verbunden war und oft genug erst die Voraussetzungen für sein fruchtbares Wirken schuf:

Goethes Christiane.

Literaturangaben

Aus Goethe-Werken

Dobel, Richard: Lexikon der Goethe-Zitate. München 1972
Drews, Jörg: Goethe anekdotisch. München 1969
Fischer, Paul: Goethe-Wortschatz. Ein sprachgeschichtliches Wörterbuch zu Goethes sämtlichen Werken. Leipzig 1929
Amtliche Schriften. Veröffentlichung des Staatsarchivs Weimar. Hrsg. von Willy Flach. Band I. Weimar 1950
Gerlach, H. E., Herrmann, O.: Goethe erzählt sein Leben. Hamburg 1950
Gleichen-Rußwurm, Alexander von: Goethes Lebensaufriß aus Tagebüchern. Berlin 1918
Dichtung und Wahrheit. Hrsg. von Wolfgang Stammler. München 1949
Gedichte. Mit Erl. von Emil Staiger. 3 Bde. Zürich 1949
Goethe, Johann Wolfgang von: Italienische Reise. Erster und zweiter Teil. München 1962
Goethes Kunstschriften. Band I. Leipzig 1910
Goethe-Lexikon, Hrsg. von Heinrich Schmidt. Leipzig 1912. Neubearb. unter dem Titel: Goethe-Taschenlexikon. Begr. von Heinrich Schmidt. Neubearb. von Karl Justus Obenauer. Stuttgart 1955
Gräf, Hans Gerhard: Goethe über seine Dichtungen. Versuch einer Sammlung aller Äußerungen des Dichters über seine poetischen Werke. 3 Tle. in 9 Bdn. Frankfurt a. M. 1901-1914
Vogel, Carl: Goethe in amtlichen Verhältnissen. Aus den Acten, besonders durch Correspondenzen zwischen ihm und dem Großherzoge Carl August, Geh. Rat v. Voigt u. A. dargestellt. Jena 1834

Briefausgaben

Arnim, Bettina von: Goethes Briefwechsel mit einem Kinde. Hrsg. von Jonas Fränkel. 3 Bde. (in 2). Jena 1906
Bettinas Briefwechsel mit Goethe. Aufgrund ihres handschriftlichen

Nachlasses nebst zeitgenössischen Dokumenten über ihr persönliches Verhältnis zu Goethe. Zum ersten Mal hrsg. von Reinhold Steig. Leipzig 1922. Neubearb. unter dem Titel: Bettinas Leben und Briefwechsel mit Goethe. Aufgrund des von Reinhold Steig bearb. handschriftlichen Nachlasses neu hrsg. von Fritz Bergemann. Leipzig 1927

Goethe, Christiane von: Briefe von Goethes Frau an Nicolaus Meyer. Straßburg 1887

Goethes Briefwechsel mit seiner Frau. Hrsg. von Hans Gerhard Gräf. Erster Band 1792-1806, zweiter Band 1807-1816. Frankfurt a. M. 1916

Goethes Ehe in Briefen. Hrsg. von Hans Gerhard Gräf. Potsdam 1937

Goethe und seine Freunde im Briefwechsel. Hrsg. und eingeleitet von Richard M. Meyer. 3 Bde. Berlin 1909-1911

Goethes Briefe an Charlotte von Stein. Hrsg. von Julius Petersen. 3 Bde. Leipzig 1907. Neue, vollst. Ausg. 2 Bde. (in 4). 1923

Goethes Briefe an Frau von Stein. Hrsg. von Jonas Fränkel. Umgearb. Neuausg. 3 Bde. Berlin 1960-1962

Goethes Briefwechsel mit Marianne von Willemer. Hrsg. von Max Hecker. Leipzig ^{5}1937

Die Briefe der Frau Rath Goethe. Gesammelt und hrsg. von Albert Köster. Leipzig 1904, ^{7}1956

Goethe, Frau Rat: Gesammelte Briefe. Anhang: Goethes Briefe an seine Mutter. Hrsg. von Ludwig Geiger. Leipzig 1911

Aus dem Goethehause. Briefe Friedrich Wilhelm Riemers an die Familie Cromman in Jena (1803-1824). Nach den Originalen hrsg. von Ferdinand Heitmüller. Stuttgart 1892

Charlotte von Schiller und ihre Freunde. Hrsg. von Ludwig Urlichs. 3 Bde. Stuttgart 1860-1865

Charlotte von Schiller und ihre Freunde. Auswahl aus ihrer Korrespondenz. Hrsg. von Ludwig Geiger. Berlin 1908

Briefe von Schiller's Gattin an einen vertrauten Freund. Hrsg. von Heinrich Düntzer. Leipzig 1856

Tischendorf, Käte: Frau Aja, Goethes Mutter in ihren Briefen und in Erzählungen. Ebenhausen 1914

Weitz, Hans-J.: Willemer Marianne und Johann Jakob Willemer. Briefwechsel mit Goethe. Frankfurt a. M. 1965

Biographisches und Dokumentarisches

Balzer, Georg: Goethe als Gartenfreund. München 1966

Bassermann-Jordan, Friedrich von: Goethe und der Wein. Mannheim 1932

Beutler, Ernst: Essays um Goethe. Bremen ^{6}1962

Bielschowsky, Albert: Goethe. Sein Leben und seine Werke. 2 Bde. München 1896-1904. Neubearb. von Walther Linden. 2 Bde. 1928

Bode, Wilhelm: Stunden mit Goethe. Für seine Freunde seiner Kunst und Weisheit. Berlin 1905

– Amalie. Herzogin von Weimar. 3 Bde. Berlin 1908

– Goethes Leben im Garten am Stern. Berlin 1909

– Charlotte von Stein. Berlin 1910

– Goethes Liebesleben. Berlin 1914. Neuausg. 1932

– Damals in Weimar. Weimar ^{4}1917

– Der weimarische Musenhof 1756-1781. Berlin 1917

– Goethes Leben. 9 Bde. Berlin 1920-1927

– Neues über Goethes Liebe. Berlin 1921

Boerner, Peter: Johann Wolfgang von Goethe in Selbstzeugnissen und Bilddokumenten dargestellt. Reinbek bei Hamburg 1964

Boy-Ed, Ida: Das Martyrium der Charlotte von Stein. Versuch ihrer Rechtfertigung. Stuttgart 1916

Bradish, Joseph A. von: Goethes Beamtenlaufbahn. New York 1937

– Sechs unveröffentlichte Urkunden zu Goethes Ehe. Ein Nachtrag zur Castle-Festschrift. In: Chronik des Wiener Goethe-Vereins, 61 (1957), S. 30-37

Brauns, C. W. Emma: Christiane von Goethe, geb. Vulpius. Eine biographische Skizze. Leipzig 1888

Brentano, Bernhard von: Daß ich eins und doppelt bin. Goethe und Marianne von Willemer. Wiesbaden 1961

Bürgin, Hans: Der Minister Goethe vor der römischen Reise. Seine Tätigkeit in der Wegebau- und Kriegskommission. Weimar 1933

Burg, Paul: Meine Christel. Goethes Eheroman Erster und Zweiter Teil. 2 Bde. Leipzig 1923

Burkhardt, Carl August Hugo: Über Goethes unbekannte Stadtwohnungen in Weimar. In: Goethe-Jahrbuch, 9 (1888), S. 243-247

Diezmann, August: Goethe und die lustige Zeit in Weimar. Leipzig 1857. Neuausg. 1925

Düntzer, Heinrich: Charlotte von Stein. Goethe's Freundin. Ein Lebensbild mit Benutzung der Familienpapiere. 2 Bde. Stuttgart 1874

– Charlotte von Stein und Corona Schröter. Stuttgart 1876

– Goethes Eintritt in Weimar. Leipzig 1883

– Goethes Leben. Leipzig 1883
– Abhandlungen zu Goethes Leben und Werken. 2 Bde. Leipzig 1885
– Goethe und Karl August. Studien zu Goethes Leben. Leipzig ²1888
Dünwald, Willi: Goethe liebend und geliebt. Gummersbach 1948
Elster, Ernst: Goethe und die Liebe. Marburg 1932
Escher, Karl: Geselligkeit um Goethe. München 1921
Falk, Johannes: Goethe aus näherem persönlichem Umgange dargestellt. Ein nachgelassenes Werk. Hrsg. von Karl Georg Wendriner. Berlin 1911
Federn, Etta: Christiane von Goethe. Ein Beitrag zur Psychologie Goethes. München 1916
Feldmann, Wilhelm: Friedrich Justin Bertuch. Ein Beitrag zur Geschichte der Goethezeit. Saarbrücken 1902
Fink, Fritz: Friedrich Johann Justin Bertuch. Der Schöpfer des Weimarer Landes-Industrie-Comptoirs (1742-1822). In: Beiträge zur Geschichte der Stadt Weimar, H. 35/36. Weimar 1934
Friedenthal, Richard: Goethe. Sein Leben und seine Zeit. München 1963
Fürnberg, Richard: Die Begegnung in Weimar. Berlin 1952
Gaerdertz, Karl Theodor: Bei Goethe zu Gaste. Neues von Goethe, aus seinem Freundes- und Gesellschaftskreise. Leipzig 1900
Geiger, Ludwig: Goethe und die Seinen. Quellenmäßige Darstellungen über Goethes Haus. Leipzig 1908
Goes, Albrecht: Goethes Mutter. Rede zum 150. Todestag von Catharina Elisabeth Goethe. Frankfurt a. M. 1958
Goldschmit-Jenter, Rudolf K.: Goethe. Eine Bildbiographie. München 1957
Gräf, Hans Gerhard: Goethe. Skizzen zu des Dichters Leben und Werken. Leipzig 1924
Grimm, Herman: Goethe, Minna Herzlieb und Bettina Brentano. In: Preußische Jahrbücher, 30 (1972), S. 591-603
– Goethe. Vorlesungen gehalten an der Kgl. Universität zu Berlin. 2 Bde. 1877. Vollst. Neuausg.: Goethe. Hrsg. von Wilhelm Hansen. Detmold-Hiddesen 1948
Harnack, Otto: Goethe in der Epoche seiner Vollendung 1805-1832. Versuch einer Darstellung seiner Denkweise und Weltbetrachtung. Leipzig 1887
Hecker, Max: Wie Goethes Geburtstage gefeiert wurden. Nach Goethes eigenen Berichten und den Aufzeichnungen der Freunde zusammengestellt. Inselschiff, 1 (1920), S. 257-272
Heinemann, Albrecht von: Ein Kaufmann der Goethezeit. Friedrich Johann Justin Bertuchs Leben und Werk. Weimar 1955

Heinemann, Karl: Goethes Mutter. Ein Lebensbild nach den Quellen. Leipzig 1891
Hoefer, Edmund: Goethe und Charlotte von Stein. Stuttgart 1878
Höffner, Johannes: Goethe und das Weimarer Hoftheater. Weimar 1913
Hof, Walter: Wo sich der Weg im Kreise schließt. Goethe und Charlotte von Stein. Stuttgart 1957
Hofer, Klara: Goethes Ehe. Stuttgart 1920
Hoffmann, Hans: Goethes Gartenhaus. In: Velhagens & Klasings Monatshefte, 22, II (1907/08), S. 349-360
Hohenhausen, Fr. v.: Aus Goethes Herzensleben. Leipzig 1885
Hohenstein, Friedrich August: Weimar und Goethe. Neuausgabe mit dem Untertitel: Menschen und Schicksale. Bearb. von Wolfgang Vulpius. Rudolstadt 1958
Jagemann, Karoline: Erinnerungen. Dresden 1926
Jericke, Alfred: Goethe und sein Haus am Frauenplan. Weimar 1959
Johann, Ernst: Unziemliche Sachen. Aus dem »Geheimen Archiv« eines gewissen Herrn von G. Zürich 1974
Kahn-Wallerstein, Carmen: Aus Goethes Lebenskreis. Drei Essays. Bern 1946
– Bettine. Die Geschichte eines ungestümen Herzens. Bern, München 1952
– Marianne von Willemer. Goethes Suleika und ihre Welt. Bern 1961
Kilian, Eugen: Goethes Egmont auf der Bühne. Zur Inszenierung und Darstellung des Trauerspiels. Ein Handbuch der Regie. München 1925
Klein, Otto: Goethes kleine Freundin und Frau. Straßburg 1904
Knudsen, Hans: Goethes Welt des Theaters. Ein Vierteljahrhundert Weimarer Bühnenleitung. Berlin 1949
Kühn, Paul: Die Frauen um Goethe. Weimarer Interieurs. 2 Bde. Leipzig 1911-1912
Lavater-Sloman, Mary: Wer sich der Liebe vertraut. Drei Abschnitte aus Goethes Leben. Zürich, Stuttgart 1960
Lewes, Louis: Goethes Frauengestalten. Stuttgart ^{2}1900
Ludwig, Emil: Goethe: Geschichte eines Menschen. Stuttgart, Berlin 1920
Lukács, Georg: Goethe und seine Zeit. Bern 1947
Lux, Joseph August: Goethe. Roman einer Dichterliebe. Wien 1948
Martin, Bernhard: Goethe und Christiane. Vom Wesen und Sinn ihrer Lebensgemeinschaft. Kassel, Basel 1949
– Schiller und Goethe. Ihre geistige Begegnung. Kassel 1949

Mayer, Hans: Johann Wolfgang Goethe. Essay. In: Die Großen der Weltgeschichte. Band VII. S. 30-63. Zürich 1976
Meyer, Heinrich: Goethe. Das Leben im Werk. Hamburg-Bergedorf 1951
Milch, Werner: Goethe und die Brentano. In: Chronik des Wiener Goethe-Vereins, 42 (1937)
– Bettine und Marianne. Zürich 1947
Nicolai, Heinz: Zeittafel zu Goethes Leben und Werk. Frankfurt a. M. 1964 (Fischer-Bücherei 617)
Prang, Helmut: Goethes Mutter. Kleine Chronik einer großen Lebenskünstlerin. München 1949
Pyritz, Hans: Goethe und Marianne von Willemer. Eine biographische Studie. Stuttgart 1941
Rave, Paul Ortwin: Goethes Park. In: Deutsche Rundschau, 260 (1939), S. 17-32
Redslob, Edwin: Charlotte von Stein. Ein Lebensbild aus Goethezeit. Leipzig 1943
Reifenberg, Benno: Zwischen den Spiegeln. Erinnerungen an Charlotte von Stein. In: Benno Reifenberg: Lichte Schatten. Frankfurt a. M. 1953
Riemer, Friedrich Wilhelm: Mitteilungen über Goethe. Auf Grund der Ausgabe von 1841 und des handschriftlichen Nachlasses hrsg. von Arthur Pollmer. Leipzig 1921
Rödel, Wolfgang: Goethes Gartenhaus in Weimar. Weimar ^{3}1962
Rösch, Siegfried: Goethes Verwandtschaft. Versuch einer Gesamtverwandtschaftstafel mit Gedanken zu deren Theorie. Neustadt a. d. Aisch 1956
Schaeffer, Emil (Hrsg.): Goethes äußere Erscheinung. Literarische und künstlerische Dokumente seiner Zeitgenossen. Leipzig 1914
Scholz, Wilhelm von: Goethe und Weimar. Rede. Horen 2, S. 111-118. Berlin 1925/26
Schopenhauer, Johanna: Erinnerungen. Regensburg, Leipzig 1924
– Damals in Weimar. Leipzig 1934
Schrumpf, Ernst: Goethe und Weimar 1775-1832. Dresden 1932
Seidel, Ina: Bettina. Stuttgart 1944
– Goethe und die Frau. In: Die Frau, 39 (1932), S. 735-748
Sichardt, Gisela: Das Weimarer Liebhabertheater unter Goethes Leitung. Beiträge zu Bühne, Dekoration und Kostüm unter Berücksichtigung der Entwicklung Goethes zum späteren Theaterdirektor. Weimar 1957
Stahr, Adolf: Goethes Frauengestalten. 2 Bde. Berlin 1865-1868
Staiger, Emil: Goethe. 3 Bde. Zürich 1963-1970

Theilhaber, Felix Aaron: Goethe. Sexus und Eros. Berlin 1929
Tornius, Valerian: Goethe als Dramaturg. Ein Beitrag zur Literatur- und Theatergeschichte. Leipzig 1909
Vincent, Ernst: Leidenschaft und Klarheit. Frauen in Goethes Leben. Gotha 1930
Vulpius, Walther: Die Familie Vulpius. In: Stunden mit Goethe. Hrsg. von Wilhelm Bode. Band I, S. 85-106. Berlin 1905
Vulpius, Wolfgang: Christiane. Lebenskunst und Menschlichkeit in Goethes Ehe. Weimar 1964
– Goethe in Thüringen. Stätten seines Lebens und Wirkens. Rudolstadt 1955
Wahl, Hans: Goethes Gartenhaus. Leipzig 1927
Wahle, Julius: Das Weimarer Hoftheater und Goethes Leitung. Weimar 1892
Werner, Hans: Goethe als Vater. In: Goethe-Kalender, 27 (1934), S. 213-227
Zellweker, Edwin: Marianne von Willemer. Lebensbild einer Österreicherin. Wien 1949
Ziegler, Günther: Theaterintendant Goethe. Leipzig 1954

Sonstige benutzte Literatur

Abend, Barbara: Deutsches Nationaltheater Weimar. Ein Abriß seiner Geschichte. Weimar 1968
Bartels, Adolf: Chronik des Weimarischen Hoftheaters 1817-1907. Festschrift zur Einweihung des neuen Hoftheater-Gebäudes 11. Januar 1908. Weimar 1908
– Weimar und die deutsche Kultur. Weimar 1937
Baumgart, Hermann: Goethes lyrische Dichtung in ihrer Entwicklung und Bedeutung. 3 Bde. Heidelberg 1931-1939
Bechstein, Karl: Häuser und Gassen in Altweimar. Weimar 1938
Biedenfeld, Ferdinand von: Ein Tag in Weimar. Ein kurzgefaßter Fremdenführer. Weimar 1853
Bruford, Walter H.: Kultur und Gesellschaft im klassischen Weimar 1775-1806. Göttingen 1966
Christoffel, Karl: Rebe und Wein in Goethes Weltbild. Heidelberg 1948
Denk, Ferdinand: Dichtermaler und Malerdichter. In: Neue Jahrbücher für Wissenschaft und Jugendbildung, 3 (1929)
Diezmann, August (Hrsg.): Aus Weimars Glanzzeit. Ungedruckte Briefe von und über Goethe und Schiller, nebst einer Auswahl un-

gedruckter vertraulicher Schreiben von Goethe's College, Geh. Rath v. Voigt. Leipzig 1855
Elwenspoek, Curt: Rinaldo Rinaldini. Stuttgart 1929
Engelsing, Rolf: Analphabetentum und Lektüre. Stuttgart 1973
Fink, Fritz: Volksfeste und Festbräuche in der Stadt Weimar einst und jetzt. In: Beitr. zur Geschichte der Stadt Weimar, H. 34, Weimar 1933
Geiger, Ludwig: Aus Alt-Weimar. Mittheilungen von Zeitgenossen nebst Skizzen und Ausführungen. Berlin 1897
Genast, Eduard: Aus Weimars klassischer Zeit. Erinnerungen eines alten Schauspielers. Stuttgart 1903
Goethehaus mit dem Goethe-Nationalmuseum. In: Griebens Reiseführer. Band CXXXIX: Weimar und Umgebung. Berlin 1923
Günter, G., Wallraf, L.: Geschichte der Stadt Weimar. Weimar 1976
Hartung, Fritz: Das Großherzogtum Sachsen unter der Regierung Carl Augusts 1775-1828. Weimar 1923
Heisenberg, Werner: Das Naturbild Goethes und die technisch-naturwissenschaftliche Welt. In: Die Großen der Weltgeschichte. Band VII, S. 64-73. Zürich 1976
Heyse, Paul: Das Goethehaus in Weimar. Stuttgart ^{7}1925
Höfer, Conrad: Goethes Egmont in Schillers Bearbeitung. Nach dem Originalmanuskript im Goethe- und Schillerarchiv. München, Leipzig 1914
Kindermann, Heinz: Goethes Menschengestaltung. Versuch einer literaturhistorischen Anthropologie. Berlin 1932
– Theatergeschichte Europas. Salzburg 1962
Koch, Therese: Aus Weimars Glanzzeit. München 1886
Krumbholz, Paul: Geschichte des weimar. Schulwesens. Berlin 1934
Kühnlenz, Fritz: Weimarer Portraits. 2 Bde. Rudolstadt 1961-1965
– Erlebtes Weimar. Rudolstadt 1966
Kunze, Horst: Lieblings-Bücher von dazumal. München 1938
Merkel, Bertha: Die Sprache der Mutter Goethes. Frankfurt a. M. 1938
Neumann-Strela, Karl: Aus Weimars goldenen Tagen. Fürst und Dichter im Familienkreise. Halle a. d. S. 1913
Paulsen, Friedrich: Das deutsche Bildungswesen in seiner geschichtlichen Entwicklung. Leipzig 1912
Satori-Neumann, Bruno Th.: Die Frühzeit des Weimarischen Hoftheaters unter Goethes Leitung (1791 bis 1798). Schriften der Gesellschaft für Theatergeschichte. Band XXXI. Berlin 1922
Schöll, A.: Weimar's Merkwürdigkeiten einst und jetzt. Ein Führer für Fremde und Einheimische. Weimar 1857
Schrickel, Leonhard: Geschichte des Weimarer Theaters von seinen Anfängen bis heute. Weimar 1928

Stein, Charlotte von: Dido. Ein Trauerspiel in fünf Aufzügen. Neu hrsg. von Alexander von Gleichen-Rußwurm. Berlin 1920
Stettner, Thomas: Gefundenes und Erlauschtes. Ansbach 1929
Taxis-Bordogna, Olga: Frauen von Weimar. München 1948
Vulpius, Wolfgang: Rinaldo Rinaldini als ein Lieblingsbuch seiner Zeit, literarhistorisch untersucht. Dissertation. München 1922
Wagener, Hans: Joh. Wolfgang Goethe: Egmont. Stuttgart 1974
Weichberger, Alexander: Das Goethehaus am Frauenplan. Die Geschichte des Hauses von der Erbauung bis zu Goethes Zeit. Weimar 1932
Weimar, Tradition und Gegenwart, H. 24. Weimar 1973

8-1-8-9-0